上海社会科学院法学研究所学术精品文库

中国检察职能
实现的慎思

陈海锋　著

上海三联书店

总　序

　　上海社会科学院法学研究所成立于 1959 年 8 月,原名"政治法律研究所",是我国成立最早、规模最大、最早招收研究生的地方社科系统法学研究机构。

　　法学所的历史可以追溯到 1952 年由原圣约翰大学、复旦大学、南京大学、东吴大学、厦门大学、沪江大学、安徽大学等 9 所院校的法律系、政治系和社会系等合并组建成立的华东政法学院,1958 年华东政法学院并入上海社会科学院,翌年成立了上海社会科学院政治法律研究所。彼时上海滩诸多法学大家汇聚于斯,潘念之、齐乃宽、浦增元、张汇文、卢峻、周子亚、何海晏、丘日庆、徐开墅、徐振翼、肖开权、郑衍杓、陈振国、李宗兴、程辑雍等均在各自领域独当一面、各领风骚。1984 年,东吴大学上海校友会也正式在上海社会科学院注册成立,成为东吴法学的精神传承,一时颇有海派法学的大气候。

　　1979 年复建后,"政治法律研究所"正式更名为"法学研究所"。作为南方地区的法学理论研究重镇,在中国社会经济快速发展的浪潮中,法学所勇立潮头,不断探求中国特色社会主义法治的发展规律,解决我国改革开放和现代化建设中的现实问题。法学所在法理学、公法学、国际法学、刑法学和民商法学等领域为国家法治建设的鼓与呼,在新时期法学学科建设、民法通则制定、港澳回归、浦东开发等重要历史性事件进程中均作出了重大贡献。

　　进入新世纪,随着国家科研方针政策的转型以及各大高校法学研究的崛起,社科院系统的体制模式受到重大挑战,加上老一辈学人的隐退,法学所也开始了二次创业的征程。近年来,法学所通过"内培外引"大力加强人才梯队建设,引进和培养了一批在国内有影响力的中青年学者,特别是一批青年才俊陆续加入,他们充满朝气,基础扎实,思想活跃,承载着法学所的未来与希望。通过不断提高学科队伍建设,夯实智库研究基础,法学所得以进一步加强和形成了"经济刑法""租借·租借地等特殊地区研究""刑事法创新学科""法治中国及其上海智库实践智库""比较法学""生命法学""党内法规""青少年法学"等多个优势学科和特色研究团队。如今的法学所安立于古典又繁华的淮海中路静谧一角,立足上海,面向全国,以"国家高端智库"和院"创新工程"为平台,坚持学科建设和智库建设双轮驱动,在法学研究领域焕发出新的生机。

为弘扬学术精神、传播学术成果、传承学术血脉,我们策划了"上海社科院法学所学术精品文库"。法学所科研人员的重要理论成果和学识智慧,将收入本文库,以期学脉绵延,薪火相传,续写法学所的当代辉煌篇章。本文库主要由两部分组成,一部分是法学所科研人员的重要学术专著,另一部分是法学所青年学术沙龙系列。前者秉持学术为本、优中选优的原则,遴选并最终确定出版的著作,后者是对法学所学术品牌青年法学学术沙龙的整理。在条件成熟时,本文库也将陆续整理出版老一辈法学所专家的代表性作品。

文章千古事。希望纳入文库出版的作品能够不负学术精品之名,服务国家法治建设与社会发展,并能够历经岁月洗礼,沉淀为经世之作。

是为序。

上海社会科学院法学研究所所长、研究员、博士生导师
姚建龙
2020 年 7 月 30 日

目　　录

引言 新时代·新形势·新课题

一、检察工作的新时代

当今世界正经历百年未有之大变局,且在不断加速演变中。世界经历的大变局,也是我国面临的大态势。作为中国特色社会主义基本制度不可分割的组成部分,检察制度由宪法形塑,构成人民代表大会制度下国家监督体系的重要组成部分;基于我国的基本外交政策,检察制度直接面对国际态势的压力相对较小,但"紧紧围绕统筹推进'五位一体'总体布局、协调推进'四个全面'战略布局""为坚持和完善中国特色社会主义制度、推进国家治理体系和治理能力现代化不断作出新贡献"是必须面对的大局。

自党的十八大以来,我国社会各方面经历了较大的变化,这既是国内外形势共同作用的结果,更有党领导国家和人民积极应对国内外形势的决心和意志,从而构成了我国检察工作直接面对的时代背景。

我国社会主要矛盾发生了重大变化,这是新时代检察工作的根本着力点。党的十九大明确提出,随着中国特色社会主义进入新时代,我国社会的主要矛盾从人民日益增长的物质文化需要同落后的社会生产之间的矛盾转变为人民日益增长的美好生活需要和不平衡不充分的发展之间的矛盾。虽然这一论断是在党的十九大报告中正式提出,但这是基于新中国建立,特别是改革开放 40 年我国社会经济发展取得的重大成果与显著进步,较有代表性的就是预期我国将全面建成小康社会、消除绝对贫困,也即,我国将实现"两个一百年"中第一个百年奋斗目标。全面建成小康社会是前一个百年的终点,也是下一个百年的积点,即在中华人民共和国建立一百年时,我国要建成富强民主文明和谐的社会主义现代化国家,实现中华民族伟大复兴。由此,在中国人民物质文化需求解决的基础上,更高层次、更多领域的需求也将产生和被拓展,如在政治生活、社会生活和生态文明等方面的需求。作为基本的治国方略和"两个一百年"的重要保障,全面依法治国需要在民主、法治、公平、正义、安全、环境等方面提供必需品,中央更是提出了"努力让人民群众在每一个司法案件中感受到公平正义"的法治要求。作为法律监督机关,检察机关的职能贯穿于刑事案件立案侦查到执行的全过程,同时在行政检察、各类诉讼监督、公益诉讼等方面都有明确的职能与权力,在前述诸需求方面既有"不待扬鞭自奋蹄"的积极自为职责,也有督促其他国家机关"同舟共济扬帆起"的监督它为职责。

监察体制改革下权力监督体系的完善,这是检察工作直接面临的新局面。面对严峻的腐败形势,我国反腐体制长期存在一些明显的缺点,[1] 如监察对象没有全覆盖,除行政机关及其工作人员外,其他行使公权力的公职人员还缺乏明确的监督;反腐败力量分散,除了作为执政党的纪律检查机关可以对党员遵守党纪情况进行监督外,还有行政监察机关对行政机关及其公职人员的违法违纪进行监督、预防腐败部门进行的职务违法犯罪预防,以及检察机关对公职人员的犯罪情况进行监督等,这些机关虽各司其职,但相互分割且又存在一定的交叉,合力不足;体现专责与集中统一不够,这也是机构分散、权力分散的必然结果。为此,全国人民代表大会常务委员会(下文简称为"全国人大常委会")于 2016 年授权在北京市、山西省和浙江省进行监察改革试点,并

---

① 中共中央纪律检查委员会法规室、中华人民共和国国家监察委员会法规室:《〈中华人民共和国监察法〉释义》,中国方正出版社 2018 年版,第 30—32 页。

于 2018 年先后修改《宪法》①、制定《监察法》和修改《刑事诉讼法》,形成我国新时期权力的"五元结构"。② 在新的权力框架下,检察机关的变化最为显著,除了大部分职务犯罪侦查及相关人员整体转隶至监察机关,作为改革前唯一的专门监督机关,改革后与监察机关共同作为监督机关,甚至在宪法修改前存在对检察机关未来宪法定位的质疑和焦虑。毫无疑问的是,《宪法》修改重申了检察机关的"法律监督机关"定位,但从具体刑事案件办理中隐现的"监察中心主义",③以及对监察权的外界监督不足,检察机关如何协调与监察机关的关系,特别是作为普遍性的"法律监督机关"能否监督监察机关的不明确,甚至存在不少暗示反对的声音,④这都将为检察机关有效履行法律监督提出新挑战与新机遇。

中国式现代化新征程的开启,这是对检察工作的新要求。"中国式现代化"是习近平总书记在庆祝中国共产党成立 100 周年大会讲话中提出的重要论断,并在党的二十大报告中全面阐释了"以中国式现代化推进中华民族伟大复兴"的战略部署。"推进中国式现代化涉及经济、政治、文化、社会、生态文明等各个领域",需要"正确处理好顶层设计与实践探索、战略与策略、守正与创新、效率与公平、活力与秩序、自立自强与对外开放等一系列重大关系"。⑤ 体现在法治方面,要求以建设中国特色社会主义法治体系为总抓手,完善"法律规范体系、法治实施体系、法治监督体系、法治保障体系、党内法规体系"等 5 个子系统,⑥其中既要对中华传统优秀法律文化进行创造性发展与转化,也不能闭门造车式地排斥外来优秀法律制度与经验的借鉴;既要照顾当下的国情,

① 出于简化表达的需要,本书的有关法律都予以简写,如《中华人民共和国宪法》简写为《宪法》。
② 林彦:《从"一府两院"制的四元结构论国家监察体制改革的合宪性路径》,《法学评论》2017 年第 3 期。
③ 刘艳红:《监察中心主义倾向的理论反思》,《中外法学》2024 年第 1 期。
④ 陈海锋:《检察机关介入职务犯罪调查的监督性》,《法学家》2024 年第 3 期。
⑤ 新华社评论员:《推进中国式现代化是一个系统工程》,http://www.xinhuanet.com/mrdx/2023-02/12/c_1310696826.htm(新华每日电讯),2024 年 6 月 4 日访问。
⑥ 黄文艺:《推进中国式法治现代化　构建人类法治文明新形态》,《中国法学》2022 年第 6 期。

也要兼顾未来的发展；既要遵循权力运行的基本规律，又要关注权力运行的地方性知识；既要关注到法治系统的各个子系统，更要关注集成的整体。检察工作作为中国式法治现代化的重要内容、检察机关作为中国式法治现代化建设的主体之一，要从法律监督的基本定位出发，以中国式现代化建设的战略目标为阶段性终点，不断完善自身职能及其实现方式。

"新时代"是检察工作面临的最大特点。在全面依法治国过程中，检察机关应当面对我国社会主要矛盾的变化和国家监督体系的完善，积极适应中国式现代化的要求，以法律监督为核心，为新时代中国特色社会主义贡献自己的力量。

二、新时代检察工作面临的形势

恢复重建40余年后，新时期检察机关面临的形势已然不同。一方面，检察工作的宏观外部环境发生了重大变化，即当前检察机关处于"新时代"，体现为社会主要矛盾的新变化，以及由此对司法的新要求。作为国家法律监督机关，检察机关负有监督其他国家机关实施法律的职责，有能力、也有责任努力实现让人民群众在每一个案件中都感受到公平正义。另一方面，作为对新时代的一种回应，检察机关自身的微观工作内容近年也发生了一些变化。自党的十八大以来，国家治理体系和治理能力现代化建设被置于突出的地位，为此开展了包括诉讼制度、司法体制和监察体制等多方面的改革，这些都深刻影响了我国检察制度。在以审判为中心的刑事诉讼制度改革下，法院及审判的作用被更多地强调，甚至要求证据的收集在一开始就要符合审判的要求，[①]从而也在一定程度上突出了法院的地位。在反腐方面，我国实施了国家监察体制改革，将原先由检察机关承担的职务犯罪侦查、预防等职能及相关部门、人员一并转隶至新成立的监察机关，检察职责发生了重大变化，特别是侦查职

---

① 《关于推进以审判为中心的刑事诉讼制度改革的意见》第2条。

责被长期置于法律监督不可或缺的组成部分、对其他国家机关法律监督重要威慑手段的背景下。[①] 在检察职能方面，党的十八届四中全会提出了探索建立公益诉讼制度；经过试点后，《民事诉讼法》《行政诉讼法》都于 2017 年修改并确立了检察机关的公益诉讼职能。

新时代新形势下，检察机关由此也面临不少危机，虽然这些危机不仅有党的十八大以来暴露的，更有检察工作长期累积形成的。

首先，检察机关在反腐工作中没能最大程度发挥作用，由此进行的监察体制改革在一定程度上分割了其权力，削弱了其在反腐上的威信。腐败行为不仅包括犯罪，更多的是一般违纪违法行为；[②]但作为最终的保障手段，刑法打击是震慑、避免违法违纪行为从量变到犯罪质变的关键之一。监察体制改革前，我国腐败犯罪的侦查权是由检察机关行使的。党的十八大报告在总结反腐历史经验的基础上，将反腐提到了一个新的高度，即腐败不仅是一般的作风问题，而是涉及可能"亡党亡国"的重大政治问题，据此提出了"坚持标本兼治、综合治理、惩防并举、注重预防的方针，全面推进惩治预防体系建设""加强反腐倡廉教育和廉政文化建设"等措施，体现了党对腐败问题严重性和反腐问题极端紧迫性的认识。从党的十八大后反腐成就看，截至 2017 年 1 月，中国已有240 多名中管干部被立案审查，相当于 1978 年到 2012 年间查处力度的 10 倍以上；2014 年，全国纪检监察机关立案查处的腐败案件数量几乎是 2009 年的 2 倍，2015—2016 年的办案数量也有明显增加。[③] 几乎同一时期（2013—2017 年），检察机关立案侦查 254419 人，较前五年上升 16.4%。[④] 突出的反腐成就，一方面反映了此前反腐力度不足导致腐败的蔓延，而作为掌握职务犯罪侦查职能的检察机关可能不得不承

[①] 石少侠：《论我国检察权的性质》，《法制与社会发展》2005 年第 3 期。

[②] 如 2016 年，各级纪检监察机关依规依纪诫勉谈话 3.1 万人，给予纪律轻处分 31 万人，给予纪律重处分 10.5 万人，移送司法机关 1.1 万人。相关数据参见李志勇：《巩固反腐败斗争压倒性态势》，《中国纪检监察报》2017 年 2 月 8 日。

[③] 过勇：《十八大之后的腐败形势》，《政治学研究》2017 年第 3 期。

[④] 曹建明：《最高人民检察院工作报告》，https://www.spp.gov.cn/spp/gzbg/201803/t20180325_372171.shtml（最高人民检察院官网），2019 年 10 月 30 日访问。

担一定的责任,①无论是直接或间接的,抑或是其他类型的;另一方面检察机关与纪检监察机关反腐数量上的差异,似乎也在一定程度上反映了检察机关的反腐力度不够,尽管违反党纪政纪、违法的立案审查并不意味着一定导致犯罪的立案侦查,两者在增长比例上的悬殊也是可能的。②

从监察体制改革的动因看,检察机关没能在反腐上集中力量也是原因之一。从《监察法(草案)》说明中对《监察法》制定的重要意义可以看出,③检察机关与其他反腐机关的办案合力没有形成,检察机关依据现行法律享有的侦查权限和侦查措施难以满足打击腐败犯罪的需要。此后,统一的国家监察机构成立,集职务犯罪调查、违法违纪行为的处理等监察职责于一身,同时与党的反腐机构合署办公;监察机构调查行为不适用《刑事诉讼法》,而是以《监察法》作为依据。虽然监察机构的设立和监察法的制定是重大政治改革的组成部分,但显然的是,现行法律构架下的检察机关在反腐工作上可能难以发挥更大的作用;④顺理成章的是,国家在 2016 年试点基础上于 2017 年底全面推进新中国成立以来的重大政治改革——监察体制改革,并将检察机关对职务犯罪

① 在监察体制改革前,检察机关行使职务犯罪侦查权受到一些体制性的约束,是否能查办某一职务犯罪案件并不是其能完全决定的。

② 如根据 2023 年最高人民检察院工作报告,2018—2022 的五年间,检察机关受理各级监委移送职务犯罪 8.8 万人,只有前五年的三分之一左右;不过,考虑到违纪违法与犯罪都由监察机关调查处理,这到底是因此前反腐造成的犯罪存量与新生增量减少还是可能存在监察机关以政务处分代替移送检察机关审查起诉,有待观察。当时的情况也是类似。相关内容参见张军:《最高人民检察院工作报告》,《检察日报》2023 年 3 月 18 日;李蓉:《监察机关非罪化处置权及其限制》,《北方法学》2019 年第 4 期;马松建、刘昊天:《纪法衔接与特定情形职务犯罪非罪化处置》,《中州学刊》2023 年第 7 期。

③ 李建国:《关于〈中华人民共和国监察法(草案)〉的说明》,http://www.npc.gov.cn/npc/c30834/201803/ecb77484a37f4a2380e0d3ef0a1460fd.shtml(中国人大网),2020 年 1 月 31 日访问。

④ 检察机关在反腐工作中发挥作用的程度主要取决于相关法律规定和检察体制,这也可以从监察机关成立后专门适用《监察法》及监察机关与党内机构的合署办公中看出端倪。学者张建伟、李奋飞都有对检察自侦问题的研究,详见张建伟:《法律正当程序视野下的新监察制度》,《环球法律评论》2017 年第 2 期;李奋飞:《检察再造论》,《政法论坛》2018 年第 1 期。

的侦查权转移至新成立的监察机关。尽管检察机关仍然保留了包括司法工作人员职务犯罪、刑事案件审查起诉等侦查后的各种诉讼职权,但职务犯罪的处理形成了区别于此前"侦查——公诉"的"调查——公诉"新模式,①检察机关职务犯罪处置权力被分割,反腐的威信受到影响。

其次,以审判为中心的刑事诉讼制度改革,检察机关在刑事司法中的作用至少在理论上受到削弱。传统上检察机关与审判机关都是司法机关,除了在各自体系内的上下级关系有差异外,两者的组织体系、权力来源、人员资格要求上都基本相同,因此两者在刑事诉讼中的地位也是基本相当的,甚至因检察机关拥有对审判人员职务犯罪侦查权、诉讼监督权,有观点认为检察机关地位要凌驾于审判机关之上。② 不过,以审判为中心的刑事诉讼制度改革改变了这一形势。虽然实务界不少声音都认为该项改革只是确立审判阶段的中心地位,并不改变法检的关系。③ 理论界却有不少声音认为,这项改革就是要提高法院在三机关(公安机关、检察机关与审判机关)中的地位,④"以审判为中心改革的重要思路与举措就是确立以审判为中心/法院为中心的一体两面式的司法体制改革",检察机关审判监督的职能只限于公诉;⑤即使部分学者赞成这项改革只涉及诉讼职能定位,并不是机关部门地位改变,但也认为检察机关应当调整批捕权和审前的司法救济权。⑥ 检察机关内部也存在对这种改变的悲观情绪。⑦ 显然,这些声音并非空穴来风。相比以前,当前对以审判为中心的诉讼制度改革的高调宣示,无论从何种程

---

① 李奋飞:《"调查——公诉"模式研究》,《法学杂志》2018年第6期。

② 陈兴良:《从"法官之上的法官"到"法官之前的法官"》,《中外法学》2000年第6期。

③ 沈德咏:《略论推进以审判为中心的诉讼制度改革》,《中国法学》2015年第3期;陈国庆、周颖:《"以审判为中心"与检察工作》,http://www.jcrb.com/procuratorate/theories/practice/201610/t20161014_1660326.html(正义网),2020年1月31日访问。

④ 郝铁川:《习近平新时代法治思想的新观点、新判断及新特点》,《南海法学》2017年第6期。

⑤ 左卫民:《审判如何成为中心:误区与正道》,《法学》2016年第6期。

⑥ 陈卫东:《以审判为中心:当代中国刑事司法改革的基点》,《法学家》2016年第4期。

⑦ 朱孝清:《国家监察体制改革后检察制度的巩固与发展》,《法学研究》2018年第4期;戴萍、陈鹏飞:《以审判为中心的诉讼制度对检察改革的影响及应对》,《广东行政学院学报》2015年第4期。

度上都有加强法院地位的意味,尽管定罪量刑方面本来就是法院的权力,但毕竟此次只是单独强调了法院审判的"中心"。

再次,检察机关的监督手段与效果不足一直是顽疾,在新时代可能更为明显。检察机关是国家法律监督机关,其权力来源于国家权力机关,具有国家性、专门性、规范性、程序性和强制性等特点;[1]但除了批捕权、公诉权外,检察机关享有的其他权力在实践中都出现了监督手段有限和效果不足的问题。早在上世纪 90 年代前后,学界就注意到我国检察机关法律监督的诸多不足,如建议侦查机关撤案的,要经过检察机关批准,以加强侦查撤案环节的监督;[2]但当下的立案监督,在发现应当立案而不立案或不应当立案而立案的情形,检察机关可以通知公安机关立案或撤案,甚至发出纠正违法通知书,但公安机关不回应或不纠正的,检察机关也只能"报上一级人民检察院协商同级公安机关处理",[3]强制性依然无从体现。侦查监督的信息来源不足、监督滞后及监督效果不佳,[4]审判监督中的监督方式过于单一、事后监督的效果差都是不争的事实,[5]法律监督似乎出现了全链条的困境。不仅如此,在长期将职务犯罪侦查视为法律监督重要手段的情况下,[6]监察体制改革后的检察机关监督手段与效果的不足可能更为明显,至少监督手段更为贫乏了。

最后,检察工作目前难以及时回应社会需求,也影响了法律监督作用的发挥。党的十九大明确了我国当前社会的主要矛盾,这是检察工作最大的出发点;中央也要求,让人民群众在每一起个案中都能感受到公平正义,但检察工作要适应这一要求并不容易。一方面表现为案多

---

① 谢鹏程:《中国检察机关法律监督职能的特征》,《检察日报》2004 年 2 月 17 日。
② 赵玉洁、吴高树:《亟需在立法上加强检察机关的侦查监督职能——兼谈对刑诉法第九十四条、第九十九条的修改》,《当代法学》1988 年第 4 期。
③ 《人民检察院刑事诉讼规则》第 564 条。
④ 孙谦:《刑事侦查与法律监督》,《国家检察官学院学报》2019 年第 4 期;刘计划:《侦查监督制度的中国模式及其改革》,《中国法学》2014 年第 1 期。
⑤ 杨宇冠、郑英龙:《检察机关的法律监督——以法庭审判监督为重点》,《求索》2018 年第 5 期。
⑥ 张智辉:《法律监督三辨析》,《中国法学》2003 年第 5 期。

人少的矛盾总体较为突出。从 2013 年至 2017 年的五年情况看,全国检察机关共批捕 453.1 万人,较前五年下降了 3.4％,但起诉 717.3 万人,较前五年上升 19.2％。① 从 2018 年至 2022 年看,"全国检察机关共办理各类案件 1733.6 万件,比前五年上升 40％;其中,2022 年受理审查逮捕 83.7 万人,受理审查起诉 209.2 万人,比 2018 年分别下降 38.6％、上升 2.8％;办理民事案件 31.6 万件、行政案件 7.8 万件、公益诉讼案件 19.5 万件,比 2018 年分别上升 1.5 倍、3.3 倍和 72.6％。"②在我国检察官数量下降、员额数量相对固定的情形,一些地方检察院检察官每年办理的案件数量超过百件是常态。与此同时,在公益诉讼、民事行政诉讼监督案件增加明显,认罪认罚从宽案件对检察官工作量的增加、未成年保护从犯罪嫌疑人被告人向被害人的延伸等检察工作外延的扩张,都将大量增加检察工作内容,检察资源紧张应是长期的问题。另一方面,受法律、体制等多方面的影响,检察工作在一些人民群众关心的事情上也难以大力开拓,特别是在既有的众多职能履行还存在不足的情况下。如,民事公益诉讼方面,当前法律主要限于"破坏生态环境和资源保护、食品药品安全领域侵害众多消费者合法权益"等损害社会公共利益的行为,但除了这里明确规定的类型外,其他"等损害社会公共利益的行为"扩展极为有限;即使是明确属于民事公益诉讼的案件,检察机关也面临专业能力不足、与人民群众司法需求不相适应等问题。③ 又如,在跨行政区划检察改革推进上,2014 年 12 月在上海、北京进行的跨行政区划检察改革本可以作为推动检察工作去地方化的重要抓手,并在一定程度上向全国推进;但试点改革至今超过 10 年,中央、最高人民检察院都没有进一步改革的落实方案。各地的铁检机关在本地省院的领导下,主要办理一些与司法地方化关联性并不大的案件,既浪费了铁路检察机关的资源,也与跨行政区划检察改革

---

① 曹建明:《最高人民检察院工作报告》,《检察日报》2018 年 3 月 26 日。

② 张军:《最高人民检察院工作报告》,《检察日报》2023 年 3 月 18 日。

③ 姜洪:《当前民事检察工作存在四个问题》,http://news. jcrb. com/jxsw/201810/t20181024_1918432.html(正义网),2020 年 2 月 1 日访问。

的初衷不符,①甚至可能会失去最后助力检察去地方化的价值。②

三、检察工作的新课题

面对检察职能的重大调整和检察工作的任重道远,不少学者提出了自己的真知灼见,希望检察机关能优化完善既有职能,或者扩充新的职能。如《中国法律评论》2017年第5期以"检察机关的新定位和新职能"为主题发表了5篇相关论文,反映了学者对这一前沿问题的思考。陈瑞华教授提出,将民事行政公益诉讼与刑事公诉纳入统一的公共诉讼职能,同时重构抗诉职能、扩展司法审查职能和聚焦诉讼监督重点等。③ 秦前红教授提出,检察机关应当坚持当前的宪法定位,同时在宪法法律中寻找"有力依托"和"有效措施",包括构建全面涵盖立法、执法、司法和守法四个环节的法律监督体系,赋予检察机关协助权力机关行使宪法监督的职能,强化既有检察措施或增添新的检察措施,并要处理好检察一体与检察独立、检察院与其他国家机关、检察院与公民、社会的关系等。④ 王亚新教授则提出,检察机关应当补齐民事职能上的短板,加强对民事审判、民事执行的监督,打击遏制虚假诉讼。⑤ 樊崇义教授还提出,在坚持宪法定位的同时,要实现检察制度与监察体制改革的平稳衔接,向纵深拓展公益诉讼、强化侦查监督等。⑥

中央和最高检察机关对检察工作的筹划,对检察职能的影响最为关键。伴随监察体制改革、以审判为中心的诉讼制度改革的推进,最高人民检察院明确提出了"讲政治、顾大局、谋发展、重自强"的总体要求,通过内设机构系统性、整体性、重塑性改革,优化检察机关法律监督职

① 叶青:《依法独立行使检察权保障机制研究》,法律出版社2018年版,第179—194页。
② 陈海锋:《"鲇鱼效应"下检察去地方化改革的新思路》,《犯罪研究》2024年第2期。
③ 陈瑞华:《检察机关法律职能的重新定位》,《中国法律评论》2017年第5期。
④ 秦前红:《全面深化改革背景下检察机关的宪法定位》,《中国法律评论》2017年第5期。
⑤ 王亚新:《检察机关民事职能的再定位》,《中国法律评论》2017年第5期。
⑥ 樊崇义:《检察机关深化法律监督发展的四个面向》,《中国法律评论》2017年第5期。

责,初步构建了刑事、民事、行政、公益诉讼的"四大检察"并行格局,①并在诉讼监督、犯罪指控体系、公诉模式等多方面健全完善检察机关的法律监督体系,②希望借此实现法律监督工作的"双赢""多赢""共赢"。2021 年,《中共中央关于加强新时代检察机关法律监督工作的意见》颁布,为我国新时期检察职能的完善发展提供了指导,是具有方向性的纲领文件;在明确检察机关法律监督职责"为大局服务、为人民服务"的基础上,该意见从九个方面提出了提升法律监督质效、维护司法公正的措施。作为对该意见的贯彻,《2023—2027 年检察改革工作规划》以检察机关的法律监督工作为总抓手,深化"四大检察"的协同,深化实施数字检察战略,深化司法体制综合配套改革,全面准确落实司法责任制,全面强化对执法司法活动的制约监督,从六大体系列出了近期检察工作的主要任务,借以"实现法律监督理念、体系、机制、能力现代化",助力全面建设社会主义现代化国家。

由此可见,面对检察改革的关键时期,虽然视角不同,但学界倡议与实务界的改革仍然存在诸多不谋而合的内容,如公共诉讼中就包括了公益诉讼的内容,民事行政检察与公益诉讼也有诸多交叉的内容;诉讼监督与检察机关内设机构改革也联系密切等,这为检察改革的顺利推进提供了社会基础。

作为一个未完成的机关,③检察机关的任何改革都可能为其带来更多的发展机会,同时也会引起不少质疑。从当前及此后一段时间检察机关的工作规划看,检察机关通过提升司法办案专业化、组织体系科学化和检察队伍职业化水平,加强了检察机关自身适应社会、服务群众的能力,与国家治理体系和治理能力现代化的要求或大方向是完全一致的,这也体现了检察机关在新时代的担当。不过,检察机关虽是国家法律监督机关,但其职能具有多元性,甚至部分职能在不同时间、不同

---

① 薛应军:《全国检察长会议在京召开》,《民主与法制时报》2019 年 1 月 19 日。
② 具体参见《2018—2022 年检察改革工作规划》。
③ 此处是借用万毅教授的著作《一个尚未完成的机关》(中国检察出版社 2008 年版),代指检察机关的改革完善没有完成,或相对于其他国家机关的成熟度要低。

阶段存在一定的冲突。在这种情况下,如何平衡检察机关在行使不同职能时的角色,从而最终维护法制统一、实现司法公正的目的,就需要更为谨慎,也更显重要。

从宪法的权力框架看,检察机关应着力于"法律监督"这一核心。以刑事审前程序为例,检察机关更多应是要加强对警察权或侦查权的控制而不是与其配合。从检察机关产生的历史看,其基本功能在于一方面通过权力分立,以法官与检察官成功彼此监督节制的方法,保障刑事司法权行使的客观性与正确性,另一方面通过严格法律训练即法律拘束的客观公正官署来控制警察活动的合法性,最终实现守护法律的功能。① 我国的检察机关和审判机关都是司法机关,相比于境外的检察机关更强调其具有的司法属性。在我国,检察机关是审前程序的主导机关,法院没有介入的途径,这就要求检察机关相比境外的检察机关更多对侦查机关的监督,承担本应法院承当的司法审查角色。由于公检法共同的惩罚犯罪与保障人权的目的与任务,法院很难轻易在审判阶段作出无罪裁决,包括对案件事实的主动调查核实义务、超出公诉范围的审判权限等都使得对侦查的制约有限,而通过检察机关更早对侦查机关的制约,从而督促其提高侦查质量而不是等到法院审判阶段来制约控诉、侦查,显然更具有效率,也是同作为司法机关的应然担当。如此,检察机关加强对审前程序中的侦查监督就显得更为合理、必要,至少在中国是如此。然而,当前检察机关的诸多改革,在加强其监督能力建设的同时,即使在最为成熟的刑事检察方面,不少都是出于加强与侦查的合作、提高公诉质量的考虑,将审前程序作为控诉的准备阶段而不是对侦查的监督,甚至希望能加强与侦查机关合作、构建大控方的格局。②

基于此,以检察机关法律监督的内涵与外延为视角,结合《中共中

---

① 林钰雄:《检察官论》,法律出版社 2008 年版,第 5—8 页。

② 捕诉一体的改革最为明显,不少检察机关也将其作为刑事检察改革的重要目标。具体参见敬大力:《捕诉一体重构刑检职能提升工作质效》,《检察日报》2019 年 1 月 23 日;常锋:《推动"四大检察"全面协调充分发展的实践路径》,《检察日报》2019 年 6 月 4 日。

央关于加强新时代检察机关法律监督工作的意见》中"全面提升法律监督质量和效果，维护司法公正"的诸方面，《2023—2027年检察改革工作规划》中"全面构建检察机关法律监督现代化制度体系，强化对执法司法活动的制约监督"的内容，笔者着力于对检察职能的实现进行研究。毫无疑问的是，无论是当前政策上确立的"四大检察"还是具体的检察十大业务，宏观的法律监督内涵与外延都非常丰富，实现的方式更是多样，笔者无力、也无意进行全面研究。以"新课题"为主题，并非指所有内容都是全新的，而是选择其中较有代表、影响较大、争议较大的实现方式进行新的研究，借以通过对部分检察权及其运行的反思，以为检察职能的实现提供不同的视角，既包括全新的内容，也有翻新的主题。全书的思路如下：以宪法性规范为出发点，重述新时期检察机关法律监督的应然表现。以此为基础，本书对检察机关法律监督的实现研究分为立法检察、监察检察、刑事检察、民行检察等四大方面；其中刑事检察长期是检察工作的重点，相关内容也较多，作者选取了争议较大的两项职能——审查批捕与诉讼监督职能分别展开研究；至于民行检察，虽然争议内容也较多，但笔者主要选择了检察机关介入的范围作为主要内容，这也是检察监督的入口和法律监督发挥作用的前提。在这些内容之外，考虑到当前检察机关积极介入社会管理的诸多方面，笔者以未成年人机构改革为切入点，探讨检察工作主动介入的分寸问题，以作为对整个检察职能如何实现的管中窥豹。

除引言外，全书分为七章，主要内容如下：

第一章是"新时代检察职能重述"。以宪法、人民检察院组织法等宪法性文件和我国的宪制理论为基础，通过对检察机关"法律监督"争议的厘清及与监察监督的区分，明确检察机关的基本职能，同时建议检察机关职能表述应保持适当的弹性，以应对新时代急剧变化下的公众与社会需求。这是本书研究的基点，也是其他各部分研究的前提。

第二章是"立法检察权的确立与实现"。立法检察是检察职能在新时代下的必要扩展，也是从源头实现法制统一的重要抓手。我国检察机关的法律监督目前主要体现在对行政机关、审判机关等的具体行为监督,但对它们制定规范性文件的行为缺乏监督,这与检察监督理论并不相符。作为新时代检察监督的重要发展,有必要明确确立对立法行为的检察权,推动以宪法为核心的中国特色社会主义法律体系建设完善,形成对国家机关权力行使的全方位监督。

第三章是"职务犯罪监察调查的检察监督"。国家监察体制改革后,检察机关职务犯罪相关职能转隶至监察机关,保留刑事案件公诉权的检察机关与监察机关仍然存在密切的关系,但在职务犯罪案件调查过程中是否存在监督关系较为模糊。通过对职务犯罪刑事程序中监检关系的梳理,阐释了调查权集中统一下形成的异体监督乏力与被调查人权利保障失位的问题。除了因作为国家的法律监督机关,检察机关加强对监察调查的监督不仅符合管理学的基本原则,也是在众多加强监督路径中最为可行的方式。加强检察机关对监察权的监督,一方面应厘清"三问",即职务犯罪办理程序特殊性何在、如何破解被调查人可能对办案的干预和被调查人权利克减的限度,另一方面应抓住监督重点,包括立案、律师辩护和留置等。

第四章是"审查逮捕程序诉讼化的反思与进路"。面对我国当前较高的羁押率与少捕慎押的政策,审查逮捕程序的诉讼化是应对的重要措施,但不应忽视现行审查逮捕程序的积极价值,且应当在大部分案件中继续适用现行程序。审查逮捕程序的改革应避免全面诉讼化、只能由法官主持诉讼化和将诉讼化作为消解高羁押率措施等误区。目前应以加强社会危险性的证明、完善辩护权利的保障和强化检察机关的中立地位为基础,通过在案件范围、审查时间和审查形式三个方面对逮捕审查的有限诉讼化,辅之以救济程序的完全诉讼化,以作为实现我国逮捕问题整体治理的可行路径。

第五章是"刑事诉讼监督路径的优化"。刑事诉讼监督是我国检察机关法律监督在刑事诉讼中的重要体现,但作为主业的组成部分,其权力配置备受质疑,监督效果不力、不彰。从侦查阶段的检察提前介入侦查看,这种侦检衔接机制以配合侦查为目的,在审前程序缺乏法院介入情况下本应更多体现为监督权力和救济权利的作用,却过早陷自己于控方地位,失去审前阶段应有的中立地位,而且与检察机关的法律监督地位与身份都不符。审判阶段的检察长列席审判委员会,以同时监督为名,却破坏了控辩平等且也无必要;针对庭审程序中出现的违法现象,本应及时监督,却以防止干预庭审为名待到庭后提出,贻误时机。从宏观视角看,诉讼监督的"柔性"尽显,监督的范围并不十分清晰、诉讼监督的违法情形纠正主要靠对象的自觉、程序性制裁较少,而通过与监察工作的配合衔接、强化监督的公开性、积极回应社会公众和完善相关制度应是"刚化"诉讼监督的必由之路。

第六章是"民行检察职能的审慎与扩张"。近年来,随着公益诉讼的发展,包括民事诉讼、行政诉讼在内的民行检察监督得到了快速发展,极大丰富了检察工作的内容。相对于刑事检察职能,当下的民行检察不足以独立作为"四大检察"的两项;相对于法院的民行案件总数,事实上提起监督的数量也较少;即使快速发展的公益诉讼,也存在发展失衡的问题,可能与检察机关的法律监督地位不符。基于私权自治与检察机关救济相结合、申请检察监督的全覆盖与职权监督的选择性相平衡,一方面应适当扩张检察监督的范围,包括民事行政诉讼申请监督事项上对实体与程序问题予以同等关注,行政公益诉讼则不设案件类型限制,另一方面应谨慎监督,包括对民事行政诉讼职权监督应严格限制在涉及公共利益保护的范畴内,而民事公益诉讼作为最后补充手段,且应与行政公益诉讼或移送监察机关处理相结合。

第七章是"未检工作机构的完善与面临的课题"。以监察体制改革为契机,最高人民检察院在内部进行了机构整合与资源的优化配置,并在历史上首次单独设立了未成年人检察部门。在未成年人犯罪高发、犯罪处理争议不断、未检改革统筹不足等背景下,未检机构的整合无论是对未成年人司法制度的完善、未成年人保护社会统筹的加强,还是对检察职能的拓展都有积极的价值;不过,未检工作在为未成年人权益保障提供全方位服务的同时,也存在力所不及、超越法律监督、代替其他国家机关职能等主副业关系不清的问题。从未检机构调整及已然实施的诸多努力后未检工作仍然面临严峻形势看,检察机关可以在未成人犯罪的刑事处罚、未成人违法的处理以及未成人的社会保护三方面着力,在本职范围内积极作为,同时更多督促其他国家机关、社会团体积极履行职能,形成未成人保护的合力。

第一章　新时代检察职能重述

面对职务犯罪相关职权与人员转隶的重大影响和法律监督的诸多问题,检察制度的发展似乎走到了十字路口。不过,2018 年《宪法》对检察机关"国家法律监督机关"定位的再次确认显然具有一锤定音的效果,而党的十八大以来,通过三大诉讼法的修改而逐渐增加的检察机关公益诉讼权、行政监督权以及保留对司法工作人员有关职务犯罪的侦查权等,从一定程度上实现了检察职能的调整,甚至优化。在检察职能发生重大变化的当下,着力研究检察职能的内涵与外延,明确检察职能应有内容与新时代的可能扩展,不仅可以为职能变化与实现提供理论阐释,推进检察改革的顺利进行,更为未来职能的不断扩展完善提供铺垫和准备。

检察职能是宪法、法律规定的检察机关职责与功能,不同于检察职权,后者是实现职能而被赋予的具体权力,如三大诉讼法中检察机关的公诉权、侦查权和公益诉讼权等,[①]前者更类似于后者的集合或上位概念;但检察职权反映检察职能,在某种程度上检察职权与检察职能具有同一性,如侦查职权与侦查职能就基本在相同或相似语境下使用。[②] 为此,笔者暂且不对两者进行严格的区分。

---

① 汪建成、王一鸣:《检察职能与检察机关内设机构改革》,《国家检察官学院学报》2015 年第 1 期。

② 检察职权在行使中经常会进行更多的细分,特别是在刑事诉讼法等程序法中;考虑到检察职能研究具有根本性、原则性,本章主要以宪法性规范中涉及的检察规范为基础进行研究,不再区分检察职权与检察职能;对检察职权又进行细分的具体职权,一般不再单独提及。

第一节　检察职能的确定规则

受制于我国法治建设的起步较晚,对检察职能的研究更多是从法定职能开始的。在当下检察机关定位的实质内容与表现都已出现变化的情况下,对检察职能的再思考显然需要确定规则,为检察职能的完善提供参考标准。

一、检察职能确定的原则

监察体制改革以后,检察职能的重定与完善成为紧迫的课题。最高人民检察院将检察职能整合重定为刑事、民事、行政与公益诉讼四大职能和普通刑事犯罪检察、重大刑事犯罪检察、职务犯罪检察、经济犯罪检察、刑事执行检察、民事检察、行政检察、生态和公益诉讼检察、未成年人检察、控告申诉检察的十大业务。与此同时,不少学者也纷纷为检察职能的完善建言献策,如,有建议将检察机关定位为公诉机关和诉讼监督机关,据此充实公诉权、加强诉讼监督的刚性、重心等;[1]也有提出,检察机关在突出审查批捕、审查起诉两项主业基础上,加强民事行政与刑事执行检察;[2]也有认为,检察机关应注重内涵式发展,在诉讼监督职能外,向合宪性审查、司法审查和行政检察等诉讼外领域拓展;[3]还有提出,按照司法改革的趋势和检察制度的规律,检察机关的职能应调整为公共诉讼、控诉、司法审查与诉讼监督四大职能。[4] 这些职能的确定依据各不相同,既有实践的、也有理论的,既有与国外的对

---

① 胡勇:《监察体制改革背景下检察机关的再定位与职能调整》,《法治研究》2017 年第 3 期。
② 李奋飞:《检察再造论》,《政法论坛》2018 年第 1 期。
③ 朱孝清:《国家监察体制改革后检察制度的巩固与发展》,《法学研究》2018 年第 4 期。
④ 陈瑞华:《检察机关法律职能的重新定位》,《中国法律评论》2017 年第 5 期。

比，也有与中国改革当下的对照。这种职能确定的不同，应该是确定的原则存在分歧；不同的标准，自然也有不同的结论。

（一）检察职能确定原则的分歧

对检察职能配置的原则，目前主要存在以下三种观点。第一种认为，职权配置的内在要求包括基于检察权来源和根据的符合法律监督性质、有效履行职责使命和保证接受监督制约等实质要件，以及基于立法技术与检察权运行需要的职责明晰、职能协同和效力保证等形式要件。[①] 第二种认为，基于我国司法体制改革的基本原则，我国检察职能的配置应遵循四个原则，即司法性原则、一体化原则、协同性原则和监督性原则。[②] 第三种认为，基于检察权独立、公正和高效运行的需要，检察权配置应当遵循合宪性、权力制约与监督、遵循司法规律、检察一体化、权力结构完整、职权与职责统一、法律保留和程序正当原则等。[③]

不难看出，前述三种观点出发点不同，从而导致原则确定上存在不小差异。从出发点看，检察机关的各种职能应是服务于法律监督目的的，或说有利于法律监督实现的。至于保障检察权有效运行的目的，总体而言是相对微观的具体权力配置，如在具体监督案件时可能需要调查核实权，但将调查核实作为检察职能显然不合适。至于以我国司法体制改革应坚持的基本原则为指导，如作者提及的"坚持党对司法工作的绝对领导，坚持由人大产生、对人大负责、接受人大监督，坚持人民主体地位，坚持依法办事，坚持从中国国情出发"等，这些原则本身是完全正确的，但由此能否直接作为指导而提炼出新的配置原则可能成疑，如作者提及的司法性原则；的确，我国的检察机关是司法机关，具有一定的司法性，但正如作者在论述如何根据司法属性配置检察权时所述，这

---

① 谢鹏程：《检察权配置的原理》，《国家检察官学院学报》2012 年第 4 期。
② 王祺国：《检察职能科学配置原则与具体设想》，《人民检察》2015 年第 11 期。
③ 韩成军：《检察权配置基本问题研究》，《河北法学》2011 年第 12 期；田坤：《立宪主义视野下我国检察权配置研究》，湘潭大学 2017 年博士学位论文。

里的司法性主要体现在检察权运行与行使方面等，[①]事实上也即司法性只是权力运行方式，[②]作为权力配置方式可能不完全准确。

基于出发点不完全合适或由此形成的不适当延伸，上述原则基本上都是检察职能确定后的内部如何合理运行、有效实现的问题，如职责明晰、职能协同和效力保证；类似的还包括一体化原则、协同性原则等，其实都是职能确定后的下一层次的问题，过于微观，难以作为检察职能或职权配置的原则。当然，为保障相关检察职权的具体运行，这些原则仍有价值。

（二）检察职能确定的应然原则

从检察机关的法律监督定位出发，检察职能应是相比具体职权配置更为宏观，一般应体现在组织法层次；若在三大诉讼法中，其应主要反映在总则部分或主要体现在职权原则上，而不是分则中有关各具体的权力，如刑事诉讼中的检察职能可以体现为侦查、公诉等，但将补充侦查作为单独职能显然不合适。由此，检察职能配置的原则应当是为直接实现法律监督目的而指导检察机关配置有关职能的原理性准则或宏观标准。

首先，合法性原则。依法治国是我国的基本治国方略，也是宪法确立的基本原则。检察机关作为保障法律统一实施的机关，更应当在依法治国中发挥示范作用；作为检察机关发挥作用的具体方式即检察职能，自然也应当以既有的宪法、法律为依据。从检察制度的历史渊源中发掘检察职能发展的线索、本源，应当可以作为检察制度发展的参考，但不应成为依据；检察制度本身处于发展中，即使当前的发展与最初动因已然不符，但并不代表当前的发展不具有合理性、合法性和必要性。外国的检察制度可以为我国检察制度的发展提供借鉴，但绝不是标准。作为政体的组成部分，检察制度本身只是政权组织形式下的一个部分，

---

① 　王祺国：《检察职能科学配置原则与具体设想》，《人民检察》2015 年第 11 期。
② 　陈海锋：《刑事审查起诉程序正当性完善研究》，法律出版社 2014 年版，第 260—262 页。

服务于国体；如同市场经济与资本主义并非完全对应一样，我国采取何种政体或政体中的具体构架都可以随着国体的需要而变化、改进。中国检察机关职能确定的首要原则应当从当下中国法治规范中寻找，否则不仅维护法律统一实施的初衷无法实现，其自身也将失去存在的依据。

其次，合目的性原则。检察职能确定的合法性原则绝不是一成不变的坚守法律，将作为手段的法律视为目的的法律。由于我国社会的快速发展，特别是党的十九大以来我国社会主要矛盾的变化，中央对包括检察机关在内的司法机关提出了更高的履职要求。在急剧的社会变革中，目前已有的法制可能存在不少难以适应社会快速发展的情形。作为社会普遍经验的法律，其一方面要等到社会经验的发展与成熟，才可能制订，另一方面还要严格按照法治的要求进行立改废，因此法律一旦制定就面临落后于现实的困境。面对这一形势，在重大改革于法有据的前提下，检察职能的确定必须始终紧紧围绕检察制度的核心目的——法律监督，在遵循基本法律的前提下，适当调整检察职能的外延，以最大程度有利于检察目的的实现。

再次，与时俱进原则。与合目的性类似，检察职能的确定也要及时跟上时代步伐。如果说合目的性是检察职能确定的出发点，而与时俱进则是检察职能拓展的方向指导。检察职能的确定既是理论性的，也是实践性的；检察制度的发展不可能总是囿于既有法制中裹足不前，也要从实践出发寻找检察制度发展的新动力，我国检察公益诉讼制度的确立就是我国检察职能发展与时俱进的典型。随着我国改革开放的推进，社会快速发展下公民的法治意识、权利意识都得到了极大的提高，与此同时，各社会主体也对利益高度关注，从而对新时期下司法公正提出了更高的要求，仅仅依靠检察机关客观公正的法律定位显然无法满足公众对看得见正义的期待，为此，检察职能的确定要紧紧贴合社会的需求，从社会与大众的需求中寻找自己的新职能、新定位。

最后，可胜任原则。法律的生命是经验而不是逻辑。检察职能的法律规定相对容易，但能否实践、如何实践可能更为关键，这也是笔者在一定程度上赞成前述学者提出的配置原则的原因。如果法律对检察职能的规定过于宽泛,检察机关的能力建设无法,甚至较长时间无法满足职能履行的需要,不仅可能导致职能的虚置,也会陷检察机关于履职困境,削弱其威信,最终也将影响整个检察职能的履行与社会的认可。以检察机关进行的司法救助为例。毫无疑问,作为宪法上"公民获得物质帮助权"的体现,检察机关在办案中发现生活急迫困难的当事人而予以辅助性救济,具有正当性、合理性。不过,检察机关进行的司法救助更多只是出于便利,其没有法定的相关职能,更缺乏经费;面对司法救助职能,可能会形成救助不公平、救助不力等问题,最终会侵蚀检察权威、司法公信,甚至反噬检察机关的其他职能。如能将检察机关的救助职能转化为类似法律援助中通知法律援助中心援助,不再进行额外的审查,同样可以及时救助,也可以避免自行承担该职能的力有不逮。检察机关法律监督是初心,也是我国宪法秩序中确立的权力结构的重要内容;在具体职能配置上是基于"监督的再监督",[①]不应轻易启动替代措施,更不能替代相关机关的职能。在当前世界面临大变革的形势下,社会问题可能层出不穷,但检察机关力有未逮,更多应发挥其监督的力量,推动更多的职能机关积极履行相关职责,从而形成检察机关与其他国家机关的合力。

二、检察职能确定的新要求

随着我国社会各方面快速发展而导致的社会主要矛盾的变化,党的十九大将国家工作的重点进行了调整。不仅如此,检察机关的工作一方面存在检察监督的理论研究不足、实践效果欠佳等方面积累的诸多问题,另一方面又面临监察体制改革、刑事诉讼制度改革和司法体制改革等带来的影响,这些都要求检察职能必须进行一定程度的完善,以

---

① 魏昌东:《国家监察委员会改革方案之辨正:属性、职能与职责定位》,《法学》2017 年第 3 期。

适应新时代的要求。

（一）坚持基础职能

作为国家机关的重要组成部分,检察机关在很长一段时间内承担了其他国家机关的部分职能,特别是在检察机关仍然深受地方化影响的情况下。如,2016 年,江苏省某市创建全国文明城市指挥部发文,要求包括检察机关在内的 100 家单位派员上街执勤,维护道路交通秩序;随后,该市检察院公开予以抵制。[①] 虽然事后解释该活动为"志愿者活动",但考虑到时间较长(要求在整个创卫期间,倘若只是在周末或假期短暂开展还有说服力)以及发文的主体,显然这种解释难以完全令人信服;幸而这种拒绝得到了当地党委的支持,否则处于地方的检察机关工作将受到较大影响。此外,有的地方还要求检察机关扫大街,[②]有的还担负了招商引资的相关工作。[③] 即使中央出台了《保护司法人员依法履行法定职责规定》的文件,也没有彻底杜绝地方存在的安排检察机关及其人员参与非检察职能的活动。

除了对检察机关职能与其他国家机关予以同质化而不作区分的情形,也有主张削弱检察机关的部分职能,如审查批捕职能。部分声音认为,批捕本身属于司法性质的权力,在世界各国基本上都是由具有中立色彩的法官或司法官员行使;中国的检察机关具有追诉色彩,由检察机关进行的批捕具有自我监督的特点,进而对实践中的有罪推定、够罪即捕产生了重要影响,应当将这种权力交由法院进行。[④] 不过,这种声音可能混淆了我国检察机关与境外检察机关的性质与特点,与我国现实

① 彭飞:《央媒评徐州检察院婉拒上街执勤:创文明城市不能变成摊派任务》,http://m. thepaper. cn/newsDetail_forward_1521221(澎湃新闻),2020 年 2 月 10 日访问。

② 王煜、周圆:《山东济宁公务员为创卫"扫街"》,《新京报》2016 年 8 月 4 日。

③ 《繁昌县检察院召开招商引资座谈会》,http://www. ahfanchang. jcy. gov. cn/jcyw1/msjc/201906/t20190629_2617210. shtml(安徽省繁昌县人民检察院官网),2020 年 2 月 10 日访问。

④ 陈卫东:《转型与变革:中国检察的理论与实践》,《法学家》2015 年第 1 期;刘计划:《我国逮捕制度改革检讨》,《中国法学》2019 年第 5 期。

并不相符。我国的检察机关就是司法机关的组成部分。检察机关在现实中的追诉色彩主要是在提起公诉后,而在审前程序中并非如此;目前审前程序中存在的追诉倾向并不是检察理论与制度赋予的,主要是检察机关在司法实践中的职能异化,是对打击犯罪的过于追求,有个人和地方的强烈政绩动机。

检察机关是国家法律监督机关,其核心就是法律监督,这是《宪法》和《人民检察院组织法》明确规定的,其职能目前又主要体现在刑事诉讼、民事诉讼、行政诉讼以及由此延伸的检察建议、行政行为的检察监督等中。以刑事诉讼为例,侦查职能、审查批捕职能、提起公诉及诉讼监督职能一直是检察机关的主业;除了审查批捕权与审判监督权受到较多的质疑外,公诉与侦查几乎是全世界检察机关的基本职能。检察机关应当围绕这些主责主业开展法律监督活动,而不是花费较大精力去从事与法律监督关联性不大,甚至没有关联的活动;否则,不仅相关活动的开展缺乏法律依据,缺乏相应的人力、物力保障,可能导致相关工作的事倍功半,而且还可能导致检察机关的主业主责活动缺乏应有的保障而无法完整履行,削弱基本职能,动摇检察机关的根基。当然,随着社会发展而逐渐延展出新的检察职能,与法律监督也紧密相关,自然也是符合基础职能的定位的;当下以三大诉讼为主的诸种监督职能,绝不是排斥发展新的检察职能。

(二)摈弃边缘职能

随着监察体制改革的全国推进,检察机关的自侦职能受到削弱,只保留了针对司法工作人员的相关职务犯罪侦查权。为此,有不少声音主张检察机关应扩大当前法律监督的外延,从而强化检察机关的职能。如,有的认为应将检察机关的审查批捕扩张到其他强制性侦查行为;[①]有的认为,考虑到法律监督的全面性,检察机关应将职能向基层延伸,在乡镇街道、办事处建立巡回检察服务站,当好宣传员、引导员、

---

① 李奋飞:《检察再造论》,《政法论坛》2018 年第 1 期。

调解员和监督员;向学校延伸,共建"青少年法律关爱中心";向非公经济实体延伸,设立企业法律维权服务岗,形成"打击、预防、监督、保护"四大职能。[1]

上述对检察职能的扩张都具有一定的法律依据,不少在一定程度上还强化了当前检察机关的职能,不过,这些延伸可能并不完全符合检察机关的宪法定位,可能也无法改变其当前面临的困境。从强制性侦查行为看,除了逮捕之外的其他强制性侦查行为较多,包括搜查、扣押等行为对犯罪嫌疑人的人身、财产权利的影响也较大,仍然缺乏类似逮捕措施中的司法救济机会,不过检察机关对这些强制性侦查行为还是有监督权力的;[2]作为最为严厉的强制措施,审查批捕受到如此众多质疑的情况下,再将其他强制性侦查行为也直接纳入检察机关事前批准的范围,这对审查逮捕活动、这些侦查措施的监督是否一定有利可能并不尽然,反而可能不利于检察权威,给人法律监督无所不能、但也无力为之的软骨病印象,[3]完善、规范和积极执行现有监督似乎更为紧迫。从这一视角看,当前对其他强制性侦查行为的检察批准可能就属于较为边缘的需要,但在检察能力不断完善的未来仍可以考虑,这也是检察机关法律监督定位所应承担的。

至于通过向基层延伸而强化法律监督,如同"伸出五指"去打击犯罪一样,可能会造成力量的分散。从目前三大诉讼法主要体现的检察职能看,向基层延伸主要的作用可能是便利贴近基层一线、有利于收集监督线索和及时进行监督,但绝对不利于检察机关集中精力进行监督,特别是当前检察机关已然不同程度存在案多人少的情况;巡回服务站、青少年法律关爱中心和企业法律维权服务岗的诸多职能都与检察机关的法律监督没有直接的联系,要么是政府司法行政部门的职能,要么是

---

[1] 李云:《试论监察体制改革后检察机关职能的再定位》,《法治社会》2017年第4期。

[2] 根据《刑事诉讼法》第117条的规定,当事人、利害关系人等可以对司法机关及其工作人员的一些强制性措施或侦查行为进行控告、申诉;《人民检察院刑事诉讼规则》第567—569条也明确规定检察机关可以对侦查机关的相关行为进行监督。

[3] 李奋飞:《检察再造论》,《政法论坛》2018年第1期。

整个社会的共同职责或律师法律服务范畴,现在由检察机关主导建立这样的机构,既缺乏相应的法律依据,没有相应的权力而导致有关职能的虚化,又可能僭越了其他机关或社会主体的职能范畴,既不利于检察机关集中精力履行法律监督职责,也可能导致其他国家机关的懒政,更何况这些工作是社会发展下的新需求,本身牵涉甚广,检察机关也缺少这样的职权与力量去实践。

前述的检察职能拓展本质上仍没有脱离检察职能内涵,只是将其中的履职内容作了一定程度的延伸,不过这种延伸仍从不同程度上不利于检察机关聚焦主责主业,值得警惕。相对于主责主业,这种延伸的检察工作具有一些共性特点,应在未来检察工作中尽量避免入"坑"。其一,这些工作是其他国家机关的职权内容或主要是其他国家机关的工作,如未成年人的保护,牵涉多个国家机关或社会团体,如工青妇、行政机关、司法机关等,检察机关只承担了其中较小部分的工作。其二,这些工作与检察机关联系不大,主要是检察机关履职时可能涉及的部分内容,且完全可以由其他国家机关完成。如当前检察机关进行的法制副校长工作,主要是针对青少年进行普法;作为贯彻落实中共中央办公厅、国务院办公厅印发的《关于实行国家机关"谁执法谁普法"普法责任制的意见》,检察机关有责任在工作中进行法制宣传,包括通过一些司法文件或司法过程的公开、邀请人大代表、政协委员等参访;但法制副校长的相关工作并不在检察机关正常的工作范畴内,完全可以由其他国家机关和单位替代,如司法行政部门或公职律师、教育部门等。其三,这种工作大多是直接面向社会公众、企事业单位等组织、个人的,是不享有国家权力的各种社会主体;相对于检察机关主要对权力机关产生的同级其他国家机关进行的监督,这些主体并不是检察机关权力行使的直接对象。检察机关直接针对社会各种主体行使权力,可能面临僭越其他国家机关职能的问题。其四,不少工作是社会发展中新面临的问题,是检察机关积极应对社会变化、回应社会需求下的表现,但从长期考虑可能并不合适,如检察机关积极进行的被害人司法救济、[1]检察机关主导刑事合规等。[2]

(三) 合理拓展监督空间

在明确提出摒弃边缘职能的同时又提出拓展检察职能,本身显得较为矛盾。不过,在我国检察职能的基本内容或说为维护法制统一的方式仍存在较为明显缺陷情况下,对检察职能的基本内容进行厘清,并在必要时扩展也是应然之举。

自 2012 年以来,我国检察机关的职能已然发生了较大的变化。其一,在刑事职能方面,2012 年《刑事诉讼法》明确了检察机关在审前程序的司法救济职能、强化了刑事诉讼监督职能。[3] 2018 年《刑事诉讼法》修改中扩大了检察机关的公诉裁量权,不同于此前的酌定不起诉下检察机关只有针对微罪不起诉,对于犯罪嫌疑人坦白且有重大立功或案件涉及国家重大利益的,最高人民检察院可以核准撤销案件、不起诉案件或选择性起诉部分罪行;[4]增加了检察机关可以在被告人缺席情况下提请公诉等。[5] 其二,在民事职能方面,2012 年的《民事诉讼法》明确了检察机关对整个民事诉讼活动的监督而非仅限于民事审判活动,[6]2017 年《民事诉讼法》又明确了检察机关的民事公益诉讼职能。[7] 其三,在行政职能方面,2014 年《行政诉讼法》明确了检察机关对行政诉讼活动全过程的监督而不限于行政审判结果的监督,[8]2017 年《行政诉讼法》确立了对行政公益诉讼权力。[9] 此外,党的

---

[1]　陈海峰、王幼君:《刑事案件被害人司法救济制度》,《法治论丛(上海政法学院学报)》2009年第 1 期。

[2]　《涉案企业合规改革两年来十大"争议点"》,https://www.spp.gov.cn/spp/llyj/202303/t20230309_607060.shtml(最高人民检察院官网),2024 年 6 月 10 日访问。

[3]　如《刑事诉讼法》(2012)第 49 条、第 57 条、第 95 条等。

[4]　《刑事诉讼法》(2018)第 182 条。

[5]　《刑事诉讼法》(2018)第 291—297 条。

[6]　《民事诉讼法》(2012)第 14 条。

[7]　《民事诉讼法》(2017)第 55 条。

[8]　《行政诉讼法》(2014)第 93 条、第 101 条。

[9]　《行政诉讼法》(2017)第 25 条。

十八届四中全会还明确提及检察机关在"履行职责中发现行政机关违法行使职权或者不行使职权的行为,应当督促其纠正"。以此为契机,最高人民检察院将我国检察职能整合为刑事、民事、行政和公益诉讼四大职能。

尽管检察机关的法律监督仍然存在不少问题,笔者也不建议在既有的检察职能上向末梢作较多的扩展,但仍有必要从根基上不断结合实践反思检察职能,以维护社会主义法制的正确统一实施,前述我国检察职能近年来的变化本身就体现了这种必要性。与前述两种立场相类似,拓展新职能应围绕检察机关的法律监督进行,也即基于人民代表大会制下我国权力控制的模式,不断反思当前一些国家机关及其工作人员存在的权力监督不足问题,实现维护法制统一与正确实施。基于此,我国当前的检察职能至少在下列两个方面还有不足:一是立法监督职能。从中央国家机关视角看,检察机关似乎只能监督国务院、最高人民法院和军事机关等,但从所有国家机关看,上级检察机关对下级权力机关制定的规范性文件合法性的监督并没有违反人民代表大会制度;从检察机关对其他国家机关的监督看,国家机关除了直接的履职行为,还包括为履职而进行的制定规范性文件的行为,也是职权行为,应当受到监督,而目前是空白。二是监察监督职能。监察改革期间和全面展开后,检察机关对监察机关的监督一直存在争议。从宪法对检察机关的定位以及我国宪法确立的权力控制模式看,检察机关应当对监察权予以监督,但这也不否定监察权可以监察检察权,有必要结合监察法的实施予以明确。

第二节　检察职能的争议与界定

我国检察机关职能虽有明确的制度性规定,但学界争议较大。对争议的回应应有一个标准的立场,从而为后续的制度研究提供前提,也可以为制度的完善提供理论支撑。

一、"法律监督"的主要争议与回应

我国检察机关的"国家法律监督机关"定位来源于列宁的法律监督学说,但这种法律监督就是我国检察机关的职权、性质吗? 其外延包括哪些? 与外国检察机关具有多大的可对比性? 对这些问题的争议长期存在,由此对我国检察制度的发展造成了不少负面影响,检察职权配置的变化与曲折也是这种影响的体现。

(一) 两种相反的观点

理论界关于检察机关的"法律监督"争议主要体现为两种截然不同的观点:"否定论"认为检察机关不应当成为法律监督机关。公诉职能是检察机关的当然定位,检察权本质上主要表现为公诉权;检察机关的侦查、公诉及诉讼监督与法律监督其实并没有必然的联系。[①] "肯定论"认为检察机关是法律监督机关,但认同的具体内容差异也不小。一是认为检察机关拥有的是法律监督权。如有学者提出,法律监督是专门的国家机关根据法律的授权,运用法律规定的手段对法律实施情况进行监察、督促并能产生法定效力的专门工作;法律监督是中国独创的,包括侦查、公诉和抗诉等具有法律监督性质的权力,不包括对立法活动的监督。[②] 二是认为检察机关的职权包括诉讼职权和法律监督职权。如有学者提出,法律监督职权是为了实现法制的统一,与诉讼的各个阶段没有依存关系,只是察看和督促,或程序的启动和建议;公诉职权是一种诉讼职能,目的是与其他机关共同完成诉讼的任务,有自身运转的规律。[③] 法律监督主要是指诉讼程序外的监督、诉讼程序结束后的监督、诉讼程序背后的监督、刑事诉讼中无法实施制约及无法通过制约实现权力约束的状况、与诉讼没有直接联系的司法活动的监督和可

---

① 陈卫东:《我国检察权的反思与重构》,《法学研究》2002 年第 2 期。
② 张智辉:《法律监督三辨析》,《中国法学》2003 年第 5 期。
③ 樊崇义:《法律监督职能哲理论纲》,《人民检察》2010 年第 1 期。

能影响法院依法独立审判的行为的监督。① 从宪制层面看,检察机关的所有职权在宪制意义上均是为实现其法律监督而配置,从技术层面看,法律监督职责可以具体化为"诉讼职权"和狭义上的"监督职权"来实现。② 三是认为法律监督就是诉讼监督。认同的学者提出,法律监督是由检察机关对公安机关和人民法院进行的双重权力控制,从而发挥对公安机关、人民法院的法律监督功能,是对检察机关行使权力所要达到的功能和目的的一种整体性描述,并不是指具体职权是法律监督权。③ 四是认为检察机关的检察权最重要的属性是法律监督,但同时也具有司法属性、行政属性和公益属性。④

总体看,由于我国检察机关在宪法性文件规定上具有特殊性,导致了当前对其法律监督定位及由此延伸的相关权力认识上存在分歧,甚至影响了检察职权的增减,成为检察制度健康发展的重要理论问题。我国《宪法》一方面规定检察机关是国家的法律监督机关,另一方面又明确其与行政机关、审判机关并列,都由人民代表大会产生,并依法独立行使"检察权";《人民检察院组织法》也作了类似的规定。如此,在检察机关的职权上就产生了法律监督职权、检察权以及法律监督与具体的侦查、公诉等权力的关系问题。

(二) 对争议观点的评析

"否定论"的驳论总体不充分。

第一,从检察机关的历史发展角度质疑法律监督,具有一定的合理性。不过,检察机关的历史发展并不能代表我国的检察机关不可以定位为法律监督机关;历史只是基础,检察机关的定位、职能都可以在现实的基础上发展、变化。以古否今,无异于刻舟求剑。

第二,从检察权可能对其他权力的冲击质疑法律监督,如检察机关

---

① 蒋德海:《我国的泛法律监督之困境及其出路》,《法学评论》2013 年第 4 期。
② 魏晓娜:《依法治国语境下检察机关的性质与职权》,《中国法学》2018 年第 1 期。
③ 万毅:《法律监督的内涵》,《人民检察》2008 年第 11 期。
④ 王守安、田凯:《论我国检察权的属性》,《国家检察官学院学报》2016 年第 5 期。

的监督可能导致其在诉讼中呈现"法官之上的法官"的角色。这种认识的确从部分程度上反映了当下检察机关权力运行的现实,但这种现实是背离制度的,是异化的事实,不应作为必然或应然的现象。在刑事诉讼中,特别是审判程序中,检察机关主要承担指控的角色,虽然有客观公正的义务,但一旦决定起诉,自然要全力以赴;这里可能关键是要确立审判机关、法官的庭审主导权,从而确保控辩的平衡和程序的公正。对于检察机关此时承担的庭审监督可能给审判机关、法官施加的压力,一方面要正确理解这种监督,即检察机关在审判程序中的监督或提出异议等,只是其履行控诉职能中的一项必要权力,没有必要把《宪法》对检察机关的法律定位与所有具体的权力都一一对应;即使将其作为检察机关国家法律监督机关定位的体现,但这种监督也是依法监督,当事人也可以在庭审中依法监督,都具有合法性,并不具有特殊性。世界主要国家的检察机关或检察官在庭审中都可以提出异议,包括对辩方,也包括对主审法官提出异议。我们不应把这种监督理解为中国特有,更不应理解为检察机关特有,人为地将这种行为区分定性并予以特殊化。另一方面,检察机关具有的对司法工作人员的职务犯罪侦查权,的确具有相当的威慑力。在我国当前只是建立了社会主义法制体系的现实下,不仅不少具体制度还有待完善,执行更是参差不齐,由此可能导致法官在司法过程中出现一些不规范的诉讼行为,甚至出现漏洞也是完全可能的;在检察机关掌握对审判人员职务犯罪侦查权的情况下,如果检察机关的建议或意见不被采纳,由此可能对该法官进行"报复式"的审查或侦查,尽管不见得有最终定罪量刑的后果,但即使是不规范的司法行为,对审判人员也将是灾难性的,由此导致审判人员对检察机关的偏向性是难免的,这也是值得改进的地方,如参考公安机关对律师犯罪案件的侦查管辖,提出案件指控的检察院不得对审判法官进行侦查,而必须由其他检察机关进行。[1]

---

① 　如《刑事诉讼法》第 44 条第 2 款,"违反前款规定的,应当依法追究法律责任,辩护人涉嫌犯罪的,应当由办理辩护人所承办案件的侦查机关以外的侦查机关办理。辩护人是律师的,应当及时通知其所在的律师事务所或者所属的律师协会"。

第三,至于侦查、公诉和诉讼监督与法律监督的关系。作为国家的法律监督机关,检察机关的各项职能自然围绕法律监督展开。刑事诉讼中的各项职能也的确具有法律监督所持有的维护法制统一的目的。检察机关的这些职能都是对其他国家机关权力行使的一种回应,如违法行使权力导致犯罪,检察机关予以侦查,侦查机关侦查终结移送起诉,检察机关予以审查并决定是否起诉等;也即,检察机关这些职能的行使是具有监督其他国家机关权力行使的目的,符合法律监督本义。

"肯定论"以我国宪法性法律的规定为前提,具有先天的正当性,但不少由此而延伸的观点或解读可能就超出了法律的规定性,夸大了我国检察机关特色,结果留下不少话柄。

第一,检察机关的法律监督并非中国所独有。我国的法律监督具有国家性、专门性、程序性、法定性和强制性等特点是不容置疑的,[1]也充分体现在我国的检察院组织法、三大诉讼法中,但从我国检察机关与境外检察机关在公诉权的共性上看,显然法律监督不是我国检察机关所独有,[2]只是境外国家如同我国《宪法》作如此明确规定的不多见而已。这种认识误区也存在"否定论"中。

第二,检察机关的法律监督并非是该机关所独有。《宪法》只是明确检察机关是国家的法律监督机关,检察机关的目的是维护法制的统一,但并没有明确界定检察机关的权力与法律监督权力完全划等号,检察机关的所有权力都是其独有,这些解读缺乏坚实而明确的依据。检察机关是唯一"专门"进行法律监督的机关,并不是唯一进行"法律监督"的机关。有学者将检察机关权力的整体性质界定为法律监督,借以区分检察机关的各项具体权力,[3]这种认识具有一定的合理性;即使检察机关的各项权力都具有法律监督性质,也不能认定法律监督只是检察机关的特权,毕竟人民代表大会也有法律监督的权力,法院对行政行

---

① 谢鹏程:《中国检察机关法律监督职能的特征》,《检察日报》2004 年 2 月 17 日。
② 朱孝清:《检察的内涵及其启示》,《法学研究》2010 年第 2 期;万春、高景峰:《论法律监督与控、辩、审关系》,《法学家》2007 年第 5 期。
③ 韩大元、刘松山:《论我国检察机关的宪法地位》,《中国人民大学学报》2002 年第 5 期。

为的审判也有这种性质。

第三，检察机关的法律监督可以在平等主体间进行。在《宪法》规定的监督关系中，有上下级之间的监督，如国家权力机关对由此产生的国家机关的监督、上级法院对下级法院的监督；[①]也有平等主体间的监督，如审计机关对政府其他机关的监督等；[②]还有下级对上级的监督，如人民监督人民代表大会、人民对国家机关及其工作人员的批评建议权等。[③] 检察院对法院的监督不是上下级之间的监督，而是平等主体之间的监督，具体体现在办案中的职责分工和具体关系。检察院享有的权力也无法与法院形成上下级关系，这也是当前检察机关不具有处分权或处罚权的重要依据。由此，监督并非一定是上级对下级的监督，检察机关的法律监督也没有形成与法院、公安机关之间上级对下级的监督，它们之间都是类同级主体，如政治地位相近，法律地位也没有高低，更是有"配合制约"的明确关系。

第四，检察机关的权力在实践中被一定程度异化，不能作为质疑的理由。检察机关的法律监督机关定位受到不少质疑，关键在于不少学者认为这种监督及赋予的各种权力可能打破刑事诉讼中的控辩平衡与法院的中立。检察机关法律监督下的侦查、公诉等权力的确构成了一定的危险，毕竟可能使得犯罪嫌疑人、被告人陷于被追诉的境地，并由此影响人身自由、财产，甚至可能危及生命；但这些权力都是程序性的，而且最终的定罪量刑决定权仍然属于法院，检察机关的各项权力本身并不具有优于被监督者的地位。当然，对检察机关的这些权力行使进行完善是必要的，从而能确保在具体诉讼过程中的检察权不

---

① 《宪法》第 67 条第 6 项，第 132 条第 2 款。人大对由其产生的同级国家机关的监督可能视为同级监督更为合适，但显然与一般的同级监督又有较大的不同。笔者在此暂将其视为上下级监督。

② 《宪法》第 91 条。

③ 《宪法》第 3 条第 2 款、第 41 条。从民主政治视角看，人民的监督视为下级对上级的监督也不准确，但如从行政的上下级视角看，普通公众的监督的确可以在一定程度上视为下级监督上级。较为典型的下级监督上级的是《公务员法》第 60 条规定的公务员"向上级提出改正或者撤销该决定或者命令的意见"。

致于过多超越辩方,形成控辩之间的差异过大,比如检察院检察长列席审委会讨论案件、①公检法的联合办案等。②

第五,检察机关的权力分割为诉讼职权和法律监督权力科学性值得再思考。从《人民检察院组织法》对检察机关权力的规定看,③虽然内容中可以看到法律监督的用词,似乎对诉讼活动的法律监督、执行监督等是脱离诉讼职能的,加之该法第21条明确提及"法律监督职权"及其权能内容,对检察机关权力进行诉讼与监督的二分法似乎较为合适。从这种二分法看,第20条的公益诉讼应当属于诉讼职权,但从第21条的法律监督职权的权能内容看,提起公益诉讼显然需要检察机关的调查核实和有关单位的配合,与法律监督职权较为接近;对诉讼活动的法律监督包括二审抗诉和再审抗诉,这也是第21条提及的抗诉内容,但显然这种二审抗诉和再审抗诉也应当属于诉讼职权或与诉讼职权密切联系,严格区分可能并不合适。不仅如此,检察机关在对非法证据排除中的调查核实,在审查起诉中的调查核实,这些应当都属于诉讼职能的一部分,但显然也与第21条规定的法律监督职权的权能类似。当然,仅仅是一种简单的、非正式的称呼,诉讼职权和法律监督职权的区分并非不可接受,但作为严格的界定,至少还不够严谨。

第六,将检察机关的法律监督限于诉讼监督显然是对检察机关设立目的的误解。现行《人民检察院组织法》修改前,检察机关的职权主

---

① 在部分地方,在相关法律规范没有改变的情况下,审委会讨论案件既保障检察长列席的权力,同时也主动邀请辩方参与,赢得不少好评;具体参见《全国首例! 辩护律师到高级法院 审 委 会 陈 述 辩 护 意 见 》,http://www. fjcourt. gov. cn/page/court/news/ArticleTradition/4fadcf3f-6ee2-4633-9956-5b94b4012c9f. html(福建省高级人民法院官网),2020 年 2 月 22 日访问;何晓慧:《福建高院审委会听取检察机关与辩护律师意见》,https://www. chinacourt. org/article/detail/2019/06/id/4007670. shtml(中国法院网),2020 年 2 月 22 日访问。

② 郭慧心:《公检法联合召开沟通协调推进会 齐抓共管打击黑恶势力》,http://www. nmgzf. gov. cn/shcenmg/nmgsj/2018-07-05/21009. html(内蒙古长安网),2020 年 2 月 22 日访问;刘常娟:《福鼎法院加强协作联动 形成打击合力护平安》,http://news. sina. co m. cn/sf/publicity/fy/2018-11-12/doc-ihnstwwr0380393. shtml(新浪新闻),2020 年 2 月 22 日访问。

③ 《人民检察院组织法》(2018)第 20 条。

要限于刑事诉讼,即使后来在民事诉讼法、行政诉讼法中明确了检察机关的诉讼监督权,但也没有明确超越诉讼职权,由此导致检察机关的权力被视为诉讼中的权力。从当前检察机关权力主要体现的三大诉讼而言,这种界定具有一定的现实性,但这是否能完全满足检察机关对法律实施予以监督的目的是成疑的,由此直接将检察机关的权力限定在诉讼中也不具有合理性,可能会限制检察职能的实现。近些年,结合《人民检察院组织法》《人民检察院检察建议工作规定》的修改,我国从宏观上较为全面确立了检察机关的检察建议权力,将此前一直作为预防犯罪、综合治理和诉讼监督等检察机关的延伸性工作,[①]拓展为检察机关法律监督的重要组成部分,这也是对检察职权限于诉讼职权的有力反驳。

第七,认定检察权具有多重属性没有意义。如果说检察机关的权力具有法律监督属性,争议较小,但从公诉权的产生及运行特征而界定其具有司法属性,从检察院的组织结构、职责权能和权力运行方式、行使效果等方面界定其具有行政属性,从检察机关的公共利益代言人身份而将其界定为公益属性,可能存在将具体权力与整体权力属性混淆的问题,如同法院的调查核实权显然不属于裁判权,但法院权力的裁判性是公认的。这种分类虽然强调了检察机关权力的法律监督属性,但对其他属性与法律监督属性的关系没有交代。多重属性的界定可以为检察机关具体职权的配置与运行规律的把握提供理论支持,但将检察机关整体权力的属性界定为多重性可能失去对检察机关本质的把握,从而失去对属性界定的意义。

二、新时代检察职能的界定

检察机关及其权力属性的诸多争议,对我国检察制度的整体发展并无实质性帮助,也无必要。无论检察机关被定位为何种性质,都无法

---

① 姜伟、杨隽:《检察建议法制化的历史、现实和比较》,《政治与法律》2010 年第 10 期。

回避宪法文件对检察机关"国家法律监督机关"的定位,而坚持这一定位即可确保检察机关的独特性及由此展开对检察权配置、检察组织的完善等方面的讨论与实施。

从宪法及组织法的相关规定可以看出,我国检察机关行使的权力是检察权。有学者认为我国检察机关行使的权力是法律监督权,与检察权不同。[①] 这种观点在《人民检察院组织法》2018 年修改前应该还是有一定法律基础的。1979 年的《人民检察院组织法》第 5 条关于检察机关的职权规定中,除了明确检察机关对刑事案件的侦查、逮捕、起诉及诉讼监督外,还规定"对于叛国案、分裂国家案以及严重破坏国家的政策、法律、法令、政令统一实施的重大犯罪案件,行使检察权",也即检察权是有特定对象的。这一规定在此后的两次修改中都没有变化。尽管这类重大犯罪案件的检察权内容也只能是根据刑事诉讼法的有关规定执行,事实上也就是该条第 2—5 项的内容,但有关职权规定还是可以适当区分检察权与监督权。现行法律已难以明确区分法律监督与检察权。《宪法》在明确检察机关是"国家的法律监督机关"地位的同时,也明确规定检察机关依法独立行使"检察权",不受行政机关、社会团体和个人的干涉。[②]《人民检察院组织法》在再次确认检察机关地位后,在规定检察机关的任务、检察权力行使的原则等方面都明确使用"检察权",[③] 而在具体检察职权中也不再有单项权力以"检察权"予以规定。由此,检察机关的权力即检察权,而进行法律监督应是检察权的内容。

(一)检察机关的监督与监察机关的监察

为整合反腐资源,扩大监察范围,建立集中统一、权威高效的监察体系,2016 年底,中央印发《关于在北京市、山西省、浙江省开展国家监

---

① 闵钐:《法律监督权与检察权的关系》,《国家检察官学院学报》2003 年第 5 期;冯景合:《法律监督权,能否与检察权兼容》,《中国检察官》2006 年第 7 期。

② 《宪法》第 134 条、第 136 条。

③ 《人民检察院组织法》第 2 条、第 4—5 条。

察体制改革试点方案》,部署在该三地设立各级监察委员会,将地方人民政府的监察部门、预防腐败部门及检察机关查处贪污贿赂、失职渎职以及预防职务犯罪等部门予以整合,对本地区所有行使公权力的公职人员依法实施监察,包括监督检查公职人员依法履职、秉公用权、廉洁从政以及道德操守情况,调查涉嫌贪污贿赂、滥用职权、玩忽职守、权力寻租、利益输送、徇私舞弊以及浪费国家资财等职务违法和职务犯罪行为并作出处置决定;对涉嫌职务犯罪的,移送检察机关依法提起公诉。为推进国家治理体系和治理能力的现代化,深入开展反腐败工作,在该试点基础上,2018年3月,全国人民代表大会(下文简称"全国人大")修正《宪法》、制定《监察法》,在全国深化推进监察体制改革。

根据监察法的规定,监察机关是行使国家监察职能的专责机关,通过行使监察权(监督、调查和处置),调查职务违法和职务犯罪,开展廉政建设和反腐败工作,维护宪法和法律的尊严。监察机关依法独立行使监察权,在办理职务违法和职务犯罪案件中,与审判机关、检察机关、执法部门互相配合,互相制约。由此,如果说监察体制改革前的监察机关主要是侧重于行政机关内的监察,仍然是行政权的一部分,与检察机关的检察权或法律监督的定位关联不大,或没有较为直接的联系,但在检察机关职务犯罪的侦查与预防等相关职能转隶后,检察机关的监督与监察机关的监察就必然产生了联系,而在职务犯罪案件的办理上也明确了相互配合、相互制约的法律关系。

不少学者也注意到监察机关监察和检察机关监督的差异,主要表现为在监督性质上,前者是国家监察监督,后者是法律监督;监督对象上,前者是所有行使公权力的公职人员,是对人监督,后者主要是在司法领域,是对事监督;监督权的内容上,前者包括监督、调查和处置三项职权和12项调查措施,包括纪律监督、政务监督与法律监督,后者主要是在诉讼领域的司法性权力;监督方式上,前者可以进行实体性的处理,后者只能进行程序性处置;监督阶段上,监察机关的监督具有全覆盖特点,而检察机关的监督多是事后监督。不过,正由于两者在对象、性质和范围等多方面的差异,两者也是兼容共存、互相配合、相互监督与互为补充的关系。①

　　检察机关的监督与监察机关的监察的确存在不少差异,但在最为关键的国家法律监督与国家监察的定位上,学者并没有作深入比较与区分。的确,检察机关被转移的侦查权并不实质影响检察机关的法律监督,而《宪法》也依然明确检察机关的法律监督机关定位,②但两者显然还存在交叉,甚至是一定程度的此消彼长关系。

　　从监督与监察的语义上看,两者差异不大。根据对这两个词语的一般理解,监督即察看并督促,监察有监督并检举的意思;有学者也认为,检察具有检视查验、检举制止的意思。③也即监督与监察的词义学及内容上差异不明显。检察机关的法律监督无论是指对法律实施的监督还是依据法律进行的监督去理解,"法律"的前缀并没有实质上改变监督的意思。监察委员会的国家监察只是代表国家进行的监察、以国家名义进行的监察,"监察"的内涵也没有改变。由此可见,监督与监察事实上都是由法定机关依据法定权力,通过法定的程序对法定对象进行的察看了解,并在发现有不符合相关规范依据的情形,予以调查处理的一种行为;至于依据的规范、程序及如何调查,处理的强制性如何等都不影响该两个词语本身的意思。值得注意的是,监察机关的三项权力之一是监督,这里的监督与检察机关的监督内容不同。监察机关的监督是首要的、独立的具体职责,一般是指"对公职人员开展廉政教育,对其依法履职、秉公用权、廉洁从政从业以及道德操守情况进行监督检查",主要的形式包括听取专题报告、日常监督、受理检举控告、建立干部廉政档案、党风廉政意见回复、提出纪律检查建议或监察建议等;④监察机关的监督是我国腐败治理策略的转型,是从此前的惩罚为

---

① 叶青、王小光:《检察机关监督与监察委员会监督比较分析》,《中共中央党校学报》2017年第3期;王洪宇:《监察体制下监检关系研究》,《浙江工商大学学报》2019年第2期。

② 徐汉明:《国家监察权的属性探究》,《法学评论》2018年第1期。

③ 龙宗智:《检察制度教程》,法律出版社2002年版,第1页。

④ 虽然监察法并没有明确规定监督的方式,但考虑到监察委员会与党的纪律检查机关合署办公,《中国共产党纪律检查机关监督执纪工作规则》应当也是监察机关进行监督的指导规则;该党规第13—19条对监督的形式作了规范。

主向预防与惩罚并重、预防为先转变的一项措施。① 检察机关的法律监督首要意义上是对组织性质的表述,一般是基于整个检察权、检察组织的目的等而言的,其次才是对具体活动的监督,如对诉讼活动、法律文书的执行活动;检察机关的监督主要是察看了解活动是否合法,并作出相应的处理;检察机关的监督是一种对事行为,既包括对行为的了解,更有程序性处理的内容;目的虽有利于预防防止违法犯罪行为,但主要不在此,而是通过事中、事后的监督,确保法律得到贯彻实施。

从监督与监察的依据看,两者存在交叉。根据《监察法》第 11 条的规定,监察机关的监察包括对公职人员履职行为的合法性、公正性和道德性进行监督,把我国监督制度的范围从检察机关的法律监督扩展到对公职人员个人的道德审查,②相关的监察依据除了法律、纪律还包括道德。检察机关是国家的法律监督机关,其所有的履职活动都以法律为依据,并以维护法制统一为主要目的。从这个角度看,检察机关的监督与监察机关的监察依据上有较大的重合性,特别是法律依据上。从职务犯罪处理方面看,先由监察机关调查,后由检察机关予以审查起诉,适用的实体法律完全一致,一些程序规范与证据规范也有较大的共同点,如《监察法实施条例》对刑事诉讼规则的大量引入、③《监察法》对监察机关在收集、固定、审查、运用证据与刑事诉讼中的证据要求和标准相一致。④ 从作为对象的违法问题看,监察机关对所有公职人员的违法活动都有调查、处置的权力,依据的是既有的相关法律规范,刑事法律、行政法律是其中的主要内容。检察机关在职务犯罪案件办理、民事行政诉讼监督以及其他履职过程中发现存在违法行为的,可以启动刑事诉讼、民行抗诉程序等,也可以提起公益诉讼,还可以向有关机关

---

① 陈海锋:《构建一体推进的不敢腐、不能腐、不想腐的体制机制》,https://www.shobserver.com/news/detail?id=194254(上观新闻),2020 年 7 月 4 日访问。

② 黄美玲:《监察模式及其权力本质的历史解释》,《中外法学》2019 年第 4 期。

③ 程雷:《监察调查权的规制路径——兼评〈监察法实施条例〉》,《当代法学》2022 年第 4 期。

④ 《监察法》第 33 条第 2 款。鉴于《监察法》已于 2024 年 12 月 25 日修正,本书的形成早于该时间,除非文中作出标注,一般的监察法条文皆指 2018 年的法律。

提出检察建议,这些也都是依据既有的民事、行政等基本法律。

从权力行使目的看,两者具有共同的部分。作为新中国成立以来不多见的重大政治改革,监察体制改革一方面面临腐败的严峻态势,反腐败"关系党和国家前途命运的严重政治斗争",①另一方面反腐败存在机构权力分散、监察覆盖范围不全、体现专责与集中不够,无法适应反腐败的要求。为构建集中统一、权威高效的中国特色国家监察体制,确保反腐败工作压倒性胜利有体制性的保证,我国在试点的基础上向全国推进监察体制改革,并形成人民代表大会制度下的"一府一委两院"的新格局。监察机关是反腐败的专责机关,"调查职务违法和职务犯罪,开展廉政建设和反腐败工作",目的是"维护宪法和法律的尊严"。②与其相类似的是,检察机关通过行使检察权,监督其他国家机关的法律实施情况,以达到"维护国家法制统一、尊严和权威"等任务。③虽然检察机关与监察机关行使的权力及权力的内容、形式以及面对的对象等存在不少差异,但权力行使的目的具有很大的一致性。

从职务犯罪处理视角看,两者既互补又存在一定的"零和博弈"。监察体制改革后,检察机关主要的职务犯罪侦查与预防职能转隶至监察机关,形成后者对所有公职人员职务犯罪的调查、处置职权;同时,基于法律监督地位,检察机关仍保留了所有职务犯罪的审查起诉与支持公诉等相关职权,对司法工作人员的部分职务犯罪还与监察机关共享管辖权,享有对此类犯罪的立案侦查权。从职务犯罪管辖视角看,监检之间权力大小存在此消彼长的关系,监察机关基于专责反腐的地位,享有对职务犯罪及相关犯罪的优先管辖和为主管辖;检察机关则从监察体制改革前独占职务犯罪管辖权到目前只主要保留一部分司法工作人员职务犯罪管辖权,管辖范围大大缩小。

---

① 《中共中央纪律检查委员会向党的第十八次全国代表大会的工作报告》,http://www.ccdi. gov. cn/xxgk/hyzl/201307/t20130719_114164. html(中央纪委国家监委网站),2020 年 2 月 26 日访问。
② 《监察法》第 3 条。
③ 《人民检察院组织法》第 2 条。

　　由此可以看出,在国家权力机关之下,检察机关与监察机关都可以视为监督机关,[1]监察机关的监察与检察机关的监督存在差异的同时还具有相当的契合性与一致性。在《监察法》对监察机关的职能定位、对象等方面都有明确规定的基础上,检察机关的监督应当与之在对象和范围上形成互补关系,才能形成维护国家法制统一的闭锁圈,防止出现监督的漏洞与死角,这也是我国检察机关职能拓展需要关注的关键点。

(二) 检察职能的具体内容

　　作为《宪法》的实施法,也是检察机关职能的具体化表现,《人民检察院组织法》对检察职能的规定是当前最为权威的。根据《人民检察院组织法》第 20 条的规定,检察院的主要职权包括刑事案件的侦查权、批捕权和起诉权,以及提起公益诉讼权、诉讼监督权、执行监督和监所监督权等。近年来,最高人民检察院也大力拓展检察职能,整合形成了"四大职能"和"十大业务"。

　　检察机关的职能配置并没有统一固定的模式。在法国,检察官的权力跨越多个领域。在刑事诉讼中,检察官具有侦查、公诉和监督刑罚执行的职权;在民商事领域,检察院可以作为主当事人或从当事人参与保护国家利益或弱势群体利益的民事诉讼,也积极参与对企业商业运营的监督,还履行行政管理职能,监督司法辅助人员、司法和解人、民事判决执行等。[2] 在德国,检察机关被视为法律守护人。刑事诉讼中的检察机关具有侦查权、公诉裁量权和执行刑事判决、参与赦免程序等权力,民事诉讼中则有死亡宣告公示催告程序的请求权,以及参与会计师职业法庭、专利律师职业法庭、税务师和税务全权代表人法庭等权力。[3] 在俄罗斯,检察机关以保障作为法治国家规范基础的法律至高

---

① 秦前红:《困境、改革与出路:从"三驾马车"到国家监察》,《中国法律评论》2017 年第 1 期。

② 甄贞等:《检察制度比较研究》,法律出版社 2010 年版,第 44—55 页。

③ 甄贞等:《检察制度比较研究》,法律出版社 2010 年版,第 197—208 页。

无上、保持法制的统一与巩固以及保卫人民的权利与自由、保护国家与社会的法定利益为目的,履行执法监督、守法监督、侦缉活动监督、司法警察执法活动监督、监所监督、刑事追诉以及参与民事诉讼、完善法律活动等。[①] 美国的检察官隶属于司法行政部门,一般是作为所在地区政府的主要执法人员。美国检察系统包括联邦的和地方的,检察官有较大的自由裁量权,不同级别的检察官权力差异也较大。联邦检察系统隶属于司法部,联邦检察长可以制定规则,为总统、政府和军队提供法律咨询意见和建议等特殊权力;司法部刑事局检察官有权调查起诉联邦的复杂白领犯罪、国内外贩毒集团犯罪,深度介入死刑案件等重大案件;联邦地区检察官一般有权起诉针对联邦的犯罪、在关涉美国政府的民事行动、诉讼、程序中代表政府起诉或辩护,在所有以联邦政府征收人员、税收官员、海关官员为被告人的民事行动、诉讼、程序中代表被告人出庭。这些权力具体包括侦查权、指挥侦查权、起诉权、上诉权、民事诉权、行政诉讼权和法律咨询权等。[②] 在日本,检察权包括犯罪侦查权、刑事公诉权、指挥监督刑事裁判的执行、就法院适用法律的事项陈述意见等诸多权力。[③] 总的来看,检察机关或检察官的主要职能是刑事职权方面,但具有非刑事职权也在前述国家中普遍存在。法国的检察机关在民商事、行政管理及特殊的职务法庭上都具有较多职能,俄罗斯检察机关对国家管理机构和相关管理机关的执法与立法合法性监督、对联邦各部门和主管部门等一切机关、组织和公职人员的守法监督等是其他国家所不具备的,日本的检察官几乎在所有法院权限的事项上都有陈述意见的机会。由此,中国检察机关的职权配置也不应该是机械性的照搬或模仿某一国家,而应根据我国检察机关的定位合理配置权限。

检察机关拥有的具体职权,并不影响其他国家机关在一定程度上具有法律监督的性质或类似职责。在人民代表大会制度下的"一府一

---

① 甄贞等:《检察制度比较研究》,法律出版社 2010 年版,第 256—268 页。
② 甄贞等:《检察制度比较研究》,法律出版社 2010 年版,第 313—349 页。
③ 甄贞等:《检察制度比较研究》,法律出版社 2010 年版,第 396—400 页。

委两院"中,作为权力机关的人民代表大会及其常委会拥有包括立法权在内的所有主权性权力,但基于专业分工的需要,在人民代表大会基础上产生了行使行政权的政府、行使监察权的监察委员会、行使审判权的法院、行使检察权的检察院以及行使军事权的军事机关,并对这些机关予以监督,如听取工作报告、任免主要领导、监督这些机关实施宪法法律的情况等。检察机关作为国家的法律监督机关,专职负责监督由权力机关产生的其他同级国家机关的法律实施情况;监察机关是反腐败的专责机关,负责对国家机关公职人员的履职合法性、正当性和合道德性进行监察。检察机关的监督与监察机关的监察在对其他机关履职合法性方面具有交叉性,基于当前我国监察机关的权力规定及相关内容,检察机关的监督范围至少应包括除监察机关监察覆盖外的所有国家机关及其权力。可见,人民代表大会及其常委会具有宏观监督的职能,监察机关的监察则在聚焦反腐上具有从微观上监督法律实施的职能,但检察机关是法律监督的专责机关,而其他机关并不具有这一身份。

不过,相对于检察机关的法定地位,其职能可能仍有拓展的空间。正如前文所述,检察机关的性质可能并不影响其职能的设置,境外大部分国家没有赋予检察机关法律监督性质,但在权力上仍与我国有较多的雷同性;人民代表大会制下的"一府一委两院"中,国家权力机关、监察委员会都具有监督法律实施的职能,甚至法院的行政审判、民事审判等也具有监督行政机关依法执法、公民守法的功能。学界对我国检察机关应当配置的具体职能或职权也有不同声音。当前,最高人民检察院将检察职能定位为四大职能,这是对检察职能发挥领域进行的区分,从检察机关法定职能视角进行的概括具有合法性、合理性,但这些职能是否能与监察机关共同形成全覆盖的微观监督或监察,是否能覆盖整个检察职能而具有周延性? 还有待商榷。

我国检察机关职能的外延可能更多应从其设立的目的来考察。在人民代表大会制下的"一府一委两院",除了宪法监督的权力属于全国人大及其常委会,检察机关的监督与监察机关的监察都负有监督法律实施的作用,也应当实现监督的全面覆盖,共同保障法制统一和法律权威。在当前监察机关作为反腐败的专责机关,其监察的重点是违纪和职务违法、职务犯罪,那么其他违法、犯罪行为都应该由检察机关进行监督。实施法律的活动包括立法、执法、司法和守法等活动,其中的前三项活动一般由国家机构或获得授权的组织实施,守法活动则包括各社会主体和公民个人。在国家机构中,除了检察机关和监察机关外,还包括地方各级人民代表大会及其常委会、各级政府、各级法院。考虑到检察机关的组织设置及获得信息的来源有限,公安机关及其组织分布广泛,管辖的范围较广,并与社会主体和公众有较为密切的联系通道,公安机关对社会主体和公众的守法情况监督较为合适,也是世界各国的通例。由此,检察机关的法律监督应当直接对应各国家机关,这也是监督同级其他国家机关以维护法制统一的直接目的决定的。

如此,检察机关是否可以监督权力机关? 考虑到检察机关与人大的关系,检察机关无权监督同级人大及其常委会实施法律的活动,而是由后者对前者进行监督,但上级检察机关应该可以监督下级人民代表大会及其常委会。①

检察机关是否可以监督监察机关? 监察机关与检察机关都监督法律的实施,职能相近;从我国人民代表大会制下"一府一委两院"的结构看,正是因为我国并不实行三权分立,而是在权力机关授权下的监督模式,监察机关与检察机关都能监督其他国家机关;其他国家机关不应监督他们,也似乎不需要监督他们,这既与他们监督法律实施的专门性有关,也与监督效果的程序性有关。不过,在刑事案件办理中,监察机关与检察机关的互相制约是法定关系之一;检察机关可以对监察机关办理的刑事案件是否符合起诉条件进行审查,并决定是否起诉,而监察机关可以就案件的不起诉进行复议,也可以对检察人员的职务违法与职

---

① 考虑到职能界定的全面性,在此只提及立法检察,没有展开全面论证,后文有专门章节进行论述;对监察机关的检察监督也是如此。

务犯罪进行立案调查。如果说,监察机关的监察具有对人性的特点,检察机关的监督具有对事性的特点,[1]监察机关可以就检察人员的有关违法犯罪行为进行调查,而检察机关则不能就监察机关可能存在的违法事项进行监督,可能并不符合检察机关专责法律监督的地位。不仅如此,在监察委员会与党内的纪检监察机关合署办公的情况下,即使依据《监察法》调查案件,监察机关的监督、调查与处理程序也不采取类似司法的公开程序,检察机关的审查起诉与法院的审判虽然也是一种制约,但只能是对调查的事后性监督,无法对监察调查过程予以及时监督。作为国家监察机关的主要强制性权力,调查权的行使过程又如何被信任不被滥用而在具体案件中排除其他国家机关的及时监督?[2] 检察机关对监察机关一定程度的监督不可避免。

第三节　宪法性规范视角下检察职能的表达

随着国家监察体制改革的全面推进,检察机关职能成为法学理论界与实务界的热点。[3] 为避免被过于具体的检察职权所遮蔽,从较为

---

① 魏昌东:《国家监察委员会改革方案之辨正:属性、职能与职责定位》,《法学》2017年第3期。

② 笔者在此并非认为监察机关的权力不受任何控制,而是认为在具体的案件调查中,党的监督、人大监督和人民群众监督等难以直接发挥作用,即使法律明确规定检察机关、审判机关与监察机关的互相配合与互相制约关系,但前两者也因在监察调查阶段无法介入而难以有效监督制约。后文有专门论述。

③ 《中国法律评论》2017年第5期组织发表了"检察机关的新定位与新职能"的主题论文,学界对检察机关部分职能转隶后法律监督的定位与内容等进行了广泛的探讨。实务界也非常关注检察职能,以最高人民检察院工作报告作为观察对象发现,检察机关至少在2018年积极调整职能,推进"四大检察"的法律监督布局,体现了实务中的积极应对;此后2020—2022年的工作报告,更是多次全景展示四大检察的建设情况。具体参见熊丰、吴锺昊、刘邓、周闻韬、周颖、孙亮全、丁怡全、梁建强:《从最高检工作报告"四大亮点"看新时代检察工作如何发力》,http://www.gov.cn/xinwen/2019-03/12/content_5373287.html(中央人民政府网站),2019年5月6日访问;戴佳:《最高检工作报告的七个"首次"》,《检察日报》2020年5月26日;徐日丹:《最高检工作报告中的四个首次?!》,《检察日报》2021年3月9日;蒋安杰:《最高检这四年:"一篇报告"写到底》,《检察日报》2022年3月10日。

宏观的宪法性规范而不是三大诉讼法中检察职权的规定对检察职能进行研究,可能更符合检察职能的本源意义。基于此,笔者以《宪法》为基础,结合《人民检察院组织法》对检察职能的规定,探讨新时期我国检察职能在宪法性法律上可能的表达方式。

一、历次《宪法》对检察机关职能的规范

1954 年《宪法》是我国第一部宪法,反映了新中国对国家权力构架第一次系统完整的制度安排,检察机关及其职权的规定是其中的重要组成部分。根据该法第 81 条,"中华人民共和国最高人民检察院对于国务院所属各部门、地方各级国家机关、国家机关工作人员和公民是否遵守法律,行使检察权。"对地方各级人民检察院和专门人民检察院的权力,该法没有明确,但规定"依照法律规定的范围"行使。根据该法第二章对国家机构职权的介绍,检察权专属于检察机关,全国人大及其常委会可以监督检察工作、任免检察机关相关人员;地方各级检察院和专门检察院在上级检察院领导下并一律在最高人民检察院的统一领导下,独立行使检察权,不受地方国家机关的干涉。由此,至少可以明确最高人民检察院的专门职权,即检察权,以国务院所属各部门、地方各级国家机关、国家机关工作人员和公民为对象,以检查其是否遵守法律为内容;在垂直领导的检察体系中,地方各级检察院和专门检察院的检察权应该在最高人民检察院职权的大范畴内。

1975 年《宪法》制订时,我国正处于文化大革命时期,检察机关被废止,其相关职权由公安机关行使,自然也没有独立的检察职权规定。1978 年《宪法》是"文化大革命"刚结束不久制定的,既有对文化大革命的反思,也有不少是对 1954 年《宪法》的直接搬用,如该法第 43 条对检察机关的权力规定与 1954 年基本相同。

当下涉及检察职权的规定是由 1982 年《宪法》确立并沿用至今。党的十一届三中全会确定的改革开放政策,以及随后对文化大革命错误的清理、对社会主要矛盾的把握和国家工作重点的转移,《宪法》对检

察机关的规定也有较大的改动,体现在国家机构的第七部分"人民法院和人民检察院"中,检察机关定位与组成、检察长任期、权力行使的独立性、上下级关系等不少原则性的、根本性的问题都作了较为明确的新规定。根据该法,检察机关是"国家的法律监督机关",其依照法律规定独立行使"检察权",不受行政机关、社会团体和个人的干涉;检察机关的具体权力没有明确规定,不过在"公民的基本权利和义务"章中明确了检察机关的批捕权、追查犯罪时的通信检查权。此后,该法历经 5 次修改,涉及检察机关的相关内容一直沿用至今。

从历次《宪法》内容看,我国检察机关的职能规定有较大变化。从第一部《宪法》到现行《宪法》,有关检察职权内容从最初明确的对象与权力,也被称为"一般监督",①到目前规定以"国家的法律监督机关"定位为统领,辅之以机关的产生、权力行使原则等组织性保障,体现了我国宪法规定的根本性、包容性。其一,这种规定更符合宪法的权力框架。建国初期,在列宁的人民主权理论与检察监督理论指导下,吸收苏联的国家机构设置经验,我国实行人民代表大会制度,由人民选举代表组成国家权力机关,并由此产生"一府两院"的国家机构;在权力分离与权力控制的要求下,我国设立独立的检察机关对由本级权力机关产生的其他国家机关予以监督,以保证法律的统一实施。对各级国家机关及其工作人员的全面监督虽是法律监督的应有之义,但人民检察院可能无力实施,需因时因地制宜;而将普通公民作为直接的检察对象,替代了其他国家机关的职能,与宪法的权力设置不相符合,如公安机关的犯罪侦查。其二,这种规定更符合宪法的根本地位。作为国家的根本大法,纳入宪法规定的应是包括检察机关在内的各国家机构的原则性、根本性问题,而具体的职能性规定应由相关国家机构组织法或其他法律予以明确,从而体现出不同法律渊源的功能差异。当前宪法明确了整个检察机关的定位,不再就最高人民检察院及其职权作出明确规定,更具涵盖性,有利于宪法规范的稳定,这也在我国现行

---

① 雷小政:《往返流盼:检察机关一般监督权的考证与展望》,《法律科学》2012 年第 2 期。

宪法历经多次修改而大部分内容予以沿用中得到验证。其三,这种规定有利于宪法的适应性。早期宪法在规范检察职权时明确了检察对象,虽有利于实施检察,但也可能会存在检察范围覆盖不足、不能及时适应社会需要的问题。紧紧围绕监督国家机关权力、维护法制统一这一根本职能,现行宪法强调检察机关的法律监督地位和检察权行使的保障,为社会不断发展下的检察范围扩展和对国家机关间职能的拾遗补缺提供了可能空间。较为明显的是公益诉讼案件,如检察机关可以对社会主体直接发起民事诉讼。

检察机关的宪法定位虽有根本性,但也有一定的明确指向与限定。① 其一是权力的专有性。检察机关是专门的法律监督机关,行使的检察权具有专门性。部分其他国家机关也有监督的权力,但都不能行使类似检察机关的权力;即使是国家权力机关,其也因已授权检察机关而不得再直接行使检察机关拥有的部分权力,如侦查权。其二是针对对象的明确性。检察权源于人民代表大会,是人民代表大会授权下对审判机关、行政机关等是否遵守法律的监督,以保证法律的统一实施。也即,检察机关是监督本级人大产生的其他国家机关,不能监督产生其的权力机关;检察机关不具有监督宪法实施的权力,全国人大及其常委会的职权中明确将该项权力予以保留。其三是效力的权威性和强制性。检察机关的权力依法获得、依法行使,遵循法定程序,产生法定后果;受到监督的机关、个人等对象有配合义务,否则可能被强制执行并承担相应的法律后果。

基于检察机关定位的根本性、限定性,监察体制改革后检察机关与监察机关关系争议就显得不合常理。2018 年,我国修改了《宪法》、制定了《监察法》,一方面将检察机关仍然定位为国家的法律监督机关,监察委员会新确立为承担国家监察职能的专责机关,另一方面又从政策上、理论上和法律上暗示排除或否定检察机关对监察委

---

① 刘松山、许安标:《中华人民共和国宪法通释》,http://www.npc.gov.cn/npc/c13475/201004/a8955b0985204d749ff02f05827e5f47.shtml(中国人大网),2020 年 2 月 3 日访问。

员会的监督,①事实上削弱了检察机关的法律监督定位。不过,根据检察监督的一般理论,检察机关对监察机关是否遵守法律的情况进行监督应当没有任何异议。其一,从政治性视角看,监察机关不具有唯一性。监察机关的地位具有一定的特殊性,与党的纪律检查机关合署办公更强化了其政治性,成为党的自我监督的政治机关。不过,包括监察机关在内的所有国家机关都接受党的依法领导,是党的意志的产物、也是实现党的意志的重要手段,因此所有的国家机关都具有相当的政治性,包括检察机关和监察机关。② 其二,从国家机构视角看,监察机关的政治属性不能掩盖监察机关人民代表大会制下的国家机构身份。作为人民代表大会制下权力分工的一种国家机关,监察机关行使的相关权力仍在法律的授权和规范下,人大对其可以监督,人大授权的检察机关自然也可以监督,宪法及权力机关并没有为其设立例外。其三,从刑事案件办理中的监检关系看,宪法、监察法都明确了检察机关与监察机关的配合制约关系,与公检法之间的关系基本一致;从职务犯罪案件办理的具体程序看,虽然检察机关无法在监察调查阶段直接介入进行监督,但从调查的后续程序看,检察机关、审判机关都事实上对其进行了监督,只不过是事后监督而已,与对侦查机关的监督类似。近年,《中共中央关于加强新时代检察机关法律监督工作的意见》从提升法律监督质效的角度提出,"完善监察机关商请检察机关派员提前介入办理职务犯罪案件工作机制",为检察机关在职务犯罪案件中监督监察机关提供了政策依据。

---

① 如强调监察机关的政治属性而区别于行政机关、审判机关,以监察调查区别于公安侦查而排除检察机关的监督等。具体可以参见《调查权不同于刑事侦查权》,《中国纪检监察报》2017 年 11 月 16 日;中共中央纪律检查委员会法规室、中华人民共和国国家监察委员会法规室编写:《〈中华人民共和国监察法〉释义》,中国方正出版社 2018 年版,第62 页。

② 姜洪:《张军:围绕"三个表率"抓好最高检机关党的建设》,https://www.spp.gov.cn/tt/201807/t20180717_385182.shtml(最高人民检察院官网),2020 年 2 月 4 日访问;郭洪平:《站高看更远:讲政治始终摆在检察工作第一位》,《检察日报》2018 年 11 月 26 日。

二、《人民检察院组织法》对检察职能的细化

1954 年《宪法》实施后的次日，我国第一部《人民检察院组织法》也正式实施。该法第 3 条明确了最高人民检察院行使检察权的范围，第 4 条则规定了地方各级检察院的职权；除了目前仍然常见的对刑事案件的侦查、公诉以及侦查监督、审判监督和执行监督外，还包括对地方国家机关、国家机关工作人员和公民的是否遵守法律的监督以及民事诉权等。相比同期的宪法，组织法主要增加了刑事检察权、民事检察权等内容。

1978 年《宪法》实施后的次年，我国重新制定了一部《人民检察院组织法》并施行至今。当时该法首次明确了我国检察机关的法律定位，即"国家的法律监督机关"，后来被 1982 年宪法吸收；该法第 4—5 条对检察机关的任务和职权作了详细的规定，成为我国检察职能的基本依据，也是对检察机关定位的注解。根据该法第 5 条规定，检察机关的职权包括特殊犯罪案件的检察权以及侦查权、侦查监督权、公诉权、审判监督权（不限于法院的刑事审判活动）、执行监督权。与第 4 条的任务相对应，检察机关的职权主要限于刑事案件，通过打击犯罪以维护国家统一、法制与秩序，并教育公民。

2018 年，全国人大常委会对《人民检察院组织法》进行了第 3 次修改。在再次确认检察机关宪法定位的基础上，该法对检察机关职权进行了较大的扩展，从以刑事为主转向四大检察并行，主要包括侦查权、批捕权、公诉权、公益诉讼权、诉讼监督权、执行监督权等。[①] 与 1954 年的该法相比，由于相应《宪法》内容的变化，本次修法去除了检察机关的一般监督权，单独明确了批捕权，扩大了执行监督的范围，一定程度上恢复了民事诉权。与 1979 年的该法相比，本次修法去除了对"叛国案、分裂国家案以及严重破坏国家的政策、法律、

_____

① 《人民检察院组织法》第 20 条。

法令、政令统一实施的重大犯罪案件"行使检察权的单独规定,事实上将这类案件纳入一般刑事案件的检察权应对中;批捕及侦查监督的活动扩大至所有刑事案件而非仅限于公安机关侦查案件;在刑事检察权之外,明确了公益诉讼权、对民事行政等司法文书的执行监督权等。

值得关注的是,2018年修改的《人民检察院组织法》首次明确引入了"法律监督"职权。面对监察体制改革下对检察机关定位的质疑,该法除了直接引用宪法规定、再次确认检察机关的"国家法律监督机关"外,首次明确规定并大幅增加检察机关有关"法律监督"的具体职权,包括对诉讼活动、法律文书执行和场所执法活动等方面。此前的相关条文只有明确行使"检察权""实行监督"职权等,并未提及"法律监督职权"。从最高人民检察院有关同志对检察机关职权配置的解释看,两者并无实质性区别,也即以前的监督就是现在的法律监督,[①]似乎"检察权"就是"法律监督权",这也得到了一些学者的认可。[②] 如果说相对于此前的"监督",这里的"法律监督"强调法律层次的监督,显然具有进步意义,但由此将"法律监督权"等同于"检察权",可能并不合适。事实上,"检察权"与"法律监督权"还是存在一些差别的,至少当前的法规范如此。其一,从文义解释看,两者可能不一致。该法第20条规定的检察机关职权中,只在诉讼活动监督、执行工作监督与场所执法活动监督时用了"法律监督";第21条规定为配合法律监督职权的实现增加了配套性的权力——调查核实权,以便于法律监督职权的实现。如此,第21条规定的"法律监督职权"是指第20条的所有职权还是其中的部分职权并不明确。其二,调查核实后的措施无法涵盖第20条规定的所有权力。[③] 从第21条的完整规定看,对第20条规定的法律监督职权,检察机关在调查核实的基础上,还可以"依法提出抗诉、纠正意见、检察建议",这显然与一般诉讼职权无法对应,如侦查权、批捕权及审查起诉并

---

① 王佳:《检察机关的职权配置》,《检察日报》2018年12月31日。

② 张智辉:《论法律监督》,《法学评论》2020年第3期。

③ 高翼飞:《检察机关的调查核实权及其实现路径》,《检察日报》2019年3月18日。

提起公诉等,这些权力本身都具有强制性,一般也不需要额外赋予检察机关调查核实权。在这些权力的单独行使中,可能会涉及纠正意见、检察建议,但显然还不够,如,侦查权行使中可能会有调查核实,但后续的"并依法提出抗诉、纠正意见、检察建议"显然无法涵盖所有的权力行使情况,包括移送起诉或不起诉;虽然这种提出起诉与否的意见在第 20 条的权力中已有规定,但在第 21 条的规定中至少应加上"等"字,即"并依法提出抗诉、纠正意见、检察建议等"。其三,从立法技术看,兜底条款的规定存在模糊。第 20 条第 8 项规定了检察权的兜底条款,并以"其他职权"表述;如果检察权也是法律监督权,则用"其他法律监督职权"似乎更为精确,也可与前几项法律监督权力一致。其四,检察机关的职权包括诉讼职权和法律监督职权,得到一些认可,[1]也即检察权包括诉讼职权和法律监督职权,与法律监督权不是完全对等的。从第 20 条的各项权力表述看,前四项是诉讼职权,第 5—7 项是法律监督权,而最后一项是可能包括诉讼职权、法律监督职权等没有明确规定的权力。且不论这种分类是否合理,但这个权力列举似乎从一定程度上证实了检察权的范围,即检察权与法律监督权不同。

三、宪法性规范对检察职能表达的得失

我国《宪法》对检察机关职权共有两种表达,一是以 1954 年《宪法》明确最高人民检察院监督对象的形式呈现的,并以"检察权"作为概括;二是 1982 年《宪法》明确以检察机关的性质来表达,并不直接提及监督的对象。两次表达的方式有差别,具体职能上是否有差异无法直接区分,更多可能要从检察机关的组织法中予以确认。

《人民检察院组织法》对检察机关职权有较为全面的规定,应当是立法者对《宪法》有关检察职权规定的进一步诠释。其一是首次对

---

① 万毅:《〈人民检察院组织法〉第 21 条之法理分析》,《国家检察官学院学报》2019 年第 1 期。

地方各级检察机关的具体职权作了全面规定。1954年的《人民检察院组织法》在确认当时《宪法》对检察机关检察权及最高人民检察院职权的规定外，还首次明确了地方各级检察院的职权；相比于最高人民检察院的职权规定以对象为主要内容，地方各级检察院职能则细化为各项较为具体的职权。也即，检察机关行使的是检察权，最高人民检察院和地方各级人民检察院检察权行使的对象有差异，但具体内容可能一致，即包括公诉、侦查监督、审判监督、执行监督、重要民事案件的起诉权或参与权和一般监督权等。其二是首次明确了我国检察机关的定位。1979年《人民检察院组织法》的宪法依据是1978年的《宪法》，但该法又有一定的突破。一方面将各级检察机关的职权进行了统一规定，另一方面首次明确将检察机关定位为国家的法律监督机关。这种根本性问题首次规定在组织法中可能并不合适，但据此认定该组织法与当时宪法存在冲突可能也不妥，因为两法规范检察机关的视角不同。不仅如此，1978年《宪法》的制定具有特殊性，主要是为了尽快清除1975年《宪法》中文化大革命的烙印，同时体现粉碎四人帮后国家战略决策的转变和适应革命建设的新需要；[1]但当时还来不及对文化大革命的错误进行全面清理，直到党的十一届六中全会才基本解决（1981年）。可见，组织法的这一规定显然更具进步意义。

我国宪法性规范对检察职能的表述目前仍然存在部分失调。早期的宪法性规范中，宪法与组织法对检察职能的规定并没有非常明确的分工，主要体现在宪法只规定了最高人民检察院及其具体的检察权，组织法则明确地方各级检察院的职权，规范的层次性主要以检察机关的级别区分，两法的功能区分陷于中央和地方的差异，难以体现两者的根本性区别。考虑到当时对法制重视程度有限，立法技术也有待加强，在建国初期的法治启蒙阶段还是可以服务于国家治理的。经过十一届三中全会及此后的思想解放、改革开放，依法治国早已被

---

① 叶剑英:《中华人民共和国宪法修正案》,《人民日报》1978年3月8日。

我国明确作为基本的治国方略，当前的宪法性规范对检察职能这一极具中国特色的相关规定仍然存在不协调，应当是值得检讨的。宪法明确了检察机关的"国家的法律监督机关"地位和"检察权"的权能，但检察院组织法对检察职能的规定还没能完整体现宪法框架下的检察机关设置需要。其一，将"法律监督"与检察权具体内容混同。"法律监督"是检察机关监督其他国家机关、实现法制统一的直接内容与目的，而检察权是手段。检察机关的具体职权应当是实现法律监督目的的各种具体手段，也可以称为具体的检察权或检察职权，如侦查权等。严格意义上，将检察权的内容界定为法律监督职权，如将检察权的内容规定为包括对诉讼活动实行"法律监督"，可能有点本末倒置，并不严谨。其二，过于细化并强调刑事检察职权的分类不合理。《检察院组织法》第 20 条规定的职权，完全属于刑事检察职能的包括第 1 项至第 3 项、第 7 项，第 5 项和第 6 项也涉及刑事检察，也即在共 8 项职权中有一半是刑事检察权；虽然"四大检察"中的刑事检察地位具有特殊性和历史性，但将刑事检察中的具体职权与民事、行政检察几乎并列，分类不合理，也无法体现检察业务的发展性和科学性。其三，检察职权的具体规定未能体现或反映检察工作的应有内容。检察机关由权力机关产生，是对权力机关产生的其他国家机关实行监督，以维护法制统一；为此，检察机关检察的对象应明确为主要由权力机关产生的其他国家机关，在当前情况下可以包括行政机关、监察机关、审判机关等。但当前的检察权对象限制较多，行政机关的监督相对有限，行政公益诉讼也有明确的领域限制；监察机关更是没有明确纳入检察监督的范畴。其四，诉讼职权与法律监督的隔离会使法律监督失去基础。在检察体系内部，诉讼监督与诉讼职能的关系曾有激烈的争论；有声音就认为，两种职能应适当分离，并由独立的内设机构承担，从而有助于检察机关多任务的实现；[①]司法实

---

① 卢希：《论检察机关诉讼职权和监督职权的优化配置》，《人民检察》2011 年第 21 期；朱里：《检察机关内设审判监督机构合理性初探》，《山西省政法管理干部学院学报》2011 年第 3 期；党小学：《敬大力代表：可考虑推进诉讼职能和诉讼监督职能适当分离》，（转下页）

务中,一些地方检察机关曾单独设置诉讼监督部门。[1] 显然的是,检察机关的法律监督主要通过诉讼实现或诉讼是实现其的重要手段,而诉讼职权本身就体现为一种权力监督,如批捕权、公诉权对侦查的监督性,抗诉权对审判权的监督等。"在办案中监督、在监督中办案"应当就体现为诉讼职能与法律监督的一体,而不是分离。当下各级检察机关的内设机构改革也已不再单独设置监督部门。[2]

四、我国检察职能的应然框架

当前的检察职能,宪法侧重对于检察机关法律定位与权力性质的直接规定,并不涉及具体的职权内容,具有根本性和涵盖性;组织法则在重申检察机关定位的基础上,侧重具体职权或职能的规定,强调实施性和层次性。在我国根本政治制度没有发生变化的情况下,以当前检察机关设置的政治逻辑为出发点,[3]着力通过组织法发展具体的检察职能应当成为我国检察职能规范的主要框架。为此,基于宪法的"国家的法律监督机关"定位,在宪法性文件中,我国检察机关的职能应作如下完善:

首先,宪法应以明确检察对象的形式对检察机关定位进行一定的

(接上页)http://news. jcrb. com/jxsw/201303/t20130311_1063619. html(正义网),2022年4月23日访问;苗生明、韩哲:《诉讼职权与监督职权优化配置的基本问题》,《深化检察改革的基础理论问题研究——第七届国家高级检察官论坛会议文章》,2011年,第356—366页。

[1] 如湖北省于2009—2010年就在全省推动设立专门的诉讼监督机构,具体参见卢希:《论检察机关诉讼职权和监督职权的优化配置》,《人民检察》2011年第21期;该省的孝感市孝南区人民检察院官网(http://xn. xg. hbjc. gov. cn/,2020年4月19日访问)、江陵县人民检察院官网(http://jl. jz. hbjc. gov. cn/jcyjg/201501/t20150105_606506. shtml,2020年4月19日访问)还有诉讼监督机构的介绍。

[2] 具体可以参见最高人民检察院的内设机构设置(http://www. spp. gov. cn/spp/gjyjg/index. shtml,2020年4月19日访问),上海市人民检察院的内设机构(http://www. shjcy. gov. cn:9112/intoJcy/nsjg. jsp,2020年4月19日访问)

[3] 刘松山、许安标:《中华人民共和国宪法通释》,http://www. npc. gov. cn/npc/c13475/201004/a8955b0985204d749ff02f05827e5f47. shtml(中国人大网),2023年1月26日访问。

解释,既可以是宪法的国家机构构建理论,也可以是检察权的行使对象。具体可以 1954 年《宪法》对最高人民检察院的职权规定、2018 年《监察法》对监察委员会的定位解释为参考,①明确"各级检察机关是实施法律监督的专责机关,依照本法对本级权力机关产生的其他国家机关及其工作人员等是否遵守法律,依法行使检察权"。"法律监督的专责机关"是对检察机关性质的界定,后面的内容则是对监察对象的明确。虽然对性质的重申并无实质意义,但在当前检察机关职能受影响的情况下,这一界定为检察职能以后可能的扩展提供了空间;对对象的笼统界定,同时辅之以"依法"行使检察权,同样起到为职能扩展提供余地,也为检察权的行使作了限制。

其次,组织法应对检察对象和案件类型进行分类,对主要检察职权进行列举。如此分类,一方面可以避免单独按照一种类型列举检察职权可能造成的遗漏,如,一般案件类型分为民事、行政和刑事,但对行政机关的执法活动实施的检察,可能主要形式是检察建议,提起行政诉讼的较少,这就需要不同的分类;另一方面,对主要职权的列举可以为检察职能的实践发展提供弹性,至少不成为障碍,如,对监察机关职务犯罪调查的监督,目前法律中并不明确,理论上也较难获得认可,但职务犯罪案件的审查起诉,本身就是一种事后的监督,可以在检察组织法中明确为一种检察权,为其他法律对监检监督性的认可提供空间。

据此,以检察对象分类的检察职权主要列举如下:(1)对行政机关的职权活动进行检察,提出检察建议或提起诉讼等。只明确为"职权"活动,具体可以包括执法活动、制定行政性文件的活动等,但具体的检察对象则由其他基本法律再列明。(2)对法院的职权活动进行检察,提出检察建议或抗诉等。当前的法院职权活动主要包括审判活动、执行活动、制定司法解释活动等,检察的对象则由相关法律明确。(3)对监察委员会的职权活动进行检察,提出检察建议或提起诉讼等。监察机关的活动至少包括监督、调查和处分;当前只有对职务犯罪的调查活动

---

① 1954 年《宪法》第 3 条、《监察法》第 3 条。

有一定的制约,但政务处分是否可以监督也值得思考,①类似的还有其制定监察规范的行为等。(4)对其他国家机关的职权活动依法进行检察。这里作为兜底,也为国家机构改革、职权活动的具体界定提供空间,如对地方权力机关的职权活动等。

以我国三大诉讼法的案件分类为依据,可以将主要检察职权列举如下:(1)依法对刑事案件行使检察权,包括侦查、审查逮捕、审查起诉、提起公诉、提起抗诉等;(2)依法对涉及公共利益、国家利益的重大民商事案件,提起公益诉讼或支持起诉、抗诉等;(3)依法对行政机关违法行使职权或者不作为,以及涉公共利益、国家利益的行政案件行使检察权,提起公益诉讼或提出检察建议、抗诉等。

最后,可以结合各检察对象及具体案件类型,对具体检察职权进行再细分,或补充配置一些权力。较为典型的如调查核实权、检察建议权等。这种权力的配置宜粗不宜细,牵涉具体职能的执行,应在具体的实施法律中明确,如三大诉讼法、监察法等。

---

① 马松建、刘昊天:《纪法衔接与特定情形职务犯罪非罪化处置》,《中州学刊》2023 年第7 期。

第二章　立法检察权的确立与实现

　　面对监察体制改革的冲击,在2018年《宪法》修正案对检察机关定位予以坚持和重申的同时,结合内设机构改革,最高人民检察院将检察职能整合重定为刑事、民事、行政与公益诉讼四大方面,通过对行政机关、监察机关、审判机关等监督,①以提起公诉、抗诉和提出纠正意见、检察建议等方式督促相关国家机关依法履行职责,以维护法制统一。表面上,作为区别于制约模式的控权制度,②我国检察机关基本实现了在人民代表大会制下对其他国家机关法律监督的覆盖,但与维护国家法制统一的目的仍有不小差距。除最高人民检察院外,地方各级人民检察院的法律监督主要限于对有关国家机关的执法、司法等行为,并不涉及它们的立法行为,③也没有纳入地方各级权力机关;近年来,检察机关也极少有监督立法行为的实践。④

---

① 检察机关对监察机关是否可以监督一直存在争议。笔者认为,《中共中央关于加强新时代检察机关法律监督工作的意见》从提升法律监督质效的角度提出,"完善监察机关商请检察机关派员提前介入办理职务犯罪案件工作机制"等,事实上明确了检察机关对监察机关职务犯罪案件办理的监督。为此,检察机关对监察机关的职务犯罪调查具有监督权。另外,考虑到军事检察的特殊性,本章有意忽略与其相关的内容。

② 陈国权、周鲁耀:《制约与监督:两种不同的权力逻辑》,《浙江大学学报(人文社会科学版)》2013年第6期。

③ 根据《立法法》第2条规定,典型意义上的立法行为主要是针对法律、行政法规、地方性法规、自治条例、单行条例、国务院部门规章和地方政府规章,但在我国社会中具有指导性的规则远远超过这一范畴,由此,因制定层级、效力等级低而可能存在更多的合宪性、合法性问题,也应当纳入立法监督的范畴。为此,本章探讨的立法对象也是从更广泛意义上进行的。

④ 在获得立法确认后,一般监督在我国曾有相关实践,但后来因该制度本身的问题与检察制度的起伏而彻底消失。2019年最高人民检察院公布的检察公益诉讼典型案(转下页)

党的二十大明确提出了中国式现代化的法治路径,并将"完善以宪法为核心的中国特色社会主义法律体系"置于首要地位。相较于中国特色社会主义法律体系形成时期以"有法可依"为目标,当前对该体系的完善更多体现为提高立法质量,促进法律体系的科学性与统一性,而对规范性文件的备案审查是保障宪法法律准确实施的重要方式。基于此,以加强备案审查制度、完善检察制度为方向,笔者拟结合对我国检察机关一般监督的梳理,在分析全国人大常委会备案审查立法监督缺陷基础上提出在我国进行立法检察的必要性、可能性与实现立法检察的主要框架,为我国检察职能与备案审查的双完善提供参考。

第一节　立法检察的溯源:从"一般监督"到"立法检察"

我国社会主义初期各项建设都是从借鉴苏联开始的,"一般监督"在我国检察法制建设初期的确立也是如此。由于对法制的不重视和中苏关系很快破裂,一般监督在我国并没有真正实施;基于中国特色社会主义法治建设的情况,一般监督在当下中国可能也难有容身空间,"立法检察"职能的新设可能更为合适。

一、"一般监督"在我国的流变

借鉴苏联检察制度,我国检察制度在建设初期就吸收了"一般监督"的规定。列宁领导苏俄人民建立苏维埃政权不久,一方面在国内逐渐建立起苏维埃社会主义的新法制,另一方面受制于严峻的国内外形势,苏维埃社会主义法律体系的实施遇到了不少难题,多民族俄罗斯固

（接上页）例中,出现一例地方检察机关向当地法制部门提出社会治理检察建议的情况,值得重视,将在后文中加以探讨。一般监督的情况参见王海军:《一般监督制度的中国流变及形态重塑》,《中外法学》2023年第1期。

有的地方主义倾向、部门本位主义和官僚主义、国家干部的贪腐现象以及广大群众的愚昧状态都严重威胁着当时的法律秩序;在对比西方国家三权分立理论与社会主义国家人民主权学说基础上,列宁提出建立苏维埃检察机关以承担保障法制统一的使命。[1] 据此,1922 年通过的《检察监督条例》明确了苏维埃检察机关侦查监督、提起公诉、监所监督和一般监督等职权,其中一般监督即"以对犯罪人追究刑事责任及对违法决议提出抗议的方式代表国家对一切政权机关、经济机构、社会团体、私人组织以及私人的行为是否合法,实行监督"。[2] 此后苏联检察机关有关立法虽有变化,但一般监督内容大体包括了对国家机关、各社会组织、公民个人是否遵守法律的监督,其中重点是"对上述机关和组织发布的文件是否符合宪法和法律"进行监督。[3] 在接受列宁的人民民主国家观同时,面对相同的意识形态、相似的国内境遇和任务,[4]我国于 1954 年制定的《宪法》《人民检察院组织法》借鉴了苏联检察机关的职权规定,将一般监督作为检察机关的基本职权,如最高人民检察院职权就表述为"对国务院所属各部门、地方各级国家机关、国家机关工作人员和公民的是否遵守法律,行使检察权"。[5]

然而,我国检察机关一般监督确立的开始即巅峰,此后逐渐被削弱、乃至消失。在重申 1954 年《宪法》最高人民检察院一般监督职权基础上,同年的《人民检察院组织法》详细规定了地方各级检察院的一般监督与侦查、起诉、侦查监督、审判监督等职权。从该法对人民检察院具体职权的规定看,最高人民检察院事实上也可以行使一般监督外的其他监督权力;从宪法的根本地位及其对最高人民检察院的规定看,当时检察机关职权一定程度上可以概括为"一般监督"。这也是我国检察机

---

① 王建国:《列宁一般监督理论的制度实践与借鉴价值》,《法学评论》2013 年第 2 期。

② 王建国:《列宁一般监督理论的制度实践与借鉴价值》,《法学评论》2013 年第 2 期。

③ 徐益初:《论列宁的法律监督理论在我国检察制度中的运用》,《法学研究》1990 年第 1 期。

④ 石少侠、郭立新:《列宁的法律监督思想与中国检察制度》,《法制与社会发展》2003 年第 6 期。

⑤ 1954 年《宪法》第 81 条、1954 年《人民检察院组织法》第 3—4 条。

关一般监督的规定最为完善的时期。不过,当时我国检察职权仍主要侧重于同个人违法乱纪行为作斗争,常见于一般监督范畴的对规范性文件的合法性监督则由权力机关进行。① 受到文革及我国法治基础薄弱等诸多方面的严重影响,1978 年《宪法》对检察机关一般监督权的规定虽采用了 1954 年《宪法》的规定,但于次年颁布的《人民检察院组织法》在检察职权中明确取消了检察机关的一般监督权,只保留了其中对国家工作人员违法行为的追究,② 与 1954 年《宪法》规定的对国家机关工作人员遵守法律情况的监督有类似性。事实上,此时检察机关对国家工作人员的责任追究也只限于违反刑法、需要追究刑事责任的行为,违反政纪的行为由政府部门处理,③ 一般监督的范围在制度与实践上都已大大缩小。至 1982 年现行《宪法》制定时,检察机关一般监督的内容则被完全删除;1979 年《人民检察院组织法》遗留的一点一般监督权的内容在该法 1986 年的修正案中得到了保留,但 2018 年修订时也被完全取消。值得关注的是,《人民检察院组织法》在 2019 年修改时明确纳入了检察机关"提出检察建议"的权力,并由《人民检察院检察建议工作规定》予以完善;其中有关社会治理的部分检察建议,既可以针对单位内部的规章制度,也有面向不特定公众的政策规范等,符合一般监督的部分规定。不过,这个工作规定只能暂时规范组织法中检察建议的范围,④ 毕竟不是"法律";而且检察建议的柔性效力更类似于当前审查备案中的提出审查建议,⑤ 无法体现检察权的权威性和国家性,难以视为完整的一般监督。至此,作为检察机关这一整体,一般监督的明确法律规定基本消失,针对社会治理的"检察建议"也难以与一般监督相提并论。

---

① 徐益初:《论列宁的法律监督理论在我国检察制度中的运用》,《法学研究》1990 年第 1 期。

② 1979 年《人民检察院组织法》第 6 条:人民检察院依法保障公民对于违法的国家工作人员提出控告的权利,追究侵犯公民的人身权利、民主权利和其他权利的人的法律责任。

③ 彭真:《关于七个法律草案的说明》,《人民日报》1979 年 7 月 1 日。

④ 根据《人民检察院组织法》第 21 条的规定,检察建议的适用范围及其程序,依照"法律"有关规定。《人民检察院检察建议工作规定》显然不属于这里的"法律"。

⑤ 有关检察建议效力的柔性问题,参见卢护锋:《检察建议的柔性效力及其保障》,《甘肃社会科学》2017 年第 5 期。

最高人民检察院的一般监督是个例外。我国在第一部《宪法》《人民检察院组织法》中就借鉴并规定了检察机关的一般监督权,但其主要保留作为武器,是"备而不用"。[①] 这种长期"休眠"条款没有发挥应有的作用,可能是当前《宪法》和《人民检察院组织法》取消检察机关一般监督权的重要原因;可能也是为了继续在一定程度上保有这种"武器"的威慑,最高人民检察院就部分规范性文件提请审查的权力作为"削弱版"的一般监督至今仍然存在。在现行《宪法》明确检察机关是"国家的法律监督机关"基础上,我国于 2000 年制定的《立法法》中规定了最高人民检察院对法律以下的行政法规、地方性法规、自治条例和单行条例等向全国人大常委会提出审查要求的权力,[②]2006 年的《各级人民代表大会常务委员会监督法》中新增了对最高人民法院司法解释提出审查要求的权力。[③] 结合当前《人民检察院组织法》中有关检察权的规定,[④]最高人民检察院的一般监督主要体现在监督部分其他国家机关制定的部分规范性文件。相对于原初一般监督几乎针对所有组织和个人的行为,这种监督的范围较小,只针对中央权力机关以外的其他部分中央国家机关和各省级权力机关,[⑤]仅限于对其部分规范性文件提出审查要求,类似于对部分国家机关的部分"立法行为"进行检察。

二、"立法检察"在我国当下的空间

从新中国法治建设的历程看,作为舶来品的检察机关一般监督在

---

① 闵钐:《中国检察制度史资料选编》,中国检察出版社 2008 年版,第 561 页。

② 《立法法》(2000)第 90 条、《立法法》(2023)第 110 条。

③ 《各级人民代表大会常务委员会监督法》第 32 条。

④ 《人民检察院组织法》没有单独对最高人民检察院的提请审查权力作出规定,但在具体职权中也明确规定可以行使"法律规定的其他职权",可以视为对《立法法》《各级人民代表大会常务委员会监督法》的回应;不仅如此,该法在第 21 条明确规定了检察建议,笔者认为这也是检察机关"立法检察"的重要表现形式。

⑤ 《立法法》(2023)《全国人民代表大会常务委员会关于国家监察委员会制定监察法规的决定》虽规定了监察法规需要向全国人大常委会备案以及后者的撤销权,但没有明确包括最高人民检察院在内的相关国家机关是否可以向全国人大常委会提出审查要求或审查建议。

我国的历史非常短暂,对其的界定一直存在分歧。在一般监督确立之初,就有重大案件检察、政纪监督、监督一切违法违纪不当行为等五种理解。[①] 当下较为主流的观点认为,检察机关针对国家机关、社会团体、公职人员和公民是否遵守法律的监督职权是一般监督。[②] 但有学者就认为,一般监督是指检察机关对行政法规、地方性法规、行政规章、规章以下规范性文件以及司法解释等具有普遍约束力的规范性法律文件的合宪性、合法性,依宪法、法律授权请求有关机关审查处理的活动;[③]也有认为,一般监督是指检察机关代表国家对地方权力机关、国家管理机关、国有企业组织以及国家公职人员和公民是否确切遵守法律进行的监督;[④]还有认为,检察机关的"一般监督"是法律监督的一种,是由具备法学专业高等教育程度的职业检察官对行政机关实施的经常性的、具体性的监督,以及面向个案的监督。[⑤] 不难看出,当前的一般监督在第一种观点中视为对所有社会主体遵守法律情况的监督,第二种观点则主要限于对国家机关规范性法律文件的合宪性、合法性审查,第三种观点相对于第一种观点则排除了对中央国家机关的监督,最后一种观点则仅限于对行政机关的具体监督。总体上看,理论界有关检察机关一般监督目前只在对国家机关,特别是行政机关的监督上有较多的共识,与苏联的一般监督、我国早期确立的一般监督在对象与范围上都有非常大的差异;即使有这种共识,当前的行政检察或公益诉讼已然部分覆盖,新设或恢复"一般监督"可能也无必要。

　　"一般监督"在我国并非明确的法律概念,当下对其的使用很可能造成不必要的误解。始于苏联时期检察机关的一般监督,在俄罗斯时

---

① 王桂五:《王桂五论检察》,中国检察出版社 2008 年版,第 190—191 页。
② 雷小政:《往返流盼:检察机关一般监督权的考证与展望》,《法律科学》2012 年第 2 期。
③ 韩成军:《人民代表大会制度下检察机关一般监督权的配置》,《当代法学》2012 年第 6 期。
④ 王建国:《列宁一般监督理论的制度实践与借鉴价值》,《法学评论》2013 年第 2 期。
⑤ 刘向文、王圭宇:《俄罗斯联邦检察机关的"一般监督"职能及其对我国的启示》,《行政法学研究》2012 年第 1 期。

代已作了一些改变,其主要体现为对各联邦部、国家委员会、局和其他联邦执行权力机关,俄罗斯联邦主体代表机关(立法机关)和执行机关,地方自治机关,军事管理机关,监督机关及上述机关的公职人员,商业组织和非商业组织的管理机构及其领导人的执行法律情况、所颁布法律文件的合法性情况及对恪守人和公民权利与自由情况实施监督。① 我国的检察职能借鉴苏联检察制度的一般监督内容,但在立法中有变化,当前更是没有一般监督的明确法律规定,一些学者甚至认为我国检察机关事实上当下没有这一权力。② 毫无疑问的是,一般监督在我国当前存在的法律空间是极小的。从苏联的检察制度到俄罗斯的检察制度,一般监督即监督一切;虽还有司法监督,但一般监督显然处于核心地位。我国检察制度建立之初更是如此。③ 当前我国检察制度规范中,无论是《宪法》还是《人民检察院组织法》都明确了检察机关"国家的法律监督机关"地位和明确的"检察权"规定,与传统认识中的一般监督有较大区别。如果在我国检察机关中再确立"一般监督",不仅一般监督早就存在的边界模糊、效果不佳等诸多问题可能会重生,④也会与当前检察机关的宪法定位、职权规定等产生分歧,一定程度上否定我国检察制度的独特发展,完全没有必要。

结合一般监督的内容与我国当前的检察职能,拾遗补缺性地新增"立法检察"职能,可以作为新时期我国检察职能完善的重要方向。在人大基础上产生并专门对其他国家机关、全体公民的法律实施与遵守

---

① [俄]Ю. E. 维诺库罗夫:《检察监督》,刘向文译,中国检察出版社 2009 年版,第 427—428 页。

② 陈瑞华:《论检察机关的法律职能》,《政法论坛》2018 年第 1 期;苗生明:《新时代检察权的定位、特征与发展趋向》,《中国法学》2019 年第 6 期;后文认为,我国监察机关具有实质意义上的一般监督机关地位。

③ 根据列宁的一般监督理论,检察机关的成立就是维护苏维埃法制的统一,检察机关的各项具体职权都可以视为一般监督权的延伸。从我国检察制度建立之初的宪法规定也可以看出,当时最高人民检察院的职权规定内容就是一般监督权。关于列宁的监督理论与当时的制度设计,具体参见雷小政:《往返流盼:检察机关一般监督权的考证与展望》,《法律科学》2012 年第 2 期;王建国:《列宁一般监督理论的制度实践与借鉴价值》,《法学评论》2013 年第 2 期。

④ 苗生明:《新时代检察权的定位、特征与发展趋向》,《中国法学》2019 年第 6 期。

情况进行监督的我国检察机关,①当前的法律监督其实正好缺少一般监督中的"立法检察"这一拼图。在常见的法律监督中,对国家机关之外的各种社会组织与个人是否遵守法律的监督,目前我国主要由公安机关等行政机关直接进行,公职人员的守法情况则由监察机关进行,检察机关更多是在这些行为触犯刑法需要追究刑事责任时,进行审查起诉、提起公诉等,且这种权力目前已被现有的检察职权所涵盖,如公诉权等;对于审判机关和行政机关的行为,目前已由检察机关直接进行监督,相关的权力包括诉讼监督权、行政公益诉讼权等。也即,一般监督中对各主体是否遵守法律的监督,当前除了国家机关制定规范性文件的行为外,大多已经从不同视角、不同程度体系性地纳入了检察机关监督的范畴。最高人民检察院存在的"一般监督"主要是对有关国家机关制定的规范性文件进行监督,这既是一般检察确立之初的重要内容,也是当前地方各级检察机关所欠缺的权力。以"立法检察"代替传统的一般监督,明确检察机关对有关机关立法活动的监督权限,可以与我国检察机关既有的其他监督权力相区分,从内容上形成执法监督、司法监督、立法监督等全方位的法律监督,从对象上吸纳了地方各级立法机关等国家机关的全覆盖监督。如此,既可以避免恢复一般监督可能存在的诸多问题,也可以为立法检察的确立、界定进行科学探讨,这在坚持检察机关宪法定位、落实宪法的权力制约原则同时,对新时期检察职权的发展、备案审查的完善都具有非常积极的促进作用。

立法检察的确立也是建设中国式法治现代化的需要。"人类历史上没有一个民族、一个国家可以通过依赖外部力量、照搬外国模式、跟在他人后面亦步亦趋实现强大和振兴";②作为中国式现代化在法治领域的体现,中国式法治现代化既需要根植于中国国情,也绝不能闭门造

---

① 刘松山、许安标:《中华人民共和国宪法通释》,http://www.npc.gov.cn/npc/c13475/201004/a8955b0985204d749ff02f05827e5f47.shtml(中国人大网),2022 年 2 月 13 日访问。

② 《中共中央关于党的百年奋斗重大成就和历史经验的决议》,人民出版社 2021 年版,第 67 页。

车,而应"用宽广视野吸收人类创造的一切优秀文明成果,坚持在改革中守正创新、不断超越自己,在开放中博采众长、不断完善自己。"[1]作为对检察制度和备案审查制度完善的重要形式——立法检察也是如此。从检察制度视角看,一般监督虽然还在部分国家存在,其相关理论仍深刻影响我国,但已然走在中国特色之路上的我国检察制度发展出了不同的形态,也没有必要削足适履;当然,我们可以吸收借鉴其对立法行为监督的形式,或对其他国家机关职权行为监督全覆盖的理念,结合我国国情完善检察制度。从立法监督视角看,当前我国事实上形成了以全国人大常委会备案审查为主导的立法监督体系,但备案审查的能力与需求之间差距较大。[2] 的确,境外有较为成熟的立法监督制度。英美法系主要由法院进行司法审查,大陆法系的合法性审查由法院进行,合宪性审查则由专门机构进行,如法国的宪法委员会和德国的宪法法院。[3] 苏联解体后,俄罗斯按照大陆法系的模式设立立法监督体系,其中检察机关的作用得到一定程度的保留。根据《俄罗斯联邦检察院法》,[4]检察机关可以对立法机关遵守宪法和执行法律的状况进行监督,可以对与法律相抵触的法律文件,向颁布该法律的机关或公职人员、上级机关或上级公职人员提出抗告,或依法向法院提出告诉。对联邦政府决议不符合宪法及法律的,应向总统通报。我国备案审查的问题并非根本性的或源于制度本身的,在进行针对性改良或完善下,它完全可以胜任监督宪法法律准确实施的重任,这从全国人大常委会法制工作委员会 2022 年的备案审查情况工作报告中可见一斑。当然,鉴于我国的人民代表大会制度,宪法的司法化可能并不合适,但借鉴大陆法系将合法性审查与合宪性审查分离的做法、适当启用检察机关已有的"法律监督"职能应是可行的。我国已于 2018 年在全国人大常委会下

---

[1] 习近平:《在纪念马克思诞辰 200 周年大会上的讲话》,人民出版社 2018 年版,第 27 页。

[2] 封丽霞:《制度与能力:备案审查制度的困境与出路》,《政治与法律》2018 年第 12 期。

[3] 胡锦光:《论合宪性审查的"过滤"机制》,《中国法律评论》2018 年第 1 期。

[4] 《俄罗斯联邦检察院法》,黄道秀译,《国家检察官学院学报》2015 年第 5 期;参见该法第三编第一章"监督法律的执行"。

设立了"宪法和法律委员会",以"推进合宪性审查"等工作;若能从备案审查机制完善视角上确立"立法检察",显然是尊重中国法治国情基础上完善立法监督、检察制度的重要改革。

第二节　立法检察的需要:全国人大常委会视角下备案审查的缺陷①

新中国成立后的较长一段时间,我国都在着力于国家生活和社会生活各方面基本的有法可依,直到 2010 年中国特色社会主义法律体系的形成。由此,该期间立法监督工作一直不受重视,表现在两个方面:一是制度规范上,我国《宪法》于 1982 年、《地方各级人民代表大会和地方各级人民政府组织法》于 1979 年明确了各级权力机关对规范性文件的审查权力,②但直到 2000 年《立法法》和《行政法规、地方性法规、自治条例和单行条例、经济特区法规备案审查工作程序》才在全国人大层次初步建立备案审查制度以监督立法。二是在实践中,全国人大常委会长期没有重视备案审查,这在相关工作报告中最为明显,如反映 2003—2007 年工作情况的 2008 年工作报告几乎没有备案审查的内容,③对 2008—2012 年工作予以总结的 2013 年工作报告也是大致如此,备案审查着墨极少。④

十二届人大以来,我国逐渐加强了全国人大常委会的备案审查工

---

① 事实上,我国当前形成了"一元多系统多主体"的备案审查体系,而其中全国人大的备案审查居于主导地位,为此,本章主要通过对最高权力机关的备案审查缺陷进行论述,以为建立立法检察提供支撑。

② 《宪法》第 62 条第 1—2 项和第 12 项,第 67 条第 1 项和第 7—8 项;《地方各级人民代表大会和地方各级人民政府组织法》第 8 条第 10—11 项,第 9 条第 9 项,第 44 条第 7—8 项。

③ 吴邦国:《全国人民代表大会常务委员会工作报告——2008 年 3 月 8 日在第十一届全国人民代表大会第一次会议上》,http://www. npc. gov. cn/npc/c238/200803/7102d97dc10143458fd2bcd17cceaf72. shtml(中国人大网),2020 年 3 月 6 日访问。

④ 吴邦国:《全国人民代表大会常务委员会工作报告——2013 年 3 月 8 日在第十二届全国人民代表大会第一次会议上》,《全国人民代表大会常务委员会公报》2013 年第 2 号。

作。政策上,中央在《宪法》公布施行 30 周年之际对其实施提出了多项
措施;①此后,党的十八届三中全会、四中全会对全国人大常委会的备
案审查制度及相关能力建设也提出了明确要求,为我国立法监督的完
善指明了方向。制度上,在吸取此前备案审查工作经验基础上,2015
年修改的《立法法》明确了备案审查的专门工作机构与主动审查要求等
内容,推动了该项工作的有序开展。全国人大常委会在该期间接受报
送备案的规范性文件 4778 件,主动对 188 件行政法规和司法解释进行
审查,认真研究了公民、组织提出的 1527 件审查建议。②自十三届人
大起,备案审查工作取得了明显进展,基本实现了"有案必备""有备必
审""有错必纠"。公民和组织对立法活动更为关注,参与立法监督的积
极性显著提高,提出审查建议的数量在此期间增长约 3 倍;相比十二届
人大期间公民、组织每年提出审查建议的数量,如 2013 年只有 62 件,
2014 年 43 件,2015 年 246 件,2016 年 92 件,③近些年的增长非常明显
(见下表)。

2017—2023 年来全国人大常委会的备案审查情况④

年份	报送备案的规范性文件(单位:件)	公民、组织提出的审查建议(单位:件)	国家机关提出的审查要求(单位:件)
2017	889	1084	0
2018	1238	1229	0
2019	1485	138	未提及

① 习近平:《在首都各界纪念现行宪法公布施行 30 周年大会上的讲话》,《人民日报》2012
年 12 月 5 日。
② 张德江:《全国人民代表大会常务委员会工作报告》,《全国人民代表大会常务委员会公
报》2018 年第 2 号。
③ 沈春耀:《全国人民代表大会常务委员会法制工作委员会关于十二届全国人大以来暨
2017 年备案审查工作情况的报告》,http://www. npc. gov. cn/npc/c12435/201712/
18c831eededb459cb645263ebf225600. shtml(中国人大网),2020 年 3 月 7 日访问。
④ 参见全国人民代表大会常务委员会法制工作委员会 2017 年至 2023 年的备案审查工作
情况报告,http://www. npc. gov. cn/npc/c2597/c5854/bascgz/bascgzqkbg/(中国人大
网),2024 年 8 月 23 日访问。

续　表

年份	报送备案的规范性文件(单位:件)	公民、组织提出的审查建议(单位:件)	国家机关提出的审查要求(单位:件)
2020	1310	5146	0
2021	1921	6339	0
2022	1172	4829	0
2023	1319	2827	0

　　全国人大常委会的备案审查工作只是初见成效,立法监督工作仍然任重道远。① 从上述近年全国人大常委会备案审查情况看,目前该项工作还存在以下问题:

　　首先,相关国家机关对规范性文件提出审查要求缺乏积极性。根据《立法法》规定,包括国务院、中央军事委员会、最高人民法院、最高人民检察院及各省级人民代表大会常务委员会等国家机关可以向全国人大常委会就有关规范性文件提出审查要求。② 从 2017—2023 年全国人大常委会法制工作委员会有关备案审查的报告看,除个别情况外,上述国家机关没有提出一件审查要求。这些国家机关在科层制中处于较高层级,对规范性文件的掌握较为及时、理解较为全面,大多机构还有诸多下级机关可以依靠,对有关规范的合法性问题更易掌握,③提出审查要求也更能受到全国人大常委会的重视;不仅如此,这种要求事实上是一种"职权"而不是"权利",这些国家机关应当履行相应职责。但相对于组织、公民每年就规范性文件提出的诸多审查建议,以及全国人大常委会法制委近五年推动制定机关纠错

---

① 罗书平:《初见成效:三年来备案审查工作有何重大进展?》,《民主与法制周刊》2020 年第 7 期。

② 国家监察委员会也有提出审查要求的权力,但考虑其 2023 年才正式确定,本章将不予讨论。另外,《立法法》也没有赋予这些国家机关对监察法规提出审查要求的权力,检察机关能否对监察机关进行监督也有极大的争议。鉴于本章讨论的重点,对此问题我们予以回避。

③ 鉴于本章重点讨论检察机关是否应对法律以下规范性文件向权力机关提出审查,并不严格区分合宪性与合法性问题,故文中大多用合法性来替代这两种情况。

的情况,①这些国家机关在提出审查要求方面显得无所作为,放弃了自己应当履行的职责。

其次,全国人大常委会的审查能力不足以应对实践需要。在我国当前"一元多系统多主体"的备案审查体系中,全国人大常委会处于核心主导地位,但其审查能力还有待进一步加强。从审查主动性看,十二届人大期间,全国人大常委会主动审查的规范性文件数量还不到报送备案审查的 4%,最多的 2017 年也只有 180 余件,仅占报送备案审查的 20%;即使十三届人大期间"基本实现"了应审尽审,但主动审查仍需"加强"。② 从发现问题能力看,相对于近五年(2018—2022 年)年均接收报送备案规范性文件近 1500 件、收到审查建议超过 3500 件,另有数量庞大的申请审查和单独的专项审查,2020 年初全国人大常委会法规备案审查室专职从事审查研究工作的人员只有 13 人,③显而易见的"案多人少"。考虑到编制问题,前述人数不可能在短期内有较大增长;即使建立了备案审查专家委员会,但学术研究、法制宣传、指导地方等诸多工作仍需要审查室承担,人手紧张难以避免。在十三届人大期间,有关组织、个人提交审查建议的数量一直处于高位运行,某种程度上反映了全国人大常委会自身审查能力的不足。从审查效果看,十二届人大期间,在对 188 件行政法规和司法解释进行的主动审查中,只发现 5 件司法解释存在与法律不一致等问题,这与该期间最高人民法院和最高人民检察院(下文简称"两高")废止的司法解释数量相比太少;④十三届人大期间,全国人大常委会在"应审尽

---

① 沈春耀:《全国人民代表大会常务委员会法制工作委员会关于十三届全国人大以来暨 2022 年备案审查工作情况的报告》,http://www.npc.gov.cn/npc/c30834/202212/ a9b1c0688c1e47278b163cf141c30b0a.shtml#(中国人大网),2023 年 1 月 28 日访问。

② 沈春耀:《全国人民代表大会常务委员会法制工作委员会关于十三届全国人大以来暨 2022 年备案审查工作情况的报告》,http://www.npc.gov.cn/npc/c30834/202212/ a9b1c0688c1e47278b163cf141c30b0a.shtml#(中国人大网),2023 年 1 月 28 日访问。

③ 梁鹰:《备案审查工作的现状、挑战与展望》,《地方立法研究》2020 年第 6 期。

④ 2015 年,最高人民检察院发布的《关于废止部分司法解释和司法解释性质文件的决定》一次性废止 12 个文件,最高人民法院发布的《关于废止部分司法解释和司法解释性质文件(第十一批)的决定》一次性废止 11 个文件。

审"原则下"督促推动"2.5万件各类规范性文件的修改废,[1]但相对于大量的审查建议,以及党的十九大以来对合宪性审查的要求与着力,备案审查的效果仍需加强。

再次,备案审查的范围仍有待扩展和落实。《法规、司法解释备案审查工作办法》的制定实施极大完善了备案审查的范围,一方面在全国人大常委会层面将行政法规、监察法规、地方性法规、自治条例和单行条例、经济特区法规以及"两高"的司法解释等都作为审查的对象,另一方面也为对其他规范性文件的审查和地方人大及其常委会的审查工作提供了参考。不过,仍有一些规范性文件可能需要纳入备案审查范围,或不需由全国人大常委会备案但应由其审查:一是其他国家机关或部门备案审查的各级各类规范性文件。虽然这些国家机构有权审查相关的规范性文件,但全国人大常委会是对法律以下各规范性文件合法性的最终确定机构;对于这些机构不审查、审查结果错误等,或有关组织、个人对审查结果提出异议的,[2]全国人大常委会应以不同形式介入审查。二是国家机关不公开的规范性文件。这类规范性文件虽没有明确可以不作为审查的对象,但由于其保密性,可能导致对其审查的困难,如近年监察机关制定实施的多个监察法规及地方监察机关制定的有关监察工作的规范性文件,在缺少社会组织、个人参与,而有权的国家机关又不积极提出审查要求时,审查将非常困难。三是一些政策性文件和适用时间较短或作为应急措施的规范。虽然这些仍可以作为规范性文件,但由于并不是直接作为法律活动的依据,或时效短,审查或报送审查的可能性都较低,如《关于防范和打击电信网络诈骗犯罪的通告》适用时间仅1个多月,其对自首的认定等与刑事实体法、程序法的有关规定都存在差异;一些司法机关的会议纪要,虽主要是规范司法机关自己的工作,但对案

---

①　沈春耀:《全国人民代表大会常务委员会法制工作委员会关于十三届全国人大以来暨 2022年备案审查工作情况的报告》,http://www.npc.gov.cn/npc/c30834/202212/ a9b1c0688c1e47278b163cf141c30b0a.shtml#(中国人大网),2023年1月28日访问。

②　梁洪霞:《备案审查事后纠错的逻辑基础与制度展开》,《政治与法律》2022年第9期。

件当事人影响较大,也存在不公开的问题,对其监督困难。党的十八届四中全会(2014年)提出要把所有的规范性文件都纳入备案审查的范围,但这项工作直到2019年才逐步推动;即使如此,2019年底,也只有14个省(区、市)将地方有关司法规范性文件纳入备案审查范围,有2个省纳入依申请审查范围。① 《法规、司法解释备案审查工作办法》确定的审查范围,是否能在实践中得到完全实施也值得观察;② 过去几年新冠疫情流行,一些地方不断推出针对疫情的应急规范或措施,但合法性备受争议,③ 当下应该总结经验。

最后,备案审查的规范性还有待完善。经过十多年的实施,《行政法规、地方性法规、自治条例和单行条例、经济特区法规备案审查工作程序》《司法解释备案审查工作程序》于2019年被更具综合性的《法规、司法解释备案审查工作办法》替代,但合宪性审查与合法性审查的模糊仍然存在,④ 合宪性审查也没有专门的程序规范。针对此前备案审查工作机制方面的问题,近年全国人大法工委建立完善了备案审查中函告制定机关并听取意见、征求有关部门和有关方面意见、实地调研、向审查建议人反馈等方面的工作机制和审查程序,⑤ 但这些方式并没有在新规中明确为审查的必经程序,个案审查方式仍存在诸多不确定性,显然也会影响审查的效果。公开回应机制、及时回应社会关注热点问题、公开听取意见问题、审查队伍的能力建设、审查后的责任分担等还

---

① 沈春耀:《全国人民代表大会常务委员会法制工作委员会关于2019年备案审查工作情况的报告》,http://www.npc.gov.cn/npc/c30834/201912/24cac1938ec44552b285f0708f78c944.shtml(中国人大网),2020年3月7日访问。

② 即使在2021年备案审查工作报告中,全国人大常委会也只是认为地方"一府一委两院"制定的规范性文件已"基本"纳入同级地方人大常委会备案范围。具体参见沈春耀:《全国人民代表大会常务委员会法制工作委员会关于2021年备案审查工作情况的报告》,http://www.npc.gov.cn/npc/c30834/202112/2606f90a45b1406e9e57ff45b42ceb1c.shtml(中国人大网),2022年2月11日访问。

③ 杨建顺:《以依法防控支撑科学精准防疫》,《上海法治报》2022年8月24日。

④ 有学者对两者作了明确的区分,值得考虑。王锴:《合宪性、合法性、适当性审查的区别与联系》,《中国法学》2019年第1期。

⑤ 蒲晓磊:《法规、司法解释与法律抵触怎么办》,《法制日报》2017年6月23日。

没有完全落实或缺少必要的规定,[①]审查建议人和社会公众参与度等问题也没有完全解决。[②] 2022 年全国人大法制委的备案审查工作报告也在不同程度上对上述问题有所反映,[③]如统一的备案审查信息平台、初步建立的国家法律法规数据库为社会公众的参与也提供了一定的支撑,但平台内容并不公开、数据库内容不齐全等都在一定程度上存在;回应热点问题得到了一定的体现,但公开仍呈现滞后、不完整的问题,如关于调用检察人员办案问题的回应也是首次在报告中呈现,此前并未公开。

2023 年 12 月,全国人大常委会通过了《关于完善和加强备案审查制度的决定》,在备案范围拓展、审查方式完善、合宪性审查推进、群众诉求回应和审查公开化等方面都有进一步的规范,[④]但仍有继续完善的空间,如备案审查范围、审查程序的制度化与规范化等。

一些学者从一般监督或维护法制统一与正确实施的角度论证检察机关介入立法监督或提请合宪性审查的必要性,包括我国《宪法》的规定性、我国残存的封建思想观念、片面的政绩观和顽固的地方利益影响、地方发展不平衡等。[⑤] 不过,吸收一般监督的部分内容并单独确立、规范检察机关的立法检察,前述备案审查制度存在的诸多缺陷才是最为紧迫的缘由。

---

①　刘松山:《备案审查、合宪性审查和宪法监督需要研究解决的若干重要问题》,《中国法律评论》2018 年第 4 期。

②　沈春耀:《全国人民代表大会常务委员会法制工作委员会关于十三届全国人大以来暨 2022 年备案审查工作情况的报告》,http://www.npc.gov.cn/npc/c30834/202212/a9b1c0688c1e47278b163cf141c30b0a.shtml#(中国人大网),2023 年 1 月 28 日访问;梁鹰:《备案审查工作的现状、挑战与展望》,《地方立法研究》2020 年第 6 期。

③　沈春耀:《全国人民代表大会常务委员会法制工作委员会关于十三届全国人大以来暨 2022 年备案审查工作情况的报告》,http://www.npc.gov.cn/npc/c30834/202212/a9b1c0688c1e47278b163cf141c30b0a.shtml#(中国人大网),2023 年 1 月 28 日访问。

④　参见严冬峰:《充分认识备案审查的重要使命　努力构建系统完备的备案审查制度》,http://www.npc.gov.cn/npc/c2/c30834/202403/t20240308_435614.html(中国人大网),2024 年 8 月 12 日访问。

⑤　朱孝清:《国家监察体制改革后检察制度的巩固与发展》,《法学研究》2018 年第 4 期;刘向文、王圭宇:《俄罗斯联邦检察机关的"一般监督"职能及其对我国的启示》,《行政法学研究》2012 年第 1 期。

第三节 立法检察的基础：以法律 监督维护法制统一

备案审查制度的缺陷为完善包括立法检察在内的各种立法监督措施提供了必要性，最高人民检察院提出审查要求的权力只是完善该制度的一个环节。若将该权力延伸并演绎为整个检察机关的立法检察权，则需要更为坚实的支撑，而检察机关的"国家的法律监督机关"宪法定位及依存的理论、制度与实践正好提供了这一基础。

一、宪法性规范下的法律监督包括立法检察

作为国家机构的一部分和专门的法律监督机关，检察机关是否应具有立法检察权力，应从更为根本的宪法性规范视角予以考察。

首先，法律监督的宪制基础与立法检察是共享的。作为宪法上的"国家的法律监督机关"，检察机关及其权能源于宪制理论，包括人民民主专政理论、人民代表大会制度理论、民主集中制理论等。[①] 为了保障人民民主专政，我国实行人民代表大会制度，形成了民主集中制下的"一元分立"而不是西方的三权鼎立。人民代表大会统揽国家权力，但其不可能自己行使所有权力。"人民代表大会只负责反映和集中人民的意愿，作出决策，并监督决策的贯彻实施。"为此，人大分别产生行政机关、审判机关、监察机关和军事机关等，分别行使行政权、审判权、监察权和军事权等；同时，"为确保行政机关、审判机关和军事机关忠实地履行宪法和法律赋予的职权，在宪法和法律的范围内活动，确保全体公民都自觉遵守法律，人民代表大会还须组织起专门机关来监督法律的

---

① 韩大元、刘松山：《论我国检察机关的宪法地位》，《中国人民大学学报》2002 年第 5 期。

具体实施和遵守,这就是检察机关。"①这些机关的履职活动,不仅包括直接的执法、司法、监察等具体行为,也应包括为了执法、司法和监察等活动而进行的立法性活动,如制订行政法规、司法解释和监察法规等。鉴于规范性文件的普遍适用性与实践指导性,检察机关对这些机关法律实施情况的监督,其中的立法行为相对于具体履职行为更为重要。作为法律监督的一部分,目前《立法法》明确最高人民检察院可以就行政法规、司法解释等向全国人大常委会提出审查要求,可以视为在最高检察机构建立或明确了立法检察。

其次,宪法性规范中的检察监督思想也是立法检察权的直接渊源。在苏联检察制度的形成和发展过程中,列宁的检察思想具有决定性影响,包括反对双重领导、主张垂直领导,地方检察人员有从法制的观点对省执行委员会和所有地方政权机关的任何决定提出异议的权利等,以及由此延伸出的法制统一性、检察机关没有行政权和检察权具有中央性等重要论点,②较为典型的表述,如"法制不能有卡卢加省的法制,喀山省的法制,而应是全俄统一的法制,甚至是全苏维埃共和国联邦统一的法制。""检察长有权利和有义务做的只有一件事:注意使整个共和国对法制有真正一致的理解,不管任何地方差别,不受任何地方影响。"③由此,苏联检察机关形成了以"一般监督"为核心的检察监督,并在宪法和检察有关的基本法律中得到确认,④也深刻影响了我国检察制度。首次明确检察机关性质的 1979 年《人民检察院组织法》和 1982 年《宪法》,在制订过程中都明确检察机关设立的重要思想渊源——列宁的检察监督思想,⑤而该两部历经多次修改的法律至今仍然有效;这

---

① 刘松山、许安标:《中华人民共和国宪法通释》,http://www.npc.gov.cn/npc/c13475/201004/a8955b0985204d749ff02f05827e5f47.shtml(中国人大网),2022 年 12 月 8 日访问。
② 田夫:《什么是法律监督机关》,《政法论坛》2012 年第 3 期。
③ 中共中央马克思恩格斯列宁斯大林著作编译局编译:《列宁全集》(第四十三卷),人民出版社 2017 年版,第 199 页。
④ 王海军:《"法律监督"概念内涵的中国流变》,《法学家》2022 年第 1 期。
⑤ 彭真在 1979 年《人民检察院组织法》修改中提到了列宁思想的指导。彭真:《关于七个法律草案的说明》,http://www.gov.cn/test/2008-03/10/content_915712.htm(中央人民政府网站),2022 年 12 月 9 日访问;刘松山、许安标:《中华人民共和国宪法通(转下页)

就意味着,在人民代表大会制度下,我国各级检察机关也应对不同地方存在的、不同国家机关制定的规范性文件进行审查,并由相应的权力机关决定是否废改或最终由全国人大常委会确定是否合法。

最后,我国宪法性规范对检察机关的法律定性与具体规定也为立法检察的确立提供了制度空间。作为国家的法律监督机关,检察机关的这一法律定性首次出现在 1979 年的《人民检察院组织法》中,其是以当时有效的 1978 年《宪法》为基础的;根据该宪法,最高人民检察院行使一般监督权。[①] 虽有学者认为,当时组织法对检察机关性质的界定更多是出于对检察机关的拨乱反正,并没有精确检察机关职权之义;[②]但这一界定应该不违反当时的宪法,或至少没有明确违反当时宪法,也即,作为法律监督机关,检察机关也应可以实施一般监督。的确,该组织法对检察职权的具体规定中取消了一般监督的规定,但具体的检察职权与检察机关的"法律监督"定性不应等同,具体职权中没有列明一般监督,并不是明确检察机关不可以拥有一般监督的权力。[③] 当前的宪法性规范虽已取消原先对最高人民检察院的一般监督权规定,但一方面在指导思想上坚持了独立设立检察机关的宪制基础与列宁的检察学说,明确检察机关设立的目的在于在人民代表大会制下监督其他国家机关,以维护法制的统一,[④]另一方面通过《宪法》中的"国家机构"篇构建了人民代表大会制下的"一府一委两院",在"人民检察院"部分明确了"国家的法律监督机关"定性。也即,检察机关的指导思想、宪

（接上页）释》,http://www.npc.gov.cn/npc/c12434/c1793/c1851/c13475/201905/t20190523_50106.html(中国人大网),2023 年 12 月 15 日访问。

① 《宪法》(1978)第 43 条。

② 朱全宝:《法律监督机关的宪法内涵》,《中国法学》2022 年第 1 期;黄明涛:《法律监督机关——宪法上人民检察院性质条款的规范意义》,《清华法学》2020 年第 4 期。

③ 叶海波:《论中国检察机关的宪法地位与作用》,《哈尔滨工业大学学报(社会科学版)》2012 年第 6 期。

④ 彭真:《关于七个法律草案的说明》,http://www.gov.cn/test/2008-03/10/content_915712.htm(中央人民政府网站),2022 年 12 月 9 日访问;刘松山、许安标:《中华人民共和国宪法通释》,http://www.npc.gov.cn/npc/c13475/201004/a8955b0985204d749ff02f05827e5f47.shtml(中国人大网),2022 年 12 月 9 日访问。

法定性定位仍与此前一致。当然,检察机关的具体职权在不同时期出现了变化与演进,[1]这都是"法律监督机关"定性定位和维护法制统一的需要;除了在《立法法》《各级人民代表大会常务委员会监督法》中早就明确的最高检察机关立法监督权力——提出审查要求的权力之外,《人民检察院组织法》中新增的各级检察机关提出检察建议权力,也在不同程度上、或直接或间接体现出对规范性文件合法性的监督,既是法律监督下维护法制统一的必然组成部分,是较为典型的一般监督内容,也将成为我国检察机关立法检察权力逐渐确立的制度基础。

二、实践中的检察权包括对规范性文件的审查

我国法院在审判过程中具有附带审查规范性文件的权力,最高人民法院可以就行政法规、地方性法规、司法解释等向全国人大常委会提出审查的要求,为此,法院在立法监督中的作用得到较多的重视。[2] 事实上,"两高"在提出审查要求上的权力是一致的,检察机关及其权力运行与审判机关也有不少类似性,其中就包括对规范性文件的审查监督。

首先,从刑事检察视角看,与法院的诸多相似性使检察机关对规范性文件的监督同样值得关注。对法院在立法监督作用的强调,主要是基于其司法性及由此产生的终局性和权威性,而检察机关也不同程度上存在。无论检察权被定性为行政权、司法权、法律监督权还是兼而有之,[3]其中的部分刑事职权显而易见具有司法性,如在境外多由法院决定的审查逮捕,在我国是由检察机关行使的;在官方话语体系中,检察

① 朱孝清:《新中国检察制度的不变与变》,https://www.spp.gov.cn/spp/zdgz/202201/t20220118_541870.shtml(最高人民检察院网站),2022年12月12日访问。
② 朱姗姗:《论法院合宪性预审机制的建构——激活〈立法法〉第99条第1款研究》,《政治与法律》2022年第8期;黄明涛:《最高人民法院与具体审查——合宪性审查要求权的制度建构》,《中国法律评论》2020年第1期;邢斌文:《论法院在合宪性审查工作中的角色定位》,《人大研究》2021年第2期。
③ 陈海锋:《刑事审查起诉程序正当性完善研究》,法律出版社2014年版,第248—251页。

机关与审判机关都是我国的司法机关。不同于境外检察机关大多属于政府的组成部分,我国检察机关除了上下级关系外,在任职资格、与其他国家机关的关系、组织体系、刑事司法上的任务与目的等诸多方面与法院雷同,更奠定了其司法性的基础。也因为这种司法性,我国检察机关在审前程序具有主导地位,作出的一些司法决定具有终局性和权威性,典型的如,提起公诉必然引起法院的审判,法院不得进行起诉审查。由此,法院进行的合法性审查,检察机关也可以承担,也在不同程度上承担着。在刑事司法过程中,检察机关选择合适的规范性文件并适用于具体的案件,就包括对规范合法性的预断。

其次,从民事行政检察视角看,检察机关立法监督的职能更为明显。作为主要业务,刑事检察涉及的规范性文件主要是法律、"两高"的司法解释,而民事行政检察工作面对的规范涉及法律渊源的各个层次,合法性问题应该会较多,加强对其的监督更有必要。民事行政检察监督的最终目的就是维护国家法制统一。[①] 在民事、行政诉讼监督中,检察机关最终向法院提出检察建议或抗诉的案件,[②]无论是基于程序公正还是实体公正,法律错误都是其中的重要原因,而实体错误也必将导致法律适用的错误;司法中也有不少较为常见的规范错误,如下位法缩小上位法的权利主体范围、剥夺上位法规定的权利等。[③] 统一《民法典》的制定,就是因为"分阶段、分步骤制定出的民事单行法律,受到制定时的时代背景、经济社会发展条件、认识水平、立法技术的限制,不全面、不系统、不协调的问题比较突出,常常出现顾此失彼的法律冲突。"[④]面对庞杂的民事、行政规范,检察机关的诉讼监督过程一方面通过自身对案件事实、法律与法院司法行为的审查,提出适用或不适用有关规则的意见,另一方面也希望法院能准确适用规范以纠正

---

① 杨立新:《民事行政诉讼检察监督与司法公正》,《法学研究》2000 年第 4 期。
② 如《民事诉讼法》第 207 条、第 215 条,《行政诉讼法》第 91 条、第 93 条。
③ 在《关于审理行政案件适用法律规范问题的座谈会纪要》(法〔2004〕96 号)中,最高人民法院罗列了许多适法中的问题。
④ 王利明:《为民法典早日颁行鼓与呼》,《人民日报》2013 年 1 月 9 日。

裁决错误;无论最终检察机关是否向权力机关提出审查要求或审查建议,法院是否进行附带性审查或向权力机关提请审查,这一过程中都存在类似的对既有各个层次立法的监督。① 与此相似的是,公益诉讼和行政检察监督中,检察机关一方面通过对案件的审查,选择合适的诉讼法律依据或监督依据,另一方面也可能通过诉讼以赢得法院或行政机关对有关规则适用的认可,甚至引起有关机关对规则的修改完善。

最后,积极参与社会治理下的检察权大大拓展了立法检察的空间。作为"两个一百年"目标的重要内容,"国家治理体系和治理能力现代化"在党的十九大被明确提出,希望通过加强和创新社会治理,"完善党委领导、政府负责、社会协同、公众参与、法治保障的社会治理体制","打造共建共治共享的社会治理格局"。以该理念为指导,结合 2018 年《人民检察院组织法》、2019 年《人民检察院检察建议工作规定》的修改,我国从宏观上较为全面确立了检察机关的检察建议权力和"社会治理检察建议"这一类型,将此前一直作为预防犯罪、综合治理和诉讼监督等检察机关的延伸性工作,②拓展为检察机关法律监督的重要组成部分。虽然社会治理检察建议的形式在我国一直于实践和制度规范中存在,③但面对新时期人民群众对美好生活的向往、对司法工作的高要求,检察机关需要积极参与社会治理,使得该类工作中的检察建议真正走入了"快车道"。④ 较为典型的是近年最高人民检察院制发的诸多检

---

① 如《人民检察院行政诉讼监督规则》第 97 条规定,"人民检察院办理行政诉讼监督案件,发现地方性法规同行政法规相抵触的,或者认为规章以及国务院各部门、省、自治区、直辖市和设区的市、自治州的人民政府发布的其他具有普遍约束力的行政决定、命令同法律、行政法规相抵触的,可以层报最高人民检察院,由最高人民检察院向国务院书面提出审查建议。"毫无疑问的是,地方检察机关在层报最高人民检察院之前,已然对相关规范性文件进行了审查。

② 姜伟、杨隽:《检察建议法制化的历史、现实和比较》,《政治与法律》2010 年第 10 期。

③ 2009 年最高人民检察院就制定了《人民检察院检察建议工作规定(试行)》,其中第 5 条与 2019 年《人民检察院检察建议工作规定》第 11 条的不少内容重合,只是没有明确为"社会治理检察建议"。

④ 罗书平:《历史回顾:从无到有的"检察建议"》,《民主与法制周刊》2019 年第 17 期。

察建议,[1]对相关国家机关在具体领域规章制度的完善起到了较好的示范作用。不仅如此,一些地方检察机关更是直接提出了规范性文件的"废改"建议,并得到了最高人民检察院的认可。如,最高人民检察院于 2019 年公布的《检察公益诉讼全面实施两周年典型案例》中"湖南省常德市金泽置业有限公司等欠缴土地出让金公益诉讼案",[2]湖南省常德市人民检察院一方面针对当地国土部门不积极履职问题,发出诉前检察建议,建议采取有效措施追缴相关公司的土地出让金,另一方面对住建部门的《常德市市直管建设工程前期施工监管制度(试行)》内容违反建筑法、行政许可法,且存在"无发文对象、无发文日期、未向社会公布,未向政府法制部门备案"等诸多问题,向政府法制部门发出社会治理检察建议,最终推动了该文件的废止。

第四节　立法检察的优势:比较视野下的择其一而重之

处于立法监督核心地位的全国人大常委会备案审查是以权力机关为主导,以规范性文件制定机关移送备案审查为主要形式,以相关国家机关、组织和个人提请审查为辅助的立法监督体系。若以司法程序类比,该立法监督中,权力机关主要是"裁判者",依职权主动审查或依申请进行审查,确定规范性文件的合法性等;审查要求提出权的国家机关和审查建议提出权的公民、单位具有"控诉者"身份,前者具有当然的"当事人"资格,后者需要经过审查确认;规范性文件的制定主体一般只是根据立法监督流程提交文件备案,但在相关规范性文件被提请审查时,其将作为"被指控者",要对文件的合法性等问题发表意见,为自己

---

[1]　《一图读懂 | 最高检一号至八号检察建议》,http://www. ln. jcy. gov. cn/art/2022/4/7/art_142_57628. html(辽宁省人民检察院官网),2022 年 12 月 17 日访问。

[2]　《检察公益诉讼全面实施两周年典型案例》,https://www. spp. gov. cn/spp/xwfbh/wsfbh/201910/t20191010_434047. shtml(最高人民检察院官网),2023 年 9 月 9 日访问。

的立法行为与结果"辩护"。在没有控诉者的情况下,裁判者依职权对备案规范性文件进行"应审尽审",但在审查能力不足以及缺少指控的针对性等情况下,直接发现问题的可能性较小,这就凸显了控诉者在审查中的作用。^① 鉴于我国"一元分立"的政体形式,以全国人大常委会备案审查中的相关主体为例,作为权力机关的人大必须保留对立法监督的主导权,落实"控诉者"职责可能就成为面对前述备案审查问题最合适的选择;诸多主体相比之下,检察机关应可以承担更大的责任。

一、当前备案审查体制中各主体进行立法监督的缺陷

首先,从《宪法》确立的监督机关角度分析,^②人大与监察的立法监督各有不足,难以独自承担立法监督重任。其一,全国人大常委会的立法监督需要其他主体的配合。在人民主权理念下构建的人民代表大会制度中,全国人大及其常委会是主权的拥有者,其主要保留了立法权及对其产生的国家机关进行监督的权力。立法监督是立法权的组成部分,也是国家权力机关维护其立法权威的关键;不过,主要依靠权力机关自觉自愿的依职权主动监督,既缺乏能力,也可能没有动力。前文已从全国人大常委会备案审查工作报告中揭示了实践中的审查能力不足问题,其实这从理论上也是可以证实的:在积极性方面,全国人大常委会对地方性法规的监督,因与省级人大常委会常态化的工作联系而容易懈怠;同理,全国人大及其常委会对由其产生的其他国家机关移送备

---

① 从十三届全国人大常委会的备案审查工作报告看,其中列举的合宪性、合法性备案审查典型案件大多是由公民或组织提出审查建议引发的,而公民、组织每年提请审查的建议数量也长期处于高位,反映了作为"控诉者"对审查的积极作用。沈春耀:《全国人民代表大会常务委员会法制工作委员会关于十三届全国人大以来暨 2022 年备案审查工作情况的报告》,http://www.npc.gov.cn/npc/c30834/202212/a9b1c0688c1e47278b163cf141c30b0a.shtml#(中国人大网),2023 年 1 月 30 日访问。
② 权力机关和检察机关的监督地位较为明确,监察机关的监督地位其实与检察机关相类似,其通过对公职人员违法犯罪行为的调查,实现"维护宪法和法律尊严"的任务,都是对公权力行使和法律实施进行的监督。参见朱孝清:《国家监察体制改革后检察制度的巩固与发展》,《法学研究》2018 年第 4 期。

案审查的规范性文件,能否做到全面、真正监督也不无疑问。在发现问题能力方面,通过提升自身素质与能力及委托或聘请其他专家参与审查,可以从一定程度上解决这一问题,但规范性文件本身的抽象性与现实的复杂性,发现问题仍然较为困难;在公众参与、审查公开等诸多前述机制还有待完善的情况下,规范性文件实践问题的发现可能更难。审查动力缺乏的问题也不容忽视。规范性文件本身不是全国人大常委会制定,更不用其直接执行,由此产生的违法性问题及实施可能造成的各种社会问题,最终都主要由制定者承担,"裁判者"事实上很少受到指责。无论是怠于审查、知识欠缺或其他原因导致审查结果错误,应当确定违法性而没有确定,目前都没有相应的责任分担机制;我国人大选举制度的间接性在全国人大代表层次非常明显,这也弱化了与普通公众的联系,[1]受违法性文件影响最大的公众也难以直接对全国人大代表施加影响。由此,仅凭权力机关进行立法监督难以实现维护法制统一的目的,必须有其他国家机关、组织或公民的协助。

其二,监察机关发挥立法监督的空间相对较小。监察体制改革后,在传统具有维护法制统一职能的检察机关外新增了监察机关。目前的监察机关监察实现了对公职人员的全覆盖,涉及其违法和犯罪等失范行为,与前述苏联及俄罗斯检察机关一般监督中的对象具有一定重合性,显然也可以作为立法监督的一部分。[2] 不过,监察机关立法监督的空间非常有限。一是涉及的人员与案件相对少。监察主要限于公职人员及与职务犯罪案件有关的部分普通公众,无论是相对于整体公众的数量还是其可能涉及的违法犯罪类型,被调查人员与涉案数量应当都较少。与另一维护法制统一的专门国家机关——检察机关的有关数据相比(下表),全国监察机关对严重违纪涉嫌违法的立案数

---

① 何家弘:《论我国人大代表选举制度的完善》,《政治与法律》2020 年第 9 期。
② 《立法法》(2023)第 110 条明确了国家监察委员会向全国人大常委会就有关规范性文件提出审查要求的权力。

2019—2023 年全国纪检监察机关和检察机关的办案数据[①]

年份	监察机关四种形态处理总数	监察机关第四种形态处理数及占比(%)	检察机关受理监察移送职务犯罪人数	检察机关提起公诉总人数
2019	184.9 万人次	6.8 万人次/3.7	24234	1818808
2020	195.4 万人次	6.8 万人次/3.5	19760	1572971
2021	212.5 万人次	7.4 万人次/3.5	20754	1748962
2022	183.8 万人次	6.4 万人次/3.5	20811	1439000[②]
2023	171.8 万人次	6.6 万人次/3.9	20000	1688000

(第四种处理形态)[③]在总处理数中占比为 3.5—3.9%,而移送检察机

[①] "四种形态"的划分参见《中国共产党党内监督条例》第 7 条。由于我国纪检监察合署,笔者在此选取四种形态批评教育处理总人数和第四种形态处理的人数作对比,希望借此反映违法犯罪案件在监察机关工作中的比重;后两列选取的检察机关情况,主要是出于与前者作比较。数据来源分别为《中央纪委国家监委通报 2019 年全国纪检监察机关监督检查、审查调查情况》,https://www.ccdi.gov.cn/toutiao/202001/t20200117_207914.html(中央纪委国家监委网站),2021 年 11 月 3 日访问;《中央纪委国家监委通报 2020 年全国纪检监察机关监督检查、审查调查情况》,https://www.ccdi.gov.cn/toutiao/202101/t20210125_234753.html(中央纪委国家监委网站),2021 年 11 月 3 日访问;《中央纪委国家监委通报 2021 年全国纪检监察机关监督检查审查调查情况》,https://www.ccdi.gov.cn/toutiaon/202201/t20220121_166060.html(中央纪委国家监委网站),2023 年 1 月 30 日访问;《中央纪委国家监委通报 2022 年全国纪检监察机关监督检查审查调查情况》,https://www.ccdi.gov.cn/toutiaon/202301/t20230113_241506_m.html(中央纪委国家监委网站),2023 年 12 月 14 日访问;《中央纪委国家监委通报 2023 年全国纪检监察机关监督检查审查调查情况》,https://www.ccdi.gov.cn/toutiaon/202401/t20240125_324375.html(中央纪委国家监委网站),2024 年 8 月 12 日访问;张军:《最高人民检察院工作报告》,《检察日报》2020 年 6 月 2 日;张军:《最高人民检察院工作报告》,《检察日报》2021 年 3 月 16 日;张军:《最高人民检察院工作报告》,《检察日报》2022 年 3 月 16 日;沙雪良:《依法惩治职务犯罪　受贿行贿一起查》,《新京报》2023 年 3 月 8 日;应勇:《最高人民检察院工作报告》,《检察日报》2024 年 3 月 16 日。

[②] 因 2023 年最高人民检察院工作报告没有直接反映 2022 年的数字,而其他来源获得的只是"决定起诉"人数,与其他年份工作报告中反映的"提起公诉"人数是有区别的,特此说明。数据来源参见《2022 年全国检察机关主要办案数据》,https://www.spp.gov.cn/spp/xwfbh/wsfbt/202303/t20230307_606553.shtml#1(最高人民检察院官网),2023 年 12 月 14 日访问。

[③] 笔者在这里只列举了监督执纪中的第四种处理形态,因为其他三种处理形态都是违纪,并不涉及违法。

关起诉的人数在检察机关总起诉人数中的占比更低,近年都只在 1.
1—1.5%之间。二是监督的法律部门较少。限于工作内容,监察机关
直接适用的法律主要限于刑事法律、监察法律,与公众直接密切相关的
民事行政法律联系较少,并没有监督的便利。三是与立法监督适用的
规则有差异。监察机关不仅要调查违法犯罪行为,更重在反腐倡廉,是
反腐的专责机关,纪律检查是其非常重要的职能,这从前述第四种处理
形态的比例可见一斑。纪律和道德的遵守无疑有利于法律的正确实
施,但前者是更高层次的规则,后者则是底线规则,两者在规范性、明确
性、普遍性等方面都有很多不同。

其次,从有权提出审查要求的国家机关角度分析,这种立法监督权
的配置分散而错位,导致事实上的无所作为。有权向全国人大常委会
提出审查要求的国家机关包括国务院、中央军事委员会、最高人民法
院、最高人民检察院和各省人大常委会,同时它们制定的规范性文件也
是全国人大常委会审查的对象,由此就可能会产生如下问题:其一,拥
有权力向全国人大常委会提请审查的主体平行分散在诸多国家机关
中,且都只是作为其职能的一部分、甚或是不重要的一部分;该项工作
无须向权力机关进行报告或没有监督,"三个和尚没水吃"的结果是可
以预见的。其二,在主要的中央国家机关之间就它方制定的规范性文
件向权力机关提出审查要求,无论是从我国一元分立的政体还是党的
统一领导看,都可能在一定程度上被误解、曲解为政治问题。其三,由
于它们相互之间既是提出审查要求的主体也是被审查文件的制定者,
一旦被审查及可能的发现问题,对一个国家机关来说并非荣光,相互避
免提出审查要求可能是更好的"潜规则"。其四,从中央军事委员会的
视角看,受限于特殊领域和保密的要求,其制定的规范性文件大多可能
也不公开,专业性也较强;由于职责关系,其本身也主要关注军事相关
领域,对社会其他方面可能关注不多。无论是军事委员会对其他国家
机关的规范性文件进行监督还是相反,受限于领域区分和专业限制,都
可能存在不熟悉、不了解和难监督的问题。其五,从最高人民法院的视
角看,其享有法规审查提请权、宪法解释议案和法律审查议案提案权,

必须回应下级人民法院的规范适用请求,具备启动提请程序的内部动力,①的确也是较好的立法监督者和人大备案审查的"补强"者。② 不过,最高法院本身审理案件并不多,且作为典型的司法机关,其工作一般是被动的,有待于国家机关或社会组织、公众提请其裁决,而且裁决对象也受到诉讼当事双方较为严格的限制。在当前法院较为普遍的案多人少矛盾及上下级之间的监督关系下,最高法院从下级法院获得有关规范性文件合法性问题的能力可能会受到很大的限制。从整个法院体系看,法院附带审查规范性文件后,可以不适用或选择其他合适的规范,移送合法性争议的动力存疑;③法院也可以就规范性文件的合法性问题向有关机关提出司法建议,但这种司法建议不仅缺少法律的规范,仅有的一些规定在效力上也较为模糊,可能更难以充分发挥立法监督的效果。其六,从各省人大常委会视角看,一方面其与全国人大常委会面临相似的问题,另一方面,作为唯一的地方机关,其对其他中央国家机关的规范性文件提出审查要求,可能会与隐形的权力关系相抵触;无论是从保护所在地方利益还是保持与中央国家机关之间和谐关系的视角,地方权力机关可能都不是很愿意提出审查要求。从前述全国人大常委会备案审查工作报告看,大部分年份上述国家机关没有提出一件审查要求,反而是一些层级相对较低的国家机关、④个人提出一些审查建议,也可在一定程度上印证了这些缺陷。

最后,从有权提出审查建议的国家机关、组织和个人角度看,审查建议可能难当大任。除了法定的国家机关有权提出审查要求外,其他国家机关都可以对规范性文件提出审查建议;但与前者不同,这

---

① 叶海波:《最高人民法院"启动"违宪审查的宪法空间》,《江苏行政学院学报》2015 年第2 期。

② 赵娟:《论以法院审查"补强"备案审查》,《江苏社会科学》2021 年第1 期。

③ 邢斌文:《论法院在合宪性审查工作中的角色定位》,《人大研究》2021 年第2 期。

④ 如 2021 年,在上述有权提出审查要求的国家机关都没有提出任何审查要求的同时,国务院的有关部门却提出了一件合宪性审查建议。具体参见沈春耀:《全国人民代表大会常务委员会法制工作委员会关于 2021 年备案审查工作情况的报告》,http://www.npc.gov.cn/npc/c30834/202112/2606f90a45b1406e9e57ff45b42ceb1c.shtml(中国人大网),2022 年 2 月 11 日访问。

种审查建议并不必然引发审查程序，由此，这些建议主体在立法监督中的地位较低，在面临与前述提出审查要求的国家机关相类似问题时，积极监督的可能性也更低。社会组织和个人是目前审查建议的主要提出者，这在前述全国人大有关报告中已有体现，但其存在的问题也非常明显：一是专业性问题。的确有不少审查建议的提出者是相关领域的专家学者、基层行政执法人员、律师等，具有一定的专业性保证，[1]但也有不少不具有这样身份的爱好者，如一般的工人、农民、个体工商户等，法律专业知识欠缺，对规范性文件的内容及问题可能并不十分清楚，提出建议的理由、论证都不是很充分，这也从审查建议属于全国人大常委会审查范围的比例变化中得到一定印证，[2]而最终能真实反映合法性问题的建议，比例应该更低。二是利害关系问题。除了部分对规范性文件纯粹感兴趣的公众外，不少审查建议的提出是因规范性文件与提出者利益密切相关；以规范性文件的合法性问题为由，提出者借以希望扭转在案件处理中的不利地位、表达不满或占据道德优势。这种情形下提出的审查建议，虽有发现问题的针对性和实例佐证，但相关问题的客观性、建议的中立性可能存在偏颇，也难以尽快产生效果。[3] 三是审查建议的效力问题。相比提出审查要求的机关，审查建议提出者只是《宪法》赋予公民批评、建议、申诉、控告权利的体现，不是一种权力，由此产生的效果相对有限。尽管全国人大有关领导也明确表示"每一个审查建议都会认真对待"，相关部门也建立了审查建议的反馈机制，[4]但相比有权提出审查要求的国家机关，这些审查建议的效力相对较弱，在备案审查部门人力总体较为有限的情况下，可能难

---

① 沈春耀：《全国人民代表大会常务委员会法制工作委员会关于十二届全国人大以来暨2017年备案审查工作情况的报告》，http://www.npc.gov.cn/npc/c12435/201712/18c831eededb459cb645263ebf225600.shtml（中国人大网），2020年3月7日访问。

② 郑磊、王翔：《2021年备案审查工作报告概括评述》，《中国法律评论》2022年第5期。

③ 如因电动自行车被杭州交警扣留，浙江省杭州市居民潘某某于2016年4月就《杭州市道路交通安全管理条例》提出审查建议，2017年6月该条例才被修改。

④ 朱宁宁：《梁鹰：每一个审查建议都会认真对待》，http://www.legaldaily.com.cn/index_article/content/2017-12/19/content_7423674_0.htm（法治网），2022年3月19日访问。

以承受过高期待。

二、确立检察机关立法检察的优势

与前述有关国家机关、社会组织和公民个人进行的立法监督相比，检察机关进行立法监督虽也有部分类似的缺陷，如有对本级其他国家机关制定的规范性文件提出审查的禁忌等，但相对于当前的主体分散，明确立法检察的优势更显突出，可以在较大程度上弥补当前备案审查中存在的问题。

首先是法律优势，这是检察机关新设立法检察的根本。在当前立法监督效果不佳情况下，根据既有法律完善立法监督体制机制是最为便利、最为快速的措施，而检察机关则是这一环节最好的选择。检察机关具有"国家的法律监督机关"的宪法地位，对其他国家机关进行监督以维护法制统一是其设置的政治逻辑，也是我国检察机关一切权力的起点和进行立法监督的重要保障；基于这一地位，检察机关的立法检察可以一定程度上避免政治误解，也能助推自觉进行立法监督。与此同时，宪法、人民检察院组织法、三大诉讼法等，对检察机关上下一体的法定组织形式及领导关系作了明确规定，一定程度上克服了检察机关监督同级国家机关面临的压力与可能的干扰，又可以在一定程度上为上级机关提供更多发现问题的渠道；检察体系内已然形成的起诉、抗诉和检察建议等监督形式及效力的赋予，最高人民检察院已有的类似"立法检察"权力——向全国人大常委会提出审查要求，都使得各级检察机关进行立法监督具备一定的制度基础和经验借鉴。

其次是权威性问题，这是检察机关进行立法检察的最大优势。检察机关是国家的法律监督机关，组织上具有独立性，知识上具备专业性（检察官与法官是唯二需要法学专业的学习经历或较长法律实践经验、获得法律职业资格证书，理论知识与实务经验兼备的国家公职人员),[①]地位上具有客观公正性(出于维护国家利益、公共利益和法制统一;法律对检察机关有客观公正的要求),管辖内容上具有复杂性(不同于法院主要针对诉讼争议和被动接受案件,检察机关可以主动进行侦查,对涉及国家利益、公共利益等案件提起公益诉讼、进行诉讼监督,还可以监督案件的执行、执行场所的执法等,也即不仅解决争议,也介入国家治理的多个方面),从而使得检察机关对规范性文件存在的问题能更好地把握,也有利于相关机关更自觉地接受这种监督。

再次是发现和解决问题的能力,这是检察机关进行立法检察的基本保障。其一是发现问题能力。检察机关广泛、直接参与司法实践和社会治理,不仅参与刑事诉讼全过程,也对民事诉讼、行政诉讼及行政执法进行监督,更有出于保护国家利益而主动提起公益诉讼及进行必要调查核实的权力。在履行相关职能的过程中,检察机关因办案需要与社会公众、各国家机关及其工作人员都有较为密切的接触,案件当事人可能也会因规范性文件屡次败诉而向检察机关申诉、请求抗诉等,使得后者有较多发现规范性文件问题的途径。其二是解决问题的能力。的确,除非是检察机关自己制定的规范性文件,否则检察机关的立法监督最终仍然需要有关国家机关去修改或废除。不过,检察机关通过行使检察权,可以运用多种方式落实立法监督,如在当下,检察机关可以在诉讼中选择适用合法的规范性文件、可以针对审判机关错误适用法律的行为提出抗诉、对行政机关的错误执法提起公益诉讼,也可在诉讼过程中或诉讼外就规范性文件的合法性问题提出检察建议或向有关国家机关提出审查的建议,甚至可以层报最高人民检察院,由其向全国人大常委会提出审查要求。如果将最高人民检察院提出审查要求的权力明确延伸为各级检察机关的立法检察,并可以向有关国家机关提出审查要求,立法监督的效果应该能更好。相比法院,两者在发现问题上的能力可能不相上下,但检察机关更有上下级之间领导关系下高效一体

---

① 当前的公职律师具有类似特点,但其组织上不具有体系性,立场上不同于司法人员的客观性、公正性,能力与经验的形成也不及司法人员。

推动、制度化下检察建议作用的有效发挥与实践经验以及多样性的检察职权保障等。[①]

又次是积极性问题,这是单独确立立法检察的重要原因。以提请有关国家机关审查规范性文件为主要内容,检察机关的立法监督同诉讼监督一样是其法定职责的重要组成部分,将在其工作报告中反映自行进行的立法检察、受理当事人对规范性文件提出的监督要求或建议,或支持公众进行立法监督的内容,必要时可以公开公众对规范性文件监督的要求或建议。如此,其与进行备案审查的权力机关共同构成立法监督的专责机关,避免了与行政机关、审判机关等国家机关平分权力下造成的"社会惰化效应"和各国家机关之间可能的相互推诿,应能较大程度上激励立法监督的实施。

最后是备案审查制度的完善,将是确立立法检察必然的结果。全面参与社会治理的检察机关,通过接受公众申请、申诉和办理案件等途径,具有较好地发现规范性文件问题的能力,应该有利于解决备案审查中规范性文件覆盖不足的问题。至于监督的规范性,考虑到检察机关相对于权力机关的异体性,备案审查中的公开回应机制、公开听取意见和参与度等问题应能得到一定提高;检察机关的专业性、权威性,也有利于备案审查质量的提高、审查队伍能力的提升等。

第五节　立法检察的框架:范围和保障

检察机关的立法检察,主要是指各级检察机关在工作中发现规范性文件存在合法性问题,[②]向相应的国家机关提出审查要求或建议废

[①] 最高人民检察院自 2018 年 10 月制发"一号检察建议"以来,截至 2022 年 3 月共制发了 8 份检察建议,取得了较好的社会影响;自 2023 年 7 月至 12 月,最高人民法院也先后制发了 5 份司法建议。

[②] 笔者认为,确立立法检察初期应限于对检察办案中发现的规范性文件合宪性、合法性问题进行立法监督,等到该项制度发展成熟时,可以考虑接受社会组织和公众的意见建议而提出立法检察。

改的一项权力,是检察机关法律监督的重要内容。鉴于立法检察的初步探索,针对哪些规范性文件、如何进行立法检察应当成为重点。

一、立法检察的范围

当前最高人民检察院向全国人大常委会提出审查要求的对象范围,包括行政法规、地方性法规、自治条例和单行条例、司法解释等;考虑到提请主体与审查主体的较高层级,这个范围是基本合适的。不过,既然行政法规、地方性法规、自治条例、单行条例和司法解释等都可能存在合法性不足的问题,因制定主体的立法经验与技术、受到地方利益影响等诸多因素,效力层级较低的其他规范性文件更可能会存在问题而需要监督。如此,整个检察机关进行立法检察的对象显然不应止于上述范围。

理论界对检察机关立法检察的范围也没有达成一致,甚至差异较大。如,有学者认为,根据党的十八届四中全会、十九大的中央文件精神,应结合《立法法》规定落实最高人民检察院的合宪性审查权;[①]也有学者认为,检察机关的一般监督应当包括行政法规、地方法规、行政规章、规章以下规范性文件以及司法解释等具有普遍约束力的规范性法律文件;[②]还有学者认为,将一些违法犯罪案件频发或者执法风险较大的行政执法机关执法资料移送检察机关备案,以便检察机关从中发现职务犯罪线索或者行政执法的重大瑕疵。[③]

其实,检察机关立法检察的范围应由其宪法定位决定。其一,我国"一元分立"政体下的控权模式决定了检察机关立法检察的国家机关范围。人民代表大会制度是我国的根本政治制度和政权组织形式。在该制度基础上,统一国家权力下的各项具体职能又被授予不同的国家机

---

① 朱孝清:《国家监察体制改革后检察制度的巩固与发展》,《法学研究》2018 年第 4 期。
② 韩成军:《人民代表大会制度下检察机关一般监督权的配置》,《当代法学》2012 年第 6 期。
③ 雷小政:《往返流盼:检察机关一般监督权的考证与展望》,《法律科学》2012 年第 2 期。

关分别行使；不同于三权分立下各国家机关之间的相互牵制，在列宁检察监督理论影响下，检察机关是专门设立以对权力机关产生的其他同级国家机关予以监督，保障国家法制统一。[①] 正如全国人大常委会备案审查的范围是根据其监督的国家机关来确定的一样，[②]至少各级人大的监督对象都应是同级检察机关立法检察的国家机关范围。其二，作为国家机关的履职活动之一，立法性活动也应成为检察机关监督的范围。各级各类国家机关的履职，不仅包括行政、监察、审判等主要的具体履职行为，也包括为了行使上述职能而进行的创设性立法或执行性立法等具有抽象特点的履职行为，如"两高"的司法解释以及地方各级司法机关制订的一些规范性文件；这些立法性活动也是行使权力所必需、并由此延伸的职权行为之一，应当成为检察机关监督这些国家机关是否在宪法、法律范围内活动的不可分割的一部分。其三，检察机关的"国家"法律监督机关属性决定了对"地方权力机关"的监督职责。我国检察机关是分级产生的，在权力来源、人员任免、经费保障和组织领导方面都不同程度受到地方的影响，事实上，我国的检察机关被一定程度地方化了。但从宪法及其他基本法律的规定出发，我国检察机关是权力机关授权下专门负责"法律监督"的机关，确保其他国家机关在宪法、法律范围内依法活动；[③]虽然地方各级检察机关处于地方、受到地方的影响，但事实上仍是各个机关与人员在不同区域下的"统一行使国家权力"，不能也不应将实践中的司法地方化视为当然的地方化司法。由此，对地方权力机关的职权活动进行监督也是检察机关检察的内容，至于是哪一级检察机关进行检察，则是具体立法检察的制度安排问题。

---

① 刘松山、许安标：《中华人民共和国宪法通释》，http://www.npc.gov.cn/npc/c13475/201004/a8955b0985204d749ff02f05827e5f47.shtml（中国人大网），2022 年 2 月 13 日访问。

② 沈春耀：《全国人民代表大会常务委员会法制工作委员会关于十三届全国人大以来暨 2022 年备案审查工作情况的报告》，http://www.npc.gov.cn/npc/c30834/202212/a9b1c0688c1e47278b163cf141c30b0a.shtml#（中国人大网），2023 年 1 月 31 日访问。

③ 按照检察监督的理论，检察机关只是对权力机关产生的其他同级国家机关进行监督，下级权力机关并不是其监督的对象。不过，我国各级权力机关都有在辖区内保障宪法法律实施的责任，为此，下级权力机关应当是立法监督的对象，也应成为立法检察的对象。

其四,立法检察仅对所有规范性文件是否符合宪法、法律的审查,至于法律之下的各级各类规范性文件之间是否存在冲突,检察机关原则上不予监督。在宪法法律之外,各级各类国家机关都可能制定一些规范性文件,其中一些创设性规范性文件可能不存在合法性或合宪性问题,但会存在协调性问题。各级检察机关的立法检察应谨遵"法律监督"的本义,以规范性文件的合法性为主要内容,避免陷于效力等级较低的规范性文件之间统一与冲突问题。实践中涉及前述问题的,检察机关应以宪法、法律的规定为主要依据,结合条文精神、风俗习惯等进行研判和选择。

值得一提的是,相对于国家机关制定的、具有普遍约束力的、涉及公民、法人和其他社会组织权利义务规定的各级各类规范性文件,似乎一些国家机关制定的、主要适用于内部管理的制度规范等不适合作为立法检察的对象。一些地方文件管理规范中的备案审查也明确予以排除,如上海市行政规范性文件管理规定第2条、广东省行政规范性文件管理规定第3条、浙江省行政规范性文件管理办法第2条等。这些主要适用于内部的规范性文件,可能因适用对象有限、立法检察的严肃性而不适合作为政府规章的内容,也难以被立法检察所涵盖,但作为立法检察的对象仍有合理价值。一方面,当前检察机关社会治理检察建议在不同程度上涵盖一些单位的内部管理,实践中也有较好的效果;[1]另一方面,相对于企业内部管理主要涉及私益,国家机关的内部管理更可能代表国家机关管理能力,对公共利益、公共权威都有较大的影响,理应得到检察机关的法律监督。为此,考虑这种内部管理范围及影响的相对有限,检察机关对其的立法检察应有所限制,即主要限于结合具体案件,向制定机关提出废改的检察建议,在具体案件办理中排除适用该内部规范或向适法机关提出排除适用的建议,不应就其向有关国家机关提出审查要求。

原则上,除了因全国人大及其常委会的法律制定者地位,其他国家

---

[1] 部分案例可以参见周晶晶、余佳:《三年被盗百余次,检察建议为超市"开方"》,《检察日报》2022年1月17日;范跃红、敏轩、李媛媛:《公铁联运短驳费管理有漏洞》,《检察日报》2022年2月15日。

机关的立法、执法、监察、司法等行为的监督都应是检察机关的责任；①在当前检察机关既有检察职能基础上明确增加立法检察职能，实现对其他国家机关为履行职责而制定的规范性文件进行监督，就是检察机关立法检察的范围。如果说当前检察机关的四大职能都主要是微观层次的、针对具体行为的，那么这种立法检察则是针对宏观层次的、抽象性规范的，真正实现"办理一案、治理一片"。

二、立法检察的保障

相对于目前最高人民检察院的提出审查要求，各级检察机关对所有规范性文件的立法检察将是一个系统性工程，也有一些误区需要澄清。

（一）组织保障

对规范性文件进行立法检察，仅仅依靠最终由最高人民检察院提出审查要求显然不够。监督宪法的实施、宪法法律的解释是全国人大及其常委会的职权，对规范性文件进行的合法性审查的终局机关也应是全国人大及其常委会，由此，似乎只能由最高人民检察院提出审查要求。事实上，当前包括最高人民检察院在内的国家机关提出审查要求较少，甚至不少年份都没有提出一件要求，应该与这种提请的组织保障欠缺有一定关系；②前述诸多主体存在的立法监督缺陷在地方层级也将具有不同程度的普遍性，这就需要各级检察机关都有立法监督的权力与责任。首先，最高人民检察院的功能不允许立法检察集于其一身。作为最高检察机关，最高人民检察院的功能更多是集中于司法解释、指

---

① 严格意义上讲，全国人大常委会制定的法律也会出现合宪性和合法性问题，并可以由最高人民检察院向全国人大提出。不过考虑到这种情形极少，且地方各级人民检察院不能行使，本章不予讨论。

② 处于科层制中较高层级的这些机关应该具有更好的能力提出审查要求，但事实上科层制下的普通员工与下级官员的主动性取决于上级对有关事项的重视程度。显然的是，对于立法监督，这些机关并不重视，否则也不致于有下级机关提出审查建议而这些机关没有提出一项审查要求。

导办案等宏观性工作,还包括针对最高人民法院的案件监督等具体事项;如此,最高人民检察院对规范性文件是否合法的具体情况难以全面掌握,特别是一些地方立法中存在的问题及在个案中反映的立法困境。其次,仅由最高人民检察院进行立法检察也不合适。作为中央国家机关,最高人民检察院发现一些地方的规范性文件存在合法性问题,直接向全国人大常委会提出审查要求当前没有法律依据,而且层报最高人民检察院决定也造成立法检察的效率较低,是否有必要直接由全国人大常委会去裁决也是问题;直接向地方的制定机关提出审查建议或审查机关提出审查要求,级别上不对应,由相应的地方检察机关提请审查更为合适。最后,地方各级检察机关普遍的立法检察有优势。我国地方各级检察机关是与县级以上行政区划对应设立的,层级较多、分布较广;在我国当前的四级检察机关中,地方检察机关也是主要的办案力量。纳入地方各级检察机关并由其向有关机关直接提出立法检察,或上级检察机关发现而适合交办下级检察机关的,无论在及时性、便利性还是权力逻辑上都更为合适。

立法检察应在检察组织内分级进行。从我国人民代表大会制下的检察组织体系看,除本级人大及其常委会制定的规范性文件,各级检察机关可以分别对本级的其他国家机关及下级各国家机关制定的规范性文件进行立法检察。以省级国家机关为例,省级检察院是在省级人大基础上产生,受省级人大监督,由此,省级检察院是没有监督省级人大立法权的,只能对同是由省级人大产生的其他国家机关制定的规范性文件予以立法检察,包括省级政府、省级法院等,此时的立法检察主要是向这些机关或向省级人大及其常委会提出。当然,省级检察院因省级人大的授权,也可以对本省下辖的各级各类国家机关进行立法检察;这种监督在权力逻辑上符合,但可能不方便,这与最高人民检察院立法检察可能遇到的问题类似。为此,考虑到当前检察建议已经有相应的规范,①对

---

① 2018年12月,最高人民检察院制定通过了《人民检察院检察建议工作规定》,对检察建议的适用范围、办理程序和监督都有较为明确的规定,可以参照适用。

立法检察中的检察建议可以直接根据既有规范分级提出；对立法检察中的审查要求，可以参照这种分级精神进行。如，各级检察机关仅就本级除权力机关外的其他国家机关制定的和下一级权力机关制定的规范性文件，向本级权力机关提出审查要求；不属于本级权力机关审查范畴的，应提请或指令同级的检察机关向本级权力机关提出审查要求。

相似的是，地方各级权力机关和政府的备案审查部门监督的对象也应纳入立法检察体系中。[①] 虽然规范性文件的合法性问题最终只能由全国人大及其常委会决定，但各级权力机关都有保证在辖区内落实宪法、法律的职权，也避免过多的审查涌向最高权力机关造成的审查拖延或无力审查等。考虑到这一职权及审查的便利、与检察机关的对应性等，检察机关提出的审查要求应向同级权力机关提出。同样，对于各级政府所属部门制定的规范性文件，目前主要是由政府内专门部门进行备案审查，权力机关并不直接审查；但考虑到权力机关与政府部门的关系，检察机关就政府下属部门的规范性文件应向政府相关备案审查部门提出立法检察；后者没有处理或处理仍有问题的，检察机关仍可以根据分级原则向权力机关提请审查。

（二）立法检察的程序

首先，行权部门。在检察机关内部，政策研究部门负责为检察机关案件办理过程提供法律意见、起草有关检察规范性文件和开展检察理论研究等，[②]在专业理论上有基础，同时也有业务部门的信息支撑与经验保障，应当可以胜任立法检察工作。在检察机关内部，明确各具体业务部门在履职过程中发现规范性文件存在合法性问题，应向政策研究部门移交相关材料，由政策研究部门审查后提出处理意见，由检察委员

---

① 除全国人大常委会进行的备案审查外，我国的备案审查体系还包括国务院、地方各级权力机关、中国共产党、军事机关等进行的备案审查；军事机关与党内的备案审查具有特殊性，本章不予讨论。

② 最高人民检察院公布的有关内设机构职能《法律政策研究室》，https://www.spp. gov.cn/spp/gjyjg/nsjg/201901/t20190103_404110.shtml（最高人民检察院网站），2020年3月14日访问。

会最终决定是否启动立法检察。

其次,权力构成。其一,立法检察的权力内容。立法检察不仅包括提出审查建议的检察建议,还应包括向权力机关提出审查要求的检察建议,以区别于一般国家机关、社会组织和公众纯粹的审查建议权,增强监督立法活动的主动性、权威性。这里的检察建议显然是检察机关的"权力",不同于当前《立法法》中确立的提出"审查建议",后者事实上是一种权利,但也吸收这里的"提出审查建议"内容,以为检察机关的立法监督提供更大的便利和空间,也施加更多的责任。其二,立法检察的程序性性质。检察权是程序性权力,立法检察也是如此。检察机关针对规范性文件提出立法检察只是推动、督促有关机关修改完善、废除有关立法等,既不最终确定规范性文件到底是否合法,也不替代有关机关直接决定是否废改规范性文件。其三,立法检察要区分对象。检察机关提出立法检察,除了应根据分级原则进行外,立法检察的审查建议主要针对制定机关或批准机关,审查要求则是向备案审查机关或部门提出。其四,立法检察的效力。由于针对对象的不同,立法检察的审查建议虽是权力,但其效力主要取决于制定机关及其批准机关,检察机关可以督促相关机关对规范性文件进行完善或废除。审查要求则主要由备案审查机关受理,具有启动立法审查的效果;审查机关应以检察机关提交的材料为基础启动审查,并在合理期限内作出审查决定。[①] 其五,立法检察的配套权力。检察机关是国家法律监督机关,代表国家行使检察权,应当具有权威性。为此,检察权的行使需要调查核实等措施的保障,从而使得相关结论有事实、证据、法律等多方面的说理、解释,易于得到有关机关的认可。

当前检察机关的检察建议权和调查核实等保障措施已有检察规范

---

① 当前《宪法》《立法法》《地方各级人民代表大会和地方各级人民政府组织法》《法规、司法解释备案审查工作办法》主要明确了人大及其常委会对人大常委会、政府、司法机关等的有关规范性文件撤销或改变权限,对其他国家机关的规范性文件如何处理并不明确。笔者建议,考虑到立法监督本身的合宪性、合法性监督实质,在制定机关或相关机关不修改废止的情况下,全国人大可以作出是否违宪或违法的决定,但地方各级权力机关无权作出类似决定,而是对作为其监督对象的审查部门的决定予以撤销或改变。

予以明确,可以直接作为立法检察制度的依据;提出审查要求的权力是在调查核实完成、检察建议没有被采纳情况下行使,与备案审查中的有关国家机关向全国人大常委会提出的审查要求类似,可以参照实施。

最后,行使程序。基于当前检察建议和备案审查的一些明确要求与规范,我国检察机关的立法检察可以参照如下程序:

1. 受理:检察机关相关部门在办理案件中发现或受理当事人申诉、举报等,并经初步审查认为规范性文件可能存在合法性问题的,应当填写规范性文件审查意见表,详述已经发现的合法性问题、支撑的证据材料、法律规定、必要的说理及有关建议,移交政策研究部门进行具体办理。

2. 审查:其一,政策研究部门应当在书面审查相关材料、查阅相关文献的基础上,与规范性文件制定部门及有关的执行机关、部门进行沟通,并就具体问题要求给出书面意见(但经沟通后明显不需继续进行立法检察的除外),相应的机关与人员必须予以配合;必要时,听取或再次听取利害关系人的意见,咨询相关领域专家的意见。其二,考虑到规范性文件制定的综合性与交涉的慎重性,对涉案单位制定的规范性文件,可以由办案检察机关直接向其了解情况。对向涉案单位外的有关国家机关了解规范性文件制定情况的,原则上由与该机关同级的检察机关进行或协助进行。检察机关与该国家机关不属于同级的,应指令或请示相应的检察机关进行;异地的,所在地检察机关应当协助进行。其三,涉及案件处理规范的,应同时报上一级检察机关相关业务部门。

3. 处理:其一,政策研究部门应及时将审查意见报检察委员会决定;涉及案件办理适用规范的,应听取上一级检察机关业务部门意见,原则上在案件办理期限内作出决定。立法检察决定的作出应按照审查建议和审查要求先后进行。其二,检察委员会审查后认为存在合法性问题的,根据分级原则提出有关立法废改的审查建议,具体按照当前有关检察建议要求进行,并要求在合理时间内反馈意见;有批准机关的,检察建议应同时抄送批准机关。被建议机关不认可建议的,可以就建议内容与检察机关进行沟通;检察机关发现检察建议有问题的,可以修改或撤回。上级检察机关发现或认为检察建议错误的，应当要求下级检察机关撤销。其三，被建议机关不采取任何实质性行动，或检察机关认为其处理仍然存在合法性问题的，检察机关向有权审查该规范性文件的备案审查机关或部门提出审查要求，后者应直接启动立法监督。其四，相关审查机关或部门应当根据本级检察机关的审查要求进行合法性审查，并作出处理。认为审查部门的处理决定违法的，检察机关应再向同级权力机关提出审查要求，不得向上一级备案部门提请审查。对审查处理不认同的，地方各级检察机关可以向上一级检察机关报请立法检察，并由后者审查后决定是否向同级权力机关提出审查要求；基于立法监督的有关规范，上级检察机关的审查主要是针对下一级权力机关的处理决定及处理的内容。全国人大及其常委会有对合法性问题的最终决定权。其五，对于本院作出立法检察相关决定的，相关业务部门应在办案中遵循该决定。其六，检察机关对规范性文件作出的处理决定，涉及案件当事人、有关社会组织、公众或其他国家机关的，应及时书面通知，并说明理由。权力机关作出的决定由其依法予以公开或通知有关组织、个人。

（三）立法检察的误区

从一般监督的可能空间与当前备案审查存在的问题出发，明确赋予并构建检察机关的"立法检察"，从而真正形成法律监督从对象与范围的全覆盖，但这也不是解决立法监督的灵丹妙药，仍需要有关国家机关积极提出审查要求以及社会组织、公众积极提出审查建议，更需要各级权力机关不断提升审查的能力，特别是发挥全国人大常委会在立法监督中主导与核心地位。即使如此，并非首次提出的"立法检察"概念[1]仍可能引起非常大的疑虑，有必要进行回应。

---

[1] 笔者在讨论检察机关"一般监督权"的文献中发现，有学者曾提出将该权力改造为"地方立法检察权"与"行政检察权"。具体参见王玄玮：《法治思维下检察机关"一般监督权"之重构》，《第九届国家高级检察官论坛论文集：法治思维与优化检察权配置》，2013年，第40—41页。

首先，当前的检察建议权是检察机关犯罪预防职能的体现，主要针对涉案组织，与"立法检察"有较大区别。从检察建议的角度看，这种说法显然是狭隘的、滞后的。检察机关发出的各种检察建议，不少都是办案过程中发现的、针对涉案单位提出的规范管理建议，但随着穿透式监督、能动式理念的贯彻，检察机关更积极参与社会治理，制发的检察建议涉及范围也更为广泛，明显已经超出了涉案单位本身或内部管理的范畴。如针对性侵幼儿园儿童、中小学生犯罪等问题，最高人民检察院于 2018 年向教育部提出的"一号检察建议"，建议健全完善预防性侵害幼儿园儿童和中小学学生的制度机制等；在最高人民检察院的督导下，有关部门建立了侵害未成年人案件强制报告制度、密切接触未成年人行业人员入职查询制度等。① 显然，这一检察建议是从社会治理高度对有关管理部门的规范性文件提出的，立意更高，且通过对规范性文件的废改立，更有利于从根本上预防犯罪。立法检察的明确化、权力化、制度化，可以增强检察机关的责任感、权力的强制性，是对预防犯罪职能的深化和扩展。相对于检察机关提起刑事公诉的特殊预防，立法检察可以视为预防犯罪的一种重要手段，是一种一般预防；两者是相互促进的，在一定程度上也是相互依存的。

其次，"立法检察"会导致对"立法机关"或权力机关的监督。在我国一元分立的政体下，人大对由其产生的其他国家机关有监督权，且这种监督是单向的；检察机关是由权力机关产生，不应也不能监督人大。这种人大与检察机关关系是合法、合理的，但这应当是两者关系的基本原则，并非体现在具体各级人大与检察机关之间的关系上。检察机关的"国家性"决定了对地方权力机关立法行为监督的必要性，而立法检察分级的制度设计完全可以避免检察机关对产生其的同级权力机关进行监督，这在前述立法检察的组织保障中已有论述。

最后，确立立法检察会加剧法检之间的不平衡。长期以来，对检察机关因监督审判、对法官职务犯罪的侦查而有不少担忧，甚至有把检察

---

① 骆贤涛、王凯：《最高检制发"一号检察建议"》，《检察日报》2021 年 12 月 15 日。

官称为"法官之上的法官"。[①] 这种担忧可以理解,但至少确立"立法检察"不会加剧法检之间既已存在的问题。其一,现在"两高"都可以对对方的司法解释提出审查要求,各级法院也可以进行附带审查,各级检察机关制定的规范性文件(如有的话)应该也会因审判工作而纳入附带审查。目前司法建议的对象与范围虽没有明确规定会针对检察机关,[②]确立立法检察至多就是理论上各级法检都可能会针对对方的规范性文件提出意见建议。其二,考虑到检察机关立法检察的程序性质,最终仍由权力机关决定规范性文件是否合法,也需听取制定机关的意见,检察机关的立法检察对法院应该没有太大的影响。其三,作为法律监督机关,发现法院制定的规范性文件存在问题,如确立了立法检察职能后却不能相应行使该权力,或只能私下沟通,有违法律监督的定位。

---

① 陈兴良:《从"法官之上的法官"到"法官之前的法官"》,《中外法学》2000 年第 6 期。
② 《关于加强司法建议工作的意见》第 7 条。

第三章　职务犯罪监察调查的检察监督[①]

　　作为近年来的一项重大政治改革,监察体制改革以反腐败为目标,以对职务犯罪侦查与预防、行政监察等权力的整合集中统一行使为主要形式,并与中国共产党的纪律检查机关合署办公,形成对违纪、职务违法与职务犯罪等失范行为和所有公职人员的两个全覆盖。作为反腐败的专责机关,由于改革定位与反腐败的政治性,监察机关的权力在属性上具有相当的政治性,由此也形成了一个疑问:相对于检察机关对侦查权的监督,检察监督的对象是否包括监察机关的职务犯罪调查权,[②]如何监督此时的监察权?

第一节　职务犯罪刑事程序中监检关系的现状[③]

　　监察体制改革后,监察机关承继了原来检察机关大部分职务犯罪

---

① 本部分是在已发表成果基础上修改完善而成,原成果参见陈海锋:《职务犯罪刑事程序的体系化检视》,《政治与法律》2021 年第 6 期。鉴于《监察法》2024 年底的修改,本部分也会对其中的监察调查措施有所涉及。

② 笔者认为,检察机关不仅对职务犯罪的监察调查,对监察机关可能涉嫌犯罪的政务处分也应有监督权;但考虑后者争议较大,笔者在此仅聚焦职务犯罪调查方面。参见陈海锋:《监检衔接下政务处分的检察监督》,《南京大学学报(哲学·人文科学·社会科学)》2024 年第 4 期。

③ 由于监察机关办理涉嫌犯罪的案件并不适用刑事诉讼法,严格意义上刑事诉讼程序中的监检关系主要体现在审查起诉中,监察调查程序并不涉及;不过,考虑到监察法对监检关系有明确规定,也为了对监检关系有更为全面的展示,笔者在此没有使用"刑事诉讼程序"而用"刑事程序",即刑事案件的办理程序以指代职务犯罪的监察程序与后续的刑事诉讼程序,以区分两者。

的侦查与预防等相关职能,由此与在刑事诉讼中具有广泛职能的检察机关产生了较为密切的联系,同时与此前的刑事侦查相比,也呈现出很大的区别。

一、监检关系的制度表现

根据宪法、刑事诉讼法、监察法的相关规定,整个刑事程序中的监检关系主要表现在以下几个方面:

首先,关于两者关系的基本原则。刑事程序因对刑法的实施直接危及公民的众多基本权利,作为基本权利宣言书的《宪法》对不少刑事程序主体的关系都有明确的规定,监检关系也是如此。根据《宪法》第127条,监察机关依法独立行使监察权,在办理职务违法和职务犯罪案件中,与检察机关等国家机关应当"互相配合,互相制约"。该条文也同样完整呈现在《监察法》第4条。这里的"互相配合"主要是指各个机关在依法履职的基础上互相支持,不能违反法律规定、各行其是,甚至互相扯皮;"互相制约"则是指各机关通过程序上的制约,防止错误,正确适用法律,确保案件质量。[①] 监检关系的具体内容都是在该原则的指导下确立与运行的。

其次,调查阶段的监检关系。由于监察机关对职务犯罪的调查处理适用监察法,且不适用刑事诉讼法,而检察机关办理刑事诉讼案件主要适用刑事诉讼法,监检在职务犯罪调查阶段的关系相对较为松散。目前,该阶段监检关系主要体现在以下两个方面:

第一,案件管辖上的协调。检察机关在大部分职务犯罪案件的侦查、预防转移到监察机关后,其仍保留了在法律监督中发现的司法工作人员有关职务犯罪的侦查权,即司法工作人员利用职权实施的非法拘禁、刑讯逼供、非法搜查等侵犯公民权利、损害司法公职的犯罪,具体涉

---

① 中共中央纪律检查委员会法规室、中华人民共和国国家监察委员会法规室编写:《〈中华人民共和国监察法〉释义》,中国方正出版社 2018 年版,第 66 页。

及非法拘禁、非法搜查等 14 个罪名,^①但《刑事诉讼法》也只是明确规定上述犯罪“可以”由人民检察院侦查,与此前《刑事诉讼法》的规定存在差异。^② 事实上,这些案件检察机关与监察机关都有管辖权,但一般由检察机关管辖,必要时监察机关也可以立案调查。同时,根据《国家监察委员会管辖规定(试行)》规定,监察机关管辖了六大类 88 个刑事罪名;后由《监察法实施条例》予以调整,涉及“贪污贿赂、滥用职权、玩忽职守、权力寻租、利益输送、徇私舞弊以及浪费国家资财等”,共计有贪污贿赂、滥用职权、玩忽职守、徇私舞弊、重大责任事故及其他犯罪等六大类 101 个罪名,^③其中基本与检察机关的管辖相区分,但玩忽职守罪、滥用职权罪仍然可能存在重复。不仅如此,司法实践中可能存在一个行为人实施多个犯罪行为或多人共同犯罪因主体身份差异而分属检察机关、监察机关管辖的情形。根据当前有关规定,对于行为人既涉嫌严重职务违法或职务犯罪又涉嫌其他违法犯罪的,一般由监察机关调查为主;^④同时也规定,对于司法工作人员涉嫌的前述犯罪,由检察机关管辖更为适宜的,则由检察机关管辖。^⑤

第二,检察机关提前介入监察调查案件。不同于公安机关侦查案件,《刑事诉讼法》明确规定检察机关可以在必要的时候介入重大案件的讨论,^⑥对于监察调查案件,刑事诉讼法和监察法都没有明确检察机关可以介入。检察提前介入公安机关侦查主要是为了保障准确行使审查批捕的权力,^⑦监察调查案件不需要采取逮捕措施,检察机关提前介

---

① 具体参见《关于人民检察院立案侦查司法工作人员相关职务犯罪案件若干问题的规定》。

② 根据 2012 年《刑事诉讼法》第 18 条有关检察机关管辖的规定,涉及包括司法工作人员在内的国家机关工作人员利用职权实施的非法拘禁、刑讯逼供、报复陷害、非法搜查的侵犯公民人身权利的犯罪以及侵犯公民民主权利的犯罪,“由人民检察院立案侦查”。

③ 史卫忠:《监察机关与检察机关办案衔接难点问题解析》,《人民检察》2021 第 21—22 期。

④ 《监察法》第 34 条第 2 款。不过,《关于加强和完善监察执法与刑事司法衔接机制的意见(试行)》第 2 条,将这种调查为主又规定为分别立案后,监察机关为主调查,其他机关协助。

⑤ 《国家监察委员会管辖规定(试行)》第 21 条第 1 款。

⑥ 《刑事诉讼法》第 87 条。

⑦ 《中华人民共和国刑事诉讼法释义》,http://www.npc.gov.cn/zgrdw/npc/flsyywd/xingfa/2014-02/11/content_1826003.htm(中国人大网),2020 年 3 月 21 日访问。

入没有明确规定也有一定的合理性。办案实践中检察机关在监察机关的商请下也可以派员介入,这在《人民检察院刑事诉讼规则》《国家监察委员会与最高人民检察院办理职务犯罪案件工作衔接办法》中得到明确。① 前一个规范性文件虽有对检察机关介入监察调查案件的规定,但没有明确介入后的工作内容。不过,职务犯罪案件与普通犯罪案件除了主体不同及侵害法益有区别外,其他差异并不大,由此,检察机关介入监察调查的任务应该与介入公安机关侦查案件的也差不多,即对"案件性质、收集证据、适用法律等提出意见",这与前述的后一个规范性文件规定的工作内容相近,②但应当不包括监督监察调查活动是否合法,因为在监察体制改革初期就暗示排斥检察机关对其的监督,③监察机关商请其介入案件应不会主动邀请其监督。《刑事诉讼法》《监察法》中也都没有明确检察机关对监察机关调查活动合法性的事前或事中监督,只是在审查起诉中存在一定的对监察调查活动的事后监督,或说是监检之间的相互制约。

再次,审查起诉阶段的监检关系。在监察调查和检察起诉的刑事程序结构中,监检的直接关系主要体现在审查起诉阶段,包括对符合条件的职务犯罪案件,监察机关调查终结后移送检察机关审查,由检察机关决定是否提起公诉;或对于符合提出没收违法所得或缺席审判的,提请检察机关向法院提出该申请。

第一,普通案件的审查起诉。根据相关法律规定,监察机关调查终结后,认为涉嫌职务犯罪且事实清楚,证据确实充分的,制作起诉意见书,连同案卷材料、证据和涉案财物一并移送检察机关审查;符合有关

---

① 《人民检察院刑事诉讼规则》第 256 条第 2 款、《国家监察委员会与最高人民检察院办理职务犯罪案件工作衔接办法》第 12—15 条。
② 《国家监察委员会与最高人民检察院办理职务犯罪案件工作衔接办法》第 14 条。
③ 监察法草案征求意见时,就有权威声音解读,监察委员会是反腐败工作机构,与公安、检察机关等执法和司法机关性质不同;监察机关调查权不同于刑事侦查权,不能等同于司法机关的强制措施,也不适用刑事诉讼法;对监察机关的监督包括党的监督、人大监督、内部监督、人民群众监督和司法机关互相配合、互相制约,就是没有明确检察机关的监督。具体参见《调查权不同于刑事侦查权》,《中国纪检监察报》2017 年 11 月 16 日;《谁来监督监委》,《中国纪检监察报》2017 年 11 月 14 日。

条件的,监察机关可以向检察机关提出从宽处罚的建议。

检察机关主要是通过对案卷材料、证据的阅卷,讯问犯罪嫌疑人,听取辩护人、被害人及其诉讼代理人及其他诉讼参与人的意见等形式进行审查。经过审查,认为可能存在非法方法收集证据的,可以书面要求监察机关作出说明;认为需要调取录音录像的,可以商监察机关调取。认定存在非法取证行为的,应当排除相关证据,同时可以要求监察机关另行指派调查人员重新取证,必要时也可以自行取证。认为需要鉴定、对勘验检查进行复验复查、补充证据的,应要求监察机关进行,检察机关可以适度参与;必要时,检察机关可以自己进行。根据辩护人的申请,可以向监察机关调取在调查期间收集的有利于犯罪嫌疑人的证据材料。

经过审查,检察机关认为犯罪事实清楚,证据确实充分且应当依法追究刑事责任的,决定起诉;符合刑事诉讼法规定的不起诉情形的,作出不起诉决定;对于犯罪事实并非犯罪嫌疑人所为,需要重新调查的,应当在作出不起诉决定后书面说明理由,将案卷材料退回监察机关并建议重新调查。对该不起诉决定,监察机关认为错误时可以向上一级检察机关提请复议。

第二,特殊案件的审查起诉。这类案件主要涉及违法所得没收特别程序和缺席审判程序。对于贪污贿赂犯罪、失职渎职等职务犯罪被调查人逃匿,通缉一年后不能到案或死亡的,监察机关应向检察机关移送没收违法所得意见书,审查时限、补充证据问题等与一般案件中的审查起诉基本相同。在审查意见书过程中,犯罪嫌疑人到案的,检察机关应当将案件退回监察机关。

对于贪污贿赂犯罪案件被调查人在境外的,监察机关调查终结后认为符合起诉条件的,可以向检察机关移送审查起诉,相关材料及审查与普通案件的基本相同。审查起诉过程中,犯罪嫌疑人到案的,应当重新审查。

最后,审判阶段的监检关系。刑事审判过程中,监察机关一般并不承担具体的职责,但基于追究被调查人刑事责任的初衷,检察机关可以要求监察机关就相关案件提供一定的协助。如,在开庭前与审判中就反映的有关证据非法取得问题,检察机关可以要求监察机关对证据合法性进行说明或提供相关证明材料,必要时也可以自行调查核实。审判过程中,检察机关认为需要补充证据材料的,可以书面要求监察机关提供,或自行收集补充,由监察机关提供协助。

二、特殊的职务犯罪调查程序

职务犯罪刑事程序的特殊性是从与普通犯罪刑事程序相比较而言的。在检察机关承担所有职务犯罪侦查职能时,我国就已着手强化对职务犯罪刑事程序的建设,包括职务犯罪的初查、逮捕的上提一级、人民监督员制度等。随着监察体制改革的深化推进和相关法律的修改,当前的职务犯罪刑事程序已经从部分刑事诉讼措施、程序环节的特殊化到刑事程序几乎全流程的特殊化,从而基本形成了体系化的职务犯罪刑事程序。不过,这种特殊性在调查程序体现最为明显。

首先,立案管辖上,在原先主要由法院、检察机关和公安机关分别立案管辖的基础上增加了监察机关的立案管辖,将原由检察机关承担的职务犯罪侦查大部分转由监察机关立案调查,仅保留司法工作人员的部分职务犯罪与检察机关共同管辖。原先存在的公安机关、检察机关互涉的案件,确定由涉嫌的主罪管辖主体为主进行侦查,另一方予以配合;当前对于监检或公监互涉的案件,一般应当由监察机关为主调查,其他机关予以协助。①

其次,人身强制措施上,考虑到犯罪嫌疑人的人身危险性程度,普通犯罪侦查中限制或剥夺人身自由的强制措施由轻到重分别为拘传、取保候审、监视居住、拘留和逮捕。逮捕由检察机关批准,其他强制措施都由侦查机关自行决定;由于逮捕是较长一段时间对犯罪嫌疑人人

---

① 《人民检察院刑事诉讼规则》第13条、第18条,《监察法》第34条。

身自由的剥夺,一般要求符合"有证据证明有犯罪事实""可能判处徒刑以上刑罚"及"采取取保候审不足以防止发生社会危险性"等条件。[①] 不同的是,在监察机关调查的职务犯罪中,早期类似人身强制措施的只有"留置"一种,即直接剥夺被调查人人身自由的调查措施;留置由监察机关领导人员集体研究决定,同时要向上一级监察机关申请批准或备案;留置主要是在监察机关掌握被调查人部分违法犯罪事实及证据,但仍有重要问题需要进一步调查且被调查人有妨碍调查行为的情况下采取。[②] 2024 年修法内容中增加了强制到案、责令候查和管护等调查措施,类似于刑事司法中的拘传、取保候审和拘留,初步建立了针对不同人身危险程度被调查人的人身性调查措施。

再次,录音录像上,普通犯罪侦查并不要求必须对犯罪嫌疑人的讯问进行录音录像,只是对可能判处无期徒刑、死刑的案件或者其他重大犯罪案件犯罪嫌疑人的讯问才有此项要求。这些录音录像资料虽不要求随案移送,但检察机关、审判机关都可以依职权调取,犯罪嫌疑人、被告人及其辩护人也可以申请调取,以供检察机关、审判机关的审查或辩方阅卷、质证等需要,有关机关要"及时提供"。[③] 在监察机关调查职务犯罪中,调查人员进行讯问以及搜查、查封、扣押等重要取证工作,应对全过程进行录音录像,并"留存"备查;检察机关认为需要审查的,同监察机关"协商"后调取。[④]

复次,律师帮助问题上,相对于普通犯罪案件的犯罪嫌疑人自被侦查机关第一次讯问或者采取强制措施之日起,有权委托律师为其辩护;对于特定的犯罪案件或犯罪嫌疑人,国家还提供法律援助律师辩护;没

---

① 《刑事诉讼法》第 81 条。
② 《监察法》第 22 条、第 43 条。
③ 2012 年最高人民法院、最高人民检察院、公安部、国家安全部、司法部和全国人大常委会法制工作委员会联合发布的《关于实施刑事诉讼法若干问题的规定》第 19 条。
④ 中共中央纪律检查委员会法规室、中华人民共和国国家监察委员会法规室编:《〈中华人民共和国监察法〉释义》,中国方正出版社 2018 年版,第 194 页。现实中,因录音录像包含有违纪违法和犯罪等多方面的内容,一些监察机关会以内容超越法律规定、可能泄密而拒绝或限制辩护律师、检察人员和审判人员的查看。

有前述律师帮助的,国家还提供值班律师提供法律咨询、程序选择建议、申请变更强制措施、对案件处理提出意见等法律帮助。① 职务犯罪调查过程中,被调查人不能聘请律师,更没有律师辩护等形式的法律帮助。

又次,在内部监督上,普通犯罪侦查机关的上级监督下级现象较为普遍,但各级侦查机关仍然具有相当的独立性,可以自行决定采取除逮捕外的强制措施和侦查手段,并不需要上级侦查机关的批准;只有在作为救济的一种方式,如被取保候审人或其法定代理人、保证人对没收保证金决定、罚款等复议决定不服,或采取一些特殊的强制措施,如指定居所的监视居住等,上级侦查机关才介入下级的侦查活动。② 职务犯罪调查中的监察机关上下级之间的监督则大为加强,如对于留置措施的采取,设区的市级以下监察机关应当报上一级监察机关批准,省级监察机关则应报国家监察委员会备案;对于拟向人民检察院提出从宽处罚建议的,除了被调查人符合主动认罪认罚及有关情形,或涉案人员揭发有关被调查人职务违法犯罪行为查证属实或者提供有助于调查其他案件的重要线索,还需经上一级监察机关批准。③

最后,关于检察机关的法律监督,根据刑事诉讼法的相关规定,我国全面确立了检察机关对公安机关的侦查监督,包括是否应当立案、强制措施的采取是否合法、侦查活动是否合法等,还为当事人、辩护人、诉讼代理人、利害关系人就侦查机关侵害、干扰其权利的行使而提出的申诉或控告进行救济。④ 对监察机关调查职务犯罪的活动,检察机关没有直接介入监察机关职务犯罪调查阶段、监督调查活动的权力;即使实践中检察机关可以应监察机关的商情而介入,主要就"案件性质、收集

---

① 《刑事诉讼法》第 34—36 条、第 38 条。
② 《公安机关办理刑事案件程序规定》第 97 条、第 99 条、第 104 条和第 111 条。
③ 《监察法》第 31—32 条、第 43 条。
④ 《人民检察院刑事诉讼规则》第 13 章第 1—3 节;《刑事诉讼法》第 49 条、第 117 条第 2 款。

证据、适用法律等提出意见”,^①但不是监督监察机关,而是协助其提高职务犯罪案件的办理质量。^②

　　相比侦查程序的职务犯罪调查呈特殊性,也使得监检关系相对较为疏离。且不论没有明确的检察机关监督监察调查的规定,在具体的调查程序中,检察机关没有介入监察调查的主动性,更谈不上在审前程序的主导权,立案管辖、强制性调查措施的采取都是监察机关主导,甚至审查起诉时的案件证据材料使用(录音录像)也一定程度上受制于监察机关。至于对监察调查的制约,除了体现在审查起诉时的决定权外,检察机关在调查程序中基本没有路径;作为审前程序的司法救济者,检察机关也无法为被调查人权利提供任何保障。在特殊的监察调查程序下,疏离的监检关系没有监督内容;考虑到我国非法证据排除规则重在强调真实性和非法监察证据排除的困难,^③监检的制约主要基于实体而非程序,或说对监察权力的运行,检察机关难以进行程序制约。

第二节　职务犯罪调查程序中权力与权利的失衡

　　从前述刑事程序中的监检关系看,职务犯罪刑事程序中的监检关

---

① 目前的规范性文件并没有就检察机关介入监察机关调查的性质作出明确规定,不过,检察机关介入监察调查的任务应该与介入公安机关侦查案件的差不多,这在国家监察委员会与最高人民检察院联合制定的文件中也有反映。具体参见《人民检察院刑事诉讼规则》第256条第2款、《国家监察委员会与最高人民检察院办理职务犯罪案件工作衔接办法》第12—15条;陈海锋:《检察机关介入职务犯罪调查的监督性》,《法学家》2024年第3期。

② 陈国庆:《刑事诉讼法修改与刑事检察工作的新发展》,《国家检察官学院学报》2019年第1期。

③ 卞建林:《排除非法证据的制度反思》,《当代法学》2023年第3期;韩旭:《监察委员会办理职务犯罪案件程序问题研究——以768份裁判文书为例》,《浙江工商大学学报》2020年第4期。

系大多与侦检关系类似，但也存在不少差异，主要就是监察调查权缺乏必要的监督，只在审查起诉或审判阶段由检察机关对监察调查进行部分的事后监督，由此导致了监察权力与被调查人权利的失衡。

一、职务犯罪监察调查权的异体监督乏力

根据《监察法》及相关理论，我国监察机关受到的异体监督包括党的监督、人大监督、民主监督、司法监督、群众监督和舆论监督等，[①]其中人大监督、民主监督、群众监督和舆论监督主要着力于监察工作的监督，属于宏观监督；司法监督主要是指检察机关和审判机关与监察机关的关系，体现为它们之间的"互相配合、互相制约"，可以对监察办案进行具体监督。党的监督既有宏观工作部分，也有微观的案件办理；考虑到微观方面对监察机关的监督有直接的便利，笔者将其作为微观监督的一部分予以分析。

毫无疑问的是，这些监督都是我国国家机关面临的普遍监督形式，也具有一定的监督作用，但这些监督及其具体方式能否发挥应有的作用、是否足以监督相关权力的行使，还要具体分析。

（一）宏观监督无法介入监察机关的具体办案，间接监督的效果有限

宏观监督意味着不是对具体个案办理过程的监督，或只是对个案总体情况的监督，无法及时介入案件办理的具体环节，难以直接影响案件办理。

第一，民主监督、社会监督、舆论监督等作为《宪法》规定的公民对

---

① 我国监察法没有类似刑事诉讼法"人民检察院依法对刑事诉讼实行法律监督"的规定，检察机关能否监督监察权的行使并不明确。不过也有认为监检法之间的制约关系就是一种监督。考虑到制约与监督关系本身就有较大的争议，笔者在此暂且将两者等同混用。参见陆国栋：《谁来监督国家监察专责机关——"五大监督"确保监察权力不被滥用》，《中国纪检监察》2018 年第 6 期。

国家权力行使批评建议权的组成部分,难以"直接"对监察机关进行监督。其一是法律禁止它们直接介入案件办理。根据我国宪法、监察法规定,监察机关依法独立行使监察权,不受行政机关、社会团体和个人的干涉。前述监督大多是以社会团体或个人的名义进行,本身就在我国法律禁止的范畴。其二是缺乏知情权。因与案件无直接利害关系,社会公众缺乏直接了解案件与监察权行使情况的具体路径;更因为监察案件具有一定的政治性与顺利调查的需要,监察程序本身具有较强封闭性,监察人员也受到保守案件秘密的纪律或法律约束,主动向社会公众公开的案件信息较少。不掌握案件的有效信息,这些监督将缺乏准确性和针对性。其三是效果不明。的确,国家机关在办理案件时通常会考虑政治效果、法律效果和社会效果等,社会影响通常也是案件具体办理中被调查人社会危害性的重要考虑因素;不过,与舆论对司法办案的不当影响类似,①因对案件信息无法全面掌握,这类监督对监察办案的影响也须警惕,还因无法直接介入案件办理而具有间接性、滞后性,更无强制力作为后盾,效果并不确定。

第二,相比前述监督属于权利监督形式,人大监督是权力监督和最高监督,但仍无法直接影响具体案件办理。人大监督是我国人民代表大会制度的体现,主要反映在法律监督、人事监督与工作监督等方面。法律监督主要是对有关国家机关立法性工作的监督,如对监察法规的合宪性与合法性监督;人事监督则体现为对有关国家机关领导人员及其他工作人员的任免权,工作监督则主要体现为听取有关国家机关的年度工作报告或专项报告等。从中不难看出,人大对监察机关正在办理的案件并没有直接介入的权力。的确,监察机关依法独立行使权力并没有排斥权力机关的干预,但只能是权力机关整体而不是人大代表个人监督监察机关;只能反映对案件办理的意见,不能作为案件处理的依据,更不能替代监察机关作出决定。即使如此,权力机关对监察机关

---

① 杨晓丽:《新闻舆论对刑事司法的影响》,《政治与法律》2018 年第 3 期;侯大明:《舆论监督与司法独立的关系》,《青年记者》2017 年第 18 期。

的监督事实上比对司法机关更弱,一方面监察机关仅向人大常委会报告专项工作,事实上限制了人大监督的广度与力度;另一方面监察机关还可以监察人大代表,①必将束缚人大代表监督的"手脚"。在对司法机关都不进行个案监督情况下,②受制于监察机关与纪律检查机关合署下的政治性影响,人大对监察机关的监督还需平衡人大与党的领导关系,以及与前述权利监督类似的没有获取信息的直接途径,至少在监察个案办理上的人大监督难有作为。

(二)微观监督的制度设计存在缺陷,难以实现有力的外界监督

微观监督虽有直接介入监察机关案件办理的路径或便利,但这种监督效果如何,还要视与监察机关的关系以及能否对其有实质上的影响力。

第一,党的监督与监察机关的内部监督合一,形同内部监督。党的监督与党对监察工作的领导因监察机关与党的纪律检查机关合署而一体化。由此,一方面宏观上各级纪检监察机关事实上成为党内监督的专责机关,在同级党的委员会和上级纪检监察机关双重领导下负责维护党内法规,检查党内路线、方针、政策和决议的执行等;党委应定期听取、审议同级纪律检查机关和监察机关的工作报告,以加强对纪检监察机关工作的领导、管理和监督,纪检监察机关也要定期向同级党委报告工作。另一方面微观上各级纪检监察机关通过监督、执纪和问责实现对党的各级组织和党员的监督,其中涉及的重大事项、遇到的重要问题以及立案审查调查和党纪政纪处分的,都要分级向党的组织请示报告。如,大要案的初核、立案、留置的采取、处置,乃至提出从宽量刑建议等都需要向党委报告;即使是一般案件的

---

① 对人大代表能否作为监察对象,曾经有较大争议,但目前已被监察法规明确纳入对象。参见《监察法实施条例》第 43 条第 1 项;秦前红:《国家监察法实施中的一个重大难点:人大代表能否成为监察对象》,《武汉大学学报(哲学社会科学版)》2018 年第 6 期;郭文涛:《监察委员会监察人大代表的理解与论证》,《西南政法大学学报》2018 年第 4 期。

② 卞建林、姜涛:《个案监督研究》,《政法论坛》2002 年第 3 期。

重要决定,也需要由相应的纪检监察机关主要负责人批准后,报同级党委(党组)主要负责人批准,从而确保党对监察工作关键环节、重大问题的领导和监督。可见,党对监察工作的领导是非常有力的,也有对其进行全面监督的诸多便利;不过,党的监督与领导一体,对宏观的监察整体工作与微观的监察个案办理一起抓,特别是在纪监合署的情况下,事实上形同内部监督,本身就需要"异体监督"来完善权力行使的正当性。

第二,司法机关的制约力度较为有限,有待强化。检察机关、审判机关与监察机关之间的配合制约关系以及在刑事案件办理过程中的具体权力配置,得到了基本法律的确认,从而事实上形成了司法机关与监察机关的监督关系;从刑事案件办理视角看,这也应是对监察机关监督最为直接、有效的方式,但事实并非如此。从监察规范视角看,检察机关只能经监察机关商请才能介入职务犯罪的监察审理,且提出意见没有法定效力,①如此,检察机关直到审查起诉阶段才能主动依职权对监察调查进行事后的、仅限于移送起诉案件的审查,监察调查中可能存在的程序问题、②是否存在以政务处分替代移送审查起诉等的实体公正问题都难有监督效果。③ 不仅如此,受制于监察机关移送审查起诉后的一些特殊规定,这种事后的司法机关制约也较为困难。根据《监察法》《刑事诉讼法》等规定,对监察机关采取留置措施的被调查人,检察机关受理移送案件后应先行拘留,这与传统认知中拘留的应急性要求

---

① 参见《国家监察委员会与最高人民检察院办理职务犯罪案件工作衔接办法》第二章"最高人民检察院提前介入工作";根据《关于加强和完善监察执法与刑事司法衔接机制的意见(试行)》第 28 条,对检察机关提前介入的意见,监察机关认为需要补正的,会将补正情况予以反馈。

② 监察调查程序中的被调查人权利本来就少,相关调查措施的程序化也较为有限,即使较为刚性的非法证据也存在较为典型的排除困难。参见韩旭:《监察委员会办理职务犯罪案件程序问题研究——以 768 份裁判文书为例》,《浙江工商大学学报》2020 年第 4 期。

③ 《关于加强和完善监察执法与刑事司法衔接机制的意见(试行)》第 36 条规定,对应移送的涉案人员未移送的,监察机关作出说明即可。笔者认为有违检察机关的法定职能,也与刑事程序原理相悖。

不符;①羁押可能导致后续刑事赔偿等情形,"刑期倒挂"②的现象也可能会加剧。对于认为监察机关移送案件的证据需要补充核实的,检察机关需要优先退回监察机关补充调查、与监察机关协商或商请监察机关补充调查,明显区别于公安机关移送案件主要根据案件事实的查明情况、自行侦查的可行性等决定退回侦查或自行补查,③意味着监察机关移送审查起诉的案件仍较多依靠监察机关的调查或由其决定是否调查,而这又与监察调查程序的封闭性有利于高效收集证据、限制被调查人权利有关,检察机关难有监督空间。对于认为符合不起诉情形的,应经上一级检察机关批准后作出不起诉决定,这不仅意味着承办检察官"与部门负责人汇报沟通,甚至与后者在意见不一致下的坚持己见;准备扎实的书面材料,选择合适的时间向检察长汇报,并等待批准",还要向上一级检察机关汇报等待,④对监察机关移送起诉案件作出不起诉决定并不容易。

二、职务犯罪监察调查程序的权利主体失位

整个刑事程序的核心无非是国家权力与个人权利的交涉。因有一定证据证明被调查人涉嫌犯罪,其相关权利需要依法接受国家的限制;基于罪从判定原则,被调查人在被确定有罪之前,其应得到必要的保护。为此,整个监察调查程序应当谨慎地维持被调查人权利与监察机关权力的合理平衡,权力对权利的限制应遵循比例原则,即对被调查人的权利限制是调查所必需的,这种限制是对被调查人权利影响最小的,这种限制与调查的获益是相均衡的。⑤

---

① 施鹏鹏、马志文:《论刑事诉讼法与国家监察体制的衔接》,《浙江工商大学学报》2020年第3期。
② 朱宁宁:《有效避免"关多久判多久"现象》,《法制日报》2015年11月3日。
③ 《关于加强和规范补充侦查工作的指导意见》第6条、第9条,《监察法》第47条第3款,《关于加强和完善监察执法与刑事司法衔接机制的意见(试行)》第39条、第43—45条。
④ 陈海锋:《职务犯罪刑事程序的体系化检视》,《政治与法律》2021年第6期。
⑤ 郝银钟、席作立:《宪政视角下的比例原则》,《法商研究》2004年第6期。

　　从前述职务犯罪调查程序与侦查程序六个方面的主要差异可以看出，作为整体的监察机关在职务犯罪调查中拥有的权力较大且向上集中，权力运行相对较为封闭，不受外界的影响。无论是从作为国家法律监督机关的基本定位，还是在具体职务犯罪案件办理中监察机关与检察机关的互相配合与互相制约关系，检察机关都应当可以在审查起诉前介入监察机关的调查程序，但事实上并没有，只能静待"商请"。即使是每次剥夺人身自由时间长于逮捕的留置，检察机关也没有监督权力；甚至在调查程序完成后，后续程序对此前程序的检视也有不同程度的受限，如难以直接获得其录音录像，并将其公开。

　　与此相对的是，被调查人享有的权利较少。整部《监察法》在涉及调查的第四章（监察权限）、第五章（监察程序）几乎都以监察机关、调查人员作为条文的主语，没有明确赋予被调查人任何权利。[①] 在普通犯罪侦查程序中，犯罪嫌疑人不仅享有关键的委托律师辩护与特殊情况下的律师强制辩护、值班律师帮助，还享有控告权利、申请变更强制措施的权利、拒绝回答与案件无关问题的权利、申请补充鉴定或重新鉴定的权利等，而涉嫌职务犯罪的被调查人这方面的保障较为缺乏。

　　的确，鉴于职务犯罪的特殊性和严重影响，需要对职务犯罪的被调查人予以特殊的限制，以防止其利用公权力干预案件的办理，因此，通过监察机关的整体力量以排除外界的可能干预，包括对后续程序的影响，同时通过上下级监察机关的监督，形成监察调查权的高效有序运行。不过，这种保障与平衡主要是基于监察机关自身的权威，是从内省主体的假设出发来塑造主体，通过贤人（监察机关）来保障法律运用的妥当性，更类似于一种道德规定而不是合理的法律强制性安排，很容易受到主体自身的力量关系所扭曲。[②] 在我国科层制的传统之下，首长负责制的监察机关整体意志仍将很大程度上受到个别领导的干预，而

---

① 《监察法》（2024）第50条明确增加了被管护人员、被留置人员及其近亲属申请变更管护、留置措施的权利，应视为本次修法的重大进步之一。

② 季卫东：《法治秩序的建构》，中国政法大学出版社1999年版，第139—140页。

且这种干预还易于受到组织意志的"庇护"而被掩盖。因此,这种将权力运行的秩序化寄托于同体监督是非常困难的,很可能将被调查人的权利置于毫无保障的地位。在原来检察机关主导职务犯罪侦查的时期,检察机关在将逮捕权上提一级的同时,又主动加强体外监督——实施人民监督员制度;这一制度从最初完全由检察机关自行实施,到由司法行政机关介入,体现了检察机关对权力运行体外监督的必要性和自觉性的充分认知。[①] 作为国家监察机关的主要强制性权力,对职务犯罪的调查类似于侦查;[②]作为国家的法律监督机关的检察机关行使相关权力时都需要一定的异体监督,致力于"将权力关进笼子里"的监察权显然也不应完全置身于不受外界约束的境地。

即使监察机关能够积极主动地保障被调查人的权利,不需要其他国家机关的监督,但也可能与被调查人的地位不相符合。首先,从人的主体性视角出发,职务犯罪被调查人应成为监察调查程序的主体。不论是谁在任何时候都不应把自己和他人仅仅当作工具,而应该永远看作自身就是目的。[③] 在职务犯罪调查程序中,被调查人既是调查程序的客体,是监察机关调查的对象,还有配合的义务,但与此同时,被调查人不应是完全被动的,与调查人员的交互中应处于主体间性的关系。我们党曾经提出的科学发展观就强调"以人为本",核心是对人的主体性的确认和尊重。当下的监察法也不应仅仅是针对职务犯罪被调查人的处置法、治罪法,应体现、尊重其主体地位。

其次,从法律规定的视角考察,职务犯罪的被调查人也应是权利的主体。相对于刑事诉讼中犯罪嫌疑人明确的程序主体地位及由此规定的各种诉讼权利,监察调查程序中的被调查人并没有明确的主体地位,自然对各种具体程序权利的享有无从谈起。《监察法》主要是出于"加强对所有行使公权力公职人员的监督"等目的,并没有《刑事诉讼法》中

---

① 具体可以参见最高人民检察院颁布实施的《最高人民检察院关于实行人民监督员制度的规定》以及最高人民检察院与司法部联合印发的《人民监督员选任管理办法》。
② 陈瑞华:《论国家监察权的性质》,《比较法研究》2019 年第 1 期。
③ [德]康德:《道德形而上学的奠基》,李秋零译,中国人民大学出版社 2013 年版,第 86 页。

"保护人民""尊重和保障人权"等任务规定。不过,《监察法》本身也明确宣布要"维护宪法和法律的尊严""保障当事人的合法权益",①在调查过程中也向监察机关施加了具体的保护公民权利的义务,如对调查中获得的被调查人秘密,应当保密;对与案件无关财产的冻结以及财物、文件的查封、扣押,应及时解除、退还;收集证据要包括被调查人有无违法犯罪以及情节轻重的证据,严禁以威胁、引诱、欺骗及其他非法方式收集证据,严禁侮辱、打骂、虐待、体罚或者变相体罚被调查人和涉案人员;保障被留置人员的饮食、休息和安全,提供医疗服务等。更为重要的是,作为《宪法》的下位法,《监察法》也必须执行"尊重和保障人权"的规定和保障《宪法》规定的公民基本权利。

再次,从与普通犯罪的嫌疑人对比看,职务犯罪的被调查人权利也应得到保障。职务犯罪的主体一般具有国家机关工作人员的身份,可能对职务犯罪的调查进行干预;但一旦处于被留置的境地,其同样也只是一个处于封闭空间、对法律并非熟知的被调查人,与普通的犯罪嫌疑人并无二致,仍然需要外界的法律帮助。律师的会见、辩护可能会给监察机关调查带来限制,但对权力的控制本身就是国家政治框架的组成部分;对监察机关难以承受干预、可能影响依法独立行使监察权的担忧,应通过强化其独立办案的能力、打击非法干预来实现,而不是限制被调查人合理的、必要的监察程序性权利。在危害国家安全犯罪、恐怖活动犯罪案件中的犯罪嫌疑人都可以经侦查机关许可而在侦查阶段获得律师辩护,不少严重性、危害性与刑罚都相对较轻的职务犯罪被调查人没有理由完全失去律师的帮助。

最后,从人权保障的趋势看,职务犯罪被调查人的权利应得到重视。人权保障条文在《宪法》的确立是我国对世界人权保障趋势的尊重,也是人权保障得以实现的重要基础。人权保障在原先检察机关主导的职务犯罪侦查中得到了作为基本法律——《刑事诉讼法》的确

---

① 《监察法》(2024)第5条对此前规定进行了修改,如增加了"尊重和保障人权"、完善了"保障监察对象及相关人员的合法权益"等基本原则,但相比在目的与任务中规定的"保障人权",重要性略显不足;且除了该法第50条外,其他条款也没有更多的赋权。

认,在今天更加发展与进步的中国,新近的《监察法》更应当践行这种保障。

第三节 检察机关对职务犯罪监察 调查的有效监督

针对监察权异体监督无力与被调查人权利保障的不足,作为国家的法律监督机关,检察机关应当对监察机关及其权力行使的监督承担更大的责任。

一、加强对监察机关的异体监督有赖于检察机关

国家监察体制改革后,我国事实上形成了监察机关与检察机关并存的监督新格局。基于监察机关异体监督的不足,通过检察机关加强对监察机关的监督,既是管理学视角下组织权力合理运行的需要,也是多种异体监督下更为可行的选择。

(一)检察机关监督监察机关符合管理学原理

监察机关的第一职能是监督,①与检察机关的法定职能类似。国家监察体制改革初期及法制化阶段不同程度上强调监察机关的政治性、与司法机关和行政机关的区别,事实上一定程度暗含排斥检察机关的监督。在两者都有监督职责情况下,为何加强对监察机关的监督最终要通过检察机关来实现?的确,"一元分立"下监检宏观关系可以在作为政治力量对比体现的《宪法》中直接任意设定,但无论监检关系如何定位,两者权力内容将会起到实质性的决定作用。在此,有必要从宏

---

① 魏昌东:《监督职能是国家监察委员会的第一职能:理论逻辑与实现路径》,《法学论坛》2019年第1期。

观上先明确检察机关进行法律监督的基本立场,即有权对包括监察机关在内的由权力机关产生的同级其他国家机关进行法律监督;这一立场除了来源于检察机关法律监督的宪法定位外,[①]基于管理层级与管理幅度关系的管理学理论,监察权行使的内容与形式也决定了监察机关与检察机关在法律层次的关系中处于被监督的地位。

从具体职权内容看,监察机关的监察包括"对公职人员开展廉政教育,对其依法履职、秉公用权、廉洁从政从业以及道德操守情况进行监督检查",对可能涉嫌职务违法犯罪的行为进行调查,并据此作出政务处分、移送检察机关审查起诉等处置。监察内容包括公职人员的政治品行、行使公权力和道德操守情况,贯彻落实党和国家路线方针政策、重大决策部署情况,理想信念、宪法法律法规、传统文化、社会主义核心价值观等。[②] 主要的监督检查方式包括收集群众反映、座谈走访、查阅资料、召集或者列席会议、听取工作汇报和述责述廉、开展监督检查等。[③] 从中可以看出,监察机关的监察依据从道德、政策、纪律到法律;考虑到各国家机关也有内部的或派驻的监察部门,对国家机关及公职人员的监察既有日常监督、参与式监督,也有事后监督与巡查监督,也即这种监察包括事前、事中与事后的全面监察,具有完全的主动性,并不以群众的举报、检举或报案为前提。

自从国家监察体制改革以来,新成立的监察机关与检察机关的关系就成为不可回避的问题。的确,从宪法的权力结构关系看,监察机关及监察权与检察机关及检察权共同构成人民代表大会制度下"一府一委两院"的权力分立与平行的机构。从当前宪法、监察法的规定看,具体案件办理中两者是互相配合、互相制约的关系。由此,一些学者通过对两者在对象、性质和范围等多方面的比较,认为两者

---

① 陈海锋:《检察机关介入职务犯罪监察调查的监督性》,《法学家》2024 年第 3 期。
② 《监察法实施条例》第 14—16 条。
③ 《监察法实施条例》第 17 条。考虑到我国纪监合署,《中国共产党纪律检查机关监督执纪工作规则》应当也是监察机关监督检查的重要指导规则,其中第 13—19 条对形式也作了规范,包括听取专题报告、日常监督、受理检举控告、建立干部廉政档案、回复党风廉政意见、提出纪律检查建议或监察建议等。

事实上是兼容共存、互相配合、相互监督与互为补充的关系。① 结合前述的监察内容与形式,这种认识符合法律与法理,但更宏观视角下的监检关系并没有得到深刻揭示,即法律层次上的监督是检察监督监察还是相反。

"监督的再监督、检查的再检查"②作为检察机关对监察机关的法律监督是较为合理的界定。作为法理型统治的一种形式,我国建立了人民代表大会制度下的中央国家机关,在全国人大全面享有各项国家权力的同时授予行政机关、监察机关、审判机关和检察机关等分别行使相应的权力;在此意义上,被授权的国家机关之间是平行的(下图一)。③ 不同于典型的三权分立原则下国家机关之间的互相制约,④我国是在人大基础上产生专门的监督机关对同级其他国家机关的权力行使予以控制。如将国家视为一个组织,各国家机关之间的宏观关系则表现为,早期形成的以监督为主的典型两层管理体制(下图二);在国家监察体制改革后,当前的两层管理体制更为复杂而精细,并存在部分的三层管理体制(下图三)。⑤ 这种两层管理体制转换为非典型的三层管理体制的逻辑如下:

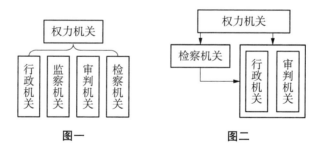

图一　　　　　　　　　　图二

---

① 叶青、王小光:《检察机关监督与监察委员会监督比较分析》,《中共中央党校学报》2017年第3期;王洪宇:《监察体制下监检关系研究》,《浙江工商大学学报》2019年第2期。

② 魏昌东:《国家监察委员会改革方案之辨正:属性、职能与职责定位》,《法学》2017年第3期。

③ 我国的各级人大常委会因属于同级权力机关一部分,中央机构中的国家主席及单列的军事机关与本章关系不大,在此一并省略,以简化国家机关之间的关系。

④ 我国刑事案件办理中也存在权力的分立与相互制约,但这是在微观层次;从宏观的宪法权力框架看,我国是以专门的国家机关实现对同级其他国家机关的权力控制。

⑤ 图三中实际上应存在监察机关对检察机关的监督,即也有反向箭头的,但正如文中所述,这里强调的是法律监督,为此予以省略,并非监察机关不能对检察机关及其工作人员进行监督。

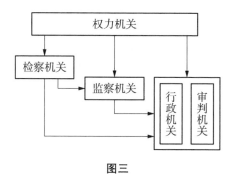

图三

　　在传统的典型两层监督管理体制中,一方面权力机关自己对由其产生的行政机关、审判机关、检察机关进行监督,但除了较为常见的涉及较少人员的人事任免,其他大多属于较为宏观的监督,如听取工作报告、专项报告和备案审查其制定的规范性文件等;另一方面成立了专门进行法律监督的检察机关,在较为宏观的监督之外,对这些执法、司法等机关具体的权力行使行为是否遵守法律进行监督,确保法制统一。这些国家机关的权力行为对社会公众产生直接影响且以强制力作为后盾,主要是一个个具体的权力行使行为;作为以票决为主要权力行使方式,权力机关显然无力进行这种普遍性的微观监督,也与其国家地位不相称。我国当时建立检察制度主要受到列宁的人民民主国家观影响,同时也与面临与其建国时期相同的意识形态、相似的国内境遇和任务等有关,[1]但以法律作为检察机关主要的监督依据和标准,显然具有依法治国的价值,由此也暗含着当下我国继续完善这一管理体制的合理性。

　　这种典型的两层监督管理体制在宏观框架上有自洽性,但微观视角下问题较多,这在国家监察体制改革原因中有明确提及,如监督权力分散、覆盖范围不足以及体现专责和集中统一不够等问题。[2] 为此,在

---

[1]　石少侠、郭立新:《列宁的法律监督思想与中国检察制度》,《法制与社会发展》2003 年第6 期。

[2]　中共中央纪律检查委员会法规室、中华人民共和国国家监察委员会法规室编写:《〈中华人民共和国监察法〉释义》,中国方正出版社 2018 年版,第30—31 页。

法律监督之外，国家监察体制改革致力于设立一个监督内容更为广泛的机构，涉及从纪律、道德到法律的全方位，从事前、事中与事后的全流程，从主动与被动的相结合，从国家机构到个人的人事结合等。这一机构一方面与行政机关、审判机关、检察机关构成平行的国家机构，另一方面对上述这些机构及其人员进行全方位的监督。在此，监检之间似乎形成了互相监督的关系形态。从微观层次上，这种互相监督是存在的，较为明显的体现为具体案件办理中的配合制约关系，但这种关系不能视为两者关系的全部或根本；如同审判机关、行政机关在微观案件办理中也会对检察机关、监察机关及其工作人员有监督，但显然这不构成它们之间的主要关系或关系的主要方面。值得注意的是，纪检合署下检察机关对监察机关的监督并非对党的监督，只能监督监察机关的相关工作。

管理学上的管理幅度与管理层次关系是检察机关监督监察机关的组织学基础。管理幅度实质是管理者直接控制和协调的业务活动量的多少，管理层级则是从组织最高一级到最低一级之间的等级，管理幅度与管理层级成反比关系。[1] 监察机关并不直接监察普通公众，而是对国家机关及其公职人员权力行使的"监督和检查"，以保障公权力的依法行使与法治的实现，也即监察机关处于类似管理层级中的第二层级而非最基层。监察机关因监察内容的广泛、主动与全流程，由此管辖幅度仍然较大，无论事情大小（违纪违法和犯罪）都需要监察；相对于检察机关只监督法律实施情况、主要是被动接受案件、主要进行事后监督，从整体视角而言，检察机关更适合作为更高层级的监督，而监察机关适合作为被监督者，从而反映不同管理层级所体现的对事情大小与多少的管理差异；[2]当然，即使如此，也不否认在具体案件办理上监察机关同样可以监督检察机关及其工作人员。

---

[1]　龙竹、谈留芳、余保东等：《管理学原理》，华中科技大学出版社 2002 年版，第 97—99 页。

[2]　这里形成的层级监督绝不是监察机关与检察机关法律地位、政治地位等方面的层级差异，只应是权力上的分工及由此形成的职能事项上的不同。如检察机关可以监督行政机关，但一般行政机关负责人的政治地位要高于同级的检察机关负责人。

由此,国家监察体制改革将原先分散的监察、侦查与预防等权力集合成新的监察权,形成对本级国家机关及行使公权力人员从道德、政策、纪律到法律的全面、全流程的监督;相对于如行政机关、审判机关等直接面对包括普通公众在内的组织和个人行使权力,监察机关的监察构成了在这些权力之后的第二层监督。检察机关的监督则是在对包括行政机关、审判机关与监察机关权力行使之后形成新的监督,仅针对它们履职时是否遵守法律的监督,包括对调查后的职务犯罪和侦查后的一般犯罪进行审查以确定是否起诉以及后续的诉讼程序、对行政机关违法行使职权或不作为时的行政公益诉讼、对法院未能公正审理民事行政案件提出抗诉等,这些监督行为都是处于相关国家机关职权行为之后的监督;相对于监察机关则是对其"监督的再监督和检查的再检查",是范围更聚焦、侧重于更严重失范行为(主要是犯罪行为)的第三层监督。

(二) 检察机关监督监察机关是加强监督的更优路径

在当前诸多异体监督效果不佳情况下,完善既有监督或建立新的监督形式就成为必要。考虑到监察权的依法独立行使与其运行过程中可能介入的相关主体,党的监督、司法机关的监督与权利监督①就成为为数不多的可能选择。

首先,完善党的监督应该作为加强监察权监督的重要方向,但仍不足以提供监察权运行正当性的充分保障。有学者将监察处置中政务处分替代刑事移送的原因之一归咎于监察机关的政治属性,进而建议将党对监察工作的影响归结于"终端把控、逆向审批、正向监督"。② 的确,党的监督方式问题是造成对监察异体监督不足的重要原因,通过间接监督、不直接参与案件办理的方式,可以将当前党的监督

---

① 此处的权利监督并非上文中的民主监督、舆论监督等以宪法中的批评建议权为基础的监督,因为这些监督并不能直接介入监察案件的办理程序中;笔者在此意指监察案件办理中的被调查人监督和可能成为权利监督的特约监察员监督。
② 詹建红、崔玮:《职务犯罪案件监察分流机制探究》,《中国法律评论》2019年第6期。

从事实上的同体监督予以一定程度的异体化,具有积极价值。不过,终端把控、逆向审批仍保留党直接介入案件办理过程,难以形成实质的异体监督。

纪监合署情况下,党对监察工作的监督事实上就是同体监督。从案件办理的人员与部门看,纪监合署后,无论是具体的承办人员、承办部门都是统一的;从案件诸多重要事项的决定者看,在监察机关的主要领导与纪律检查机关的主要领导存在较多重合,甚至一致的情况下,不论纪监机关决定或审批的先后顺序,最终以监察机关名义公布的处置决定必然都是在党的有关组织批准情况下作出的。纪监合署虽是出于"健全党和国家监督体系,完善权力运行制约和监督机制",①具有"加强党对反腐败斗争的集中统一领导,把党的执纪与国家执法有机贯通起来"等积极作用;②面对当时我国腐败的严峻形势,这种加强权力的集中统一行使无疑对反腐败取得的成就具有决定性意义。不过,这种合署在加强党对监察工作的直接监督、领导的同时,也将自己融于监察工作程序中,形成了监督者与被监督者一体的事实。

独立于被监督者的异体监督绝非排斥党的领导或监督。党政军民学,东西南北中,党是领导一切的,如何构建、完善相对独立的异体监督?这种质疑存在概念偷换问题。坚持党的领导是我国社会主义的本质特征,而这种领导主要体现为党的"总揽全局、协调各方的领导核心作用",绝不是事无巨细的包办事务、越俎代庖,主要是"通过制定大政方针,提出立法建议,推荐重要干部,进行思想宣传,发挥党组织和党员的作用等,实施党对国家和社会的领导";③至于具体事务,如监察案件的办理,并非必需直接由党决定。不能将党的领导与各级党的组织审批、决定监察事项的行为画等号,更不能将因纪监合

---

① 《中共中央关于深化党和国家机构改革的决定》(2018年2月28日中国共产党第十九届中央委员会第三次全体会议通过)

② 《为什么中央纪委与国家监察委员会要合署办公?》,https://www.ccdi.gov.cn/special/zmsjd/zm19da_zm19da/201802/t20180202_163176.html(中央纪委监察部网站),2024年3月9日访问。

③ 中央组织部党建研究所:《坚持党的全面领导不动摇》,《求是》2021年第23期。

署下对监察机关监督不足的评判视为对党的领导的质疑。党的领导是宏观的，更多是政治上、组织上、思想上的等，而监察工作上的具体审批则属于微观的领导方式或监督方式，两者并非同一层次的问题。为此，坚持党对监察工作的领导、监督并不一定要在监察案件中直接作出相关决定，而对监察权进行异体监督的机关也同样可以在党的领导下进行。

其次，作为司法监督的一部分，审判机关难以独自承受监督监察机关的重任。从职务犯罪案件办理的一般程序看，鉴于审判机关在定罪量刑上的最终决定权，法院对监察机关具有很强的监督功能；但这种监督的代价太大，可能导致法院最终不得不作出一定的妥协。其一，在我国刑事案件办理的法定程序中，法院并不介入审前程序，包括监察调查程序，这就意味着法院无法及时监督监察机关。其二，即使赋予法院能在监察调查阶段介入案件，或向监察机关提供咨询、参加案件论证等，[①]此时形成的意见且不论准确与否，都可能形成法官的预断；在法院整体行使审判权情况下，即使更换法官也会影响庭审判的效果，与"以审判为中心"相悖。其三，等到法院审判时的监督，很可能导致案件严重的程序倒流，如退回补充调查等；更因调查、审查起诉等已经经历较长时间，案件的不少证据可能无法再补充，查清、证明案件事实将非常困难。其四，缺乏审前的有力监督，审判时的严格监督必然增加此时无罪裁决的比例，无论对于打击犯罪、保障权利，还是维护社会秩序等都是难以承受的代价。其五，在世界主要发达国家，如英国、法国、德国、美国、日本等，都将羁押权交由法院审查批准的情况下，我国审判机关承担的意愿并不高；[②]面对位高权重的监察机关，对其监督的任务并不容易，法院独自承担的意愿应该也不高。其六，在检察机关本身就有法律监督的宪法责任与审前程序主导者的地位，[③]作较大变革让审判机关介入审前程序监督监察机关，在我国的必要性、迫切性

---

① 《关于加强和完善监察执法与刑事司法衔接机制的意见（试行）》第 30 条。
② 左卫民、赵开年：《侦查监督制度的考察与反思》，《现代法学》2006 年第 6 期。
③ 张军：《关于检察工作的若干问题》，《人民检察》2019 年第 13 期。

并不明显。

最后,权利监督的困境限制了其监督监察,效果较为有限。同样面对"谁来监督监督者",检察机关自行探索建立了人民监督员制度,并予以完善形成了由司法行政部门选任人员、监督检察机关办案的模式,①人民监督员可以直接介入案件办理过程、提出意见,且具有一定的法定效力。② 监察机关也有类似的特约监察员制度,但其不仅存在职责不明、边界不清、渠道不通、合力不足等问题,③与人民监督员制度也有较大差异,特约监察员无权直接监督监察人员的权力行使。④ 即使该制度得以发展完善,起到类似人民监督员的作用,但也不能期望太高。其一,从权利特点看,相对于权力监督权力具有的强制性,以权利监督权力则会受到较多的制约,如权利本身就需要国家机关的保护,权利的行使自然也将受制于国家机关的保护力度。其二,从当事人视角看,在当前监察程序的被调查人相比侦查程序都缺乏权利规定与保护的情况下,给予案外的监察员较多权利非常困难,也不合逻辑。其三,从程序过程看,在监察程序的权力监督都受制于封闭性、政治性等问题而难以有效发挥作用,却将其开放于无利害关系的公众——监察员,这是难以想象的。其四,从监督效果看,相对于检察机关法律监督效果的一种常见评价——"柔性",⑤监察调查中的权利监督效果更显"柔性",其不仅不具有强制效力,即使是程序性的,目前完全有待于监察机关的认可,至多只能启动监察机关的自查,得不到外界的强有力保障。

类似的是被调查人的权利监督。基于被调查人在监察调查程序的

---

① 《人民监督员选任管理办法》。
② 《人民检察院办案活动接受人民监督员监督的规定》。
③ 王高贺、周华国:《监督监督者:新时代特约监察员制度的探索与突破》,《理论探讨》2021年第1期。
④ 国家监察委员会于2018年8月底施行《国家监察委员会特约监察员工作办法》,各地也参考建立了特约监察员制度。不过,特约监察员的职责主要是从宏观视角对监察工作提出意见建议,在具体办案方面并没有任何监督监察的内容,这也从其具体权利中可以进一步验证。
⑤ 周新:《论我国检察权的新发展》,《中国社会科学》2020年第8期。

主体地位、[1]以及监察权行使应遵循的比例原则,[2]针对监察权对其的限制,被调查人应当享有一定的防御性权利,从而对监察权产生一定的监督作用。不过,以"集中统一、权威高效"为目的的监察制度没有赋予被调查人类似侦查案件犯罪嫌疑人的权利保障,而封闭的监察调查程序也限制了其他主体可能给予被调查人的强力"援助"。在自身权利的实现都主要依赖监察机关情况下,被调查人对监察机关的监督效果可想而知。

二、建立针对职务犯罪监察调查的检察监督制度

我国职务犯罪监察调查程序的特殊规定是在我国严峻的腐败形势下采取的非常措施,是出于反腐战略的考虑,是我国实现"两个一百年"奋斗目标的现实需求,具有阶段性特征。从长期来看,特别是在当前"反腐败斗争压倒性态势已经形成并巩固发展"的情况下,职务犯罪刑事程序应该不断改革完善。

(一) 检察机关监督监察权之问

基于我国反腐情况与监察改革的现实,在检察机关加强对监察机关职务犯罪调查的监督之前,有必要厘清以下三个方面的问题:

首先是监察机关在职务犯罪案件办理中是否应当具有特殊性? 在党对反腐败问题高度重视、监察改革的重大政治属性以及监察委员会与党的纪律检查机关合署办公情况下,当前的监察机关被赋予了特殊的地位,[3]体系化的职务犯罪刑事程序的特殊性也主要体现在监察机关主导的调查程序及随后的审查起诉程序。 由此可见,监察机关的定位决定了职务犯罪刑事程序的特殊化的程度。职务犯罪刑事程序未来

---

[1] 陈海锋:《职务犯罪刑事程序的体系化检视》,《政治与法律》2021 年第 6 期。

[2] 胡铭、钱文杰:《侦查与调查:职务犯罪追诉的模式演进及制度完善》,《浙江大学学报(人文社会科学版)》2019 年第 5 期。

[3] 闫鸣:《监察委员会是政治机关》,《中国纪检监察报》2018 年 3 月 8 日。

的改革完善是否应当坚持这种特殊性,或者应当保留多大程度上的特殊性,将是整个程序改革的重要基点。

其次是面对职务犯罪被调查人可能对办案的干预,是通过限制其程序权利还是加强国家机关的依法独立行使权力的能力来保障公正办案? 正义是社会制度的首要价值,①刑事程序也不例外。职务犯罪刑事程序的特殊性正是基于职务犯罪案件的特殊性和办案公正性的考虑。在当前检察机关、监察机关防止外界干预办案能力有限或说职务犯罪办案还受到不少外界干预,司法行政化、地方化的氛围还较为严重的情况下,在我国这样的权力本位型的国家中,加强国家机关的权力以应对社会问题还是较为常见、便利的选择;但从《宪法》的要求、人权保障的趋势和我国社会的主要矛盾看,不同程度赋予被调查人程序性权利是刑事正义无法避免的。在未来完善反腐程序的过程中,如何在两种道路之间取舍以维护案件正义是无法回避的方向。

最后是相对于普通犯罪的嫌疑人、被告人,职务犯罪被调查人权利克减的限度是什么? 当前监察调查程序中被调查人的权利与普通犯罪侦查中犯罪嫌疑人的差异较大。的确,职务犯罪被调查人具有特殊影响,但在案件办理过程中的处境与普通犯罪的嫌疑人基本相似,特别是在处于羁押状态下,为此,如何照顾到两类案件的差异性,从而平衡追究犯罪与保障人权成为程序改革完善的核心内容。

(二) 当下检察机关监督监察权的着力点

事实上,监察机关是否定位为政治机关或具有其他特殊的性质,都不应影响其作为国家机关的角色。为此,其行使国家权力就应受到监督,包括人大监督、公众监督,也少不了作为维护法制统一为己任的检察机关的法律监督。职务犯罪的特殊性并不能取消对监察调查权力的监督,一方面,被调查人的权利需要保护,另一方面也需要防止监察权

---

① [美]约翰·罗尔斯:《正义论》,何怀宏、何包钢、廖申白译,中国社会科学出版社 1988 年版,第 1 页。

可能的滥用,特别是在监察权力较大且集中的情况下。基于职务犯罪特殊性而需要采取特殊的措施不应牺牲被调查人的权利,而应通过强化有关国家机关的办案能力来保障,如根据《联合国打击跨国有组织犯罪公约》《联合国反腐败公约》等提出的诸多措施,可以在我国完善对职务犯罪的技术调查、推定证明、污点证人等制度。[1] 监察机关成立的背景主要是监察对象覆盖不全、反腐权力较为分散,[2]并没有提及检察机关侦查职务犯罪存在的具体问题;但在将职务犯罪侦查权转移至监察机关后,刑事诉讼法被排除适用,由此造成此前检察机关侦查职务犯罪的诸多措施被废止,而通过监察法的授权,监察机关被质疑可能会成为超级权力机关。[3]

显然,监察机关在职务犯罪调查中享有的权力超越了此前的侦查制度,需要检察机关以不同形式予以控制。在当前腐败形势总体较为严峻、对反腐问题高度重视的情况下,放松对职务犯罪查办权力的控制、限制被调查人的权利虽不符合司法改革的大趋势,但仍有时代的积极意义,可以在这一特殊时期或一定的过渡发展时期保持对职务犯罪被调查人权利适当的限制。

首先是立案问题。当前监察机关是否立案及立案后是否作为刑事案件移送检察机关审查起诉,完全由监察机关自己决定。考虑到此前行刑衔接的必要性,也有必要进行监检的衔接,也即对监察机关是否立案的决定,如果被调查人认为不构成犯罪而不服立案决定的或控告人认为构成犯罪而不服不立案决定,在向监察机关申请救济后可由检察机关提供最终的司法救济。考虑到涉及立案审查,后续应当会移交检察机关审查起诉,此时的监督应主要考虑立案后较长时间不移送的情形;而对于不立案的,应当审查监察机关不作(刑事)立案或不移送审查起诉是否符合刑事法律的规定。至于是否符合其他法律的规定,包括

① 魏昌东:《刑事法学国际理论前沿》,上海社会科学院出版社 2018 年版,第 227—229 页。
② 中共中央纪律检查委员会法规室、中华人民共和国国家监察委员会法规室编:《〈中华人民共和国监察法〉释义》,中国方正出版社 2018 年版,第 30—32 页。
③ 《纪委和监察委合署后并非超级权力机关》,《人民日报》2018 年 3 月 6 日。

政务处分的合法性问题,鉴于检察机关的法律监督地位,可以考虑只对较为严重的违法处理进行附带审查,防止监察机关以政务处分代替向检察机关移送审查起诉,但仅仅提出政务处分违反其他法律的,不属于检察机关救济的范畴。

其次是律师辩护问题。加强对职务犯罪嫌疑人的律师辩护只是在2012年《刑事诉讼法》才确立,而在此之前,对贪污贿赂犯罪等重大复杂的两人以上共同犯罪案件,检察机关可以在五日内安排律师会见,而且可以派员在场;①为此,考虑当下腐败的严峻形势,至少可以将职务犯罪被调查人辩护权利的保障恢复到2012年《刑事诉讼法》的状态,即在监察调查的职务犯罪案件中经批准允许律师介入,甚至可以让监察人员在场。不过,直接在监察调查的审理阶段准许律师介入可能更为合适,此时的调查工作基本已完成,被调查人干预案件调查的可能性和程度都受到了限制,也可以让律师及时知道案件的相关情况,并向监察机关的审理室提出辩护建议等。律师辩护的权利受到侵犯可以向检察机关申请救济,检察机关可以就其发出纠正违法通知书或检察建议。

最后是留置问题。留置较长时间剥夺了被调查人的人身自由,应当对这种干预权利的调查措施予以一定程度的异体监督,确保限制权利符合比例原则。考虑到调查及时与保密需要,可以保留当前留置仍由监察机关自行决定,但决定后可以为被调查人提供救济。原则上应先就超期留置、不符合条件的留置或申请变更留置措施等问题向监察机关提出救济,仍然不服后可以再向检察机关申请救济。因为监察机关的处理已经需要一段时间,被调查人对监察机关的处理不服再向检察机关提出救济,显然调查已进行较长的时间,检察机关较晚时间介入可以将对监察机关办案的可能影响限制在最小,同时也对监察机关的监督不致于太晚。

---

① 《人民检察院刑事诉讼规则》(高检法释字〔1999〕1号)第151条。

第四章　审查逮捕程序诉讼化的反思与进路

　　随着国家监察体制改革的全面落实,检察机关如何在新形势下发挥法律监督作用成为迫切的问题。作为"四大检察"的支柱之一,传统的刑事检察工作是最大存量,"做优"刑事检察应当成为检察工作的重点方向;①叠加近年"捕诉一体"实务推进与理论分歧的影响,②检察机关批捕权的行使广受关注。

　　作为最严厉的刑事强制措施,逮捕的程序在我国备受争议。我国的审前逮捕批准权由检察机关主要通过书面行政式的审查方式进行,与境外不少国家实行的司法令状有一定的差异;加之长期的"侦查中心主义"及检察机关本身具有的追诉倾向,近些年的审前逮捕率居高不下,甚至直接影响裁判的作出,③与我国加强人权保障的趋势不符。为此,不少学者提出了改革审查逮捕程序的方案,一方面

---

① 《推动"四大检察"全面协调充分发展》,《检察日报》2019 年 1 月 23 日。
② "捕诉一体"改革的推出受到不少质疑,主要内容就是批捕与公诉的权力属性不同,将这两者合一行使有可能造成批捕权从属于、服务于公诉权,从而事实上改变批捕权限制、监督侦查权的司法属性。在"捕诉一体"全国推进后,批捕权行使能否监督侦查、保障人权并体现程序正当不仅应在理论上被检视,更重要的是在实践中得到保障。具体参见龙宗智:《检察机关内部机构及功能设置研究》,《法学家》2018 年第 1 期;叶青:《关于"捕诉合一"办案模式的理论反思与实践价值》,《中国刑事法杂志》2018 年第 4 期;谢鹏程、彭玉:《论捕诉关系》,《人民检察》2018 年第 13 期;张建伟:《逻辑的转换:检察机关内设机构调整与捕诉一体》,《国家检察官学院学报》2019 年第 2 期。
③ 林喜芬:《解读中国刑事审前羁押实践》,《武汉大学学报(哲学社会科学版)》2017 年第 6 期;黄海波、黄学昌:《刑事司法的惯性》,《当代法学》2012 年第 4 期。

围绕逮捕的价值、理念、证明标准以及逮捕要件等微观内容展开,①另一方面则重点就逮捕程序诉讼化这一宏观问题进行探讨。② 的确,细节的"雕刻"有助完善逮捕程序的"关节",但问题的最终解决还是需要宏观的整体规划。

为保证审查批捕权的公正行使,我国审查逮捕程序不断向诉讼化的方向迈进。最高人民检察院在 2006 年的《人民检察院审查逮捕质量标准(试行)》中要求,检察机关在审查逮捕时,对证据的疑问可以"讯问犯罪嫌疑人,询问证人";在 2012 年《刑事诉讼法》增加听取辩护律师意见的基础上,《人民检察院刑事诉讼规则(试行)》又增加了一定情况下"征求侦查机关的意见"、书面听取犯罪嫌疑人意见以及明确了对证人、被害人、鉴定人等诉讼参与人的询问等。③ 2013 年的第四次侦查监督工作会议上,最高人民检察院在基层检察机关转变审查逮捕方式的基础上提出探索公开审查案件的办案方式,推动审查逮捕程序向诉讼化转变;这一政策随后也被《"十三五"时期检察工作发展规划纲要》中吸纳,明确提出"围绕审查逮捕向司法审查转型,探索建立诉讼式审查机制"。2019 年初,最高人民检察院公布了《2018—2022 年检察改革工作规划》,对审查逮捕工作机制提出新的要求,即完善逮捕必要性、羁押必要性的审查,建立重大影响案件的逮捕听证制度。2021 年最高人民检察院施行《人民检察院羁押听证办法》,明确对逮捕必要性和羁押必要性的审查可以进行羁押听证,范围也作了较大调整;④ 2023 年的《2023—2027 年检察改革工作规划》也明确要求"健全完善逮捕后羁押必要性审查"工作机制和推进审查逮捕社会危险性量化评估机制建设,为审查逮捕程序的诉讼化与完善指明了方向。

诉讼化或曰司法化,其核心要义就是要建立一个类似审判中控辩

---

① 孙谦:《司法改革背景下逮捕的若干问题研究》,《中国法学》2017 年第 3 期;李训虎:《逮捕制度再改革的法释义学解读》,《法学研究》2018 年第 3 期。

② 龙宗智:《审查逮捕程序宜坚持适度司法化原则》,《人民检察》2017 年第 10 期;陈卫东:《审查逮捕司法化程序的构建》,《人民检察》2017 年第 10 期。

③ 《人民检察院刑事诉讼规则(试行)》第 305 条、第 306 条和第 308 条。

④ 《人民检察院羁押听证办法》第 3 条。

裁三方的诉讼样态,通过对立当事双方或控辩双方的积极参与、中立裁判者的居中裁判,形成程序正当、结果可接受的裁判方式。的确,类似于审判的诉讼化羁押审查方式广受好评,也是欧陆诸多国家令状主义的重要内容。在研究中国的审查逮捕模式问题时,学者大多也引用西方模式作为论证诉讼化合理的依据。显然的是,各国都有自己的地方性知识,也是各国司法实践的凭借。① 为此,作为众多研究基础的西方主要国家的羁押决定程序真相如何,能为我们提供何种程度的借鉴? 中国当前的审查逮捕模式到底有多大存在的价值,又多大程度上必须进行诉讼化改革? 是要进行全面的诉讼化还是有选择的诉讼化? 若是有选择的,如何选择,又如何保障未诉讼化下的逮捕决定被接受? 以高羁押率作为问题的引出,中国进行审查逮捕诉讼化改革目的真是为了解决这一问题吗? 诉讼化改革的核心问题是什么,如何实现诉讼化? 最高人民检察院从此前探索建立诉讼化审查逮捕到针对重大影响案件的逮捕听证制度,其理论基础与实现途径是什么? 对这些问题的研究可能会为当前审查逮捕模式的理论争议与实践改革建立通道,厘清争议、正本清源,最终实现理论对实践的指导,完善我国的审查逮捕模式,为最新的检察改革提供理论准备与方案参考。为此,全文首先选取两大法系代表性国家的羁押令状程序作详细介绍,在此基础上,对比分析我国审查逮捕程序存在的优劣及对诉讼化改革认识的一些误区,提出审查逮捕程序整体性的完善思路,即对大部分案件沿用现行程序、小部分案件适用有限诉讼化的审查程序,并对救济程序全面诉讼化。

第一节　境外羁押令状程序的考察

大陆法系、英美法系的羁押令状常被作为我国逮捕制度研究比较、

---

① 〔美〕克利福德·吉尔兹:《地方性知识:事实与法律的比较透视》,邓正来译,载梁治平编:《法律的文化解释》,北京三联书店 1998 年版,第 73 页。

借鉴的对象。为此,笔者对两大法系中的代表性国家法国、德国和美国的羁押程序进行较为完整的考察,以探求其羁押令状的真实情况,为我国逮捕程序完善提供有益的参考。

一、自由与羁押法官治下的法国羁押程序

在法国,①先行羁押决定是由"自由与羁押法官"作出的,这些人一般由法院的院长、副院长级别的资深坐席法官担任。共和国检察官在其立案侦查意见书或补充侦查意见书中向预审法官提出先行羁押的要求,除非预审法官不打算将案卷交"自由与羁押法官",并立即作出说明理由的裁定,否则应交由"自由与羁押法官"决定是否羁押;在重罪案件或当处 10 年监禁刑的轻罪案件中,检察官可以直接向"自由与羁押法官"提出羁押申请。

预审法官在打算对受审查人实行先行羁押时,一般作出一项附理由的申请羁押裁定,与案卷、检察官的意见书一同移送"自由与羁押法官"。如果"自由与羁押法官"拟对当事人实行羁押,则应告知当事人需经辩论程序、有权得到律师协助及请求给予准备辩护的时间。如果羁押庭立即开庭,受审查人的律师可以立即得到通知、阅卷并与当事人交换意见;开庭一般采用公开对席的方式进行,检察院进一步阐明其意见,当事人及其律师可以作出辩解;如果辩论不采取对席方式,作出的先行羁押决定应当撤销。如果受审查人及其律师要求一个准备辩护的期间,法官可以最长延迟 4 日开庭。"自由与羁押法官"作出的"实行先行羁押裁定"需要特别说明理由,以证明羁押是唯一的选择。羁押期间一般为 4 个月(轻罪),经对席辩论可以对重罪等案件的受审查人延长羁押到 1 年;对在国外实施的犯罪,或涉及毒品走私、恐怖活动、坏人结伙、淫媒牟利、敲诈金钱以及有组织的团伙犯罪,或行为人当处等于 10

---

① 本部分的内容具体参见[法]贝尔纳·布洛克:《法国刑事诉讼法》,罗结珍译,中国政法大学出版社 2009 年版,第 405—413 页。

年监禁刑等情况,羁押可以达到 2 年。

对预审法官的拒绝裁定、"自由与羁押法官"的拒绝羁押裁定,检察官可以就其分别向上诉法院、上诉法院预审庭提出上诉,当事人可以就羁押裁定向预审庭提出上诉。预审庭审理的,当事人及其律师可以亲自出庭,原则上对成年的犯罪嫌疑人应进行公开辩论与公开宣告;不公开审理的,则辩论与裁决都在评议室进行。预审庭最迟应在提出上诉后的 10 日内作出宣告,否则应依职权释放当事人;在当事人亲自出庭的情况下可以再增加 5 日。对上诉法院预审庭的裁决可以向最高司法法院提出上诉,上诉人应在法院接收案卷起 1 个月内提出"补具上诉理由状",最高司法法院应在 3 个月内作出审理决定。

羁押期间,检察官可以随时要求释放受羁押人,预审法官应在 5 日内作出决定或交由"自由与羁押法官"决定;预审法官在听取检察官意见的基础上,认为从羁押条件看羁押不再合理或条件不符时,可随时依职权作出释放决定;上诉法院预审庭也可以依职权主动释放被羁押人。受羁押人或其律师可以向预审法官提出释放的申请,后者应立即通知检察官并听取其意见;除作出"有利答复"之外,预审法官应在向检察官报送案卷后的 5 日内将申请和说明理由的意见转送"自由与羁押法官",后者在 3 日内作出裁定。

二、侦查法官治下的德国羁押程序

在德国,①为确保被指控人的到庭、侦查机关的合法侦查及刑罚的执行,可以对被指控人进行羁押。在被执行拘捕之后,被告人最迟于次日解送到主管法官处,并由该法官通知被羁押者家属或其信赖之

---

① 本部分德国的资料具体参见《德国刑事诉讼法》,连孟琦译,元照出版公司 2016 年版,第138—161 页;〔德〕克劳思·罗科信:《刑事诉讼法》,吴丽琪译,法律出版社 2003 年版,第288—300 页。

人,实时进行讯问以决定是否维持羁押命令。[①] 被指控人随时可以咨询其委托的辩护人。讯问时,法官应向被指控人告知对他不利的情况,告诉他有权对指控作出陈述或者对案件保持缄默。法官要给予被指控人消除嫌疑、逮捕理由以及提出对自己有利事实的机会。据此,法官可能命令停止执行羁押、撤销羁押,如维持羁押,被指控人可以提出救济。

被指控人可以通过抗告或提起羁押审查申请以撤销或不执行羁押命令。抗告经由原羁押法官提交,在羁押法官不作更正时,抗告申请即提交作出命令法官所属法院刑事庭审理;对抗告可以依职权或申请以言词方式审理,对由此作出的裁定仍不服的,可以向邦高等法院再抗告。对羁押审查的申请可以在羁押期间内随时提出,不受抗告的影响,由羁押法官裁定;在持续羁押 3 个月且距上次言词审理 2 个月的,指控人可以申请言词审理,法院也可以依职权决定言词审理,且应在申请的 2 周内进行。言词审查时,被指控人应在场,或以视频方式进行;如无法按上述要求进行,必须有委托或指定的辩护人在场。法官在审查时可以命令调查对羁押具有意义的情况,在调查后可以进行新的复查;可以听取在场参与人的意见,具体证据调查的方式与范围由法院决定,裁判最迟应在 1 周内作出。

德国一般羁押期限为 6 个月,为防止继续实施犯罪的,最长可以达到 1 年。羁押超过 6 个月的,由邦高等法院或联邦最高法院根据原管辖法院或检察官的申请决定是否继续羁押;裁判前,应听取被指控人及辩护人的意见,也可以通过言词审理的方式作出决定;继续羁押的,此后最多每 3 个月,邦高等法院应再次审查。

[①] 根据《德国刑事诉讼法》第 114 条、第 127 条规定,在德国,法官根据检察官提供的材料决定是否签署羁押命令;羁押命令经拘捕而执行,但拘捕后应立即将被告送交相关法官处以决定是否维持羁押。这里的羁押令只有我国拘留的效果,而后期的维持羁押才相当于我国的逮捕。具体参见《德国刑事诉讼法》,连孟琦译,元照出版公司 2016 年版,第 141—146 页。

三、治安法官治下的美国羁押程序

在美国，一般在逮捕后的一至两天内，[1]被告人必须被带到法官面前以决定是否羁押；但许多案件中，检察官宁愿完成侦查工作和作出指控后再给予被告人释放的机会，以免可能导致的隐藏证据、威胁证人等。[2] 初次到庭中，被告人被带到法庭，法官会告知其确切的指控罪名、诉讼权利；法官主要审查逮捕报告，有时会向检察官、辩护律师或审前服务机构提问或询问意见等。无论是否根据令状逮捕，嫌疑人都有获得中立、超然法官依据可能性根据作出裁定的权利。裁定并非必须举行抗辩听证会，可以只根据警察提供的书面资料作出决定。[3] 在下列情况下法院应当举行羁押听证，即案件涉及暴力犯罪最高可处以死刑或终身监禁，某种严重的毒品犯罪或被认定犯有两个或三个上述种类罪行的任何重罪，此时基于检察官的提议即可举行；或基于检察官或法官的提议，说明案件被告人具有严重的危险：逃跑，妨碍或试图妨碍司法，威胁、伤害、恐吓潜在的证人或陪审员或试图如此。除非有正当

---

[1] 美国最高法院在里弗赛德郡诉麦克劳克林(County of Riverside v. McLauglin)案件中确定了逮捕后一般应在 48 小时内由法官对逮捕的合理根据进行审查，但同时又允许将这一程序与其他程序、通常是初次出庭程序合并；当然，48 小时是假定合理，特定的被告人可以证明这种拖延不合理。具体参见[美]伟恩·R. 拉费弗、杰罗德·H. 伊斯雷尔、南西·J. 金：《刑事诉讼法》(上册)，卞建林、沙丽金等译，中国政法大学出版社 2003 年版，第 201 页。

[2] 美国最高法院通过案例确定，一般被告人的任意性自白应限制在拘禁后的 6 小时内，除非这种延迟被听审法官认为合理；延迟带见法官并非必然导致自白被排除，只是确认被告人自白是否自愿予以考虑的诸多因素之一。具体参见[美]伟恩·R. 拉费弗、杰罗德·H. 伊斯雷尔、南西·J. 金：《刑事诉讼法》(上册)，卞建林、沙丽金等译，中国政法大学出版社 2003 年版，第 350—351 页；[美]爱伦·豪切斯泰勒·斯黛丽、南希·弗兰克：《美国刑事法院诉讼程序》，陈卫东、徐美君译，中国人民大学出版社 2002 年版，第 273 页。

[3] 法院在决定是否进行预防性羁押时必须遵循的程序差异很大，只有少数的管辖区为被告人提供完全的正当程序保障，包括以抗辩的证据听审确立被告人的危险性。相反，大多数的州都不提供专门的危险问题听证会，并不要求对造成羁押的决定进行审查。具体参见[美]爱伦·豪切斯泰勒·斯黛丽、南希·弗兰克：《美国刑事法院诉讼程序》，陈卫东、徐美君译，中国人民大学出版社 2002 年版，第 332—334 页、第 365 页。

理由,被告人的听证要求应在 5 个工作日内进行,检察官的应在 3 个工作日内进行。在听证中,被告人有权委托律师或要求指派律师参加;被告人应有机会质证、要求证人出庭或对出庭证人进行交叉询问、出示证据等,审判中的证据规则并不完全适用。① 为了保障羁押决定的准确,审前服务机构在听证前收集、核实被告人的有关信息并向法官报告。② 对于羁押的决定,被羁押人可以向有初审权的法院申请复议,要求撤销或变更,也可以上诉。③

四、境外羁押程序的特点

两大法系代表性国家显然在羁押程序上存在较大不同,但其中也有不少类似的特点,可以作为我国的借鉴。

首先,作出羁押决定或裁定的主体是不承担侦查职能的司法人员。由于羁押的严重性及对审判可能产生的不公,④中立公正的决定者显得尤为重要。为此,德国的羁押由侦查法官决定,美国则由治安法官决定,而在这两个国家,侦查权的主体分别是检察机关和警察、检察官。法国羁押决定权经历了较大的变革,从最初的预审法官、预审合议庭的数次反复,直到近年完全剥夺具有较强侦查职能的预审法官的决定权,由新设的"自由与羁押法官"行使;即使如此,这些法官的层级较高,且也不固定,⑤反映了法国对羁押决定权的逐渐重视。

其次,律师参与受到重视与保障。鉴于刑事案件的复杂性和刑事结果的严厉性,律师帮助一直是刑事司法文明的重要标志。⑥ 在法国,

---

① U. S. Code § 3142(f).

② U. S. Code § 3154(1).

③ U. S. Code § 3145.

④ 在中国,因为审前的逮捕,审判法官可能作出"刑期倒挂"的裁决;在法国,审判法官为了照顾预审法官的意见,也会根据羁押期间而作出裁决,具体参见朱宁宁:《有效避免"关多久判多久"现象》,《法制日报》2015 年 11 月 3 日;[法]贝尔纳·布洛克:《法国刑事诉讼法》,罗结珍译,中国政法大学出版社 2009 年版,第 401 页。

⑤ 施鹏鹏、王晨辰:《法国审前羁押制度研究》,《中国刑事法杂志》2016 年第 1 期。

⑥ 吴光升:《被追诉人的法律帮助获得权》,《国家检察官学院学报》2018 年第 4 期。

对席听审下的当事人可以获得律师的帮助,包括自己聘请的或国家指派的;律师在立即开庭案件中可以立即得到通知、当场查阅案卷,并自由与当事人交换意见;律师也可以要求延期开庭,以准备辩护。[①] 美国与之较为相似,在米兰达规则之下,被告人在羁押听审中获得较好的律师保障,包括在场权等。在德国,被指控人可以随时委托辩护人,并咨询其意见,也有权在初次讯问时被告知这一权利,但辩护人在羁押命令的签发和羁押审查时一般并不拥有在场权、发表意见的权利;只有在已被羁押超过三个月且在审判开始的两周前还不会释放的,或在被告无法到场又无法视频的情况下,被指控人才可以在羁押审查的言词审理中获得强制辩护。

再次,羁押令状的决定程序并无固定模式。作为最为严厉的侦查措施,羁押直接剥夺了被指控人的自由,由此可能对工作、生活各方面产生负面影响,保障这种决定的程序正当是基本要求。从法国来看,公开对席、言词辩论以决定是否羁押是其程序的基本内容,而且还给予当事人及其律师必要的准备,除非不打算对当事人予以羁押,否则可能导致决定被撤销。德国的羁押审查程序没有对席公开的要求,关键是被逮捕人应尽快送交法官,由其进行讯问以确定是否需要羁押,检察官与律师可以到场。与德国相类似,美国的羁押审查程序关键也是由法官对被告人进行直接面对面的交流式讯问,同时结合书面材料作出决定。当然,严重的案件或官方认为需要的,一般也以具备正当程序的听证形式决定是否羁押。

最后,羁押的救济形式多样,与审查程序形成保障权利的合力。为防止对侦查的干扰,羁押期限一般也会较长,如何避免这种羁押被滥用或在羁押条件变化的情况下及时变更羁押,前述各国都有较多的救济路径。在法国,检察官、当事人都可以上诉,上诉程序也较为规范。美国的被羁押人既可以申请复议,也可以上诉。在德国,相对于羁押决定

---

① ［法］贝尔纳·布洛克:《法国刑事诉讼法》,罗结珍译,中国政法大学出版社 2009 年版,第406 页。

及对其审查的程序较为简单,但对维持羁押的决定可以抗告、申请羁押必要性审查,法院也在羁押超过一定期限后依职权进行审查。总体上,法国的审查程序与救济程序都基本上是诉讼化的。德国的讯问式审查相对简单,但羁押必要性审查则是典型的诉讼化审查方式,依职权审查与依申请审查皆可、书面审查和言词审理相结合、委托辩护与强制辩护共存。美国羁押审查也是以审查报告为主,不过,对于较为严重的犯罪则明确要求举行规范的羁押听证。

第二节　我国审查逮捕程序的两面性

相对于境外的羁押程序,我国审查逮捕程序存在较大的差异,较为典型的是由具有追诉职能的检察机关审查批准,程序行政化、内部化,与程序公正性的要求存在一定差距,由此也成为审查程序变革,乃至诉讼化的重要动因。不过,这种对我国审查逮捕程序的认知可能并不全面。

一、审查逮捕的运行程序

根据《刑事诉讼法》第 87—100 条,《人民检察院刑事诉讼规则》第十章及其他有关司法解释、司法实践,我国当前逮捕审查及救济程序大体如下:

(一) 审查的形式:检察机关接收提请批捕的司法文书,移交相关职能部门,[①]并由后者安排检察官办理。承办检察官主要通过阅卷进行

---

① 2018 年以来,全国检察机关先后进行了内设机构的改革,此前根据收案、侦查、审查监督、审查起诉等职能进行的部门分设被打破,形成了新的主要以案件类型为基本依据的业务部门分设标准。以最高人民检察院为例,其业务部门以数字分列,分别为第一检察厅至第十检察厅,职能则分别为第一检察厅行使除第二、三、四检察厅承办案件以外的刑事案件的审查逮捕、审查起诉、出庭支持公诉、抗诉,开展相关立案监督、侦查监督、审判监督以及相关案件的补充侦查;第二检察厅行使危害国家安全、公共安全犯罪,(转下页)

书面审查,也可以讯问犯罪嫌疑人、询问被害人及其他诉讼参与人等了解案件情况。在对逮捕条件有疑问、侦查活动可能有重大违法或犯罪嫌疑人要求当面陈述等情形下,①承办人员必须讯问犯罪嫌疑人;在讯问未羁押的犯罪嫌疑人时,要征询侦查机关的意见。承办人员可以听取辩护律师的意见,在辩护律师提出要求时则必须听取其意见;在直接听取辩护人、被害人及其诉讼代理人意见有困难时,也可以通过电话、视频或书面等形式获取意见。在对证据收集的合法性与犯罪嫌疑人供述的真实性存疑时,可以向侦查机关调取证据予以审查;认为讯问存在问题的,可以要求侦查机关补正或作出合理解释;对侦查机关不能补正或作出合理解释的讯问笔录,或与讯问录音录像内容有重大实质性差异的,不能作为批准逮捕的依据。

（二）**审查的期限与决定**:对被拘留的犯罪嫌疑人,检察机关应在 7 日内作出是否逮捕的决定;未被拘留的,应在 15 日内作出决定,重大复杂案件不得超过 20 日。一般案件的犯罪嫌疑人是否批捕由检察长决定,重大案件则应由检察委员会决定。②

（接上页）故意杀人、抢劫、毒品等犯罪案件的相关检察职能;第三检察厅行使国家监察委员会移送职务犯罪案件的相关检察职能;第四检察厅行使破坏社会主义市场经济秩序犯罪案件的相关检察职能;第五检察厅负责刑事执行监督及职务犯罪的侦查;第六检察厅负责民事检察;第七检察厅负责行政检察;第八检察厅负责民事、行政公益诉讼;第九检察厅负责未成年人犯罪和侵害未成年人的犯罪案件办理;第十检察厅负责控告申诉等。上述除了第六厅、第七厅、第八厅和第十厅外都有审查逮捕的权力。不过,2025 年前后,以最高人民检察院为代表,各部门都将职能前置,数字予以弱化。

① 根据《人民检察院刑事诉讼规则》第 280 条的规定,应当讯问的情形还包括案情重大疑难复杂,犯罪嫌疑人为未成年人,犯罪嫌疑人认罪认罚的,盲、聋、哑人或者是尚未完全丧失辨认或者控制自己行为能力的精神病人等。

② 实践中的做法各有不同。以上海基层院为例,司法改革前,一般批捕的,承办人交部门负责人审批即可;除非一些重大、疑难、复杂,有影响力的案件,为慎重起见交分管检察长审批。不批捕的、发现需要追捕、立案监督、纠正违法等情形的,也要经过三级审批。近年来的检察权力清单制度改革已经在一定程度上改变了审查批捕的决定形式。根据最高人民检察院 2017 年初印发的《关于完善检察官权力清单的指导意见》,基层和地市级检察院刑事诉讼案件中的多数办案事项决定权已由检察官行使,检察长或检察委员会只对上述事项行使审核权。重大疑难复杂案件中的相关事项仍由检察长或检察委员会行使。实践中,批捕决定权下放给检察官,但案件一般仍要经过部门负责人审核。没有不同意见的,审核同意就结束,案件责任归检察官个人;有不同意见的,部门负责人提出后,交分管检察长审核再决定(由原来的"审批"改为当前的"审核")。

（三）决定的救济：无论逮捕与否，检察机关发现决定确有错误的，都可以直接撤销并重新作出决定。发现有遗漏的应当逮捕的犯罪嫌疑人，应要求公安机关提请批捕；公安机关不提请批捕或不提请批捕的理由不成立的，检察机关可以直接作出逮捕决定。逮捕后仍应对羁押的必要性进行审查，犯罪嫌疑人及其法定代理人、近亲属、辩护人也可以申请审查；经审查或依申请发现不需要继续羁押的，应建议有关机关予以释放或变更强制措施。

对不批准逮捕的决定，公安机关可以向原检察机关要求复议；对复议决定不服的，可以向上一级检察机关提请复核。犯罪嫌疑人及其法定代理人、近亲属或辩护人可以申请变更强制措施，检察机关不同意变更的，要说明理由。被害人可以对不批准逮捕的决定进行申诉。

二、现行审查逮捕程序的积极价值

作为对犯罪嫌疑人长期未决羁押的审查程序，[①]逮捕的现行程序受到不少学者的诟病。侦查机关提交的证据服务于审查批捕的需要，具有一定的偏向性；书面化的审查方式，缺乏公开性、透明度，当事人的参与权难获保障；[②]虽然律师可以参与到审查逮捕程序中，但介入的比例不高，也没有阅卷权的保障，难以发挥应有的作用；[③]讯问不仅是检察机关核实证据的重要方式，也是犯罪嫌疑人辩护权行使的主要途径，但大部分情况下采用的"节略式讯问"主要是用于获得有罪供述，实质意义有限，检察机关的"捕诉合一"体制更加剧了审查逮捕检察官的追诉倾向，[④]由此造成羁押替代措施的适用有限、逮捕的普遍化，并最终

---

① 根据《刑事诉讼法》的规定，除全国人大常委会批准延期外，一个案件侦查阶段的逮捕期限最长可以达到 7 个多月；如发现其他罪行的，可以重新计算羁押期限；不讲真实姓名、住址，身份不明的，羁押期限从查清时起算。具体参见《刑事诉讼法》第 156—160 条。

② 肖中华、饶明党、林静：《审查逮捕听证制度研究》，《法学杂志》2013 年第 12 期。

③ 叶青：《审查逮捕程序中律师介入权的保障》，《法学》2014 年第 2 期。

④ 郭松：《审查逮捕制度运作中的讯问程序研究》，《中国刑事法杂志》2010 年第 2 期；张泽涛：《构建中国式的听证审查逮捕程序》，《政法论坛》2018 年第 1 期。

可能影响审判公正等。[1]

毫无疑问的是,上述诸多缺陷在审查逮捕程序中不同程度的存在。不过,现行的审查逮捕程序历经多次改革,目前已然相对成熟,且具有相当的积极价值,应在我国未来较长一段时间内继续实施。

（一）从司法公正的视角看,当前的审查逮捕程序基本能保障程序公正与实体公正

首先,审查逮捕程序为辩方的参与提供了条件。法律虽只规定检察机关审查逮捕时"可以讯问"犯罪嫌疑人,只在特殊情形下才"应当讯问",但许多地方早已明确要求检察机关必须讯问犯罪嫌疑人。[2] 与此同时,辩护律师可以在审查逮捕程序中提出意见,承办的检察官也可以主动听取辩护律师的意见。对羁押的决定,犯罪嫌疑人及其法定代理人、近亲属或辩护人可以申请变更强制措施,也可以申请羁押必要性审查。对于辩护律师提出的不构成犯罪、无社会危险性、不适宜羁押、侦查活动有违法犯罪情形等意见,办案人员应当审查,并在审查逮捕意见书中予以回应。虽然大部分案件的犯罪嫌疑人在审查逮捕程序中没有获得公开对席的机会,但在国家机关的主导下仍然有较多参与的机会,基本保障了其在该程序中的辩护权利。

其次,审查逮捕程序基本确保检察机关对相关事实的认知。侦查机关提交的材料一般包括提请批准逮捕书、案卷材料和证据,并对犯罪嫌疑人的社会危险性进行部分的专门说明或证明。检察机关在阅卷的基础上还可以不同形式听取律师、证人、被害人、鉴定人等诉讼参与人的意见。检察机关在审查逮捕中还有排除非法证据的责任。在客观立

---

[1]　刘计划:《逮捕审查制度的中国模式及其改革》,《法学研究》2012年第2期。

[2]　目前已在所有职务犯罪案件的审查逮捕中讯问犯罪嫌疑人,而在天津、上海、湖北和浙江等地也已实现每案必问。具体参见曹建明:《最高人民检察院关于加强侦查监督、维护司法公正情况的报告》,http://www.npc.gov.cn/npc/xinwen/2016-11/05/content_2001151.html(中国人大网),2018年6月23日访问;范跃红、斯问:《浙江检方出新招防冤错案》,《钱江晚报》2014年1月2日。

场要求①与司法责任制压力下,侦查机关提供的书面证据应当是符合事实的。配合以讯问、询问或其他核实手段的运用,检察机关在审查逮捕时较为全面地了解证据,对是否需要逮捕的事实基础已经有相当的把握。

最后,检察机关在审查逮捕程序中基本处于中立的立场。作为法律监督机关,检察机关在审前程序中的重要角色即为司法救济者。在审查逮捕程序中,检察机关一般与侦查机关及案件并没有直接的利益关系,②反而需要监督侦查是否有违法行为,并排除非法证据。尽管检察机关发现有漏捕的犯罪嫌疑人可以直接作出逮捕决定,但检察机关的发现是以侦查机关提交的证据为基础,本身一般不另行侦查,只是调查核实,是职权主义诉讼下的必要行为,并不能由此完全否定其逮捕程序中的适格角色。

由此可见,我国当前的审查逮捕程序基本保障了对逮捕需要的案件事实的查明,也为辩方的程序参与提供了较大空间;在检察机关中立客观角色得以保持的情况下,当前的审查逮捕在实体与程序方面都为公正的实现提供了基本条件。

(二) 从诉讼效率的视角看,我国当前审查程序完成高标准的逮捕要求实属不易

首先,我国逮捕的要求较高。从境外一些国家看,法国的先行羁押需要满足的首要条件是"只有当一个人受到指控的犯罪是重罪,或者只有其受到指控的轻罪当处刑罚为 3 年或 3 年以上监禁刑",同时还需满足下列三个条件之一:保全证据或事实痕迹的唯一手段,或者是防止对证人或受害人施加压力,防止受审查人与共犯进行恶意串

---

① 《公安机关办理刑事案件程序规定》第 64 条规定,"公安机关提请批准逮捕书、起诉意见书必须忠实于事实真相。故意隐瞒事实真相的,应当依法追究责任。"

② 检察机关与自侦案件中的逮捕有明显的利害关系。不过,考虑到监察体制改革后检察机关只对 14 种有关司法工作人员的职务犯罪进行侦查,数量较少,为了论述的便利,笔者在文中的讨论将不涉及检察机关自侦案件中的逮捕问题。

供的唯一手段;保障社会秩序免受犯罪造成侵害的唯一手段,或者保护受审查人,保障他能随时听从法院传唤,终止犯罪或预防重新犯罪的唯一手段;由于犯罪的严重性、实施犯罪的情节或造成的损失很大,羁押是终止由此引起的对社会秩序持续侵害的唯一手段。[①] 德国的羁押需要"当被告具有犯罪之重大嫌疑且存在羁押理由",前者必须存在一个违法且有责的行为或一个可罚的未遂行为,构成有罪判决的可能性即可;后者包括根据一定的事实确定被告逃亡或藏匿、或有此等风险,阻碍调查的重大嫌疑,或特定重大犯罪的被告危害他人身体或生命的,以及有重复实施特定犯罪的嫌疑等。[②] 美国的羁押听审程序,治安法官只要"合理地"认为被告人"可能"无法按要求出庭或可能危害他人或社区的安全,或者犯有联邦管辖的特定罪行、违反保释规定等;[③]对这一合理根据的证明一般是建立在个案分析的基础上,取决于"一个负责任的人在处理重要事务时是否会习惯于依赖这样的证据",[④]是一种"可能性根据"。[⑤] 我国的逮捕要求"有证据证明有犯罪事实,可能判处徒刑以上刑罚的犯罪嫌疑人,采取取保候审尚不足以防止发生社会危险性"。根据司法解释的规定,[⑥]基础条件中的"有证据证明有犯罪事实"规定了较为严格的标准,即有证据证明发生了犯罪事实,有证据证明该犯罪事实是犯罪嫌疑人实施的,证明犯罪嫌疑人实施犯罪行为的证据已经查证属实的;"社会危险性"条件虽有不少冠以"可能"或"企图"等,但具体的证据要求都以客观事实、品格证据等形式予以替代,强化了客观性。对于非法方法收集的犯罪嫌疑人供

---

① ［法］贝尔纳·布洛克:《法国刑事诉讼法》,罗结珍译,中国政法大学出版社 2009 年版,第 404—405 页。

② 《德国刑事诉讼法》,连孟琦译,元照出版社 2016 年版,翻译用语说明第 4 页,正文第 139—140 页。

③ U. S. Code §3142(e).

④ ［美］伟恩·R. 拉费弗、杰罗德·H. 伊斯雷尔、南西·J. 金:《刑事诉讼法》(上册),卞建林、沙丽金等译,中国政法大学出版社 2003 年版,第 711 页。

⑤ ［美］爱伦·豪切斯泰勒·斯黛丽、南希·弗兰克:《美国刑事法院诉讼程序》,陈卫东、徐美君译,中国人民大学出版社 2002 年版,第 334 页。

⑥ 《人民检察院刑事诉讼规则》第 66 条、第 128—133 条。

述、证人证言和被害人陈述,检察机关应当予以排除,不得作为批准逮捕的依据。可见,德国羁押需要构罪"可能性"的事实基础,美国需要"合理性"的羁押理由,法国虽然要求"受到指控"的是重罪或处罚达到 3 年或以上刑期的轻罪,但其重点是考虑当事人是否能到案;①相比之下,中国逮捕的事实条件更为严格,羁押理由更为客观具体,对证据能力、证明力的要求也与定罪量刑的相仿。

其次,我国的逮捕审查方式更为灵活。以前述三国为例,美国法官主要以审查逮捕报告和向控辩双方对席提问的方式了解情况,对于特殊案件适用抗辩听证的形式,有"可能性根据"即符合羁押的理由。② 在法国,预审法官初审对象主要是侦查意见书;"自由与羁押法官"既要书面审查以确定是否可能要实施羁押,也要经历后续的对席辩论、公开开庭程序,还要给当事人准备辩护的时间。③ 德国则主要以法官讯问的方式进行审查,被指控人有沉默权、陈述权和咨询辩护人的机会。④ 我国的审查以书面审查为基础,辅之以讯问犯罪嫌疑人,也可以在必要时询问其他诉讼参与人,听取律师的意见,并要求排除非法证据,甚至还可以通过调取证据的方式审核。相比之下,我国的审查以规定动作(阅卷、讯问犯罪嫌疑人和辩护律师要求反映意见时的必须听取)和自选动作(结合案件情况,采用口头、电话、视频或书面等方式听取其他诉讼参与人的意见,调取证据等)相结合,⑤根据不同案件的证据与事实情况,努力确保案件基础事实的认定与羁押理由的明确;虽与外国的审查方式有部分相似或相同,但我国的方式更为灵活,不像美国完全根据案件类型采用不同的审查方式,也不像法国几乎都采用公开

---

① 〔法〕贝尔纳·布洛克:《法国刑事诉讼法》,罗结珍译,中国政法大学出版社 2009 年版,第 407 页。

② 参见〔美〕爱伦·豪切斯泰勒·斯黛丽、南希·弗兰克:《美国刑事法院诉讼程序》,陈卫东、徐美君译,中国人民大学出版社 2002 年版,第 332—334 页、第 365 页;U. S. Code §3142(f).

③ 〔法〕贝尔纳·布洛克:《法国刑事诉讼法》,罗结珍译,中国政法大学出版社 2009 年版,第 405—407 页。

④ 《德国刑事诉讼法》第 114b 条。

⑤ 《人民检察院刑事诉讼规则》第 262 条、第 281 条。

开庭方式、德国完全采用讯问的简略方式,更能符合不同案件的实际情况和逮捕的高标准要求。

最后,从审查时限看,我国检察机关的审查与救济已然属于高效。前述三国都要求在被告人被拘捕后尽快移送管辖法院,法官一般应尽快进行讯问或听审,以决定是否实施羁押。如德国,被告人拘捕后最迟于次日应被解送到管辖法院,法官讯问一般在 1—2 日的时间内进行。[①] 美国的被告人也须毫不迟疑地被带到法官面前,法官审查过程可能不超过几分钟;被告人、检察官也可以要求延期听证(3—5 工作日以内)。[②] 法国从拘捕被告人到“自由与羁押法官”的审查,时间相对较长,当事人还可以请求准备辩护的时间,如在羁押庭延期开庭的情况下,延期时间就可达 4 个工作日;不过,法国的羁押期限也较长,从 4 个月到 2 年不等。[③] 相比之下,我国犯罪嫌疑人羁押下的审查逮捕期限为 7 日,包括周末与节假日,不得延长。从审查内容看,检察官办理审查逮捕案件一般至少包括阅卷、讯问和制作司法文书,这个过程除了可能存在一些案件嫌疑人众多而导致讯问需要较多时间、案卷数量较多而导致阅卷时间较长,以及地域广阔地区可能存在讯问在途时间、同时办理多起案件的耽搁以及检察院存在的审核机制等正常情况下造成的时间浪费或拖延外,还可能存在预约讯问、车辆紧张导致的承办人等待、部分案件的科室讨论等偶然性时间延误因素。从这些工作的展开、制度性与机制性因素的影响等看,我国的审查时限虽然不算短,但涉及的内容与要求都更高,完成这些内容已经较为高效。

(三)从诉讼效果看,实践中的审查逮捕程序基本实现了保障人权与监督侦查的效果

以 2012 年刑事诉讼法修改前后的审查逮捕情况为例,结合最高人

---

① 《德国刑事诉讼法》第 114b 条、第 115 条。

② U. S. Code §3142(f).

③ [法]贝尔纳·布洛克:《法国刑事诉讼法》,罗结珍译,中国政法大学出版社 2009 年版,第 406 页、第 409—411 页。

民检察院工作报告中的相关数据,近年逮捕人数、逮捕率[1]、不批捕人数与不批捕率[2]等相关情况如下表1、下表2。从中可以发现:

表1　2008—2011年全国检察机关批捕情况
（数据来源:最高人民检察院历年工作报告）

年份	逮捕人数	提起公诉人数	逮捕率（批捕/起诉）	不批捕人数	不批捕率（不捕/申请批捕）	纠正超期羁押人次
2008	952583	1143897	0.832752	107815	0.101674	181
2009	941091	1134380	0.829608	123235	0.115787	337
2010	916209	1148409	0.797807	145300[3]	0.136881	525
2011	908756	1201032	0.756646	151095	0.142562	242

表2　2013—2023年全国检察机关捕诉相关情况（数据来源:最高人民检察院历年工作报告。2017与2022年情况因没有该年的单独报告而没有统计;反映2016年的工作报告没有提及羁押必要性审查人数）

年份	批捕人数	提起公诉人数	逮捕率（批捕/起诉）	不批捕人数[4]	不批捕率（不捕/申请批捕）	羁押必要性审查效果[5]（人）
2013	879817	1324404	0.664312	182246	0.171596	23894
2014	879615	1391225	0.632259	201759	0.186577	33495

---

① 总的刑事案件基数除了提起公诉的人数,还包括撤案的、不起诉的等情形,但考虑统计的便利和提起公诉案件的比率较高等因素,笔者简化逮捕率为逮捕人数与提起公诉人数的比率。

② 笔者将不批捕率简化为没有批捕的人数与申请批捕人数的比率,而申请批捕的人数则由逮捕人数与不批捕人数的总和构成。笔者在这里回避了不捕或称非羁押率的计算,因为案件中存在本来就不需要逮捕而未提请批捕的情形,这种情况不涉及检察机关审查批捕权的运用。

③ 最高人民检察院工作报告对2010的检察工作回顾,只有涉嫌犯罪但无逮捕必要的不批捕人数,比此前对不批捕的统计口径要小,难以作为比对数据。笔者从最高人民检察院原侦监厅领导的发言中找到2010年的不捕人数为14.53万人,虽不够精确,但基本能反映现状。具体参见《检察机关审查逮捕质量与诉讼化改革》,《人民检察》2011年第13期。

④ 表1中的不批捕人数是检察机关依法决定的总数,而从2013年开始,最高人民检察院的工作报告对不批捕分别提了涉嫌犯罪但无逮捕必要、证据不足和不构成犯罪等情形,为此,笔者在统计时一般对这些情形进行累加计算,如2013－2015、2018和2023等年度。

⑤ 主要是经审查后建议释放和变更强制措施的人数。

年份	批捕人数	提起公诉人数	逮捕率（批捕/起诉）	不批捕人数	不批捕率（不捕/申请批捕）	羁押必要性审查效果（人）
2015	873148	1390933	0.627743	221761	0.202538	29211
2016	828618	1402463	0.590831	132081①	0.137484	
2018	1056616	1692846	0.624165	284910	0.212378	64106
2019	1088490	1818808	0.598463	191290	0.149471	75457②
2020	770561	1572971	0.489876	22.6万③	0.22678	2.5万④
2021	868445	1748962	0.496549	38.5万⑤	0.307153	5.6万
2023	72.6万	168.8万	0.430095	47.6万	0.396007	2.9万

首先,逮捕率处于下降趋势。我国逮捕率高的现状备受诟病,但从2012年《刑事诉讼法》修改前后的情况看,逮捕率从最高年份超过83％下降到目前的43％,总体处于稳定下降的趋势;根据最高人民检察院的《刑事检察工作白皮书(2023)》,我国近年(2020—2023年)的诉前羁押率更是从42.1％降到25.5％,也能反映逮捕率的下降。虽然有政策驱动的因素,这一总体趋势也能反映当前审查逮捕程序仍然能发挥积极作用。

其次,决定不予逮捕的比例有较大幅度提高。不批捕是检察机关对侦查机关移送提请逮捕的否决。在我国侦检职能分工且互相配合、制约的关系下,相对于批捕,不批捕似乎更能"洗脱"检察机关配合的嫌疑,更能体现检察机关依法独立行使检察权、监督侦查机关职责的效果。对于不批捕,人数已从2008年的只有提请逮捕数的近10％,近年已直逼40％;虽然近年的波动较大,但总体趋势仍是不批捕率不断提高。由此可见,审查逮捕程序对限制犯罪嫌疑人人身自由的逮捕具有

---

① 工作报告仅提及不构成犯罪或证据不足的决定不批捕人数,2019年也是如此。
② 工作报告仅表述为"对侦查、审判中不需要继续羁押的,建议取保候审人数"。
③ 包括认罪认罚下依法可不批捕8.8万人,对不构成犯罪或证据不足的不批捕13.8万人。
④ 捕后认罪认罚可不继续羁押的,建议释放或变更强制措施2.5万人。
⑤ 工作报告仅表述为"全年不批捕38.5万人"。

一定的制约,顺应了保障人权的趋势。

最后,羁押救济也有一定效果。在 2012 年前,超期羁押一直是最高人民检察院关注的对象。从前述的统计看,每年超期羁押被纠正的人次并不亮眼,但作为一种本身就不合法的现象,在日渐规范的执法下,违法的数量和被发现而纠正的数量都在减少,直至 2015 年没有再出现在最高人民检察院的工作报告中,这本身就是法治建设的成果,也是审查逮捕救济措施发挥一定效用的体现。作为逮捕后的一种救济手段,羁押必要性审查于 2012 年被纳入《刑事诉讼法》;其虽在规范上值得进一步完善,[①]但从纸面意义上的统计看,在释放或变更强制措施上都起到了一定的效果。2021 年 7 月,最高人民检察院组织部署为期半年的针对三类重点案件的羁押必要性审查专项活动,后又扩展至所有案件并延长至 2022 年年底,都在一定程度上反映这种救济措施的重要及被重视。不仅如此,无论是从当前逮捕率还是羁押必要性审查后改变强制措施人数看,这种救济应在倒逼谨慎的逮捕和保障被逮捕的被指控人方面都得到了必要的重视,也发挥了积极作用。

第三节　我国审查逮捕程序改革的误区

逮捕率高、羁押期限长和超期羁押严重等长期困扰我国,审查逮捕程序的诉讼化是改变逮捕问题的重要方向和趋势。[②] 作为一种更具正当性的程序类型,诉讼化的审查逮捕程序具有的积极意义是众所周知的,不过,构建全新的诉讼化程序还是完善原有的程序并没有达成一致。有必要对诉讼化改革中的一些误区进行必要的澄清,以免盲目夸大审查逮捕程序诉讼化的作用,或可能误导程序改革的方向。

---

① 陈卫东:《羁押必要性审查制度试点研究报告》,《法学研究》2018 年第 2 期。
② 孙长永:《诉前羁押实证研究报告》,《现代法学》2023 年第 3 期;闵春雷:《论审查逮捕程序的诉讼化》,《法制与社会发展》2016 年第 3 期;张泽涛:《构建中国式的听证审查逮捕程序》,《政法论坛》2018 年第 1 期。

一、审查逮捕程序应全面诉讼化

我国一些学者在对检察机关主导的审查逮捕程序提出诉讼化改革建议时,没有对适用的案件范围予以限制或界定,①似乎诉讼化的审查程序应当适用于所有案件。在当前审查逮捕程序仍然具有相当公正性的情况下,审查逮捕程序进行全面诉讼化改革的必要性是值得怀疑的。

首先,审查逮捕实践反映了当前的审查方式仍然具有相当的生命力。从最高人民检察院向全国人大所作的专项报告看,②2013 年 1 月至 2016 年 9 月,检察机关共逮捕各类犯罪嫌疑人 3248058 人,不捕819098 人;在提请批捕的犯罪嫌疑人中,捕与不捕的比例分别约为80％和 20％;提起公诉时被告人的羁押率从 2012 年的 68.7％降低到2015 年的 60.5％,更有 115560 被羁押人被建议释放或变更强制措施。在《"十四五"时期检察工作发展规划》颁布之前,致力于"落实少捕慎诉慎押司法理念""探索刑事案件羁押听证制度"等新措施并没有实施,但在原审查逮捕程序下的审前羁押相关数据已经大幅降低,如,"2019 年,全国检察机关对不构成犯罪或证据不足的决定不批捕191290 人,不起诉 41409 人,较 5 年前分别上升 62.8％和 74.6％";2020 年,全国的审前羁押率已降到 53％。③ 显然,传统的审查程序仍然能起到较好的保障人权作用。同时,虽然我国的羁押率长期相比境外国家较高,但由此也在一定程度上造成侦查的便利及诉讼的顺畅,使得我国在犯罪嫌疑人的总羁押时间上较短,诉讼效率更高;④在及时打

---

① 刘计划:《我国逮捕制度改革检讨》,《中国法学》2019 年第 5 期;王鑫磊:《我国审查逮捕诉讼化改革之现实需求》,《人民论坛》2022 年第 2 期。

② 曹建明:《最高人民检察院关于加强侦查监督、维护司法公正情况的报告》,http://www.npc.gov.cn/npc/xinwen/2016-11/05/content_2001151.html(中国人大网),2018年 8 月 18 日访问。

③ 最高人民检察院 2020—2021 年工作报告。

④ 林喜芬:《解读中国刑事审前羁押实践》,《武汉大学学报(哲学社会科学版)》2017 年第 6期;刘计划:《逮捕审查制度的中国模式及其改革》,《法学研究》2012 年第 2 期。

击犯罪的同时,也及时释放了无辜的人、较快确立了被告人的罪责,在保障人权与打击犯罪之间实现了一定的平衡。

其次,从羁押与法院判决的对比,被羁押的犯罪嫌疑人、被告人在绝大部分案件中都被判处实刑,逮捕并没有过于侵蚀实体公正。从最高人民法院的工作报告看,2014 年至 2016 年全国法院共判处罪犯人数分别为 118.4 万人、123.2 万人和 122 万人,而公诉案件被宣告无罪的人数分别为 518 人、667 人和 656 人;2018 年至 2021 年有罪和无罪的数据则分别为 142.9 万人、517 人,166 万人、637 人,152.7 万人、656 人和 171.5 万人、511 人,[①]而这些被宣告无罪的人既包括提起公诉时被羁押的,也包括没有被羁押的。可见,相对于被判决的总人数,宣告无罪的人数比率是极低的,且在判处罪犯人数有较大增长情况下仍维持较少的无罪人数。羁押是为了程序的顺利进行,但其与实刑具有相同的剥夺犯罪嫌疑人、被告人人身自由的功能;在羁押可以折抵刑期的情况下,绝大部分被提起公诉的人被判处实刑,意味着审前程序中绝大部分犯罪嫌疑人的羁押并没有影响实体公正。

再次,保障人权的要求决定了审查逮捕程序多样化的需要。的确,诉讼化的审查程序总体上是有利于犯罪嫌疑人诉讼权利保障的,可能也更有利于实体公正的实现。不过,如果案件的犯罪事实与羁押必要性都非常明显,犯罪嫌疑人及其辩护人对羁押也没有任何异议,此时逮捕程序的完全诉讼化是否必要,值得怀疑。诉讼化的审查程序意味着要增加侦查机关、当事人及律师参与审查的机会,更多适用听证或对席的方式,为此应给予当事人及其律师更多准备时间,包括聘请律师、阅卷、准备辩论和指定听审期日等,审查时间必然要拉长。根据法律的规定,审查逮捕的期限一般为 7 日,包括节假日;在当前基层检察机关审

---

① 2018 年的工作报告是对此前 5 年情况的总结,没有单独对 2017 年情况进行列明,所以在此省略。

查逮捕总体案多人少的情况下,①即使周末加班,也不考虑审批的因素,检察官的办案期限也是较为紧张的。不仅如此,侦查机关移送提请批捕并没有时间上的规律性,更多是根据侦查活动而确定的,导致有时提请批捕的案件数量较为集中、有时相对较少的不均衡局面,短时间内同时办理多个案件较为普遍,诉讼化的审查方式就难以全面推行。如此,全面诉讼化可能导致该期限常被用满,不仅不利于犯罪嫌疑人的人权保障,还可能增加司法浪费、侵蚀司法威信。

最后,从境外国家看,审查程序是否有必要完全诉讼化也是存疑的。有学者总结法治发达国家的审查逮捕方式为言词审理和讯问犯罪嫌疑人两种方式;②不过,即使是法国采用了较为严格的言词审理方式,而且有程序性制裁作为保障,但其也主要是针对拟逮捕的案件;③美国的法官也是以审查逮捕报告为主,有时会向检察官或律师提问,只在少数辖区针对特殊案件适用抗辩听证的形式。④ 由此可见,羁押审查的完全诉讼化绝不是普遍规律,而是视案而定。

二、审查逮捕程序诉讼化需要法官来实现

审查逮捕是决定犯罪嫌疑人是否需要羁押的程序,其核心是裁判权及其决定者。从正当程序的一般要求看,裁判的决定者应当是中立的、与案件及其利益无涉的。⑤ 我国审前羁押的决定者是检察机关,因其长期承担着职务犯罪侦查者和公诉提起者的角色,不少研究都以检

---

① 李冰、徐晶:《江苏张家港:简案快办破解案多人少难题》,《检察日报》2020 年 10 月 19 日;刘延平:《[解码贵州·读懂中国]水城:出实招解决基层检察机关"案多人少"矛盾》,http://guizhou. china. com. cn/2022-04/19/content_41944257. htm(中国网),2023 年 1 月 16 日访问。

② 陈永生:《逮捕的中国问题与制度应对》,《政法论坛》2013 年第 4 期。

③ [法]贝尔纳·布洛克:《法国刑事诉讼法》,罗结珍译,中国政法大学出版社 2009 年版,第 405—407 页。

④ [美]爱伦·豪切斯泰勒·斯黛丽、南希·弗兰克:《美国刑事法院诉讼程序》,陈卫东、徐美君译,中国人民大学出版社 2002 年版,第 332—334 页;U. S. Code §3142(f).

⑤ 宋英辉:《刑事诉讼原理》,法律出版社 2007 年版,第 25—32 页。

察机关存在追究色彩而建议将审查逮捕决定权交由法院行使。[①] 其实,这里存在对我国检察机关角色的部分误解。

检察机关作为审查逮捕的决定者是否适格取决于其能否保持中立客观,并非独属于法院或法官,这从两大法系典型代表的美国和法国可以得到验证。其一,美国和法国的检察机关不享有羁押决定权,关键是其都隶属于政府行政权(司法部),受后者管辖,不具有独立性或独立性是较为受限的。其二,从法国看,传统上法国把检察官也视为理所当然的司法官。《司法官身份组织法》规定,司法官包括全国各个层级法院的法官与检察官,他们都由司法学员转任,且相互也可转任,但法官与检察官并不完全相同;司法实践中,检察官乃至检察长都受到司法部长的制约,是侦查权的拥有者,是警察的领导者,司法性没有得到认可。[②] 法国的羁押决定权已从此前的预审法官、预审合议庭转由目前"自由与羁押法官"行使,预审法官拥有的强大侦查权是改变的关键。[③] 其三,从美国看,美国只是要求羁押令状必须由"一名中立超然的司法官"签发,并非要求这一权力排他性地属于法官,书记官也可以是合适的签发者。[④]

我国刑事诉讼中的检察机关角色多样,可以作为审查逮捕的决定者。在大部分职务犯罪的侦查转由监察机关调查后,检察机关追究色彩主要体现为提起公诉。不过,这只是我国检察机关多重角色之一,而不是唯一角色,更不是贯穿刑事诉讼各个阶段的角色。其一,从宪法、人民检察院组织法和刑事诉讼法对检察机关的基本定位看,我国检察机关是法律监督者,公诉案件中行使的权力包括侦查权或补充侦查权、

---

① 陈海平:《论批捕权转隶法院》,《河北法学》2021 年第 6 期;刘计划:《我国逮捕制度改革检讨》,《中国法学》2019 年第 5 期;唐益亮:《由形式走向实质:审查逮捕权的主体回归》,《北京警察学院学报》2018 年第 6 期;易延友:《刑事强制措施体系及其完善》,《法学研究》2012 年第 3 期。

② 李山明:《法国检察官之宪法定位与变数》,《检察新论》2010 年第 2 期。

③ [法]贝尔纳·布洛克:《法国刑事诉讼法》,罗结珍译,中国政法大学出版社 2009 年版,第 254—259 页。

④ [美]伟恩·R.拉费弗、杰罗德·H.伊斯雷尔、南西·J.金:《刑事诉讼法》(上册),卞建林、沙丽金等译,中国政法大学出版社 2003 年版,第 201 页。

审查逮捕权、司法救济权①、提起公诉权、抗诉权等。这些权力在运行过程中有的是行政性的,也有不少是司法性的。② 由此,检察机关的法定角色包括审前的司法救济者、审判中的追诉者等。其二,从刑事诉讼各个阶段看,我国检察机关的角色存在一定的转换。③ 提起公诉是各国检察机关最为普遍,甚至是最主要的职能,但并不代表其行使的各项权力都具有追诉性或为了追诉。从我国公诉案件的刑事程序看,检警分离下我国检察机关在诉讼开始阶段并不直接承担追诉职能,④而主要是提供司法救济和制约或监督侦查的职能,如审查逮捕、向犯罪嫌疑人提供救济等。的确,侦查质量可能会影响检察机关后续的起诉,但侦查后并非一定会移送审查起诉,即使移送也不一定会被决定提起公诉。然而,审查起诉程序中的检察机关角色发生了转换;相对于此前与侦查结果没有直接利害关系,作出起诉决定后的检察机关成为公诉的提出者、支持者,其追诉性是显而易见的。

检察机关审前的羁押决定权转移到法院也并非不可,但必要性并不充分。其一,从机构组织、权力行使方式看,检察机关及检察权与审判机关及审判权的法律规定基本一致,都具独立的组织体系,都有依法独立行使权力的要求,而检察机关、审判机关的司法机关共同定位在我国也有明确规定。⑤ 在我国,审前程序中与法院相当的地位,检察院事实上能够承担审查逮捕决定者的角色。其二,当前检察机关在决定羁

---

① 陈卫东、林艺芳:《论检察机关的司法救济职能》,《中国高校社会科学》2014 年第 5 期。

② 陈海锋:《检察官权力清单制订中的分级与分类》,《国家检察官学院学报》2018 年第 5 期。

③ 叶青、陈海锋:《论刑事审前程序控制的再思考》,载樊崇义主编:《刑事审前程序改革与展望》,中国人民公安大学出版社 2005 年版,第 41—57 页。

④ 我国刑事诉讼法只有侦检之间的配合制约关系,这与和法院之间的关系表述一致;相对于公安机关主导的侦查,检察机关并没有多少追诉色彩,反而明确有法律监督定位下的制约侦查职能,如提供司法救济等。不过,一些司法解释和司法政策中要求检察机关配合、指导或引导侦查,从而事实上承担了部分追究职能,导致检察机关的中立性受到质疑。

⑤ 较早规定在 2006 年的《中共中央关于进一步加强人民法院、人民检察院工作的决定》;作为新时期检察制度的重要政策性文件,2021 年的《中共中央关于加强新时代检察机关法律监督工作的意见》也明确检察机关是"司法机关"。

押时存在一定程度的羁押决定侦查化、公诉化等问题，①但这些问题主要是法治实践中的走样，特别是对打击犯罪过于强调造成的，并非检察机关的宪法定位和基本职能造成的；未来应当完善审查逮捕的程序及其实践，而非武断地直接取消检察机关的羁押决定权。

三、审查逮捕程序诉讼化可以应对高羁押率

针对我国审前羁押率较高的现状，不少学者提出解决办法；虽然诉讼化的审查方式并非仅仅针对高羁押率问题，但也被作为组合措施的重要部分。② 如此，一种很直觉的结论是诉讼化的审查逮捕程序有助于解决高羁押率。这是对审查逮捕程序诉讼化功能的误解。

作为一种保障诉讼顺利进行的方式，逮捕比率的高低本身并不是问题的关键，而要视案件的需要，统计学上的羁押率高并不能说明任何问题。其一，从羁押的一般要件看，逮捕既要有犯罪事实要件，也需要有额外的羁押理由。如法国，一般羁押的条件需要涉嫌重罪或受到指控的轻罪当处刑罚 3 年或 3 年以上监禁刑，同时还有可能逃避或干扰侦查、审判以及再犯罪等较大社会危险性；③在德国，羁押需要"当被告具有犯罪之重大嫌疑且存在羁押理由"，或案件本身属于特殊的犯罪，如特定罪名或特定的刑罚等。④ 我国的逮捕条件也是如此。如果符合羁押的条件，犯罪嫌疑人被羁押的比例高，这不仅是国家刑罚权实现的基本保障，也是对社会公共安全负责的体现，是刑事程序中国家机关的职责所在，具有必要性、紧迫性；如果是相反，即使是羁押率较低，仍然

① 汪海燕：《检察机关审查逮捕权异化与消解》，《政法论坛》2014 年第 6 期。
② 孙长永：《少捕慎诉慎押刑事司法政策与人身强制措施制度的完善》，《中国刑事法杂志》2022 年第 2 期；周新：《审查逮捕听证程序研究》，《中外法学》2019 年第 4 期；张晓津、刘涛：《简论审查逮捕的诉讼化转型》，《人民检察》2017 年第 21 期。
③ ［法］贝尔纳·布洛克：《法国刑事诉讼法》，罗结珍译，中国政法大学出版社 2009 年版，第 404—405 页。
④ 《德国刑事诉讼法》，连孟琦译，元照出版社 2016 年版，翻译用语说明第 4 页，正文第 139—140 页。

可能是对国家权力的滥用、对犯罪嫌疑人权利的侵犯和对社会公众的不负责。从这点讲,羁押率的评价应当主要从具体案件、具体犯罪嫌疑人中去分析而不是泛泛的羁押率数值的高低。其二,有从判后轻刑情况来论证我国高羁押率是个问题,[1]但这种统计至多能说明轻刑案件中的羁押率也较高,并不能说明具体案件中是否需要羁押、羁押是否正当。从我国逮捕的条件看,即使被取保候审、监视居住的犯罪嫌疑人也有可能因违反相关规定而被羁押,而这并不受"可能判处有期徒刑"的条件限制。有学者以我国与外国在犯罪界定上的不同来论证中外羁押率的不可比拟,[2]笔者认为这也同样适用于轻刑案件,因为相对于国外对犯罪的界定,我国的轻刑犯罪已是较为严重的犯罪,羁押率高也具有一定的合理性。其三,我国的逮捕率即使较高,由此可能带来包括司法运作成本高、不利于良好社会环境塑造以及不利人权保障等,[3]不过,如果办理案件需要对犯罪嫌疑人予以羁押,这些问题也是必要的;对未成年犯罪嫌疑人而言,高羁押率在一定程度上反映了国家对未成年人保护的更大进取心。[4]

对逮捕率高低的关注应转移到"尊重和保障人权"上,[5]这才是审查逮捕程序诉讼化的关键。其一,以诉讼化降低逮捕率且视为人权保障的重要举措,但没有诉讼化的现行审查逮捕程序也有类似作用,这在前述审查逮捕程序的效果中可见一斑。近四年,我国的审前羁押率更是直降超过15%,从2020年的42.1%降到2023年的26.8%。[6] 考虑到提起公诉人数在2020年至2023年增加超过7%,[7]这里一降一升引

① 李勇、张金萍:《逮捕措施运行状况调查分析》,《人民检察》2010年第21期。
② 郭烁:《徘徊中前行:新刑诉法背景下的高羁押率分析》,《法学家》2014年第4期。
③ 郭烁:《徘徊中前行:新刑诉法背景下的高羁押率分析》,《法学家》2014年第4期。
④ 张栋:《未成年人案件羁押率高低的反思》,《中外法学》2015年第3期。
⑤ 刘计划:《逮捕功能的异化及其矫正》,《政治与法律》2006年第3期。
⑥ 《刑事检察工作白皮书(2023)》。
⑦ 根据最高人民检察院的工作报告,2023年全国检察机关提起公诉人数为168.8万人,而2020年为1572971人。

起的羁押人数变化还是值得乐观的；①而且这一变化在审查逮捕程序没有诉讼化的情况下取得，也说明了并非必须审查逮捕程序诉讼化才能降低羁押率。其二，我国审前羁押率较高，其原因较多，如追诉意识过于强烈、②执法考评机制的错误引导、③羁押替代措施发展不足和社会危险性判断的主观化等，④而"诉讼化"的审查程序作用有限，无论是讯问犯罪嫌疑人还是听取辩护律师的意见都对批准逮捕的影响不大。⑤ 其三，从控辩裁构造看，审查逮捕程序的诉讼化主要是增加侦查机关与犯罪嫌疑人对席交流的机会，具有强化犯罪嫌疑人的辩护权及其保障等积极因素，⑥避免仅仅由检察机关书面审查来决定是否羁押，是对犯罪嫌疑人程序权利的尊重与保障。在对犯罪嫌疑人重大权益产生影响的情况下，赋予其必要的参与、知情与律师帮助，不仅是逮捕决定可接受性的需要，更是程序公正与裁判公正的需要，是司法保障人权的基本体现。

---

① 根据最高人民检察院的统计，中国检察机关受理审查起诉的刑事案件从 1999 年的 82.4 万人增加到 2019 年的 220 万人，严重暴力犯罪从 16.2 万人降到 6 万人，被判处三年有期徒刑以下刑罚的轻罪案件占比从 54.4% 上升至 83.2%。由此，可能会有认为中国逮捕率的下降与轻罪案件的比例上升有很大的关系。的确，轻罪案件比例的上升应当会影响逮捕率，毕竟轻罪案件犯罪嫌疑人、被告人的人身危险性总体相对较低，但并没有直接对应关系。中国的逮捕只要达到可能判处徒刑以上刑罚即符合刑期条件，而前述的轻罪案件包括了 3 年以下徒刑的案件；即使没有达到这一刑期条件，但如果犯罪嫌疑人、被告人的人身危险性足够，在取保候审、监视居住等情况下也可能会变更为逮捕。更为重要的是，作为保障诉讼顺利进行的逮捕措施，其主要关注的是犯罪嫌疑人、被告人是否可能会影响诉讼的顺利进行，至于是否可能判处轻罪只是次要的考虑。有关案件数量变化的情况，具体参见张军：《最高人民检察院关于人民检察院适用认罪认罚从宽制度情况的报告》，《检察日报》2020 年 10 月 17 日。
② 黄海波、黄学昌：《刑事司法的惯性》，《当代法学》2012 年第 4 期。
③ 杜晓、韩丹东：《降低高羁押率需改革执法机关考评制度》，《法制日报》2010 年 11 月 17 日。
④ 陈光中、路旸：《我国逮捕与羁押制度改革若干问题探讨》，《中国法学》2023 年第 5 期。
⑤ 马静华：《逮捕率变化的影响因素研究》，《现代法学》2015 年第 3 期。
⑥ 孙谦：《司法改革背景下逮捕的若干问题研究》，《中国法学》2017 年第 3 期。

第四节　我国审查逮捕程序的整体进路

审查逮捕程序包括逮捕的审查程序和救济程序。对审查逮捕程序的改革,应基于当前审查逮捕程序现实问题与积极价值并存的两面性,破除诉讼化审查程序的误区,从逮捕制度整体的视角去考察完善。在基本保留现行审查方式基础上,对部分情况下的逮捕审查程序进行适当的优化,对逮捕救济程序进行全面诉讼化,如此既可以避免整个程序全面诉讼化可能带来的难题,也能充分发挥既有制度的优势,坚持发展中国特色的审查逮捕制度。

一、审查逮捕程序完善的基础问题

审查逮捕程序诉讼化的核心是在当前检察机关书面审查的基础上,特定情形下对犯罪嫌疑人是否逮捕引入一定程度的控(侦查机关)辩(犯罪嫌疑人及其辩护人)对抗,在坚持检察机关中立审查角色前提下由检察官裁决是否予以逮捕。与现行审查逮捕程序相类似,该项改革围绕的核心问题也是两者共同致力完善的内容。

(一) 加强社会危险性的证明

逮捕一般需要满足三个条件,但"社会危险性"的证明是核心。[①] 从逮捕的目的看,作为保障刑事诉讼顺利进行的强制措施,其主要是为了防止犯罪嫌疑人可能逃避或干扰侦查、审判;即使犯罪嫌疑人符合有犯罪事实发生、可能判处徒刑以上刑罚等要件,其并非都具有社会危险性而必须羁押。[②] 根据《刑事诉讼法》第81条、《人民检察院刑事

---

① 孙茂利、黄河:《逮捕社会危险性有关问题研究》,《人民检察》2016年第6期。
② 《刑事诉讼法》第81条规定有径行逮捕的情形,但一律逮捕也受到质疑。参见孙长永:《少捕慎诉慎押刑事司法政策与人身强制措施制度的完善》,《中国刑事法杂志》(转下页)

诉讼规则》"审查逮捕和审查起诉"有关章节及《关于逮捕社会危险性条件若干问题的规定（试行）》等的规定，对社会危险性的规定大多只要求"可能""企图"或有"现实危险"，用词上的虚拟性、抽象性加剧了证明的困难。

从司法实践看，目前对社会危险性的证明通常存在两个问题，第一是缺少相关证明，至多只是在提请批准逮捕书中有部分说明，或单独附有少量内容的材料说明，证明材料缺乏是普遍现象，[1]检察机关难以借此对社会危险性进行综合认定。在与侦查机关有长期的办案联系，辩方没有直接反驳机会的情况下，检察机关很容易受到侦查机关提交材料的影响而批准逮捕。第二是对危险性的考察因素不合适。针对规范的模糊性，2021年12月，最高人民检察院指导各地开展社会危险性量化评估试点工作，不同案件设置了各有侧重的指标，并不同程度上结合大数据予以量化、模型化；各地也有不同的实践考虑，学界也进行了一定的总结。[2] 从中可以看出，有些因素本身与危险性并没有直接，甚至间接的联系，如本地人因素，无论是本地人还是外地人，仅凭地域无法断定社会危险性上的差别；不仅如此，以此作为区分，与《宪法》所规定的"法律面前人人平等"相悖。又如以认罪认罚作为社会危险性的考虑，这对于被冤枉的犯罪嫌疑人更为不公，可能会造成严重的错误，而且对犯罪嫌疑人的辩护权形成了严重的威胁：对犯罪、刑罚的不承认及由此延伸的各种情形的辩护意味着犯罪嫌疑人有很大的社会危险性，应当予以逮捕，与刑事诉讼公认的"无罪推定"原则相悖。再如，被害人的态度问题，被害人对嫌疑人的犯罪过程有较为全面的认知，也能在一定程度上反映案件及犯罪嫌疑人的情况，但被害人与案件有直接的利

（接上页）2022年第2期；毕亮杰、薛文超：《径行逮捕制度质疑》，《广西政法管理干部学院学报》2015年第1期。

[1] 马静华：《逮捕率变化的影响因素研究》，《现代法学》2015年第3期。

[2] 王渊：《社会危险性量化评估机制是一项综合系统工程》，《检察日报》2023年4月24日；高通：《逮捕社会危险性量化评估研究》，《北方法学》2021年第6期；艾新星：《社会危险性量化评估的实践研究》，http://www.jxpengze.jcy.cn/jcwh/202401/t20240104_6151663.shtml（江西省彭泽县人民检察院），2024年9月11日访问。

害关系,对嫌疑人的人身危险性认知可能具有较大的偏狭性,由此造成对其社会危害性的认识偏差。

相当于刑事案件中的指控,侦查机关对社会危险性证明的不足,检察机关将只能自我查明、作出不捕决定或出于打击犯罪的需要而勉强逮捕,无论属于何种情形,都会造成诉讼程序的不畅,甚至放纵犯罪或错误逮捕;犯罪嫌疑人及其辩护人也难以针对性地提出辩护,可能造成辩护权的虚置。更为严重的是,面对长期存在的惩罚犯罪理念影响,缺乏对社会危险性的证明或证明不足,使得检察机关只能在确定有犯罪事实这一基础材料后就倾向于逮捕,以免犯罪嫌疑人逃避诉讼,加剧了高羁押率。作为针对性的措施,有必要强制规定侦查机关提请批捕时加强这方面的论证,并从案卷材料规范与考核等方面予以要求,也即,一方面,严格落实《关于逮捕社会危险性条件若干问题的规定(试行)》,明确要求侦查机关对社会危险性的证明应提供单独的证据材料,并在提请批准逮捕书中予以明确说明。另一方面,检察机关发现缺乏相应材料的,一律视为案卷材料的瑕疵,甚至不合格,应直接要求补充材料或重新制作文件,否则以材料不全不予受理。

社会危险性是一种预期可能性,只能从与犯罪有关联的、犯罪前后的表现及犯罪过程中的各种行为进行评价,发现具体可能影响危险性的各种因素。从犯罪前后的表现看,一些行为可能显示其有干扰诉讼进行、继续危害社会的可能,如有威胁证人、被害人的行为,不讲真实姓名、住址,身份不明的,犯罪后逃跑、自杀或串证、串供、毁证等妨害诉讼行为;从犯罪过程看,如犯罪动机、目的、故意形态,是否流窜作案等;从犯罪嫌疑人的人身危险性看,如是否多次作案、累犯、惯犯,有诱发犯罪的恶习(赌博、吸毒等)、多次违法经历等。

影响社会危险性的因素还应关注个案中犯罪嫌疑人及其行为上的差异,不能一概而论。具体包括:其一,坚持无罪推定原则,不应将犯罪嫌疑人及其辩护人的辩护权行使行为视为人身危险性行为,即使存在认罪认罚也并非不具备人身危险性,技术性的"认罪认罚"也较为常见。① 其二,审慎关注犯罪嫌疑人的品格证据,不得将与本案无关的一些品行,以及此前的违法、犯罪行为一律视为当前人身危险性的依据,而应具体分析。惯犯、累犯具有一定的特殊性,仍要结合作案的动机、目的等因素综合考虑。其三,对于重大犯罪,一律予以径行逮捕并不合适,②仍应结合各种因素综合考虑。如对于河北涞源的"反杀案",③虽然造成了一人死亡的结果,即使侦查开始阶段难以认定正当防卫,但从动机、过程及犯罪嫌疑人在犯罪前后向公安机关的反映来看,缺乏社会危险性还是较为明显的,取保候审应当没有问题。

值得特别关注的是取保候审条件对社会危险性的影响。即使犯罪嫌疑人具有诸多涉及社会危险性的因素,但若采取取保候审措施能防止其社会危险性,也不应逮捕。若犯罪嫌疑人违反取保候审规定且情节严重的,无法防止社会危险性而予以逮捕的,一般无须赘言;若犯罪嫌疑人此前是被拘留,甚至并没有被采取强制措施,要证明采取取保候审还无法防止其社会危险性就相对困难。笔者认为,我国可以借鉴美国听取审前服务机构意见的措施,④要求侦查机关提供材料证明犯罪嫌疑人不具备取保候审的条件或取保候审也无法防止其社会危险性,从而深化对社会危险性的证明,为检察机关的综合认定提供更为全面的证据材料。

(二)完善辩护权利的保障

侦查阶段的犯罪嫌疑人可以聘请辩护律师,也可以申请法律援助或值班律师帮助,但律师在审查逮捕过程中的具体权利缺乏规定。侦查机关是否准备申请批捕、何时申请,检察机关何时收到逮捕申请,侦查机关、检察机关都没有义务告知犯罪嫌疑人及其律师,后者也不掌握这方面的情况;与此同时,由于审查期限较短,犯罪嫌疑人及其辩护人

---

① 闫召华:《虚假的忏悔:技术性认罪认罚的隐忧及其应对》,《法制与社会发展》2020年第3期。

② 苏建召:《对我国逮捕适用条件的立法建议》,《人民检察》2016年第9期。

③ 韩茹雪、王瑞琪:《河北涞源入室反杀案再调查》,《新京报》2019年1月25日。

④ 蓝向东:《美国的审前羁押必要性审查制度及其借鉴》,《法学杂志》2015年第2期。

没有阅卷权,只能向侦查机关"了解犯罪嫌疑人涉嫌的罪名和案件有关情况",律师难以提出实质性的辩护意见,这也是部分学者反对审查逮捕程序诉讼化的重要理由。[①]

缺乏知情权,犯罪嫌疑人的辩护人只能是聊胜于无,无法在审查逮捕期间实质性地帮助犯罪嫌疑人;在大部分犯罪嫌疑人诉讼能力较低、处于羁押状态的情况下,这不仅影响犯罪嫌疑人的诉讼权利,更可能会影响检察机关的"兼听则明",增加错误逮捕的可能性。笔者认为可以从两方面着手予以改善:

一方面应为辩护人参与审查逮捕提供条件。在要求律师介入应及时告知公安司法机关的基础上,侦查机关也应及时主动了解辩护律师的情况,特别是在拟提请逮捕时应再次确认犯罪嫌疑人是否有律师;在有律师的情况下,侦查机关应及时根据法律告知其犯罪嫌疑人的相关情况、拟提请逮捕的情况与主要依据,并征询其意见。侦查机关应如实记载辩护律师的信息及其意见,并随提请批准逮捕的材料移送检察机关。检察机关在收到提请批捕材料后,也应及时了解或核实辩护律师情况,并告知提请逮捕的情况,征询其对提请逮捕的意见或有无新意见。

当前,最高人民法院、最高人民检察院、司法部和公安部已在前期试点的基础上将律师辩护全覆盖试点的范围扩展到审查起诉阶段,未来无论这一试点全面铺开还是延伸到侦查阶段,审判阶段律师辩护全覆盖就已存在的律师资源不均、经费保障不足、工作衔接不畅等问题,[②]将在短期内更为严重。虽然侦查阶段目前有值班律师提供法律服务,但能在多大程度上实现还需观察,且法律援助值班律师的职责与法律规定的侦查阶段辩护人职责还有一定差异。[③] 面对侦查阶段辩护

[①] 李洪亮:《再论审查逮捕诉讼化》,《中国检察官》2018 年第 21 期;郭松:《质疑"听证式审查逮捕论"》,《中国刑事法杂志》2008 年第 5 期。

[②] 《关于进一步深化刑事案件律师辩护全覆盖试点工作的意见》。

[③] 法律援助值班律师的工作职责包括解答法律咨询;引导和帮助犯罪嫌疑人、刑事被告人及其近亲属申请法律援助,转交申请材料;在认罪认罚从宽制度改革试点中,为自愿认罪认罚的犯罪嫌疑人、刑事被告人提供法律咨询、程序选择、申请变更强制措施等法律帮助,对检察机关定罪量刑建议提出意见,犯罪嫌疑人签署认罪认罚具结书应当(转下页)

律师介入总体不多、少捕慎押下羁押率的日益降低，为律师参与审查逮捕提供保障的工作量应该不会太大，也可以为该阶段的律师辩护实质化提供基础。

另一方面，应为辩护人的知情权提供途径。当前在侦查阶段，辩护律师只可以"向侦查机关了解犯罪嫌疑人涉嫌的罪名和案件有关情况"，具体的内容包括犯罪嫌疑人涉嫌的罪名以及当时已查明的主要事实，犯罪嫌疑人被采取、变更、解除强制措施，延长侦查羁押期限等案件有关情况。不过，由于侦查过程的保密要求以及侦查机关的防备心理，辩护律师能向侦查机关了解的信息有限。笔者认为，且不论侦查阶段律师知情权的范围有多大，至少应当保障辩护律师对与提请逮捕有关信息的知情权，为律师的实质性辩护、犯罪嫌疑人权利的保障和检察机关获得真实全面的案件信息提供可能。至于在侦查阶段律师阅卷可能存在妨碍侦查的担忧，[①]第一，应该通过规范提请批捕的材料，减少可能的泄密；第二，应该以确实、固定的证据来证明犯罪嫌疑人符合逮捕的条件，而不是采取附条件逮捕中的"经过进一步侦查能够收集到定罪所必需的证据"的宽松标准，[②]以还没有确证的材料"误导"检察机关的决定；第三，应该加强实物证据的收集以减少后续证据可能的变化，逐渐从"由供到证"到"由证到供"的侦查模式转变。[③] 职权主义传统的法

（接上页）有值班律师在场；对刑讯逼供、非法取证情形代理申诉、控告；承办法律援助机构交办的其他任务。而辩护律师在侦查阶段的职责包括为犯罪嫌疑人提供法律帮助；代理申诉、控告；申请变更强制措施；向侦查机关了解犯罪嫌疑人涉嫌的罪名和案件有关情况，提出意见。法律援助值班律师的职责就是法律帮助，是辩护人职责中的一部分而已。具体参见《刑事诉讼法》第38条、《关于开展法律援助值班律师工作的意见》第1—2条。

① 我国现行刑事诉讼法规定，律师在审查起诉阶段可以阅卷；侦查阶段因证据还未完全固定，担忧律师阅卷会造成对侦查的干扰。参见黄太云：《刑事诉讼法修改释义》，《人民检察》2012年第8期。

② 2013年4月，最高人民检察院发布了《关于人民检察院审查逮捕工作中适用"附条件逮捕"的意见（试行）》，在2006年《人民检察院审查逮捕质量标准（试行）》提及的附条件逮捕的基础上，明确规范了附条件逮捕的适用范围、标准等，但由于该制度事实上对逮捕条件的降低，有违疑罪从无原则等。2017年4月，最高人民检察院停止了该制度的适用。

③ 何家弘：《当今我国刑事司法的十大误区》，《清华法学》2014年第2期。

国、德国都在审查逮捕程序中允许律师参加,[1]我国律师对提请批捕材料的知情应当也不会对侦查形成过大的干扰。

考虑到检察机关审查时间总体有限,笔者建议,在侦查机关提请逮捕的同时向辩护律师提供提请逮捕书,告知其可以到检察机关就逮捕材料进行阅卷;检察机关收到材料后也应立即通知律师阅卷。有关材料如已实现了电子化,[2]则侦查机关在提请逮捕的同时应直接将相关电子资料交给辩护人,检察机关也可以在收到材料后立即转交辩护人。如此,其一,可以保证辩护人对提请逮捕相关信息的基本知情,如有需要,还可以看到提请批捕的卷宗,避免所有案件都书面阅卷造成的工作不便;其二,由检察机关保障阅卷,既可以采用审查起诉阶段的阅卷方式,避免侦查机关也要增加额外的阅卷保障负担,也可以防止侦查机关不配合阅卷带来的程序障碍;其三,在条件允许的情况下,由侦查机关直接将相关电子材料交予辩护人,迅速、及时、便利。

(三) 强化检察机关的中立地位

检察机关的角色多元,包括控诉者、司法救济者等,[3]在侦查阶段可以作为逮捕的裁决者。[4] 不过,当前一些制度性或体制性、机制性的规定,易于造成检察机关在审前阶段的角色模糊。

"检察引导侦查"制度可能会影响检察机关在逮捕中的裁判角色。在当前的审查逮捕程序中,检察机关可以在"必要的时候"派人参加公安机关重大案件的讨论。不批捕的,应说明理由;需要补充侦查的,应

---

[1]　[法]贝尔纳·布洛克:《法国刑事诉讼法》,罗结珍译,中国政法大学出版社 2009 年版,第 406 页;《德国刑事诉讼法》第 114b 条。

[2]　目前检察机关、法院都已在大力开展卷宗的电子化,最高人民检察院于 2016 年施行了《人民检察院制作使用电子卷宗工作规定(试行)》,最高人民法院也于 2017 年中期印发了《关于全面推进人民法院电子卷宗随案同步生产和深度应用的指导意见》,这对于办案便利、律师阅卷都有极大的好处,不过,公安机关在卷宗电子化方面还没有发现有规范性文件,力度可能还有待加强。

[3]　陈卫东、林艺芳:《论检察机关的司法救济职能》,《中国高校社会科学》2014 年第 5 期。

[4]　叶青、陈海锋:《论刑事审前程序控制的再思考》,载樊崇义主编:《刑事审前程序改革与展望》,中国人民公安大学出版社 2005 年版,第 41—57 页。

制作侦查提纲送交公安机关。[①] 批捕而需要继续补充侦查的,可以制作侦查提纲送交公安机关;发现遗漏应当逮捕的犯罪嫌疑人,可以要求公安机关提请批准逮捕,甚至可以直接作出逮捕决定等。[②] 这些行为符合检察机关依职权打击犯罪的职能,有监督侦查机构的便利,但也有与侦查机关配合,甚至代为控诉的意思,行为的合理性受到一些怀疑。侦检的分工负责、互相配合与互相制约关系是《宪法》《刑事诉讼法》作为整体规定的,分工是前提,制约是核心,而配合只是工作关系上的衔接,且要以遵守共同的法律为原则。[③] 如此,其一,从《宪法》配合制约的关系内容看,检察机关对侦查的引导无法完全容纳在这种关系中的。[④] 其二,从"检察引导侦查"的内容看,建议侦查机关提请批捕、主动决定逮捕以及积极派人参加案件的讨论等,在侦检长期存在工作关系的情况下,可能只会加强配合,难以互相制约,由此可能导致侦检的职能混同,两者关系的原则被影响。事实上,目前已有不少理论界声音

---

① 《刑事诉讼法》第 85 条、第 88 条。考虑到下文中检察机关在审查批捕中的诉讼行为都是基于刑事诉讼法的规定,这两条的规定就显得极为重要。从派人参加公安机关重大案件的讨论看,目前绝大部分的报道都是检察机关主动介入而不是公安机关邀请或要求介入,如最高检派员介入江西丰城发电厂"11·24"特别重大事故、天津爆炸事故、陕西咸阳"5·15"特别重大道路交通事故等。检察机关的介入虽有同步监督之名,但更有指导、参谋之实,也即帮助侦查机关正确侦查。但检察机关为什么要帮助侦查机关?无论是践行配合职责还是保障公诉的质量及后续程序的顺利进行都会造成其偏离裁判者的角色。同样,批捕不作出详细的说理,不捕却有明确的要求;更为关键的是,是否需要补充侦查是侦查机关的权衡和决定,类似于审判中检察机关是否变更公诉、补充侦查是检察机关的权力,法院只是建议,不会也不应代替检察机关决定,而此处的检察机关"通知"又有何种效力? 显然都在一定程度上体现了检察机关对侦查的深度介入,可能并不合适。具体参见王秋杰:《构建检察介入侦查讯问机制》,《检察日报》2015年 5 月 6 日;蔡岩红:《最高检已派员介入调查》,《法制日报》2015 年 5 月 18 日;戴佳:《最高检派员介入江西丰城发电厂"11·24"特别重大事故调查》,《检察日报》2016 年 11 月 26 日等。

② 《人民检察院刑事诉讼规则》第 284 条、第 285 条和第 288 条。

③ 韩大元、于文豪:《法院、检察院和公安机关的宪法关系》,《法学研究》2011 年第 3 期。

④ 刘松山、许安标:《中华人民共和国宪法通释》,http://www.npc.gov.cn/npc/flsyywd/xianfa/node_13475.htm(中国人大网),2019 年 6 月 29 日访问。

和实践做法都在不同程度上强化这种合作,如"侦诉一体"。① 其三,如果这种引导是作为监督制约的方式,则有必要以规范侦查权行使和保障犯罪嫌疑人权利为主要内容,接受公民申诉控告,对违法侦查实现实质性审查;②但实证调查显示,检察机关提前介入公安机关侦查的主要职责包括就侦查取证的思路、方向和重点提出意见和建议,引导规范取证;对已经获取的证据材料进行分析,提出补充、固定和完善的建议;对发现的非法证据、瑕疵证据以及其他违法侦查活动提出意见;对案件事实认定、法律适用提出意见;就案件管辖与文书等提出意见。③ 总体上涉及监督侦查活动的只有两项,大部分都是协助侦查机关提高侦查质量的内容。由此观之,当前检察机关在"检察引导侦查"下强化批捕的主动性和对侦查机关收集证据的积极提示,实质上是侦检一体化的一种方向,④一定程度上强化了检察机关的追诉色彩,与检察机关在审查逮捕中的中立裁决角色存在一定差距。

当前的"捕诉一体"与对"以审判为中心"的曲解,加剧了检察机关审前的追诉色彩。"捕诉一体"将原先的侦查监督部门与公诉部门合一,虽有强化监督、提高效率等方面的积极作用,⑤但由此也一定程度上加强了检察机关的追诉职能,对逮捕与否的考虑,将更多着眼于案件的侦查及后续诉讼程序的顺利进行,与对犯罪嫌疑人人身自由权利的保障、无罪推定原则可能都有一定的抵触,值得重视。与此相似,不少学者对"以审判为中心"或"审判中心主义"的解读中都一定程度强调审前程序为审判的服务功能,⑥一定程度上忽视了审前各阶

---

① 魏晓娜:《从"捕诉一体"到"侦诉一体":中国侦查控制路径之转型》,《政治与法律》2021年第10期;一些地方也在实施侦诉一体,如肖禹、王柳:《湖北潜江:侦诉审无缝对接 一体化办案提升司法质效》,http://www.jcrb.com/procuratorate/jcpd/202205/t20220518_2401806.html(正义网),2022年10月23日访问。
② 但伟、姜涛:《侦查监督制度研究》,《中国法学》2003年第2期。
③ 卞建林、谢澍:《刑事检察制度改革实证研究》,《中国刑事法杂志》2018年第6期。
④ 刘计划:《检警一体化模式再解读》,《法学研究》2013年第6期。
⑤ 邓思清:《捕诉合一是中国司法体制下的合理选择》,《检察日报》2018年6月6日。
⑥ 龙宗智:《"以审判为中心"的改革及其限度》,《中外法学》2015年第4期;魏晓娜:《以审判为中心的刑事诉讼制度改革》,《法学研究》2015年第4期。

段的独立功能,特别是在当前法院没有介入审前程序的情况下,检察机关此时的重要职能就是提供司法救济,[①]并不是为审判服务的追诉者角色。"捕诉一体"的内设机构改革已经完成,"以审判为中心"的诉讼理念和制度设定已成为当下的趋势,虽然这两方面的改革本身体现了我国司法实践的迫切需要,也基本符合诉讼规律,但在这一过程中的权力制约与权利保护仍需检察机关进行科学合理的平衡,关注实践中可能出现的偏离改革目标的问题。如在审查逮捕程序中不能摆正裁判者的心态而过于强调为审判服务、提高诉讼质量等思想,检察机关无论采用行政化方式还是诉讼化方式进行审查,都无法改变追究者的"底色",可能会导致我国检察机关最终与境外的"接轨",成为单纯的追诉者,[②]从而颠覆中国特色的司法制度与诉讼制度,值得警惕。

在审查逮捕程序中,检察机关应当保持相当的中立,以符合自己的裁决者定位。随着我国监察体制改革的推进,职务犯罪的调查与预防功能转移到各级监察机构,检察机关在审前阶段的司法性有所增强;[③]面对监察体制改革、"以审判为中心"诉讼制度改革的新情况、新机遇,检察机关更有必要强化自己监督侦查、链接审判的职能。附条件逮捕制度的废除是检察机关削弱对侦查机关配合的重要形式,但显然还须不断强化这种趋势。

二、逮捕审查程序的有限诉讼化

对审查程序如何诉讼化的研究较多,笔者基本也是赞成的,如以检察官裁判者角色为核心进行诉讼构造的构建,进行言词审理或言词听证,分别发挥检察机关承办人、部门负责人、分管检察长的作用,争取律

---

① 陈卫东、林艺芳:《论检察机关的司法救济职能》,《中国高校社会科学》2014 年第 5 期。

② 陈卫东:《我国检察权的反思与重构》,《法学研究》2002 年第 2 期。

③ 李奋飞:《检察再造论》,《政法论坛》2018 年第 1 期。

师更多的参与,加强公安机关的逮捕证明责任等。[①] 事实上,我国于2021 年实施《人民检察院羁押听证办法》已经规定,检察机关可以对部分案件的审查逮捕进行听证,由承办检察官主持,侦查人员、犯罪嫌疑人及其法定代理人和辩护人、被害人及其诉讼代理人一起参加,必要时可邀请社会人士作为听证员参与,已然具备有限诉讼化的基本内容。不过,下列几个方面的内容仍有待明确或完善。

(一) 关于诉讼化审查的案件范围

当前,学界建议审查诉讼化的范围基本上都是逮捕与否存在疑问或有争议的案件;[②]《人民检察院刑事诉讼规则》确定可以公开审查的范围限于"重大影响的案件",《人民检察院羁押听证办法》还增加了"需要核实评估犯罪嫌疑人、被告人是否具有社会危险性,未成年犯罪嫌疑人、被告人是否具有社会帮教条件的""涉及公共利益、民生保障、企业生产经营等领域,听证审查有利于实现案件办理政治效果、法律效果和社会效果统一的"及其他有必要听证的情形等。[③] 笔者认为这一范围仍存在不足。其一,拟羁押案件应当是诉讼化审查的核心,对拟不予羁押的案件一般不适用。如法国"自由与羁押法官"拟对当事人实行羁押,则应告知当事人需经辩论程序、有权得到律师协助及请求给予准备辩护的时间。[④] 其二,从侦查及时性的要求看,不可能很多案件都通过诉讼化这种效率不高的方式决定是否逮捕;重大影响的案件范围并不准确,实践中范围过大则可能导致难以诉讼化,范围过小又失去保障人权的初衷。其三,在由侦查机关提交逮捕申请的情况下,侦查机关一般

① 陈永生:《逮捕的中国问题与制度应对》,《政法论坛》2013 年第 4 期;李昌林:《审查逮捕程序改革的进路》,《现代法学》2011 年第 1 期;聂友伦:《逮捕的实质化审查与诉讼化改革》,《中国人民大学学报》2023 年第 4 期;谢小剑:《少捕慎诉慎押背景下审查逮捕听证化程序的完善》,《湖湘论坛》2022 年第 6 期。
② 陈卫东:《审查逮捕司法化程序的构建》,《人民检察》2017 年第 10 期;张泽涛:《构建中国式的听证审查逮捕程序》,《政法论坛》2018 年第 1 期。
③ 《人民检察院羁押听证办法》第 3 条。
④ [法]贝尔纳·布洛克:《法国刑事诉讼法》,罗结珍译,中国政法大学出版社 2009 年版,第 406 页。

应当提供较为全面的符合羁押条件的材料,而事实上侦查机关也大致如此;[1]若在这种情况下检察机关仍对羁押条件有疑问,再通过诉讼化的方式给予侦查机关加强指控的机会太过浪费。其四,羁押是对犯罪嫌疑人自由权的剥夺,权利影响较大;而对于侦查机关,其不仅在提交材料上拥有决定性的机会,也可以采取其他刑事强制措施或再次提请逮捕,甚至要求其他行政机关协助的方式控制犯罪嫌疑人,约束犯罪嫌疑人的措施较多。其五,无罪推定是刑事诉讼的基本原则,这就意味着在被定罪之前,犯罪嫌疑人应当被视为无罪的人,不被羁押就应是常态;若要改变这种常态而予以羁押,就应当推翻无罪推定,作出这种重大的改变应当更为慎重。因此,诉讼化审查的案件首要应是拟作出逮捕决定的案件,从而使得这种诉讼化审查方式主要是为了保障犯罪嫌疑人的权利,这也是当前对行政化审查方式的主要担忧。

有限诉讼化的范围还应进一步限定在犯罪嫌疑人及其律师对逮捕有较大异议并已提出意见的案件、检察机关认为有必要进行听证的其他案件。对于第一类案件,考虑到效率的需要和逮捕对犯罪嫌疑人权利的剥夺,如果犯罪嫌疑人及其律师都不反对羁押,以保障其权利为目的而进行诉讼化审查的理由并不充分。的确存在犯罪嫌疑人不了解、不明白控诉从而导致其难以发表意见的情况,不过,在提供律师帮助的情况下,考虑到程序性决定的影响有限,后续有羁押必要性审查以及检察机关还可以通过实质性讯问[2]的方式发现问题,并在必要时变更或建议变更强制措施,为此,这种影响与可能性应该可以忽略。对于第二类案件,作为保障诉讼顺利进行的强制措施,逮捕决定的确应当主要基于法律考虑而作出,但案件处理显然又不可能完全处于隔离外部环境的状态,对一些具有重大影响的案件或社会上有较大争议的案件,检察

---

① 马静华:《逮捕率变化的影响因素研究》,《现代法学》2015 年第 3 期。

② 实质性讯问是与程序性讯问相对的,后者较为简单,更多是为了符合刑事程序的基本规定,对当事人的权利保障也较为敷衍;前者更多是为了核实证据,从而使案件证据信息更为确实、充分,为此也更为全面、复杂,对当事人权利保障也提供了更好的事实基础。具体参见左卫民、郭松、李扬:《检察机关不认罪案件办理机制之实证研究》,《四川大学学报(哲学社会科学版)》2010 年第 2 期。

机关出于慎重也可以决定通过听证形式进行审查，以回应社会关切。检察机关应根据司法政策、社会环境和具体案件情况，灵活考虑一些特殊案件。

（二）关于诉讼化审查的时间

《人民检察院羁押听证办法》并没有对听证时间作出规定，但考虑到该时间可能对羁押的影响，应当引起足够的重视。在犯罪嫌疑人拘留的情况下，7 日审查期限都难以适应当前的审查模式，诉讼化审查下可能更紧张。承办人员的时间较为紧张，留给辩护律师的准备时间必然也不宽裕；如果提请批捕案件出现较为集中的情况，检察官阅卷后再提前指定一个听证的时间几乎不可能。

考虑到我国逮捕的证明标准较高，且检察官可能承担的司法责任，笔者建议诉讼化的审查时间一般仍为 7 日，但可以延长到 14 日；这个延长时间主要是应犯罪嫌疑人及其辩护人的要求准备辩护而确定，检察官不得直接延长，具体根据准备辩护的时间确定。其一，这种案件相对较少，并不存在普遍延长羁押时间的问题。其二，这种延长是犯罪嫌疑人及其辩护人的要求，是为保障其诉讼权利目的而作出的特别延长。其三，本来这些案件中的犯罪嫌疑人就已被"拟逮捕"，相对于此前行政化方式下的犯罪嫌疑人已经被逮捕，诉讼化可能造成的时间延长只是对于犯罪嫌疑人权利的"两害相较取其轻"。

（三）关于诉讼化审查的形式

诉讼化审查一般是由控辩审三方组成的听证模式，在审查逮捕中则是侦查机关、犯罪嫌疑人及其律师和检察机关组成的，通过言词审理就犯罪嫌疑人是否需要逮捕进行的对席审查方式。当前的羁押听证业已采用了这种形式，但一些具体做法可能仍有完善的空间。

从参与的主体看，这种审查应尽量减少不必要人员的参加。当前的羁押听证除了处于典型控辩审角色的侦查人员、犯罪嫌疑人和检察人员外,被害人或被害人的近亲属、符合条件的社会人士以及人民监督员都可以参加。笔者认为,除非被害人、证人、鉴定人的言词证据对逮捕具有决定性作用,且受到质疑,原则上不需要其他诉讼参与人参加,以避免开庭时间确定的困难和时限的延长。至于社会公众、媒体等的参与,应以无罪推定原则为基准,听证前不公告,听证当日在不影响审查进行的情况下允许旁听,又不全面公开,以免犯罪标签效应对犯罪嫌疑人的影响;但如果可能妨碍侦查进行,或犯罪嫌疑人申请不公开的,检察院应作出不公开的决定。至于邀请社会人士或人民监督员参与,虽有监督的效果,但可能会延长审查逮捕的时间;在当前检察机关自行侦查案件已然较少的情况下,这种监督的必要性并不充分,可以考虑在逮捕后的救济程序中邀请这些人士参与,从而在一定程度上避免自我监督的不足。

从审查的方式看,兼顾案件事实查明和诉讼权利保障,检察人员应灵活运用各种方式。检察机关的审查应以侦查机关提交的案件材料及相关证据为核心,以了解犯罪嫌疑人是否需要逮捕的基础事实;通过听证等方式了解多方面的信息,确保对犯罪嫌疑人社会危险性的把握。检察机关在阅卷、听证方式之外,还可以通过讯问、书面或电话、视频等方式听取诉讼参与人的意见,但仅限于对侦查机关提交证据的调查核实,不得庭外调查证据,以免使自己陷入与犯罪嫌疑人对立的境地,也避免调查取证可能造成的时间拖延过长。考虑到效率的需要和现代科技的发展,审查可以在犯罪嫌疑人被羁押的地方或者在检察院通过面对面或视频的方式进行,既保障了基本的对席方式,也可以在一定程度上减少犯罪嫌疑人押运到庭的风险,增加听证时间上灵活性。

三、逮捕救济程序的全面诉讼化

对逮捕决定的救济,目前主要是主动审查羁押必要性和申请变更强制措施。在逮捕审查程序诉讼化程度有限的情况下,这两个救济措施的审查应当提供更为正当化的程序保障,即全面的诉讼化方式,从诉讼程序整体保障当事人权利。[①]

以羁押必要性审查程序为例,《羁押必要性审查、评估工作规定》和《人民检察院羁押听证办法》对其进行了完善,[②]但仍有以下两点应当改革:

一是对必要性审查的方式。当前明确检察院"可以"对羁押必要性审查案件进行公开审查,但是,涉及国家秘密、商业秘密、个人隐私的案件除外,也即公开审查并非必须。[③] 在逮捕审查程序诉讼化较为有限的情况下,笔者建议,除非侦查机关与犯罪嫌疑人及其辩护人的意见一致,否则对羁押必要性的审查应当普遍采取公开审查程序,但前述特殊案件例外。其一,从时间上看,不同于逮捕审查时犯罪嫌疑人面临的羁押与否的及时裁决要求,时限总体较短,难以在合法、合理的时间全部进行听证式的公开审查,在捕后审查时犯罪嫌疑人处于相对稳定的羁押状态,时限上可以适当放宽,以满足诉讼化审查的时间要求。其二,从程序上看,对羁押的审查意味着此前的羁押理由可能出现了松动或以前的羁押理由本身就不可靠,犯罪嫌疑人及其辩护人与追诉机关的意见产生了分歧,很有可能需要推翻此前的司法裁定;通过公开的审查程序,既可以保障诉讼权利,也可以监督国家权力,更具正当性。其三,从对被羁押人的影响看,羁押已然对被追诉人产生了实质影响,此时公开审查对被羁押人的影响更多是正面的,而非负面的,如给予其公开陈述事实,甚至揭露违法侦查的机会。

二是必要性审查的主体。此前司法解释已经明确由刑事执行监督部门代替原先的侦查监督部门、公诉部门进行审查,从而一定程度上保证了监督的中立与公正。但羁押必要性发挥作用的空间仍然十分有

---

① 林钰雄:《改革侦查程序之新视野》,《月旦法学杂志》2008 年第 6 期。
② 有学者提出,早期的羁押必要性存在审查主体不合理、启动困难、审查方式有待完善和审查决定效力较弱等问题,但在有关司法解释制定后得到了一定程度的完善。参见陈永生:《逮捕的中国问题与制度应对》,《政法论坛》2013 年第 4 期。
③ 最新的《人民检察院刑事规则》第 577 条规定,羁押必要性审查在"必要时"可以公开审查。

限,原因众多。^① 不过,《人民检察院刑事诉讼规则》《羁押必要性审查、评估工作规定》又将必要性审查的主体转由捕诉部门进行。捕诉部门自己决定逮捕,又自己进行羁押必要性审查,在确保审前程序的顺利进行、确保犯罪嫌疑人及时到庭的内在要求下,改变羁押状态较难,这已有相关实践的验证。^② 笔者认为,仍由原先的刑事执行检察部门进行必要性审查,同时实现刑事执行检察部门与具有批捕权的具体刑事业务部门的真正分离可能是出路。由于检察一体及长期存在的三级审批制度,即使在当前司法责任制、权力清单制度下取消审批而改为"审核",^③如果刑事执行检察部门与刑事业务部门由同一领导分管,从司法考核的角度,分管领导不会同意较大频率地对此前羁押的变更,由此造成此前羁押不慎或变更不慎的印象,无论属于哪一种,都会给其分管工作造成不良影响。

从申请变更强制措施看,其与羁押必要性的确存在一定的差异,^④但对其审查的方式完全可以参照羁押必要性的审查,至少可以采取对席、言词审查的方式,保证犯罪嫌疑人的诉讼权利。

---

① 谢小剑:《羁押必要性审查制度实效研究》,《法学家》2016 年第 2 期。
② 郭冰:《羁押必要性审查制度实践运行审视》,《中国刑事法杂志》2016 年第 2 期。
③ 具体可以参见《关于完善人民检察院司法责任制的若干意见》;朱孝清:《检察官相对独立论》,《法学研究》2015 年第 1 期;陈海锋:《检察官权力清单制订中的分级与分类》,《国家检察官学院学报》2018 年第 5 期。
④ 李旻、刘作城:《羁押必要性审查与申请变更强制措施辨析》,《江苏法治报》2018 年 1 月 18 日。

第五章　刑事诉讼监督路径的优化

　　虽然从诉讼职权与监督职权两分视角对检察职能进行的界定,笔者并不完全赞同,不过,相对于诉讼中公检法相互配合、相互制约下的职权分工,诉讼监督既有这种类似的嵌入诉讼之中,同时也有一些是脱离这种诉讼具体分工的纯粹监督,也即检察职权中审查批捕、提起公诉等职能与侦查监督、审判监督、执行监督等职能在形式上是有差异的,类似"发展式监督"和"基本式监督"的两分。[①]

　　作为检察职权的重要组成部分,检察机关的诉讼监督改革一直在进行。2012 年《刑事诉讼法》修改,对我国检察机关的诉讼监督作了诸多新的确认,将刑事诉讼监督扩展到立案、侦查、审判与执行的全流程,较为重大的监督条款内容包括对死刑复核的参与、对诉讼权利的救济、羁押必要性的审查、强制侦查手段的监督以及执行中的同步监督等,但仍然存在不少问题与争议,包括监督范围全覆盖上的漏洞、监督手段仍有不少困难、监督效力缺乏保障等。[②] 2018 年《刑事诉讼法》修改并没有就诉讼监督的内容进行完善,于 2019 年底公布的《人民检察院刑事诉讼规则》对刑事诉讼中的监督手段、监督内容等方面有所着墨和完善,以司法解释的形式弥补了当前立法存在的部分不足。不过,刑事诉讼监督中仍然存在一些争议问题,可能会误导改革的方向,值得研究。

---

① 李奋飞:《职务犯罪调查中的检察引导问题研究》,《比较法研究》2019 年第 1 期。
② 邓思清:《检察机关诉讼监督制度的改革与完善》,《国家检察官学院学报》2012 年第5 期。

第一节　检察机关"提前"介入刑事
侦查再检视

监察体制改革下,新设立的监察机关不同于一般的行政机关、司法机关,①检察机关能否对其进行法律监督并不明确;职务犯罪查办视角下的监检衔接,原则上只发生在监察机关将调查的案件移送检察机关审查起诉时。然而,无论监察体制改革的试点阶段还是全面铺开阶段,监检衔接的实践需求促使它们之间建立了更为紧密的关系——监察机关商请下检察机关介入职务犯罪调查的机制。② 由此,检察机关提前介入职务犯罪监察调查到底是监督、制衡、制约,甚或是提供决策咨询,目前存在不少争议,③将对监检关系的定位乃至介入机制的构建完善产生直接影响。

与该新设立的机制不同,检察机关"提前"介入公安机关侦查活动(以下简称"检察提前介入侦查")具有较长的历史。这种"提前"介入主要是指检察机关对某些重大刑事案件,在案件正式移送其处理以前提前介入诉讼程序,参与侦查机关主持的诉讼活动。④ 鉴于检察机关的"提前"介入及由此形成的履职"提前",检察提前介入侦查从产生至今

---

① 中共中央纪律检查委员会法规室、中华人民共和国国家监察委员会法规室:《〈中华人民共和国监察法〉释义》,中国方正出版社 2018 年版,第 62 页。

② 监察改革试点时期,山西省在联席会议制度下探索实践了检察机关提前介入机制,并在后来的立法中得到认可;参见《国家监察体制改革试点取得实效》,《人民日报》2017 年 11 月 6 日。《监察法》实施后不久,国家监察委员会与最高人民检察院联合制定了《办理职务犯罪案件工作衔接办法》,各地也陆续建立了类似机制,并在《人民检察院刑事诉讼规则》中得到体现,检察机关提前介入监察调查机制得到全面确立。

③ 左卫民、唐清宇:《制约模式:监察机关与检察机关的关系模式思考》,《现代法学》2018 年第 4 期;封利强:《检察机关提前介入监察调查之检讨》,《浙江社会科学》2020 年第 9 期;王玄玮:《监检衔接中检察职责的尺度》,《云南师范大学学报(哲学社会科学版)》2021 年第 1 期。

④ 龙宗智:《"提前介入"必须具体分析》,《法学》1989 年第 12 期;矫春晓、王培初:《提前介入问题初探》,《政法论坛》1991 年第 2 期。

就存在支持与反对、配合与监督等争议。① 为了向提前介入监察调查提供对照与借鉴，作为办案机关之间类似的衔接机制，检察提前介入侦查的再研究与对相关问题的再厘清就具有必要性，而且该机制的实践也已长期发展演变，学界与实务界有不少新观察、新思考与新动向，也为对该机制的新研究提供可能性。

一、检察提前介入侦查的演变：实践偏离法制

检察提前介入侦查形成于严打犯罪的需要。1979 年，我国第一部《刑事诉讼法》明确了我国公检法的基本关系，即分工负责、互相配合、互相制约；检察机关对公安机关的提请逮捕有审批权，在必要时，可以"派人参加公安机关对重大案件的讨论"；②此后不久，1982 年《宪法》吸收了 1979 年《人民检察院组织法》对检察机关国家法律监督机关的定位和《刑事诉讼法》对公检法关系原则的规定，从而在法律层面基本明确了检察机关对侦查机关的监督职能与大体内容。刑事程序法制的建立在赋权国家机关的同时，毫无疑问也有限权的作用。为顺利实施这些法律，一些地方检察机关将审查批捕、审查起诉中的部分工作"提前"到侦查阶段，并形成了一些经验，得到最高人民检察院的认可。③ 1983 年，中央在《关于严厉打击刑事犯罪活动的决定》中提出了依法"从重从快、一网打尽"的精神，强调政法队伍对刑事犯罪严厉打击的态度，并提出公检法三机关可以"联合办案"；1987 年，根据此前严打的成效，中央作出了社会治安综合治理的战略决策，坚持把打击放在第一位，并提出公检法要"互相配合，对大要案要提前介入"。④ 1988 年，为"更好地贯

---

① 龙宗智：《"提前介入"必须具体分析》，《法学》1989 年第 12 期；李建明：《检察机关提前介入刑事诉讼问题》，《政治与法律》1991 年第 2 期；董邦俊、操宏均、秦新承：《检察引导侦查之应然方向》，《法学》2010 年第 4 期；陈国庆：《新刑事诉讼法与诉讼监督》，中国检察出版社 2012 年版，第 70 页。

② 《刑事诉讼法》(1979)第 5 条、第 45 条。

③ 武延平、张凤阁：《试论检察机关的提前介入》，《政法论坛》1991 年第 2 期。

④ 胡宗银：《"提前介入"之我见》，《政法论坛》1992 年第 3 期。

彻依法从重从快惩处严重刑事犯罪分子的方针",最高人民检察院和公安部联合制定了《关于加强检察、公安机关相互联系的通知》(下文简称"《通知》"),对检察提前介入侦查首次作了制度性规定。由此,早期的检察提前介入侦查经历了从部分地方的自觉实践、最高人民检察院的转发认可、严打时期的特殊手段,到中央文件正式确认为社会治安综合治理的战略决策手段之一、检察机关与公安机关联合制定相关制度规范,这一机制以加强侦检之间的协作配合为方式,为当时的严打提供规范支持。

作为一项来源于实践的机制,检察提前介入侦查设立之初就在一定程度上偏离法制要求。《通知》以具体案件中检察提前介入侦查和宏观上侦检对办案数据的分析交流作为搞好侦检之间"配合协作"的方式,确保打击犯罪与法律监督的实现。对检察提前介入侦查的规定主要体现为介入的情形,即公安机关对特别重大案件和认为影响大、危害严重的重大案件的现场勘查,或特别重大案件、重大集团案件、影响大的涉外案件和复杂重大案件的预审,应通知检察机关介入;检察机关认为需要介入其他预审活动的,也可以介入。从中不难发现,这一机制缺乏"制约"方式,与当时的法制存在差距。其一,没有"制约"的侦检衔接机制与侦检关系原则不符。从与当时《刑事诉讼法》的比较看,《通知》中的严打犯罪、提高办案效率和保证办案质量等目的与该法的"保证准确、及时地查明犯罪事实""惩罚犯罪分子""积极同犯罪行为作斗争"等任务是相符的,[1]但与侦监关系的原则相悖。刑事诉讼中公检法三机关依据职权分工,各司其职、各负其责,同时互相配合、互相制约,两者缺一不可;互相配合是在各自履职基础上的互相支持,互相制约则以"程序制约"防止和纠正可能的错误,保证案件质量。[2]《通知》以配合协作实现刑事诉讼法的任务,如能实现,则意味着法律对"制约关系"的规定可能是多余的;如无法实现,不仅可能导致《通知》被虚置,还使得

① 《刑事诉讼法》(1979)第2条。
② 王爱立:《中华人民共和国刑事诉讼法释义》,法律出版社2018年版,第12页。

侦监关系紊乱,偏离诉讼制度的基本安排。其二,即使文本明确有"履行法律监督职责"的规定,但其可能难以容纳"制约"。当时的刑事诉讼法并没有像当前规定的"人民检察院依法对刑事诉讼实行法律监督",但当时的宪法、人民检察院组织法都已明确了检察机关的"国家的法律监督机关"定位,[①]在《通知》目的中明确提及"履行法律监督职责"也较为合适。不过,且不论理论上有将"监督"与"制约"视为完全不同的两种权力控制方式,[②]即使按照我国宪法对检察机关定性的理论基础与宪制框架,检察机关的职能包括侦检之间配合制约的各种形式都应是实现法律监督的手段。[③]《通知》虽将"监督"与打击犯罪、保证办案质量等目的并列,但强调通过侦检"配合协作"方式实现这些目的,"制约"显然被有意忽略。其三,从介入的具体情形看,检察提前介入侦查的法律监督目的难以实现。考虑到侦查与审查起诉的衔接,公安机关通知介入更多是出于检察机关能提供一些侦查意见,便利后续的审查逮捕、审查起诉;侦查权虽然没有"依法独立"行使的要求,但公安机关主持的侦查应该不希望检察机关监督而造成对自己侦查的各种不利评价,除非可能影响案件的最终处理。如果该机制要同时强调对违法的监督,应该更多地让检察机关介入或检察机关应在介入上有更多的主动权,这也是检察机关履行法律监督职责所需要的;介入的案件范围和介入的阶段也不应有所限制,毕竟,侦查阶段可能存在的违法不因案件种类而有所限制,也可能存在于刑事侦查的全过程。

这种检察提前介入侦查存在的配合过多、监督不足问题,从当时不少学者的观察或担心中可见一斑。有学者在解读该机制时提出,检察提前介入侦查性质上只是了解掌握案情、熟悉证据,不是侦查或共同办案;任务包括掌握案情以减少审查批捕、审查起诉的时间,配合侦查和

---

① 《宪法》(1988)第 129 条、《人民检察院组织法》(1986)第 1 条。

② 陈国权、周鲁耀:《制约与监督:两种不同的权力逻辑》,《浙江大学学报(人文社会科学版)》2013 年第 6 期。

③ 刘松山、许安标:《中华人民共和国宪法通释》,http://www.npc.gov.cn/npc/c12434/c1793/c1851/c13475/201905/t20190523_50106.html(中国人大网),2024 年 7 月 10 日访问。

监督侦查;检察提前介入侦查是有效法律监督、贯彻落实从重从快方针和配合制约原则的要求。① 实践则是另一幅面向,如有学者提出,这种提前介入的确在查清犯罪事实、贯彻依法从重从快打击严重刑事犯罪方针、履行控诉职能、有效法律监督方面都有必要,②但检察提前介入侦查成为检察机关提起公诉的准备性活动是不妥的,③检察提前介入侦查更主要是对侦查活动的监督。④ 还有学者提出,检察提前介入侦查的法律性质属于侦查监督,介入的任务首要是监督侦查活动,其次才是了解案情、熟悉证据,两个任务不能颠倒;忽略侦查监督,就会导致事实上的联合办案。⑤

随着实践的发展,这一机制也越来越偏离程序法治。其一,从有关政策文件的变化看,相对于《通知》中明确的监督目的,最高人民检察院的一些规范性文件已经多次出现介入侦查与监督侦查的分离,一定程度上在介入侦查中排除了监督目的。如 2002 年的《关于进一步加强公诉工作的决定》,将介入侦查与引导侦查取证并列,强调通过侦检之间的联系配合、联席会议制度等,引导取证活动,为侦查机关提出指导性意见和建议;同时,通过单独条文规定了对侦查活动的监督,介入侦查不再作为侦查监督的内容。2005 年《关于进一步加强公诉工作强化法律监督的意见》中有关内容的安排也是大体如此。2015 年的《关于加强出庭公诉工作的意见》倒是将介入侦查与监督侦查合法性置于同一条款中,但目的在于"引导侦查机关(部门)完善证据链条和证明体系"。引导取证从介入侦查中被取出单列,本身就体现了对介入配合作用的

---

① 李清龙:《试论刑事检察"提前介入"制度》,《青海社会科学》1991 年第 2 期。
② 林智忠、陈建全:《检察机关"提前介入"初探》,《中外法学》1991 年第 1 期;矫春晓、王培初:《提前介入问题初探》,《政法论坛》1991 年第 2 期;李志华:《人民检察院的"提前介入"应在法律中明确规定》,《法学评论》1988 年第 3 期。
③ 李心鉴:《刑事诉讼构造论》,中国政法大学出版社 1997 年版,第 197 页。
④ 张子培:《评刑事诉讼中的"提前介入"》,《法学研究》1991 年第 6 期。
⑤ 李建明:《检察机关提前介入刑事诉讼问题》,《政治与法律》1991 年第 2 期;武延平、张凤阁:《试论检察机关的提前介入》,《政法论坛》1991 年第 2 期。

重视。① 2021 年的《人民检察院办理网络犯罪案件规定》也是在"引导取证"部分提及这种介入。其二,从最高人民检察院的工作报告看,检察提前介入侦查在建立之后的一段时间里一直是侦查监督的一项重要内容。从近年的情况看,检察提前介入侦查只要出现在报告中,大多都是作为严惩严重刑事犯罪部分的一项内容,或与引导取证一起作为严惩犯罪的手段,②而作为监督的手段则被较少提及。其三,从实践情况看,近年检察机关频频介入一些热点事件,取得了较好的效果,③但很多案件介入时只是刚开始侦查,检察机关更多是为侦查提供指导性意见或引导侦查,监督的意味更淡。如携程亲子园虐童案,上海某地方公安分局于 2018 年 11 月 8 日应举报介入案件,并于次日将涉事人员予以刑事拘留,而当地检察机关也于 9 日介入案件,明确是为"引导公安调查取证,维护未成年人合法权益"。④ 再如江苏昆山于某某反杀案,案件发生于 2018 年 8 月 27 日晚,当地公安机关当日决定立案侦查,检察机关于 28 日晚提前介入侦查;在听取检察机关意见的基础上,9 月 1 日公安机关即以正当防卫、不负刑事责任为由撤销案件。⑤ 虽然检察机关介入后,案件定性与处理发生了反转,但这种介入对案件处理到底起到多大作用并不明确,或说侦查机关在没有这种介入下也可能会作

---

① 也有学者认为,引导取证也有法律监督的意思。笔者认为,如果说介入侦查从制度建立初明确包含配合与监督的目的,引导取证只是作为介入侦查的一项内容(为侦查提出更确切建议),那么从本源意义上的引导取证是不包含监督目的的;对引导取证的倚重,本身就反映了对法律监督的忽视或弱化。引导取证的内容,可以参见周新:《检察引导侦查的双重检视与改革进路》,《法律科学》2020 年第 2 期。

② 从提前介入侦查的规范性文件印发以来,在截至 2024 年的最高人民检察院历年工作报告中,将提前介入侦查明确作为侦查监督措施之一的年份有 1989、1990、1993、2002—2006,其中 2002—2003 年与引导取证一并列入监督内容,2015 年和 2017 年则一并作为严惩严重刑事犯罪的手段被提出;2018—2019 年、2021 年只提及介入的一些案例,但都暗含配合惩罚犯罪的目的;2023 年将介入作为监督的内容。

③ 刘子阳、张晨、董凡超:《检察机关频频提前介入热点事件引关注》,http://www.legaldaily.cn/index/content/2018-09/05/content_7637847.htm(法制网),2021 年 8 月 18 日访问。

④ 刘帆:《上海长宁检方提前介入"携程亲子园虐童"案》,http://www.jcrb.com/legal/fzyc/201711/t20171109_1814135.html(正义网),2020 年 4 月 7 日访问。

⑤ 《烙印 2018——十大刑案点评》,《检察日报》2018 年 12 月 27 日。

出同样的处理。如此,这种介入到底是监督还是提供侦查意见,并不明确。显然的是,侦查阶段伊始,侦查机关自己都可能还在研究案情阶段,检察机关介入监督什么?其四,一些新近的研究对当下介入的监督不足表达了担忧。有研究指出,由于对检察提前介入侦查价值认识上的分歧,检察机关在实践中虽有监督与保障的双重目的,但侦查机关主动邀请或被动接纳的介入往往带有试探能否报捕、能否起诉,分担办案压力的考虑,[①]分析案件、指导取证下的介入存在典型的监督不足问题。[②] 部分实务人士也认识到介入侦查对侦查的监督作用,[③]并认为从公诉的角度指挥、指导侦查,会失去法律监督机关应有的客观地位。[④] 不过,随着检察机关"捕诉一体"改革的落实,监察体制改革下作为支柱的刑事检察只能优化,而公诉更是侦查职能转隶后刑事检察的重心,为保证提起公诉案件的质量,配合,乃至指导侦查将成为检察机关事实上无法拒绝的选择。

可见,一方面,检察机关的法律监督地位、侦检关系原则自 1979 年《刑事诉讼法》《人民检察院组织法》的确立以及 1982 年的宪法化,当前相关法律规定依然没有改变,另一方面,无论是直接指导实践的《通知》,还是从一些司法热点与反映实践的最高人民检察院工作报告,检察提前介入侦查的要求或实践都不同程度存在偏离侦检关系及检察机关的监督地位,甚至一定程度上越来越单方面加强侦检合作的趋势。

二、检察提前介入侦查的依据:法律难以支撑实践

四十多年前出于严打需要的检察提前介入侦查,主要建立在规范

---

① 天津北辰区人民检察院课题组、张铁英:《检察机关"提前介入"问题研究》,《河北法学》2009 年第 3 期。
② 戴萍:《重大复杂案件提前介入侦查探索》,《检察日报》2019 年 8 月 13 日。
③ 孙谦:《刑事侦查与法律监督》,《国家检察官学院学报》2019 年第 4 期。
④ 万春:《侦查监督制度改革若干问题》,《国家检察官学院学报》2005 年第 4 期。

性文件基础上;面对当下全面依法治国的环境,这一机制显然需要更为坚实的法律基础,因此,从法律视角去检视这一机制就有必要。目前主流观点认为,检察提前介入侦查的法律依据包括《宪法》第 134 条检察机关定位条款、第 140 条有关公检法关系原则条款,《刑事诉讼法》第 87 条规定的检察机关派员参加侦查案件讨论的条款;[①]此外,《刑事诉讼法》规定的人民检察院审查案件时参与公安机关的复验复查等也被认为是依据之一。[②] 不过,这些规定可能都无法为检察"提前"介入侦查提供充分的法律依据。

首先,侦检关系的原则性规定并没有为检察提前介入侦查提供直接而明确的依据。的确,侦检关系的原则性规定为检察提前介入侦查提供了框架,但框架下侦检之间如何衔接并不明确。其一,检察机关的国家法律监督机关定位是对其性质的规定,需要其他基本法律的具体规定以实现这一定位。在公检法职权分工的基础上,检察院的权力行使应当以法律为依据;没有明确的规定,仅凭检察机关的宪法定位就"提前"介入侦查完全可能有违职权原则,甚至与检察机关通过督促其他国家机关的"法律监督"以统一法制相悖。当前的检察机关仍是国家的法律监督机关,但能多大程度上介入监察机关的调查工作,仍然需要监察法、刑事诉讼法或其他法律有较为明确的规定;在民事诉讼法、行政诉讼法明确公益诉讼权之前,检察机关同样不能行使上述权力。从宪法规定看,这一定位至多能明确检察机关可以对公安机关进行监督,但是对其所有活动还是部分活动,以及如何监督仍然需要法律的明确规定或授权。其二,公检法关系的原则在《宪法》《刑事诉讼法》中虽有明确规定,但只是对检察机关与侦查机关在刑事案件办理中关系的具体化,同样无法为检察提前介入侦查提供直接或明确依据。公检法的分工负责、互相配合、互相制约是刑事案件办理过程中三机关关系的基本原则,无论是配合还是制约的具体形式都应当有法律单独的、明确的

---

① 朱全宝:《论检察机关的提前介入:法理、限度与程序》,《法学杂志》2019 年第 9 期。
② 具体包括《刑事诉讼法》第 7 条、第 8 条、第 87 条、第 134 条。参见天津市北辰区人民检察院课题组、张铁英:《检察机关"提前介入"问题研究》,《河北法学》2009 年第 3 期。

规定,才有检察机关的"依法"独立行使检察权。如对于侦查机关的非法取证行为,《刑事诉讼法》规定为排除非法证据还是要求补正,检察机关只能"依法"进行排除或要求补正,显然不能因制约关系而任意地直接排除或要求补正,也不能因配合关系而恣意采用。

其次,对于检察机关参与侦查机关的复验复查,这种行为不应当认定为检察"提前"介入侦查。《刑事诉讼法》第134条规定,检察机关在审查案件时,认为需要公安机关复验、复查的,可以派员参加。从规范目的看,本条文是检察机关审查案件时发现勘验检查需要核实的,而由公安机关进行复验复查更合适;考虑到审查的亲历性,检察机关可以派员参加并见证这一复验、复查活动。从发生阶段看,该条虽是规定在侦查程序中,但其主要是对特殊情形下的勘验检查进行规范,也即复验复查,并不是一般的侦查;此时的复验复查可能发生在侦查程序,也可能发生在其他程序阶段。从本条的文义看,复验复查应是在检察机关审查案件的时候;从刑事审前程序看,这个审查案件一般是发生在检察机关审查批捕、审查起诉的时候,是案件已经移送到检察机关,不是还没有到检察机关下的"提前"介入。

再次,检察机关派员参加公安机关重大案件的讨论被认为是检察提前介入侦查的主要法律依据,但同样基础不牢。《刑事诉讼法》第87条是对检察提前介入侦查明确而正式的法律规定,但可能与本部分讨论的"提前介入"并非同一问题。根据立法释义,检察机关在必要时参加公安机关重大案件的讨论,主要出于两种考虑,一是为从重从快打击犯罪需要而尽快了解案情,迅速批捕;二是在案情重大复杂或意见分歧较大的情况下,尽快统一意见,保障顺利批捕,并对侦查工作进行补漏。这种参与讨论应在收到提请批准逮捕书后主动进行,也可以应公安机关通知参与讨论。[①] 从文义解释、体系解释的视角看,该条文主要是规定提请批准逮捕的程序,下一条文是检察机关审查逮捕的程序规定,基

---

① 《中华人民共和国刑事诉讼法释义》,http://www.npc.gov.cn/npc/c23214/201402/682007c4847a444696242f4b2e7c8d30.shtml(中国人大网),2022年4月11日访问。

于此,该条文中检察机关参与案件讨论有以下两种情形:一是与前述的立法释义相同,即人民检察院参与重大案件的讨论是出于逮捕的需要,[①]而不是为整个侦查活动出谋划策或提供建议的。逮捕需要侦查机关提供证据以证明犯罪嫌疑人的社会危险性较大,采用取保候审等措施仍然不能防止这种危险性,但由于侦查机关在一些特殊案件或特定情况下可能难以及时、快速提供相应的证据,检察机关提供法律意见予以协助。由此,检察机关介入侦查应当是严格限定的,不能超越逮捕需要。二是立法释义上将其解释为"提请后介入"可能是不严谨的,提请前也可以介入,从而该条文可以为检察"提前"介入侦查提供一定支撑。提请批捕后介入侦查,此时案件已然系属或部分系属检察机关,检察机关自然就有介入侦查的权力;对检察机关的审查批捕,法律虽没有明确要求其与公安机关进行探讨或沟通,但出于查明案件真相需要,两者进行一定的沟通显然也是符合审查目的的,包括参与对案件的讨论,这与程序正当性的要求并没有明显冲突,因此,单独作出介入的规定没有必要。从条文位置看,下一条文才是规范检察机关的审查程序,也即在侦查机关提请批捕前后,检察机关都可以介入侦查;检察机关在提请批捕之前的介入,就是真正的"提前"介入,也即公安机关对提请批捕的条件是否具备没有把握,主动邀请检察机关介入,或检察机关认为案件可能属于重大复杂,可能会与公安机关存在分歧,及时主动介入引导。不过,如果侦查机关邀请下的"提前"介入不是出于逮捕需要或超越逮捕需要,显然不是条文所能涵盖的;如果检察机关主动"提前"介入侦查,在我国检警分离的情况下,公安机关是否会提请批捕都没有确定,这种"提前"介入显然是混淆了侦检的职能,有僭越之嫌。由此,该条文对当前不受逮捕目的限制的检察提前介入侦查的支持是非常有限的。

最后,作为支撑的部分规范性文件自身也存在法律依据不足的问题。《通知》首次对检察提前介入侦查作了制度性规定,至今仍然有效;

---

① 《中华人民共和国刑事诉讼法释义》,http://www. npc. gov. cn/npc/c23214/201402/682007c4847a444696242f4b2e7c8d30. shtml(中国人大网),2022 年 4 月 11 日访问。

而当下的《人民检察院刑事诉讼规则》也对检察提前介入侦查作了较为全面的规定。[①] 前者是严打时期下的特殊措施,是对公检法联合办案精神的固化和吸收,主要目的就是配合公安机关打击犯罪的需要,[②]与配合制约关系及检察机关的法律监督地位都有一定的差距,[③]可能并不符合当前的法律精神。后者以《刑事诉讼法》有关审查逮捕规定为依据,而正如前文所述,刑事诉讼法的规定本身都难以为检察"提前"介入侦查提供明确法律支持,这个解释能够提供的支持将更为有限。

三、检察提前介入侦查的角色:强调配合削弱监督

虽然检察提前介入侦查没有明确的"法律"依据,但若这一介入机制事实上能符合法律原则性条款,如侦检之间配合制约关系、检察机关对刑事诉讼的监督等,在当前刑事诉讼立法技术仍然有限的情况下,[④]至少是合理的。

在我国刑事诉讼中,由于法院不介入审前程序,检察机关在庭前的主导责任得到较多认可。[⑤] 以公安机关侦查的案件为例,检察机关的审前主导是全面的主导,包括对立案与否决定的监督、批捕、侦查活动的监督、侦查结果的监督、对起诉案件的补充侦查或退回补充侦查及相关证据的全面收集、为当事人及辩护人、诉讼代理人提供司法救济等。相对于在审判中对控诉单一职能的主导,[⑥]检察机关在审前的主导更类似于审判中的法官,并没有为仅强调配合的检察提前介入侦查提供多少空间。

首先,审前程序中的检警职能差异较大,角色迥异。从刑事诉讼职

---

① 《人民检察院刑事诉讼规则》第 256 条。
② 董坤:《检察提前介入监察》,《政治与法律》2021 年第 9 期。
③ 孙谦:《刑事侦查与法律监督》,《国家检察官学院学报》2019 年第 4 期。
④ 万毅:《法典化时代的刑事诉讼法变革》,《东方法学》2021 年第 6 期。
⑤ 张军:《关于检察工作的若干问题》,《人民检察》2019 年第 13 期;李奋飞:《论检察机关的审前主导权》,《法学评论》2018 年第 6 期。
⑥ 秦宗文:《"检察机关刑事诉讼主导责任论"辨析》,《法治现代化研究》2020 年第 3 期。

能视角看,不少学者都认为检察机关与警察一般都属于大控方;在当前以审判为中心的诉讼制度改革下,为了强化打击犯罪,检警也有必要以不同形式加强合作,包括检察对侦查工作的引导。[1] 毫无疑问,加强检警合作对提升检察机关在控诉时的质量、保障控诉效果、回应以审判为中心的诉讼制度改革都有积极的意义,但检察机关在审前的合作可能会僭越两机关基本的职能分工,模糊甚至忽视了审前程序检警角色的差异。

第一,审前程序的检警职能分工明显。根据刑事诉讼法的规定,公安机关负责一般案件的侦查,检察机关则负责对司法工作人员的部分职务犯罪进行侦查、所有刑事案件的提起公诉及刑事诉讼全过程的监督等。对公安机关管辖的案件,检察机关一般没有管辖权,[2]自然也不能越俎代庖直接行使侦查权,只有对该类案件犯罪嫌疑人的批捕权、案件的审查起诉权等。这是检警分工负责的基本原则决定的。当然,检察机关对公安机关侦查的案件也有补充侦查权,但这是在审查起诉,甚至庭审中与相关权力一并行使,是配合其他职权行使的权力,绝不是在案件侦查阶段就能参与侦查。

第二,审前程序的检警角色不同。从刑事程序整体视角看,检察机关的角色与警察具有一致性,这也在刑事诉讼法目的与任务上得到一定程度的确认;在具体的司法实践中,警察需要支持检察机关的控诉,检察机关也需要警察部门的配合,从而形成大控方的格局,最终追究犯罪嫌疑人、被告人的刑事责任。不过,这只是侦检关系的一部分而非全部;从审前程序这一局部视角看,检警角色差异较大。我国刑事程序事实上分成若干阶段,在检察机关形成起诉决定前,其并没有与侦查机关相类似的不仅要破案,还要尽快控制事态发展、维护社会秩序的一线任

---

[1]　陈卫东:《"以审判为中心"视角下检察工作的挑战与应对》,《学习与探索》2017 年第 1 期;童建明:《对以审判为中心诉讼制度改革的思考与应对》,《人民检察》2016 年第 12 期。

[2]　根据《人民检察院刑事诉讼规则》第 13 条第 2 款规定,除司法工作人员的职务犯罪外,检察机关也可以管辖由公安机关管辖的国家机关工作人员利用职权实施的重大犯罪案件。

务,没有强烈的追诉色彩。检察机关受理案件后,经审查并作出起诉决定,则其自然会支持这一决定;可能面临的起诉失败、诉判差异等不利后果,也使得检察机关不得不强化追诉,从理论上的追诉者成为事实上的追诉者。因此,在作出决定前,检察机关可以中立,也应当客观中立,包括作为司法救济者、逮捕的批准者等都是这一角色的体现;作出决定后,其主要是追诉者,也仍然会承担法律监督的各种角色。也即在刑事程序中,检察机关的角色存在一个较为明显的转换,从较为中立客观的司法裁决者转换为实践中的追诉者。如果说追诉者角色与侦查机关有较大的共同性,那么在这种角色转换前,侦检之间的角色还是有较大区别的。

其次,以配合为主要目的的检察提前介入侦查忽视了中国刑事检察制度的特殊性,偏离了检察机关在审前程序的应然角色。侦检之间的配合制约关系具有法定性,即使没有明确这种关系,"一元分立"下的国家机关之间配合协作似乎也理所当然。由此,以配合为目的的检察提前介入侦查,不正是国家机关之间合理的关系吗?事实并非如此。

第一,检察提前介入侦查忽略了我国刑事检察制度的特殊性。提起公诉是世界各国检察机关在刑事司法中的普遍职能,由此,似乎检察机关成为控诉方并追究犯罪嫌疑人、被告人刑事责任是其常态。这种认识显然是片面的,一是忽视了我国检察机关的特殊性。大陆法系国家的侦检一体是基于检察机关享有侦查权,而警察机构只是在检察机关指挥下的辅助机关;英美法系中侦检分离也没有影响检察机关与警察的密切配合,但同样基于检察机关是作为政府的职能部门之一和政府的法律意见提供者,[1]侦检都处于"大政府"之下。不同于境外常见的作为行政机关一部分和以追诉犯罪作为主要职能,我国检察机关建立在区别于三权分立的人民代表大会制度下,虽承担了刑事控诉职能,但其根本的性质定位是"国家的法律监督机关";刑事控诉职能只是其

---

① 如美国司法部长的职责之一是向总统和行政部门的其他官员提供法律咨询。参见[瑞士]古尔蒂斯·里恩:《美国和欧洲的检察官》,王新玥、陈涛等译,法律出版社 2019 年版,第 37 页。

法律监督在刑事诉讼中的体现,因而在关注该职能的同时,不能忽略或违背其根本性质,违背保证法制统一的责任。二是忽视了检察机关在我国刑事诉讼程序的独特性。从刑事程序法制视角看,我国的确没有形成类似审判中心主义的立法,[①]但基于罪从判定和法检的职能,我国定罪量刑的权力配置仍然符合审判中心主义,[②]只是存在庭审虚置和审前程序对审判程序的影响较大,侵蚀了审判机关依法独立行使审判权。事实上,根据主导者的差异,[③]我国刑事诉讼程序分割为审前程序和审判程序;相对于法院主导审判程序且不介入审前程序,检察机关主导审前程序,承担类似境外法官在审前程序中的制约侦查、救济当事人的责任和角色。与法院和侦查机关的关系相似,审前程序的检察机关不能与侦查机关构建如同国外的检警关系,无论是大陆法系国家存在的检察指挥侦查,还是英美法系的检警密切配合。[④]

　　第二,检察提前介入侦查混淆了侦检的角色。无论是《监察法》还是《刑事诉讼法》都对检察机关与相关国家机关之间的关系有配合制约的规定;[⑤]不过,这里的配合都是各自在履行职能基础上的互相支持,防止自行其是、互相扯皮,[⑥]较有代表的如公安机关侦查与检察机关批捕,公安机关移送审查起诉与检察机关决定是否起诉等。[⑦]可见,这里

①　张建伟:《审判中心主义的实质内涵与实现途径》,《中外法学》2015年第4期。
②　施鹏鹏、谢文:《审判中心主义的源与流——以日本刑事诉讼为背景的制度谱系考》,《江苏社会科学》2018年第5期。
③　张建伟:《检察机关主导作用论》,《中国刑事法杂志》2019年第6期。
④　龙宗智:《评"检警一体化"兼论我国的检警关系》,《法学研究》2000年第2期;何家弘:《构建和谐社会中的检警关系》,《人民检察》2007年第23期。
⑤　如除了代表性的公检法配合关系外,《刑事诉讼法》第64条第3款规定对证人的保护,"人民法院、人民检察院、公安机关依法采取保护措施,有关单位和个人应当配合。"《监察法》第4条第2款规定,"监察机关办理职务违法和职务犯罪案件,应当与审判机关、检察机关、执法部门互相配合,互相制约。"
⑥　王爱立:《中华人民共和国刑事诉讼法释义》,法律出版社2018年版,第12页;中共中央纪律检查委员会法规室、中华人民共和国国家监察委员会法规室编写:《〈中华人民共和国监察法〉释义》,中国方正出版社2018年版,第66页。
⑦　刘松山、许安标:《中华人民共和国宪法通释》,http://www.npc.gov.cn/npc/c12434/c1793/c1851/c13475/201905/t20190523_50106.html(中国人大网),2024年7月11日访问。

的关键是在各自履行职能上给予对方必要的配合,绝不是直接介入对方的履职活动。的确,考虑到公检法的国家机关同质性,在刑事诉讼中还有打击犯罪、保障人权的共同任务,检察机关需要承担追诉职能,追诉性一定程度上被认为是与生俱来的,对其中立公正性的质疑也一直存在。[①] 然而,检察机关与侦查机关、甚至法院都有相同的惩罚犯罪、保护人民、保障秩序等任务,但实现的方式各不相同。在侦查时需要批捕或起诉时需要公安机关的补充侦查,这是典型的侦检互相配合,但仅仅以快速打击犯罪、保障侦查质量、服务公诉为目标,在案件还没有提交检察机关审查起诉、更没有作出起诉决定前就"提前"介入侦查,事实上就意味着在自身应当承担的职能外进行了配合,是超越了配合,违反了配合的本义。这种与侦查的额外配合突显了检察机关的追诉性,意味着检察机关被早早纳入了控方的共同体,偏离了客观中立的审前角色,将会使其包括在审查批捕、纠正侦查违法上的立场或作用难以被认可,[②]加剧了对检察机关角色的误解,也使得国家机关之间的职能分工失去意义。

最后,以配合为主要目的的检察提前介入侦查削弱了检察机关的法律监督。从目前报道看,检察提前介入侦查的案件没有出现违法侦查等情况,但在依法治国战略推动下侦查规范性日渐向好,违法侦查情形较少也属正常,并不能由此断定提前介入在监督侦查、规范侦查之间有多大的实质性联系。配合关系本身就是法定的侦检关系一部分,为何检察提前介入侦查下的侦检配合不应该? 因为这种忽视制约的介入会影响监督,最终将滑向削弱监督,乃至只剩配合。

第一,检察提前介入侦查在实践中难以监督侦查。在司法地方化下,侦检机构一一对应,刑事业务上有长期的合作关系,双方人员都较

---

① 陈卫东:《我国检察权的反思与重构》,《法学研究》2002 年第 2 期;刘计划:《侦查监督制度的中国模式及其改革》,《中国法学》2014 年第 1 期。

② 李奋飞:《检察再造论——以职务犯罪侦查权的转隶为基点》,《政法论坛》2018 年第 1 期。

为熟悉。检察提前介入侦查下,对于可见的明显违法侦查行为,检察人员应该会有一定的提醒,侦查人员也会因检察人员在场等情况而收敛违法侦查行为(如果存在的话)。从这个角度讲,检察提前介入侦查似乎在一定程度上有利于对侦查机关的监督。不过,大部分案件中,检察机关的介入并不是直接介入侦查活动中,而是一般通过审查材料、或通过会议、电话等形式接受侦查人员的咨询,并提供侦查意见,从而确保后来可能的提请批捕、移送起诉等在定性、定罪等方面的精准,避免直接移送检察机关后可能造成的程序回转、意见被否等情况。也即,检察机关很少直接介入具体的侦查措施与过程,接触的给定材料也都经历了侦查机关的筛选,直接发现违法较为困难;检察机关也通常只是立足审查逮捕、审查起诉职能,通过审查材料来引导侦查,目的是共同查明犯罪,体现的只是相互配合,[1]并非是对侦查活动中可能的违法行为进行监督,甚至也无从监督。

第二,检察提前介入侦查在理论上也难以监督侦查。考虑到长期以来的打击犯罪理念和检察机关的公诉职能,检察机关实践中也必然具有亟早为公诉作准备的想法,而检察提前介入侦查为其公诉准备提供了契机,从而强化了追诉而不是监督。检察提前介入侦查是为侦查提供意见,检察机关并不需要承担实质风险,同时又可以早日接触、了解案情;考虑到自己主动介入侦查,需要侦查机关的配合,公诉过程中也需要侦查机关补充侦查、出庭作证等配合,检察机关此时更愿意配合侦查而不是监督侦查。在一方面需要配合侦查,也需要侦查机关配合,另一方面又需要制约侦查的现实下,检察机关显然会倾向选择与侦查机关一致的立场而不是更多去保障犯罪嫌疑人的诉讼权利。相对于检察人员与侦查人员较为熟悉及沟通的便利,犯罪嫌疑人的标签已然使其处于不利的道德地位,也无法与检察人员进行及时沟通;此时的辩护难以将检察机关拉回中立的轨道,大多时候只能任由其滑向协助控诉

---

① 刘哲:《如何正确认识充分落实检察官在刑事诉讼中的主导责任》,https://www.sohu.com/a/334546543_120032(京检在线公众号),2020年4月7日访问。

的方向。如果说审前程序是类似司法化的,侦查机关、犯罪嫌疑人处于控辩地位,检察机关是与两者等距的中立裁判者;当前的检察提前介入侦查从制度上拉近了"控审"的距离,从而事实上压缩侦查监督存在的空间,削弱了本应基本维持平衡的法律监督。

四、检察提前介入侦查的价值:误解多于事实

毫无疑问的是,检察提前介入侦查对刑事诉讼有积极意义。在上个世纪 90 年代前后对检察提前介入侦查展开的较早讨论中,不少支持的声音就认为,作为一种侦查监督形式,检察提前介入侦查具有实体监督与程序监督并重、侦查监督与侦查活动同步的动态监督效果;[①]检察提前介入侦查符合检警在诉讼构造和诉讼职能上的一致性,便于检察机关熟悉案情、协助侦查和监督侦查,也减少了审查批捕与审查起诉时的重复劳动等;[②]检察提前介入侦查还有助于公安机关及时全面收集证据、对付被告人翻供、减轻证人与被害人心理恐惧,也能及时防止诬告陷害。[③] 近些年,以检察提前介入侦查为核心内容,一些学者主张进行检警一体化,认为有助于提高侦查取证的质量和对侦查的同步监督;[④]还有认为检察应引导、参与案件侦查,以规范公安机关侦查取证,聚合批捕与公诉的监督力量,推动监督的有力度、规范化与及时性。[⑤] 的确,这些价值在一定程度上都是客观存在的,但这些价值是否都应是侦查阶段的检察机关追求的,是否可能存在部分价值与检察机关内在职能的冲突,甚至是"捡了芝麻,丢了西瓜"? 值得检讨。

首先,侦查质量应该由谁负责? 相对于侦查机关,检察机关长于案

---

① 李建明:《检察机关提前介入刑事诉讼问题》,《政治与法律》1991 年第 2 期。
② 龙宗智:《"提前介入"必须具体分析》,《法学》1989 年第 12 期。
③ 林智忠、陈建全:《检察机关"提前介入"初探》,《中外法学》1991 年第 1 期。
④ 刘计划:《检警一体化模式再解读》,《法学研究》2013 年第 6 期。
⑤ 周新:《检察引导侦查的双重检视与改革进路》,《法律科学》2020 年第 2 期。

件的控诉,不仅是法律知识的把握,更在法庭指控的经验和技巧。检察提前介入侦查,并就案件性质、收集证据与适用法律等提出意见,无论是从兼听则明或集思广益去侦查,还是提供符合审查起诉、提起公诉标准的案件材料或说高质量的侦查结果,都有非常积极的价值。上文提及的江苏昆山于某某案,因检察机关意见对案件的定性准确,案件处理的社会效果极好,提前介入于某某反杀案的检察官获选当年的央视年度法治人物,相关案例入选最高人民检察院第十二批指导性案例。不过,检察机关需要"提前"关心案件侦查的质量吗? 显然不需要。其一,检察机关对案件侦查的质量没有保证义务。对案件事实的查明是侦查阶段包括公安机关等职能部门的主要任务,与检察机关的职能存在明显差异。在案件还没有移送审查批捕、审查起诉,检察机关对案件侦查质量没有任何义务,更不需要考虑案件质量最终会影响犯罪嫌疑人的批捕、控诉。其二,法律为检察机关后续处理案件质量问题提供了明确的方式。即使移送检察机关的案件存在质量问题,作为审查逮捕、审查起诉的主导机关,检察机关一方面可以通过自行侦查、退回补充侦查等方式予以弥补,确保审查逮捕、审查起诉案件符合证明要求,另一方面也可以通过依法的不批捕、不起诉等方式对侦查结论予以否定性评价,给侦查机关施加全面依法、积极主动进行侦查的压力、动力,督促其努力提高案件质量。其三,这种提高侦查质量方式的价值是有限的。检察提前介入侦查下促成侦查质量的提高,对保障案件事实的查明、犯罪嫌疑人的权利都是有意义的,但从程序视角看,积极协助作为审前程序控方的侦查机关,程序正义所要求的裁判者中立且平等对待控辩双方将在检察机关身上荡然无存,在法院不介入刑事审前程序情况下,程序正义的价值受到削弱;考虑到程序正义对实体正义的积极实现价值,这种提前介入也将会最终削弱实体公正的接受度。

侦查质量的高低都不会影响检察机关的正常履职,而刑事诉讼的职权原则要求公检法在职能分工基础上各自依法履职。只要检察机关的履职严格遵照以事实为依据、以法律为准绳,无论是否批捕或起诉,都是检察机关合法履职的结果;这里的事实绝不是历史视野中的自然事实,而应是由侦查机关查明的事实,或至少建立在侦查机关查明的基本事实基础上,检察机关依职权进行一定的补充。不能因侦查质量不高造成对犯罪惩罚不力而归咎于检察机关,甚至启动追责。

其次,检察提前介入侦查能实现对其的同步监督、动态监督吗?相对于通常的审查批捕、审查起诉或犯罪嫌疑人、被告人及其辩护人主动向检察机关申诉等情况,检察提前介入侦查,参与重大案件的讨论,接触案件的时间提前了,由此为更早、更为及时地发现侦查中的问题提供了可能。提前介入情况下的确有利于监督的提前,但离同步监督、动态监督还有很大的距离。一方面,检察提前介入侦查事实上并没有真正形成同步监督、动态监督。检察提前介入侦查后,大部分是在会议室听取案件情况的汇报、阅卷,[①]也有些地方采用旁听讯问(询问)、参加勘查检验等方式。[②] 侦查机关的汇报或卷宗材料一般是不可能直接暴露违法侦查情况的,即使存在而被发现,此时仍然是一种事后的救济,不能称之为同步监督。至于检察机关直接参与讯问、询问等侦查活动,这种情况是非常有限的;大部分的讯问活动,特别是在早期"突破"犯罪嫌疑人的讯问活动,检察机关大多还没有来得及介入;侦查机关考虑到策略、保密与及时等方面的需要,也不会要求检察机关及时介入;从专业性、侦查权的强势,甚至面子文化上考虑,侦查机关也不会对检察机关早期的参与抱有积极的态度。[③] 另一方面,检察提前介入侦查基本也不可能形成对侦查活动的同步监督、动态监督。从刑事侦查力量与检察力量的对比看,我国的治安派出所都有刑事侦查职能,[④]其是建立在乡镇、街道一级,而检察机关至少建立在县级行政区域。近年检察四大

---

① 卞建林、谢澍:《刑事检察制度改革实证研究》,《中国刑事法杂志》2018 年第 6 期。

② 孙光永:《六项举措强化提前介入侦查工作》,《检察日报》2017 年 8 月 13 日;王志婕:《浅析如何完善检察机关提前介入侦查机制》,http://www.sn.jcy.gov.cn/xysqdq/lldy/201911/t20191115_147479.html(咸阳市秦都区人民检察院),2020 年 4 月 9 日访问。

③ 有调查显示,侦查人员一般也与检察人员保持较为密切的电话沟通,而对于检察机关提前介入,存在一定的抵触。具体参见卞建林、谢澍:《刑事检察制度改革实证研究》,《中国刑事法杂志》2018 年第 6 期。

④ 根据 2005 年公安部的《关于建立派出所和刑警队办理刑事案件工作机制的意见》,派出所负责辖区内因果关系明显、案情简单、无需专业侦查手段和跨县市侦查的案件。

职能与十大业务建设下,检察机关面临任务扩展与员额制改革下数量相对萎缩并存的局面,积极主动介入侦查可能会力不从心;①即使检察机关可以提前参与重大案件,但其他案件中的非法侦查行为并不一定就更少而没有监督的必要。最高人民检察院在 2014 年的《关于深化检察改革的意见(2013—2017 年工作规划)》中提出"建立对公安派出所刑事侦查活动监督机制",2015 年提出要在全国积极推广,并希望在 2017 年底在全国铺开,但直到 2020 年还在落实"检察机关向公安机关执法办案管理中心派驻检察室"的问题,②对侦查的同步监督困难可想而知。由此,即使检察提前介入侦查有同步监督、动态监督的效果,但也将只能是对部分案件的监督;即使保障重大案件介入的力量,但重大案件耗时费力,持续时间较长,检察机关也只能在部分侦查环节、部分侦查活动派员介入,这种同步监督、动态监督也将只是残缺的。

同步监督、动态监督是检察机关加强侦查监督的重要措施,具有积极价值,但应在多大程度上和能在多大程度上实现这种监督需要结合刑事办案的需要和权力运作的规律,由此,监督的方式方法非常关键,绝不应导致"过程违反目的",本为加强监督,最终却加强了配合。

最后,审前程序中检察机关需要追求诉讼效率吗?检察机关提前介入侦查,及早熟悉案情,对于减少无效侦查活动及后续程序中可能的补充侦查、避免一些重复劳动以及加快案件办理等方面都有意义。但检察机关追求的这种效率是以与侦查机关的合作为前提的,强化了自己的追诉色彩,违反了自己在审前程序中应当秉承的客观中立角色,加剧了对检察机关在审查批捕中角色的质疑,可能得不偿失。部分对审查逮捕的研究显示,检察引导侦查后,2017 年 10 月至 2018 年 3 月,某

---

① 有研究提出,当前对公安派出所的监督多以定期巡查监督、专项监督等方式存在,检察人员不足是通病。参见刘计划、段君尚:《检察机关派驻公安机关模式研究》,《中国人民大学学报》2020 年第 2 期;杨锦璇、贾晓千:《以审判为中心背景下公安派出所刑事执法结构化监督模式新探》,《中国人民公安大学学报(社会科学版)》2019 年第 5 期。

② 徐日丹:《今年底前全面铺开对公安派出所刑事侦查活动监督工作》,《检察日报》2017 年 3 月 30 日;辛妍:《对派驻公安机关检察室工作的实践思考》,http://www.jcrb.com/xueshupd/jcjj/202004/t20200423_2149978.html(正义网),2021 年 10 月 11 日访问。

区检察机关审查逮捕平均办案时间为 5.04 天；2018 年 10 月至 2019 年 3 月，审查逮捕平均办案时间为 5.32 天。[①] 可见，至少在审查逮捕时间的减少上并不完全成立或效果有限。即使这种时间上的减少是存在的，甚至是普遍的，但是否必要通过检察提前介入侦查来解决？其一，不同于法院长期以来较为明显的案多人少矛盾，检察机关反映的办案时间紧张程度可能并不普遍，更多是人力资源配置问题。[②] 其二，因案件仍处于侦查中，检察提前介入侦查获得的案件信息大多是不全面的，更可能没有犯罪嫌疑人及其辩护人的意见，由此，检察机关形成的认知也将是片面的，可能导致检察机关在审查批捕、审查起诉上的预断，甚至会影响犯罪嫌疑人及其辩护人辩护的效果。提前介入下的程序效率提高以违反程序正义为代价，颠倒了效率与正义的关系。其三，当前的检察提前介入侦查明确限于重大、疑难、复杂案件，谨慎对待而不是快速完成审查起诉或审查逮捕是刑事案件本身及其后果的严重性决定的。审查批捕期限为 7 日，提前介入下的审查也不可能有多大的时间提前；审查起诉的时限在一个月至一个半月，考虑到这类案件的影响，慎重准备起诉也是应有的态度。鉴于犯罪嫌疑人羁押案件可能的实体刑罚较重，审查批捕与审查起诉中快速办理提高效率的正向实体价值不大，反而可能会因快速办案、准备不足、偏听偏信等造成实体公正性缺陷，不应被提倡。

由此，中国的检察机关是国家的法律监督机关，体现在刑事诉讼中是对诉讼全过程的监督以及与公安机关、法院的配合制约关系；作为定位的反映，检察职权的行使在不同诉讼阶段体现的性质与角色不同，具有一定的司法性与行政性或中立性与追诉性。在刑事审前程序中，基于侦查机关权力与当事人权利的差异及两者事实上的地位悬殊，检察机关对侦查机关的监督职责、对当事人的司法救济职责就显得极为重要。检察机关绝不应追求部分诉讼职能的实现而忽视其他职能。

---

① 周新：《检察引导侦查的双重检视与改革进路》，《法律科学》2020 年第 2 期。

② 谢鹏程：《检察官办案责任制改革的三个问题》，《国家检察官学院学报》2014 年第 6 期。

一些重要的规范性文件赋予了检察机关介入公安机关侦查的权力,较有代表的是《刑事诉讼法》《人民检察院刑事诉讼规则》,其中明确这种介入应是审查逮捕或审查起诉阶段。[①] 显然的是,此时案件已经系属或部分系属检察机关,基于侦检配合制约关系而介入公安机关的侦查,绝不是"提前"介入侦查,而是正当其时,自然应当坚持和完善。然而,一些规范性文件扩大或泛化这种介入,现实中更有不少检察机关积极"提早""提前"介入公安机关的侦查,在没有法律明确规定下,仅以配合制约原则难以获得法律支撑,更可能混淆了审前程序中侦检的角色分工,削弱了检察机关的法律监督。

当前实践中较为频繁的检察提前介入侦查,无论出于法律监督还是侦查办案,积极的正面价值也是客观存在的;作为侦检衔接在新时期的重要体现,2021 年颁布的《关于健全完善侦查监督与协作配合机制的意见》显然在文件主题与相关内容上都更为合法合理,体现了配合制约的平衡而不是仅强调一个方面。为此,结合刑事诉讼法的再修改,一方面坚持检察机关介入侦查所应具有的监督性,确保侦检制约与配合的平衡,另一方面积极规范检察提前介入侦查机制,在基本法律予以确立的同时,明确介入的情形,为检察"适时"而非"提前"介入提供依据。

第二节　刑事审判监督的错置与归正

我国刑事诉讼程序分为若干个阶段,公检法机关分别各自主持立案侦查、审查起诉与审判,从而事实上形成了线性的横向刑事程序结构。作为国家的法律监督者,检察机关是审前程序的主导者,也是司法裁决者,需要在刑事诉讼的各个程序阶段对公安机关、审判机关的诉讼

---

① 根据《刑事诉讼法》第 134 条、《人民检察院刑事诉讼规则》第 256 条第 1 款,当前有关检察机关提前介入的规范性依据主要在审查逮捕或审查起诉的章节中。

行为进行监督。考虑到监督的及时性和有效性,检察机关的监督也开始多样化,在以前的事后监督、事中监督的基础上也积极纳入同步监督,较为典型的就是在减刑、假释中的监督。不过,部分同步监督和事后监督呈现出错置问题,这在审判程序中表现最为明显,需要予以归正。

一、检察长列席法院审判委员会会议

检察长列席法院审判委员会会议制度(下文简称"检察长列席审委会")在我国有超过 70 年的历史。我国第一部《人民法院组织法》(1954年)就明确规定了检察长列席审委会的"权力";①不过,1979 年的《人民法院组织法》则规定检察长"可以"列席审委会,将这种法定权力予以弱化,并在后续的历次修改中予以保留。②《人民检察院组织法》对这一内容的规定出现过反复。1954 年的《人民检察院组织法》与同年通过的《人民法院组织法》相关规定一致,不过,1979 年制定的《人民检察院组织法》删除了这一规定。司法实践中,检察长列席审委会仍在实施,并没有取消,甚至 2009 年"两高"联合通过了《关于人民检察院检察长列席人民法院审判委员会会议的实施意见》,对检察长列席审委会予以规范。2018 年,《人民检察院组织法》修改中再次纳入了这一规定。③

自改革开放、加强法治建设以来,检察长列席审委会就一直存有争议。此前检察院组织法缺乏相关规定,司法实践中检察长也不愿意列席有关会议,就是列席也是走过场,④从而实践中关注不多。不

---

① 《人民法院组织法》(1954)第 10 条规定,"各级人民法院审判委员会会议由院长主持,本级人民检察院检察长有权列席"。
② 《人民法院组织法》(1979)第 11 条,《人民法院组织法》(1983)第 11 条,《人民法院组织法》(1986)第 11 条,《人民法院组织法》(2006)第 10 条,《人民法院组织法》(2018)第 38 条。最新的法律还明确了受委托的副检察长也可以出席审委会。
③ 《人民检察院组织法》第 26 条。
④ 王文秋:《检察长列席法院审委会:打破控辩平衡,学界争议难休》,《新京报》2018 年 12 月 26 日。

过,2009年"两高"对检察长列席审委会的共同规定、社会公众程序意识的提升、近年来的司法改革等引起了对该制度的新一轮热议,特别是在《人民法院组织法》最新修改过程中,就有不少意见希望对这一制度进行改革,包括不少废除的声音,①但最终不仅在《人民法院组织法》中没有废止相关内容,反而在《人民检察院组织法》中还进行了新的确认。

检察长列席审委会的价值或功能一直没有达成共识。从法律规定看,检察长列席审委会可以就讨论的案件和其他有关议题发表意见,从而监督审判权的行使。② 学界的争议则比较明显。不少认可的声音都认为这一制度有以下积极价值,包括作为检察机关履行法律监督的重要方式,有利于审委会全面听取意见、促进司法公正与诉讼效率的实现;③但也有坚决反对这一制度的声音,认为妨碍了法院依法独立行使司法权,与当下司法改革所确立的以审判为中心的刑事诉讼制度改革、司法责任制都不相符合。④ 有实证调研分析认为,检察长列席审委会在具体运作中已成为控审双方商谈决疑的合法平台,检察长利用这一独有的机会在非公开的审委会会议上陈述法律、政策或社会影响等,不少可能并不适合在公开场合或面对辩方场合下进行,从而基于长期合作关系而尽量给对方面子。⑤

刑事诉讼程序中法检之间的互相配合、互相制约具有合法性、合理性。检察机关作为国家法律监督机关,具有维护法制统一的职责;在刑事案件中,其与法院既要配合也要制约。审判委员会是法院三类审判组织中最具权威的,其主要职能是处理严重、复杂、疑难案件,总结审判

① 王文秋:《检察长列席法院审委会:打破控辩平衡,学界争议难休》,《新京报》2018年12月26日。
② 《关于人民检察院检察长列席人民法院审判委员会会议的实施意见》第2条,《人民检察院刑事诉讼规则》第571条也明确了检察机关列席的法律监督职责。
③ 最高人民检察院法律政策研究室:《检察长列席审委会会议制度的立法完善》,《检察日报》2019年4月14日;张杰:《论坚持和发展检察长列席审委会制度》,《人民检察》2019年第15期。
④ 顾永忠:《检察长列席审委会会议制度应当取消》,《甘肃政法学院学报》2017年第4期。
⑤ 刘婵秀:《检察长列席审委会制度实证考察》,《国家检察官学院学报》2014年第3期。

经验及其他与审判工作有关的重要问题;作为行使审判权的基本组织和法院处理案件的最高审判组织,审判委员会对案件的处理决定,合议庭和独任法官应当遵守。为此,检察机关对包括审判委员会在内的审判组织进行监督既是检察机关的职责要求,也是刑事审判权运行的基本内容。不仅如此,由于审判委员会实行不公开的审理,主要通过查看案件审理报告、听取汇报和询问承办人等方式获取信息,这种书面式、非公开式和非亲历式的审理方式以及在法院内部的效力最高性,决定了对这种审判进行监督具有相当的合理性。

虽然审委会的审判权行使具有特殊性,对其的监督具有必要性,但检察机关以列席审委会的方式同步监督可能并不符合诉讼的基本规律,即使以法律监督之名也不合适。

首先,审判组织的评议应保密,检察长列席审委会破坏了这一规则。审判公开是审判程序的基本原则,包括公开为原则、不公开为例外,所有的判决宣告都应当公开;在这一原则下,审判组织的合议过程是保密的。虽然曾有对合议过程是否应当公开存在争议,[①]但当前相关法律规范仍然基本确立了评议过程的秘密性,[②]司法实践中也没有对评议过程予以公开,以有助于法官、陪审人员能"毫无顾忌"地自由发言。审判委员会讨论案件与合议庭评议案件具有相似性,应当保密。根据《关于健全完善人民法院审判委员会工作机制的意见》(法发〔2019〕20号)的规定,审委会讨论决定案件的程序大致如下:合议庭、承办人汇报,委员就有关问题进行询问,委员发表意见和主持人作会议总结,会议作出决议。审委会的这个过程事实上包括了评议的过程,但列席的检察长整个过程并不回避,也即所有的委员意见都将完整呈现在检察长面前,显然无助于委员在审委会会议上的畅所欲言,有违评议

---

① 江苏省徐州市中级人民法院课题组:《合议庭评议过程保密与结论适当公开》,《人民司法·应用》2015年第15期;刘立长、赵春秀:《合议庭评议应否公开之我见》,https://www.chinacourt.org/article/detail/2003/07/id/68007.shtml(中国法院网),2020年4月17日访问。

② 《人民法院工作人员处分条例》第42条,《关于适用〈中华人民共和国刑事诉讼法〉的解释》(法释〔2021〕1号)第214条。

保密的要求。①

其次,相对于监督合议庭,检察长列席审委会的监督缺乏必要性。合议庭与审委会都是我国法院的审判组织,前者与独任庭是我国法院审理案件的基本组织形式。合议庭审理案件一般是公开对席进行,也即作为控方的检察院指派检察官出席庭审、支持起诉并行使具体的职权;在整个庭审中,因检察人员的全程参与,也即进行了全程监督,只是对法庭违反诉讼程序的行为,需要在庭后向法院提出。由此可见,除了独任庭因没有单独的评议程序外,作为基本审判组织的合议庭也只是监督庭审过程而不监督评议过程。何况,所有审委会讨论决定的案件,都必然经过了合议庭或独任庭的审理,也即整个过程中控辩双方的意见都得到了最大程度的展示,对法庭庭审中可能存在的违法行为也都"历历在目",为何合议庭的评议可以不再监督,而审委会的讨论与评议过程需要再被监督?

再次,检察长的列席为检察机关的控诉提供了额外的机会,有违基本的程序正当。检察长列席审委会,可以结合承办人员汇报的重点、审委会委员关注的核心问题补充意见,为检察机关作为控方提供了不应有的便利。从以审判为中心的刑事诉讼制度视角看,法院作出裁决所依据的所有证据、事实及意见应当都在庭审中提交、反映,并保障对方有对质辩论的权利,即使是庭后提交的证据,也需要听取对方的意见。虽然审委会审理案件并不符合亲历性、直接言词性等要求,但至少应基本保障控辩双方之间平等提供证据、意见及对质辩论的机会。检察长列席审委会有利于"全面听取意见",事实上主要是给控方提供了多一次、多一人提供意见的机会,而这些意见是应当在庭审中提供的;如果这些意见应当在庭审中提供而没有提供,也是控方的过失,且不论是否必要,但显然不应破坏规则而由检察机关独享此一机会。至于这种列席"有利于诉讼效率",推进法检的有效沟通,减少不必要的抗诉等,似

---

① 根据《关于健全完善人民法院审判委员会工作机制的意见》(法发〔2019〕20 号)的规定,法院还可以在必要时邀请人大代表、政协委员和专家学者等列席审委会,但没有任何法律依据。

乎没有这种列席就可能沟通不畅、增加抗诉?刑事案件审判中的沟通应当在法庭上进行。需要在庭后再沟通,甚至还需要检察长再列席提出意见,更反映了此前庭审沟通的低效。至于列席有利于减少抗诉,可能主要还是控方意见被采纳才会有此效果。在相关法律都规定了检察长列席审委会,作为司法者的法院显然应当遵守,但又不能造成"偏听"检察长意见的形式不公正;于是,一些地方法院已经在试点检察长列席审委会的同时也邀请辩方律师列席,①至少展现了兼听则明的态度。

最后,即使审委会会议不被监督,也不影响对审判活动的实质监督。毫无疑问的是,检察长列席审委会是一种同步监督的方式,但这种监督是否必需,则是另外一个问题,特别是这种同步监督的利弊对比下,列席是否更有利于司法公正。的确,这种同步监督有利于保障监督的及时性、全面性和有效性,对加强法检之间在疑难案件证据标准、法律适用上的统一性都有积极的意义。不过,这种积极价值的实现是以检察机关的客观中立性为前提的,而审判中的检察机关可能难以保持这种中立客观性。作为审判中的控方,检察机关显然是希望法院采纳自己的控诉意见并根据量刑建议进行裁决;此时的检察机关虽有客观中立性的法律要求,但提起公诉的行动已然使得成功追诉成为迫切愿望。检察长列席审委会也是对检察机关提起公诉相关证据、意见的强调,虽仍有依据客观事实之名,但显然不再中立,此时的监督更多是从有利于控方视角的监督,难以兼顾辩方利益。这种存有偏向的一方在场监督,对另一方显然不公,也会影响法院作为裁判方的程序中立性及随后的裁决可接受性。相反,如果检察长不列席审委会会议,至少从控辩平等、审判中立的视角看是公正的,检察机关仍然可以通过对裁决的检视来确定是否公正,并决定是否抗诉;辩方也可以如此。

---

① 童法:《全省首次!嘉兴律师列席法院审委会了》,https://www.thepaper.cn/newsDetail_forward_5457602(澎湃新闻),2020年4月17日访问;何晓慧:《增进良性互动 提升司法公信 福建高院审委会听取检察机关与辩护律师意见》,http://www.court.gov.cn/zixun-xiangqing-162432.html(最高人民法院官网),2020年4月17日访问;孙航:《最高人民法院审判委员会讨论两起抗诉案件》,《人民法院报》2019年12月31日。

由此可见,虽然检察长列席审委会在我国有一定的现实需求,原因包括司法配套制度的缺乏、庭审中心主义的形式化、疑难案件处理需要及组织利益的共享与分化等,[①]但这种列席并非解决上述需求所必须。考虑到监察改革下检察机关职能变化及完善的需要,检察院组织法和法院组织法在短期再作修改的可能性也较小,为减少检察长列席审委会可能造成的程序不公的负面影响,也为可能的诉讼监督提供机会,同时允许或邀请控辩双方参加审委会会议应是可行的措施,这在不少法院已经进行的审委会改革中已然落实,但有必要予以全面推开。当然,如能实现,检察长列席审委会可能也就失去存在的价值,事实是将审委会办理案件真正司法化了;其实增加审委会委员直接办案而减少或限制审委会办理案件,[②]实现司法的亲历性,推动刑事程序公正已然成为大的趋势。在不邀请或不允许辩方参见审委会会议的情况下,检察机关对审委会的监督应置于审后的抗诉等形式,不应单独保留检察长列席审委会的同步监督方式。

二、庭审中的诉讼监督

长期以来,我国检察机关因被定位为国家法律监督机关,所以在庭审过程中被认为同时承担公诉职能与诉讼监督职能,破坏了诉讼结构、违反了诉讼规律,所以有学者建议我国检察机关取消这种可能成为"法官之上的法官"角色的诉讼监督身份,应定位为公诉机构。[③] 即使在检察体系内部,检察机关诉讼监督与诉讼职能的关系在一段时期争论较为激烈。有声音就认为,在检察机关统一行使法律监督权的前提下,诉讼职能与监督职能应适当分离,并分别成立相应的内设机构承担该职能;司法实务中,检察机关一度也曾单独设置诉

---

① 刘婵秀:《检察长列席审委会制度实证考察》,《国家检察官学院学报》2014 年第 3 期。

② 徐向华课题组:《审判委员会制度改革路径实证研究》,《中国法学》2018 年第 2 期。

③ 陈兴良:《从"法官之上的法官"到"法官之前的法官"》,《中外法学》2000 年第 6 期;陈卫东:《我国检察权的反思与重构》,《法学研究》2002 年第 2 期。

讼监督部门。① 不过,当下各级检察机关的内设机构改革中已没有这种设置,主要根据检察十大业务进行设置。

我国检察机关的定位具有宪法性,也是中国特色社会主义法治体系的重要组成部分;检察机关对法院审判活动的监督是其法定的职权,显然不可能轻易改变。早在1979年的《刑事诉讼法》中就明确规定,出庭的检察人员发现审判活动违法的,有权向法庭提出纠正意见;②该条款的内容在随后的几次修改中都得到了保留,但至于如何提出,是庭审中还是庭审后,是否需要在提出前向检察长汇报等,该法没有规定。1996年《刑事诉讼法》修正后,最高人民检察院颁布了《人民检察院实施〈中华人民共和国刑事诉讼法〉规则(试行)》,对发现法院或法官违反法律规定的诉讼程序,要求向法院提出纠正意见;同时明确出庭检察人员应当建议休庭或在休庭后先向检察长报告。③ 不久后,最高人民法院、最高人民检察院、公安部、国家安全部、司法部、全国人大常委会法制工作委员会联合颁布了《关于刑事诉讼实施中若干问题的规定》,明确规定检察机关为审判监督而提出纠正意见只能在庭后进行。④ 由此,相关国家机关就庭审中的法律监督基本达成一致,此后相关规范性文件基本都沿用了这一规定。⑤

然而,这一事后的监督与加强检察机关的法律监督趋势可能并不符合,特别是在不断强调同步监督、及时监督的当下。检察机关出庭人员在庭审中已然发现了法庭的违法行为,但却只能在事后提出,

---

① 如湖北省在2009—2010年就在全省推动设立专门的诉讼监督机构,具体参见卢希:《论检察机关诉讼职权和监督职权的优化配置》,《人民检察》2011年第21期;目前该省的孝感市孝南区人民检察院官网(http://xn. xg. hbjc. gov. cn/,2020年4月19日访问)、江陵县人民检察院官网(http://jl. jz. hbjc. gov. cn/jcyjg/201501/t20150105_606506. shtml,2020年4月19日访问)还有诉讼监督机构的介绍。
② 《刑事诉讼法》(1979)第112条。
③ 《人民检察院实施〈中华人民共和国刑事诉讼法〉规则(试行)》(1997)第343条。
④ 最高人民法院、最高人民检察院、公安部、国家安全部、司法部、全国人大常委会法制工作委员会于1998年1月19日联合颁布了《关于刑事诉讼实施中若干问题的规定》,该规定的第43条对检察机关的审判监督作了详细规定。
⑤ 《人民检察院刑事诉讼规则》(2019)第572条。

将已有的同步监督优势削弱为延后的监督。一些意见认为,这种对庭审中所有违法行为都在庭后提出不科学,认为应以与案件事实、证据的审查、认定的关系密切程度作出区分,密切相关且不当庭提出就有可能影响公正裁判,则应当庭提出,否则可在庭后提出;[①]也有认为,与程序、证据有关的违法行为及侵犯当事人诉讼权利行为的监督应当当庭提出,而发回重审、法官违法违纪行为的监督可以在庭后提出。[②] 笔者认为庭审监督应当以同步监督为主,需要检察长批准的事项可以延后到庭审结束进行,从而加强庭审的监督。

(一) 庭审中的控诉职能与监督职能一体,两者不应被分割

一般认为,诉讼过程中的检察机关有具体的角色,不再普遍具有法律监督所要求的中立客观特点,因此作为控方的检察机关在庭审中是不能承担监督职能的。这种认识人为将两种职能分割,是错误的。

首先,检察机关应当始终秉承客观公正的法定义务。不仅联合国《关于检察官作用的准则》对检察官客观公正义务有要求,我国刑事诉讼法律也有相应的规定,如对检察机关进行刑事诉讼要求"以事实为根据,以法律为准绳";检察机关应当全面收集各种证据,并保证一切与案件有关或者了解案情的公民有客观地充分地提供证据的条件等。[③] 因此,客观公正属性是我国法律对检察机关的一贯要求,并不因庭审阶段中作为控方而否定对其客观公正的要求。

其次,控诉职能本身就包含有对法院庭审活动监督的内涵。"在监督中办案、在办案中监督"是指导新时期检察机关践行法律监督的基本方式,虽然其重点是督促检察机关对办案的重视,但同样也蕴含着将监督融于具体办案过程中的要求,不能机械地将办案与监督分开。按照一般的刑事庭审结构,控辩双方平等对抗,分别进行举证、质证,法官据此居中裁判;在庭审中不仅是控辩之间的直接对立,更需要尽力争取法

① 朱孝清:《检察机关集追诉与监督于一身的利弊选择》,《人民检察》2011 年第 3 期。
② 杨宇冠、郭旭:《论检察院对刑事案件法庭审理之监督》,《法学杂志》2013 年第 8 期。
③ 《刑事诉讼法》第 6 条、第 52 条。

官的支持。由于刑事诉讼中的检察机关承担证明责任,需要说服法官采信其提出的证据、意见,对法庭的裁判行为更为关注,据理力争;这里关注的不仅是对法官可能偏袒对方的行为,也对可能影响本方诉讼权利的、影响裁判公正的任何行为。检察人员提出纠正意见的监督事实上也是公诉的必要内容。出庭的公诉人员虽然需要保持客观公正的义务,但既然提起公诉,仍然存在较为强烈的追诉倾向及胜诉动机,就会对法庭可能存在的违反程序,特别是可能产生不利于控方的诉讼行为提出意见,并要求纠正。当然,由于检察机关与相应的刑事审判组织有较为密切而长期的业务往来,双方人员较为熟悉,加之法庭对案件定罪量刑的最终决定权,检察人员可能由此会回避在庭审中与法官的正面冲突,但这是出庭检察人员利益权衡下的务实选择,不能由此认定检察人员不具有监督的职能。与此相类似的是,辩方也会对法庭的行为进行监督,典型的如对合议庭组成人员的回避请求、对违反管辖的异议等,[1]这些行为既是辩方防止司法不公而采取的积极辩护行为,也是一种监督司法的行为。

最后,庭审中的监督职能并不具有超越法官的权威。检察权具有程序性的特点,对犯罪嫌疑人、被告人的实体权利并不产生直接的、终局性影响;检察权主要起到启动诉讼程序、推进诉讼程序的作用,无权对定罪量刑进行最终确定。作为检察权的一部分,庭审中的监督权也是如此,法庭仍然在审判程序中起决定性作用;检察官不会取代法官,更不会有超越法官的权力。检察权具有法定性和专门性的特点,这种法定性是国家明确规定的,是专门赋予检察机关而其他国家机关不拥有的;被告人及其辩护人也有类似的权利,享有的具体权利由法律明确规定,而且大多都是辩方所独有的。控辩双方享有的权利/权力都只是保障控辩职能的需要,不可能充当裁判职能,更不可能超越裁判职能。

---

① 如浙江杭州保姆纵火案中,党琳山律师提出了管辖异议,这应当是一种辩护行为,也是一种监督司法的行为。参见葛熔金:《杭州保姆纵火案因管辖权异议延审,被告发抖坚持不更换辩护人》,https://www.thepaper.cn/newsDetail_forward_1915233(澎湃新闻),2020 年 4 月 19 日访问。

(二) 检察人员应在庭审中及时进行监督

将公诉作为庭审中的主业,同时负责监督中的察看,但不能直接进行督促,从而既确保法庭对庭审程序的主导,也能防止精力分散。但在不断强调检察机关法律监督效果的当下,将这种提出纠正意见的时间放在庭后,可能并不适宜。

首先,检察机关针对审判活动提出纠违意见的时机,主要受到检察机关内部的分权影响,也与提出的条件密切相关。由于诉讼监督涉及检察机关与法院之间的关系,也可能涉及当事人的重大利益,所以当前规定一般是由检察长作出决定。[①] 审判活动涉及案件移送法院到作出裁决的整个期间,有的纠违主要在开庭前提出,如管辖问题、违反法定送达期限的、合议庭组成不合法等,也可以在庭审中提出;有的则主要在庭审中提出,如法庭审理案件违反法定程序的,法庭审理时对有关程序问题所做的决定违反法律规定的等,也可以在庭审结束后提出;有的则更适合在庭审前或庭审后向法院提出,如审判活动中存在徇私枉法,故意违背事实和法律作枉法裁判的,收受、索取当事人及其近亲属或者其委托的律师等人财物或者其他利益的。庭审中发现的违法情形,一般都是庭审过程出现,且大多不需要较为深入的调查核实,具有即时提出的条件,如一般不可能在庭审中即时发现并确认法官存在徇私枉法,贪污、挪用、私分、调换、违反规定使用查封、扣押、冻结的财物及其孳息等情形;如侵犯当事人、其他诉讼参与人的诉讼权利和其他合法权利的,依法应当调查收集相关证据而不收集的等,出庭的检察人员较为容易发现,如果不及时制止,继续进行的审判程序可能将归于无效;公诉人员即时向庭审法官提出,并简要说明理由是可行的和必要的。

在检察机关权力清单改革后,检察官与检察长的权力进行了一定

[①]　最高人民检察院司法体制改革领导小组办公室:《〈关于完善检察官权力清单的指导意见〉的理解与适用》,《检察日报》2017 年 5 月 24 日。

程度的划分。根据《关于完善人民检察院司法责任制的若干意见》《关于完善检察官权力清单的指导意见》，对诉讼监督中要以检察院名义提出纠正违法意见的，由检察长决定；不过，从最新的《人民检察院刑事诉讼规则》看，对刑事诉讼活动中的违法行为，如果认为情节较轻，检察人员以口头方式提出纠正意见并不需要检察长决定。[①] 也即，出庭公诉的检察人员发现法庭在审判活动中有违法行为，情节较轻的，可以自行决定、直接提出纠正意见。

其次，及时提出针对违法审判的纠正意见，是检察人员法庭讼诉的法定内容。检察机关对法庭审判活动是否合法的监督，不少情形本身就是公诉行为所必需的。如针对"故意毁弃、篡改、隐匿、伪造、偷换证据或者其他诉讼材料，或者依据未经法定程序调查、质证的证据定案的"，检察人员在提出定罪量刑的建议，以举证、质证等形式确保自己的意见得到法庭的采信，这本身就包含对上述行为的监督；[②]出庭的检察人员发现前述情形的，显然有义务提出质疑，否则其基本的公诉任务都可能无法完成。当然，这种情形可能出现的并不多，特别是在法检关系较为熟悉，证据移交也较为规范的情况下，法庭针对控方证据进行这种不规范的操作可能性较小；但如果出现，将会给公诉工作带来不利，及时提出异议应当是出庭公诉人员的必备常识。即使辩方证据存在前述情形，检察人员发现后也不应放任这种审判继续。如果建议休庭，显然需要提出具体的理由，难道不直接说出审判的可能违法之处而是编造一个其他理由？任由违法行为在审判中继续，将在不同程度上影响检察机关公诉权的行使，与其角色存在冲突。

最后，法庭审判活动中的违法行为不及时纠正很可能导致庭审重新进行，影响司法公正与效率。在庭审实质化的当下，法庭审判对定罪量刑的决定性作用不言而喻，而审判程序的公正性则是确保定罪量刑公正的基础。根据刑事诉讼法的规定，如果一审违反法定诉讼程序，可

---

① 如《人民检察院刑事诉讼规则》第 552 条。
② 《人民检察院刑事诉讼规则》第 398—400 条。

能导致原判被撤销,并要求发回原审法院重新审判,具体包括违反公开审判规定的,违反回避制度的,剥夺或限制当事人法定诉讼权利、可能影响公正审判的,审判组织的组成不合法的以及其他可能影响公正审判的违反法定程序的情形。[①] 上述诸多情形也都属于检察机关在庭审中应予监督的情形。[②] 如果出庭公诉的检察人员发现这些问题,且这些情形的情节较轻而又能够及时制止的,检察人员不制止,继续进行的审判将可能在二审中被认定为无效而发回重审,这种审判将毫无意义。不仅如此,还有诸多违法行为虽不致于导致整个审判的重新进行,但也会严重损害审判效率与公正,如依法应当调查收集相关证据而不收集、违反法定审理和送达期限的,庭后经检察长批准而提出纠正意见,法庭仍然需要收集相关证据,影响当事人诉讼权利保障的。

检察人员或检察机关有动机不在庭审中提出纠正意见,以免控审对立。出于长期的法检合作需要,在以审判为中心的刑事诉讼制度改革下,检察机关更需要法院在定罪量刑上的"配合",如认罪认罚从宽制度中对量刑建议的认可,否则检察机关与犯罪嫌疑人及其辩护人的协商就没有存在的空间。为此,在法庭的审判活动不影响控方利益,或影响不大的情况下,出庭的公诉人员可能并不想当庭提出纠正意见,通过自己的妥协换取双方关系的和谐。但是,这种妥协是以不及时进行监督为代价,可能导致后续程序的无效或倒流,既影响诉讼效率,也不利司法公正,既是对自身职责的放弃,也是对法庭违法行为的纵容,不符合检察机关的法律监督定位。

第三节 刑事诉讼监督的"柔性"与"刚化"

前述的检察介入侦查、检察长列席审委会和庭审监督时机涉及监

---

① 《刑事诉讼法》第 238 条。
② 《人民检察院刑事诉讼规则》第 570 条。

督介入的路径,是扩大监督的"进口",从而更多发现可能存在的违法行为,适时进行监督,但监督的最终效果既取决于制度赋权的限度,也与监督的方式方法,甚至决心有较大的关系。总体上,当前我国诉讼监督的"柔性"尽显,成为检察机关法律监督的阿喀琉斯之踵,亟待研究完善。

一、诉讼监督"柔性"的主要表现

诉讼监督的"柔性"主要是指检察机关的监督缺乏明确的后果指向,被监督的机关或个人最终可能并不会纠正自己的违法行为,也没有受到应有的法律制裁。这种现象主要表现为以下方面:

首先,诉讼监督的范围存在不少模糊,一些权力没有受到应有的监督。作为不同于制约的一种权力控制模式,监督的主体与被监督主体并不分享权力,因而也无法参与其权力行使过程,监督范围的明确就显得较为重要。然而,作为权力本位型国家,我国权力行使的效率受到推崇,权力控制没有受到应有的重视,大多被置于国家机关内的层级监督,外部监督不足较为明显。作为刑事诉讼中唯一需要外界批准的强制措施,逮捕也存在类似问题,事实上造成了逮捕权的失控。虽然侦查阶段的强制性侦查措施和强制措施都不少,对犯罪嫌疑人基本权利都可能造成不同程度的影响,但考虑到侦查的及时性与便利性,我国目前只有逮捕需要由侦查机关之外的检察机关予以单独批准与监督,[①]其他强制性侦查措施和强制措施都由侦查机关自行决定。逮捕的批准权由检察机关行使,但对于逮捕后是否需要继续羁押,甚至较长时间的羁押,检察机关事实上失去了决定权。根据现行法律的规定,对于已经逮捕的犯罪嫌疑人,在该逮捕期限内是否需要继续羁押,检察机关只有"建议"释放或变更强制措施的权力;如果逮捕超过期限的,检察机关只

---

① 检察机关自侦案件中犯罪嫌疑人的逮捕仍然是检察机关自己决定,其他国家机关对刑事案件中犯罪嫌疑人予以逮捕,审前程序都由检察机关决定。

有"通知"纠正的权力；如果已被逮捕的犯罪嫌疑人被发现另有重要罪行的，逮捕的时间则自发现之日重新计算；如果不讲真实姓名、住址，身份不明的，其羁押的期限从查清身份之日起算。[①] 从中可以发现，一旦犯罪嫌疑人被逮捕，后续即使并不符合逮捕的条件，检察机关依然失去了决定的机会，是否继续逮捕或逮捕时间的延长都由侦查机关自己决定，从而在事实上侵蚀了检察机关的逮捕批准权。

其次，诉讼监督下违法情形的处置主要依靠被监督对象的自觉，程序上的强制效力欠缺。作为国家的法律监督机关，检察机关的权力具有国家性，行使权力的结果应当具有权威性，并产生法定的后果；作为法律监督的一种形式，诉讼监督还具有程序性特点，通过启动纠正违法的程序而不是对违法行为进行直接的纠正与处理。[②] 从法律规定看，检察机关对违法行为的监督，大多没有强制力，甚至在启动纠违的程序上也并非顺利。如，作为司法救济者的检察机关可以受理当事人和辩护人、诉讼代理人、利害关系人等的申诉和控告，监督强制措施的解除或变更，取保候审保证金的退还与否，财物等查封、扣押、冻结以及违法处理财物等，发现违法情况属实的，"通知"有关机关纠正；[③]但对于监督对象是否启动纠正程序，检察机关的通知并不必然产生效力。虽然检察机关可以督促回复，但对方不回复或不纠正，检察机关只有向上一级检察机关报告一途，没有其他措施。即使是上一级检察院认为"纠正意见"正确，其也只能"通报"被监督单位的上级机关或主管机关，"建议"其督促纠正。[④] 又如对公安机关的立案监督，检察机关也是发出纠正违法通知书；进一步的措施则是报上一级检察机关协商同级公安机关处理，[⑤]强制效力阙如。

最后，程序性制裁虽受到重视，但不少违法现象被监督后没有任

---

① 《刑事诉讼法》第95条、第117条、第160条。
② 朱孝清：《论诉讼监督》，《国家检察官学院学报》2011年第5期。
③ 《刑事诉讼法》第117条。
④ 《人民检察院刑事诉讼规则》第553条、第554条。
⑤ 《人民检察院刑事诉讼规则》第564条。

何后果。如果说检察机关的程序性监督缺乏效果主要体现为监督后的纠违程序推进不畅,而程序性制裁的缺乏则意味着监督可能被釜底抽薪,失去最后的威慑,程序法律将难以被遵守。以国家强制力作为后盾的法律,制裁应当是其中不可分割的部分,更是法律区别于其他行为规范最重要的特点。刑事程序过程是国家机关运用权力查明事实、追究被指控人刑事责任的过程;相对于被指控人的实体权利受限及对其诉讼权利的保障,国家机关依法执法司法更为关键,这也是程序法的"限权法"本质。作为限权的一种保障,也是出于体现国家强制性、权威性和执行刑事诉讼法律的需要,程序性制裁应当是刑事诉讼法律不可或缺的内容。近十多年来,围绕程序性制裁的最重要成果就是非法证据排除规则的建立与完善,但刑事诉讼程序显然不止于违法侦查及在侦查阶段可能存在违法行为;作为主要规范公检法权力行使的规则,刑事诉讼法律也面临公检法对规则的各种突破。作为诉讼监督者与刑事程序参与者的检察机关,应当对国家机关的权力行使进行监督纠正;但缺乏程序性制裁的规范,检察机关的法律监督将只能"纠举"违法、难以"归正"违法。如,对于可能存在的即时性侵权行为并没有被纳入,如讯问犯罪嫌疑人没有告知委托律师的权利;检察院刑事诉讼规则虽然弥补了这一缺陷,[1]可能的结果也是"通知纠正",至多是侦查机关下一次讯问时告知相关诉讼权利,但已然进行的程序和讯问笔录如何处理没有规定。又如,当前法院不中立、不公正可能导致被告人辩护权利受限或被剥夺的情况不少,以法律援助辩护限制被告人委托辩护、限制庭审中被告人及其辩护人的质证等,[2]但一方面检察机关提出纠正的少,另一方面也缺乏较为明确的程

---

① 根据《人民检察院刑事诉讼规则》第 555 条、第 567 条,除了刑事诉讼法第 117 条规定以外的情形,检察机关也可以接受控告或申诉,相比刑事诉讼法规定的情形更多。
② 易延友:《论刑事被追诉人自行聘请律师的优先性——以罗尔斯的正义理论为分析框架》,《政治与法律》2021 年第 11 期;陆雨聆:《法官三次打断律师发言称"你水平不够"官方:已介入调查》,https://www.guancha.cn/politics/2019_05_09_500859.shtml(观察者网),2024 年 6 月 16 日访问。

序性后果，^①即使监督可能也难以产生效果。

二、强化诉讼监督措施存在的问题

在 1996 年《刑事诉讼法》基础上，我国 2012 年修法对检察机关的法律监督进行了较大程度的完善，包括扩大了监督的范围、增加了监督的手段、明确了监督的效力、完善了监督的程序。^② 但 2012 年及此后的刑事诉讼法修改没有进一步改变检察机关法律监督势弱的局面，可能与存在一些错误的认知有关，强化的措施本身也并不是对症下药。

首先，检察权的强制性没有得到较为一致的认可。不少学者在对检察权或诉讼监督进行特点界定时，一般认为具有程序性、中立性、救济性和国家性，^③缺乏对诉讼监督强制性的关注。检察机关诉讼监督的国家性，一方面体现其是代表国家进行的监督，另一方面体现其监督的依据是国家的法律；在此基础上，诉讼监督应当具有法定效力，且是强制性的。诉讼监督具有的程序性特点是指监督本身对实体权利义务关系不产生直接影响，但并不代表相关的程序性回应也没有强制力。不少常见的启动程序具有强制性，如提起二审抗诉、再审抗诉和减刑假释中的重新作出裁定等，但不少监督行为并没有强制性，典型的如立案监督中，公安机关是否根据监督要求进行立案或撤案，没有强制性的回应程序，检察机关也只能报上一级检察机关与同级公安机关"协商"。法律的规定尚且如此，诉讼监督的强制性何以产生？

其次，刑事诉讼中公检法的配合重于制约，检察机关也不是很愿意强硬执法。检察机关是国家的法律监督者，在刑事诉讼过程中的职能

---

① 以刑事第二审程序中因一审程序问题而发回重新审判的，我国刑事诉讼法明确了 4 种情形和一个兜底条文；检察机关对审判活动监督的内容较多，但大多都没有明确的制裁性后果，如重新审判。相关条文参见《刑事诉讼法》第 238 条、《人民检察院刑事诉讼规则》第 570 条。

② 邓思清：《检察机关诉讼监督制度的改革与完善》，《国家检察官学院学报》2012 年第 5 期。

③ 朱孝清：《论诉讼监督》，《国家检察官学院学报》2011 年第 5 期。

和角色多元,部分职能与角色可能存在一定程度的冲突或在不同阶段有不同的要求,如此,检察机关在刑事诉讼过程中可能从便宜角度出发,选择履行其中的部分职能,而忽视、弱化了其他职能。较为典型的就是检察机关对控诉职能的片面追求和对监督职能的不重视,将控诉理解为胜诉,用配合代替监督。[①] 作为世界各国检察机关的普遍职能,公诉也受到我国检察机关的重视。检察机关在审前程序中本应更多承担监督侦查的角色,但为了提高控诉的成功率,检察机关更愿意主动提前介入侦查,为侦查提供法律意见;为了在庭审中得到法庭对自己举证、质证与主张的认可,不愿意在庭审中直接提出可能存在的违法行为,而是在庭后提出,哪怕这种事后监督可能造成此前程序的无效和诉讼的低效。

最后,考核机制引导下对诉讼监督的重视不足。虽然检察机关是国家的法律监督机关,可能是基于与境外检察机关的比较效应,我国检察机关总体比较重视传统的或与境外检察机关相同的职能,典型的如公诉职能,但对于中国检察机关自己的特色职能,如诉讼监督等却缺乏应有的重视。检察机关及相关的实务人士都认同我国的检察机关不仅是公诉机关,且具有更崇高的诉讼价值追求、更广泛的法定职能和更为独立的地位,但在实践中又将自己的大部分工作局限于常规的侦查、批捕和公诉等职能,对其他职能的开展并不是很关注,这从检察机关的工作报告和考核体系中各项数据的重视差异可见一斑。如对提起公诉案件及获得有罪裁判的数量有较为详细的统计,数量也较大,但对于为被告人利益抗诉,无论是二审抗诉还是再审抗诉都较少统计,甚至是没有。[②] 2012 年刑事诉讼法修改前后,有不少声音希望单独建立诉讼监督机构,从而将诉讼职能与诉讼监督职能进行适当分离,加强诉讼监督

---

① 卞建林、李晶:《关于加强诉讼监督的初步思考》,《国家检察官学院学报》2011 年第 1 期。
② 2019 年北京市第一中级人民法院审理的余金平交通肇事二审案件受到了较多的关注,其中一审检察机关为被告人利益而提请抗诉,因涉及上诉不加刑原则问题受到广泛的关注。具体参见《实体正义之"轮"不能滑离程序正义之"轨"》,《法制日报》2020 年 4 月 22 日。

的地位，①但这种分离本身可能会加剧诉讼监督案件来源不足的问题，也在近年新一轮的检察机关内设机构改革中被纠正。专门机构的设置的确有助于诉讼监督职能的强化，但关键还是要建立合理的考核机制引导相关机构、人员在履行诉讼职能的同时加强诉讼监督，否则即使设立机构可能也无法改变当前诉讼监督的弱势地位。"在办案中监督、在监督中办案"的理念一定程度上反映了检察机关对监督办案的重视，但一律将监督案件化也可能会造成"无中生有"问题，或者一些不能案件化的监督被忽视。

三、诉讼监督"刚化"的可行路径

针对我国检察机关诉讼监督的"柔性"问题，不少学者提出了完善的建议。有的认为应当探索实施更加多元和便宜的诉讼监督决定程序，明确检察机关对违法行为具有一定的处罚权。② 也有认为，检察机关应从维护法律监督的权威性和公信力出发，在多个方面着力：抗诉方面，以法院裁判是否存在事实认定和法律适用错误为唯一标准，在"定罪率"基础上增加"违法裁判纠正率"的考核；量刑方面，推动幅度量刑，建立完善量刑程序；侦查监督方面，扩大对强制性措施的批准，建立检察引导公安侦查的机制；在执行监督方面，推动减刑、假释、保外就医和监外执行等程序或权力运行的司法化，加强对相关职务犯罪的侦查。③ 还有认为，应当在拓宽知情渠道、明确监督范围、增设监督措施和方式、增强监督刚性方面完善立法。④

笔者认为，上述这些措施如果能实施，将很大程度上改变我国诉讼监督能力不足、效果不佳的状态。如，多元和便宜的程序、权力运行的司法化，可以完善诉讼监督的正当性，提出的监督意见更具权威性；扩

① 王会甫：《试论"小院整合"后诉讼监督机制构建》，《人民检察》2011年第2期。
② 卞建林、李晶：《关于加强诉讼监督的初步思考》，《国家检察官学院学报》2011年第1期。
③ 陈瑞华：《诉讼监督制度改革的若干思考》，《国家检察官学院学报》2009年第3期。
④ 朱孝清：《论诉讼监督》，《国家检察官学院学报》2011年第5期。

大监督范围,为诉讼监督提供更多的空间,有利于加强诉讼监督;检察机关考核标准的完善,也能起到积极引导的作用。不过,这些措施可能还不足以根本上改变我国的诉讼监督面貌,至少还可以在以下方面着力:

首先,做好检察机关的诉讼监督与监察机关监察职能的配合衔接工作,为诉讼监督提供助力。作为代表国家进行法律监督的检察机关,其权力行使应当具有权威性,诉讼中的监督应当具有法定的效力,否则这种监督将无法纠正违法行为,更谈不上维护法制统一。为此,有必要赋予检察机关的监督行为强制性的后果,即监督对象必须给予回应,要么纠正相关的违法行为,要么启动查处程序并最终通报相应的结果;如果坚持不回应或不纠正的,应当将相关违法行为移交监察机关调查处理,并将相关的结果反馈给检察机关。作为集纪律处罚、政务处分和犯罪查处为一体的监察机关,其有权力调查相关的违法违纪行为,也因集中了诸多的强制性调查措施而有调查的便利,更因将纪律审查与政务处分结合的优势,能较为全面调查违法违纪行为,避免了检察机关因是诉讼的参与方而可能存在的难以中立公正问题。

其次,以诉讼监督方式的公开性应对监督对象的可能回避,提升诉讼监督效果。近年有不少关于地方检察机关公开宣告检察建议的报道,如陕西西安市检察院建议看守所增加警力,推进医疗社会化;[1]四川省眉山市检察院就侵吞医保金案件反映的问题,建议彭山区政法、眉山市医疗保障局规范保障审核流程,建立健全医保基金内外监督审查制度。[2] 这些操作既有利于向社会宣传检察工作,有利于公众了解、接受和回馈检察工作,为检察机关获取监督信息和公众支持提供可能,也会给监督对象施加较大的社会舆论压力,督促其依法启动纠正程序,强化监督效果。不过,对检察建议的公开宣告主要是由于《人民检察院检

---

[1] 岳红革:《建议看守所增加警力 推进医疗社会化 西安:检察建议公开宣告增强监督刚性》,https://www.hi.jcy.gov.cn/webSite/module/M101/view/466109/00500008(海南省人民检察院官网),2024年6月17日访问。
[2] 刘德华、灯娟、刘君:《代表监督检察建议公开宣告》,《检察日报》2019年5月6日。

察建议工作规定》的要求,而且这并非是一种常态。从该规定看,这种宣告需要被建议单位同意、听取单位负责人意见,必要时还可以邀请人大代表、政协委员等第三方参加。如此做法更多是一种宣传形式,公开宣告的效果仅限于可能的报道及参加的寥寥数人,难以从舆论上给监督对象施加足够压力。笔者建议除上述形式外,除非案件涉及国家秘密、个人隐私等依法不宜公开的,一般都应当公开监督;公开的地点应包括检察机关所在地合适的橱窗、官方网络主页、被监督单位适宜公开的地方等。更为关键的是,所有以案件形式独立成案的监督情形都应当公开,包括纠正违法意见等,一方面对一些较为轻微的违法行为,通过口头及时纠正能更好地实现诉讼效率,无需单独的公开形式,而是即时发现、即时提出;另一方面,对于较为严重的违法行为,通过公开纠正意见或检察建议等,既体现检察机关对诉讼监督的公正性、自信性与严谨性,赢得社会公众的支持,同时也积极借力人民群众的监督力量,给监督对象施加强大的压力,提高诉讼监督的效果转化。

再次,以认真负责的态度积极回应社会公众的意见,夯实诉讼监督的群众基础。当前诉讼监督的一个重要问题就是信息渠道不畅,除了审判监督中因检察人员全程参与,其他诉讼监督都因无法直接同步参与而具有滞后性,甚至难以获得违法的线索。为此,有学者建议将公安机关的立案材料移送检察机关、法院的自诉案件裁判文书送交检察机关;[1]也有学者认为,健全与相关部门信息共享和沟通协调机制等。[2] 不过,这些措施下检察机关发现违法行为仍然较为困难,因为作为官方的记录,这些材料很多可能并不把一些违法行为,特别是程序性违法行为如实记录下来,或记录在信息共享的平台;即使如实记录,检察机关可能也因专业受限、经验不足而发现问题较为困难。笔者认为,这里关键是要认真对待当事人、利害关系人和其他社会公众反映的有关国家机关违法问题,并针对各种违法行为真正予以监督,给予这些人

---

① 邓思清:《检察机关诉讼监督制度的改革与完善》,《国家检察官学院学报》2012 年第 5 期。

② 朱孝清:《论诉讼监督》,《国家检察官学院学报》2011 年第 5 期。

员及时、恰当的回应。长期以往,社会公众自然会信任检察机关作为法律守护人的角色,自然会向检察机关积极反映可能遇到、听到或知道的国家机关的各种违法行为,包括诉讼中侦查机关、审判机关、执行机关等的违法行为。

复次,检察机关程序性权力的行使应积极主动,提升诉讼监督的威信。理念上,刑事案件办理中的监公检法之间仍然主要是互相制约、互相配合的关系,但剥离大部分自侦权后,检察机关的追诉性降低而司法性更为明显,其也应当从配合居多转向加强监督,发挥程序性权力的制约作用。内容上,检察机关的法律监督职责主要是针对侦查机关、审判机关和行政机关的非法行为进行监督,包括立案监督、侦查监督、审判监督、执行监督和违法行政行为的监督等;检察机关应当以案件质量为抓手,丰富监督内容,严格履行监督权。面对具有调查职能的监察委员会和侦查机关,应当谨慎补充侦查和提起公诉,严格依法适用非法证据排除权、逮捕批准权和起诉权等,借以督促提高侦查机关/调查机关的办案能力。面对审判机关、行政机关,检察机关应当严格依法抗诉和提出监督建议,积极参与案件复核等监督活动,真正树立检察机关的中立司法者色彩,改善检察机关作为有限的社会观感,提升检察机关的司法权威。如果说国家监察机关强调要红红脸、出出汗,那么检察机关因法律监督而具有强烈的国家性、法律的严肃性,更要敢于在监督中"硬碰硬"。

最后,完善相关的法律制度,健全诉讼监督的制度基础。作为维护法制统一的国家机关,依法履行相关职能是最基本的要求。当前作为检察机关刑事诉讼监督的主要依据是《刑事诉讼法》和《人民检察院组织法》,其中的不少规范仍有完善的空间。具体表现为:一是完善检察机关审前程序中的逮捕决定权。逮捕是仅有的需要检察机关批准的强制措施,对任何形式下的逮捕及逮捕期限的延长,都需要检察机关批准。无论是检察机关进行的羁押必要性审查还是接受申请变更强制措施,一旦发现不再符合逮捕要求,检察机关可以在核实或要求侦查机关提供证据基础上决定撤销逮捕或要求变更强制措施,公安机关必须立即放人,即使需要复议复核也不得继续羁押,否则即为非法羁押。二是明确诉讼监督的法律效果,修改当前法律规定中的通知、商请等较为柔性的用词。检察机关的法律监督不是"请客吃饭",更不是"业务洽谈",而是是非曲直的对错问题,必须体现权力监督的严肃性、严格性和强制性。检察机关调查核实权的明确及其运行的适当诉讼化或听证化,将为诉讼监督的权威性、正当性提供基础;检察机关一旦作出诉讼监督的处理,无论监督对象是否接受,都应当启动相应的查处程序或停止相应的行为,通过自行的调查程序或救济程序对诉讼监督决定作出回应,绝不允许既不回应也不纠正的情况。在监察制度改革基本实现的情况下,应在相关法律中明确检察机关诉讼监督与监察机关监察监督的配合衔接。三是在扩大检察机关诉讼监督范围的基础上,有必要更加明确一些程序性制裁,如侦查讯问过程中没有告知相关诉讼权利的,应当要求侦查人员重新讯问或补充讯问,至少应当在告知相关权利后,此前的讯问得到犯罪嫌疑人的重新签字确认;没有及时告知委托律师的权利,后续的程序中应当给予犯罪嫌疑人、被告人更为充分的辩护准备时间。又如,在庭审中侵犯当事人相关诉讼权利的,要视可能造成的影响和当事人的要求,重新进行相关的庭审程序或补充确认等。

第六章　民行检察职能的审慎与扩张

　　检察机关的传统职能主要体现在刑事方面,在民事、行政案件方面主要限于对相关诉讼的检察监督。由于民行诉讼监督的案件量相比刑事检察有很大的差距,[1]民行检察部门一般合设,由一个部门承担相关职能。监察体制改革后,检察机关的刑事职能发生变化;新时代我国社会主要矛盾的变化,也对检察机关的法律监督提出了诸多新要求。检察机关积极应对这种社会变革,将民事检察、行政检察与公益诉讼打造成与刑事检察并列的四大检察,由此也在检察十大业务中占三项,并成为近年检察工作的重要方向。[2]

　　民行检察监督的重要变化分别发生在 2012 年与 2017 年。2012年《民事诉讼法》《行政诉讼法》分别修改,将检察机关对民事诉讼、行政诉讼的监督从审判监督扩展至整个诉讼阶段;2017 年,在此前试点的基础上,《民事诉讼法》《行政诉讼法》分别将公益诉讼的经验予以制度

---

① 根据最高人民检察院过去两个五年的工作报告,2013 年至 2017 年,全国检察机关共批捕各类刑事犯罪嫌疑人 453.1 万人,起诉 717.3 万人;同期的民事行政诉讼监督,对认为确有错诉的民行裁判、调解书提出抗诉 2 万余件,再审建议 2.4 万件,对审判程序中的违法情形提出检察建议 8.3 万件,对民事执行提出检察建议 12.4 万件。2018 年至 2022年,全国检察机关共办理刑事案件批准逮捕 428.3 万人、起诉 827.3 万人。同期,对民事裁判提出抗诉 2.4 万件、提出再审建议 4 万余件、对民事审判和执行活动中的违法行为提出检察建议 38.4 万件;对行政裁判提出抗诉 872 件、提出再审检察建议 1059 件、对行政审判和执法活动中违法情形提出检察建议 14.3 万件。虽然因刑事案件与民行案件的数量单位有差别,但巨大的数量差异还是能反映两者在检察工作中地位的不同。

② 从 2019 年最高人民检察院的工作报告看,民行诉讼监督与公益诉讼的篇幅已然接近刑事检察,也在一定程度上体现了最高人民检察院对民行与公益诉讼检察的重视。

化,从而奠定了我国检察职能的当下形式。不过,无论是从重视程度还是民行检察制度的简要发展历程看,民行检察的相关制度都存在不少的缺陷,对其管辖对象的探讨可能是完善的首要环节。

第一节 不断扩展的民事行政检察范围①

近年来,随着我国社会经济的发展,民事诉讼涉案金额越来越大,利益主体多元化更为明显;与此同时,政府行政权在履行管理职能时也不断扩张,对社会和公民个人的影响越来越大。在全面依法治国的当下,无论是私人利益的保护还是国家治理方式的完善,都需要强化法治意识。作为国家法律监督机关的检察机关,强化对民行诉讼的监督与公共利益、国家利益的保护成为一种新的趋势,也是新时代的必然要求,但如何在私利益与公利益之间平衡,检察机关参与民行案件的范围成为关键。

虽然民事行政检察长期以来都不是检察机关的主要业务,但在我国检察职能中一直占有一定的地位,且其范围不断扩展。考虑到民行检察在我国真正有效实施的时间不长,笔者以民行检察的制度变迁为切口,重点对范围变化进行研究。

一、民事诉讼检察监督的变迁

制定于1982年的《民事诉讼法(试行)》是我国第一部民事诉讼法,建立了民事诉讼检察监督的雏形。该法在总则部分明确了检察机关对民事审判活动的监督权力,不过内容仅限于此,监督的范围、程序等都没有明确规定,事实上实施监督将较为困难。

---

① 民事行政诉讼监督与公益诉讼两种法律监督存在较大差异,但考虑到都以诉讼的形式展开及研究便利的需要,除特别标明外,文中将以"民行检察"予以一起讨论,但一般不包括对行政机关进行的行政行为监督。

真正对民事检察予以具体规定而使其具有操作性的是1991年的《民事诉讼法》。该法历经多次修改，目前仍然有效。该法总则部分与第一部的规定几乎相同，但在审判监督程序部分新增了最高人民检察院对各级法院生效裁决的抗诉权、上级检察院对下级法院生效裁决的抗诉权、地方各级检察院对同级法院生效裁决的提请抗诉权以及抗诉的程序等规定。这些抗诉不受案件性质、种类影响，也不受当事人申请的限制。值得注意的是，检察机关依职权的监督与当事人申请再审的范围并不一致。前者主要包括四种情形：[①]一是原判决、裁定认定事实的主要证据不足的；二是原判决、裁定适用法律确有错误的；三是人民法院违反法定程序，可能影响案件正确判决、裁定的；四是审判人员在审理该案件时有贪污受贿、徇私舞弊、枉法裁判行为的。后者除了前述的四种情形外，还增加了两种：[②]一是有新的证据，足以推翻原判决、裁定的；二是生效的调解书存在违反自愿原则或调解协议内容违反法律规定的。

2007年该法的修改及此后司法解释的推出，初步完善了我国的民事检察制度。该次修法大大扩展了当事人申请再审的法定事由，从原来针对裁决的5项规定扩展至13项，[③]主要体现为审判中存在的各种违法行为；而检察机关针对这些法定事由，也都可以提出抗诉，从而在实质上大大扩展了检察机关民事检察监督的范围。2011年，"两高"就民事行政检察单独制定了一部司法解释——《关于对民事审判活动与行政诉讼实行法律监督的若干意见（试行）》，再次扩展了在民事审判中检察机关法律监督的情形。相对于当时的《民事诉讼法》，明确了当事人向法院申请再审被驳回后可向检察院申诉，从而使得依职权监督与申请监督有了明确的交集；明确同级检察机关对同级法院的直接监督权，并规定了新的检察监督方式——检察建议；新增对调解书的依职权抗诉，条件限定为损害国家利益、社会公共利益；首次明确了检察机关

---

① 《民事诉讼法》（1991）第185条。
② 《民事诉讼法》（1991）第179—180条。
③ 《民事诉讼法》（2007）第179条。

为监督需要而享有的权力,即向当事人或案外人调查核实的权力。

自本世纪第二个十年开始,我国民事诉讼检察监督进步明显。2012 年《民事诉讼法》的修改,一方面吸收了此前司法解释的规定,另一方面又作出了新的完善。主要体现在以下方面:一是将检察机关对民事审判中判决、裁定的监督扩展至民事诉讼全阶段的监督,包括吸纳对调解书的监督,增加对执行活动的监督。二是吸纳了检察建议的监督方式规定。三是首次明确了当事人向检察院申请监督的情形及处理,即裁决经向法院提出再审的救济,法院驳回、逾期未处理或裁决有明显错误的。为贯彻党的十八大精神及应对《民事诉讼法》的新修改,最高人民检察院随后加强了对民事诉讼监督的规范,2013 年初制定了《关于贯彻执行〈中华人民共和国民事诉讼法〉若干问题的通知》(高检发民字〔2013〕1 号);除了包括对裁决的监督外,其还规范了当事人就审判人员违法行为、民事执行活动申请法律监督的情形,也要求当事人已穷尽向法院寻求救济的渠道。2013 年 11 月,最高人民检察院又专门针对民事诉讼监督发布了司法解释——《人民检察院民事诉讼监督规则(试行)》(高检发释字〔2013〕3 号),细化了当事人申请检察监督的范围,新增一些不予受理的情形与不予受理的例外。[1] 2015 年,最高人民法院在民事诉讼法司法解释中对检察机关的法律监督予以限制,即检察机关的抗诉或再审建议应是针对损害国家利益、社会公共利益的生效裁决或调解书。[2] 2016 年,"两高"就民事执行活动共同印发了《关于民事执行活动法律监督若干问题的规定》(法发〔2016〕30 号),该规定对检察院依职权监督与当事人、利害关系人、案外人的申请监督进行更为细致的区分,前者要求满足以下条件之一,即一是损害国家利益或社会公共利益,二是执行人员在执行该案时有贪污受贿、徇私舞弊、枉法执行等违法行为、司法机关已经立案的,三是造成重大社会影响的,四是需要跟进监督的;后者要求当事人、利害关系人、案外人就民事执

---

[1] 《人民检察院民事诉讼监督规则(试行)》(高检发释字〔2013〕3 号)第 31—33 条。
[2] 《最高人民法院关于适用〈中华人民共和国民事诉讼法〉的解释》(法释〔2015〕5 号)第 413 条。

行活动中的违法情形提出监督申请,需要先穷尽法律规定的救济手段,如提出异议、复议或起诉等,除非有正当理由。

本世纪 20 年代前后,民事诉讼法律修改频密的同时,相关司法改革也不断推出,助力我国民事检察范围的日臻完善。《民事诉讼法》在 2017 年、2021 年和 2023 年分别作了修改,民事检察方面的规定没有变动,不过,同时期司法改革取得不少成果,如《关于民事执行活动法律监督若干问题的规定》《关于建立全国执行与法律监督工作平台进一步完善协作配合工作机制的意见》《关于进一步加强虚假诉讼犯罪惩治工作的意见》等的制定发布。基于此,最高人民检察院于 2021 年 6 月制定颁布了《人民检察院民事诉讼监督规则》(高检发释字〔2021〕1 号),此前的《人民检察院民事诉讼监督规则(试行)》被废止;该规则在优化办案组织、理顺"管辖"与"受理"的结构、明确申请监督与受理的程序、适度扩大依职权监督的范围,以及审查核实机制、生效裁判与调解书的监督程序、审判人员违法行为和执行活动违法监督程序的完善等方面都作了不少努力;[1]其中在范围方面的变化主要体现为:一是申请监督的范围增加了未上诉的一审民事裁决以及审判、执行人员违法行为;二是依职权监督增加了当事人妨害司法秩序的,民事公益裁决和调解书确有错误的,审判程序中审判人员存在违法行为的,或执行活动存在违法情形的,以及具有重大社会影响等确有必要监督等情形;三是申请检察监督的时限为法院作出生效处理的 2 年内,但依职权监督不受限制,由此既适当限制了申请监督的范围,又为依职权监督提供了更大空间。

二、行政诉讼检察监督的变迁

我国第一部《行政诉讼法》制定于 1989 年,由此形成了行政诉讼检察监督的初步框架。该法总则中明确了检察机关对行政诉讼的监督

---

① 冯小光、颜良伟:《〈人民检察院民事诉讼监督规则〉的理解与适用》,《人民检察》2021 年第 16 期。

权,不过在具体条文中只有对生效裁决的监督,并没有提及执行或审判人员的违法行为问题;针对违反法律、法规规定的裁决,检察机关有权主动提出抗诉,却没有提及当事人的申请监督等。[①]

本世纪第二个十年,我国行政诉讼监督伴随民事诉讼监督而逐渐完善。[②] 2011 年,"两高"联合制定了有关民事行政诉讼监督的专门司法解释,除了对当事人向检察院的申诉情形、检察院对同级法院的监督以及新增的监督方式、调查核实权力、行政赔偿调解等行政诉讼监督与民事诉讼监督基本相同的内容外,[③]对审判活动中的其他违法行为、在办案中发现的行政机关违法行为且可能影响法院公正审理的,检察机关都可以提出检察建议的形式进行监督。

2014 年《行政诉讼法》修改涉及的检察监督内容与同期的《民事诉讼法》基本接轨。一是扩大了检察机关依职权予以监督的情形。通过明确当事人向法院申请再审的情形,赋予检察机关在发现同样情形下的监督权;此外也明确了对损害国家利益、社会公共利益的调解书以及审判人员违法行为的监督权。二是确立了检察机关分级监督权力。最高人民检察院对各级人民法院、上级人民检察院对下级法院裁决的抗诉权和地方各级检察院就同级法院的裁决书或涉及国家利益、社会公共利益的调解书提出检察建议或向上一级检察院提请抗诉的权力。虽然因此前行政诉讼监督参照适用民事诉讼监督的有关规定而在实践中已然进行分级监督,但这是首次在《行政诉讼法》单独规定。三是明确检察机关对行政案件的全过程监督,即包括受理、审理、裁判、执行等的监督。最高人民法院于 2015 年 5 月公布了《关于适用〈中华人民共和国行政诉讼法〉若干问题的解释》(法释〔2015〕9 号),对当事人申请检

[①]　《行政诉讼法》(1989)第 64 条。

[②]　早在 1991 年最高人民法院颁布的《关于贯彻执行〈中华人民共和国行政诉讼法〉若干问题的意见(试行)》(法〔1991〕19 号)中就明确规定,行政诉讼法没有规定的,参照民事诉讼法规定。即使在当下行政诉讼法已经取得长足发展,《行政诉讼法》(2017)第 101 条仍有类似规定。

[③]　最高人民法院、最高人民检察院《关于对民事审判活动与行政诉讼实行法律监督的若干意见(试行)》(高检会〔2011〕1 号)第 6 条、第 9 条、第 11 条。

察院监督的情形进行了明确,主要是限于裁决已向法院提出再审的救济,法院驳回、逾期未处理或裁决有明显错误三种情形。

行政诉讼检察监督规则区别于民事诉讼监督规则的单独制定,标志着我国行政诉讼检察监督的日渐成熟。2016 年最高人民检察院制定了单独的《人民检察院行政诉讼监督规则(试行)》,对检察机关行政诉讼监督的范围作了全面规范。根据该规则,当事人申请监督的情形限于以下情形,一是法院对生效判决、裁定、调解书驳回再审申请或逾期未就再审申请作出裁定;二是认为再审裁决有错误;三是认为审判程序中的审判人员存在违法行为;四是法院的执行活动存在违法情形。检察机关依职权进行监督的诉讼案件包括损害国家利益或者社会公共利益的;审判、执行人员有贪污受贿、徇私舞弊、枉法裁判等违法行为的;其他确有必要进行监督的。

2017 年《行政诉讼法》修改后,最高人民法院于同年 11 月公布了《关于适用〈中华人民共和国行政诉讼法〉的解释》,吸收了 2015 年解释的内容,同时规定了检察监督的具体程序。

面对新时期我国社会主要矛盾变化和司法改革的一些要求,2021年最高人民检察院也制订了《人民检察院行政诉讼监督规则》,为当前行政诉讼监督提供了权威、全面的依据。相对于此前的监督规则,此次修改涉及的内容较多,如新增了"回避""案件管理"章节,畅通了司法救济渠道、完善了办案程序等。其中涉及监督范围的变化主要表现为:一是申请监督的情形进行了再精确,即对法院驳回再审申请或逾期未对再审申请作出裁定的,需要认为原裁决或调解确有错误;二是对依职权监督增加了两种新情形,即需要检察机关跟进监督的和检察机关作出不支持监督申请的决定错误的;三是在当事人申请监督基础上增加了其他公民、法人或组织申请监督的类型,事实上大大扩展了监督对象的来源。

三、公益诉讼制度的初建

党的十八大从历史和全局的战略高度,对推进新时代"五位一体"

的总体布局进行了全面部署,生态文明是其中的重要内容;为保证公正司法,提高司法公信力,党的十八届四中全会提出了优化司法职权配置的任务,探索检察机关的公益诉讼制度成为其中一项重要改革。在此基础上,2015 年 7 月,全国人大常委会授权最高人民检察院在部分地区开展公益诉讼的试点工作,推动包括生态文明等方面的国家利益保护,涉及的案件范围包括生态环境和资源保护、国有资产保护、国有土地使用权出让、食品药品安全等领域。随后,最高人民检察院出台《检察机关提起公益诉讼改革试点方案》,明确民事公益诉讼的范围限于检察机关在履行职责中发现的污染环境、食品药品安全领域侵害众多消费者合法权益等损害社会公共利益的行为;行政公益诉讼限于检察机关在履行职责中发现生态环境和资源保护、国有资产保护、国有土地使用权出让等领域负有监督管理职责的行政机关违法行使职权或者不作为,造成国家和社会公共利益受到侵害。出于谨慎试点的考虑,当时的行政公益诉讼重点倾向于生态环境和资源保护领域的案件,所有的公益诉讼都需要层报最高人民检察院同意。同年底,最高人民检察院又公布了《人民检察院提起公益诉讼试点工作实施办法》,明确公益诉讼的案件限于检察机关在履行职责中发现的,即在履行职务犯罪侦查、批准或者决定逮捕、审查起诉、控告检察、诉讼监督等职责中发现的。

　　经过两年的试点改革,公益诉讼制度于 2017 年在《民事诉讼法》《行政诉讼法》修改中被同时吸纳,公益诉讼制度的雏形在我国建立。根据当时《民事诉讼法》第 55 条第 2 款的规定,检察机关对履职过程中发现的破坏生态环境和资源保护、食品药品安全领域侵害众多消费者合法权益等损害社会公共利益的行为,可以补充起诉或支持起诉。根据当时《行政诉讼法》第 25 条第 1 款的规定,检察机关在履职过程中发现生态环境和资源保护、食品药品安全、国有财产保护、国有土地使用权出让等领域负有监督管理职责的行政机关违法行使职权或者不作为,致使国家利益或者社会公共利益受到侵害的,可以向相关行政机关提出检察建议、向法院提起诉讼以督促履行。

2018 年初,"两高"联合制定发布了《关于检察公益诉讼案件适用法律若干问题的解释》,将刑事附带民事诉讼作为一种新的公益类型予以确立,对生态环境和资源保护、食品药品安全领域的刑事案件,如符合民事公益诉讼条件的,也可以由检察机关一并提起公益诉讼,对我国公益诉讼制度进行了一定的完善。

四、民行检察范围的变化特点

相对于我国的刑事检察,民行检察的发展历程总体较短,而且最核心的发展与演变也是发生在本世纪初,乃至本世纪第二个十年,呈现出两个典型阶段:一是在 2010 年前,此时的民行诉讼检察只在民事诉讼法、行政诉讼法中存在少量规范,民事诉讼检察的发展稍好于行政诉讼检察。民事诉讼检察因已经历三部诉讼法,虽然范围上仍只限于审判监督,但各级检察院的监督权力、检察机关依职权监督的情形都较为明确。同期的行政诉讼检察监督仍只停留在 1989 年的《行政诉讼法》中,虽然监督的范围一开始就定位为行政诉讼而不是行政审判,但具体条文中只有对生效裁决的监督,也只是笼统限制在"违反法律、法规"情形下检察机关的主动监督;不少缺乏的内容,都明确要求参考民事诉讼检察监督。二是 2010 年后,民行检察日益受到了重视,不仅两个基本法律的相关内容大幅扩展,而且相关的司法解释或规范性文件对民行诉讼检察监督都有不少单独的规定。2011 年,"两高"就民事行政检察单独制定了《关于对民事审判活动与行政诉讼实行法律监督的若干意见(试行)》,拉开了新阶段民事行政诉讼检察监督的大幕;此后不久,《人民检察院民事诉讼监督规则(试行)》《人民检察院行政诉讼监督规则(试行)》分别先后颁布实施,实施经验也在民事诉讼法、行政诉讼法修改及相关司法解释中得到体现和吸纳,大大推进了民行检察的实施,为近年民行检察司法解释的完善提供了实践经验,为整个民行检察监督完善提供了制度性保障。

伴随民行检察制度的完善,民事行政诉讼检察监督的范围总体经历了大幅扩张到适度收缩的趋势,反映了我国检察机关不断适应时代要求而作出的改变。立法初期,民行检察监督的重点应当是解决制度有无问题,这点从第一部《民事诉讼法》《行政诉讼法》对民行检察监督的规定就可以看出,当时只有较为原则性的规定,即检察机关可以对民事、行政诉讼进行监督,至于监督的范围大小则一概不提,甚至检察机关之间的监督范围与权力区分也没有。随着程序法律日益受到重视,民事诉讼法历经了多次修改,民事检察监督的内涵日益丰富,监督的范围也日益清晰明朗。如 1991 年的《民事诉讼法》就对检察机关监督的具体情形作出明确规定,主要涉及事实认定错误、适用法律错误、程序违法可能影响裁决正确及审判人员违法等。2007 年该法修改时,再次扩展了检察机关监督的范围,将当事人申请法院再审的情形都纳入检察机关职权监督的范畴,检察机关不再单独划定职权监督的范围。这一时期检察机关监督范围的快速扩张,正是我国法律体系快速发展的阶段,也是检察机关积极介入公民权利保护的时期。不过这种全面的介入,虽有保护公民权利的目的,但检察机关显然不能"公器私用",诉讼监督的范围应当是有所限制的,以免超出维护法制统一的目的或干涉私权自治。社会主义法律体系的建成是一个标志性事件,也可以印证我国法律制度建立与完善的转折。立法机关与检察机关也逐渐认识到民行检察监督的缺陷,2011 年的司法解释首先明确了调解书监督中的国家利益、社会公共利益限制;2012 年民事诉讼法的修改,一方面将审判监督扩展到整个民事诉讼各阶段,同时又限制当事人向检察机关申诉的情形,即当事人已向法院提出申请再审的救济,而法院驳回、逾期未处理或再审裁决有明显错误。到 2015 年,"两高"联合制定司法解释,强调了检察机关监督应出于保护国家利益、社会公共利益。对行政诉讼的监督也大体与这一趋势相符。

公益诉讼是近年来检察机关发展的一项新职能。出于制度初设的谨慎考虑,目前涉及的范围总体较窄,而且是民事诉讼范围窄于行政诉讼,这也与前者主要是公民私人之间的利益纠纷,而后者涉及行政机关和公共利益有关。不过,这种严格的范围限制与当下的公共利益保护可能还有一定的差距,社会上也有不少呼吁扩大公益诉讼监督的声音。① 党的十九届四中全会提出了"拓展公益诉讼案件范围"的法律监督要求,一些地方检察机关事实上也在探索更大范围的公益诉讼;②全国人大常委会通过修改法律的形式,也在不少单行法律中不断增加公益诉讼的范围,目前已经涉及军人荣誉名誉权益保障、安全生产、妇女权益保障等9个领域。③

第二节　难当大任的民行检察实践

检察机关是国家的法律监督机关,其有权监督法院的审判活动、执行活动等,这是《宪法》和《人民检察院组织法》明确规定的内容之一。《民事诉讼法》《行政诉讼法》在制定之初就将民行检察纳入其中,为检察机关相关职能的履行提供了法律基础。由此,民行检察应大有作为,但司法实践却是另一番景象。

一、民行检察实践的总体情况

通过主要对"两高"工作报告相关数据的整理,包括与同期法院的审结案件、检察机关办理的刑事案件总数相比,借以研究检察机关民行检察的实践状况。

关于统计时间,考虑到第一部《民事诉讼法》也只是在 1982 年 10

① 刘轶琳:《这个"等"字难倒检察机关　张本才代表提请解释公益诉讼范围》,http://www. spcsc. sh. cn/n1939/n4514/n5712/n5713/u1ai186273. html(上海人大),2020 年 5 月 17 日访问;刘庆、刘畅、李昊:《全国人大代表高明芹:建议扩大公益诉讼受案范围》,http://www. mzyfz. com/index. php/cms/item-view-id-1387254(民主与法制网),2020 年 5 月 17 日访问。
② 闫晶晶、戴佳:《检察机关将积极审慎探索公益诉讼新领域》,《检察日报》2018 年 12 月 26 日;姜洪:《检察机关稳妥积极探索拓展公益诉讼办案范围》,http://news. jcrb. com/jxsw/201910/t20191023_2068052. html(正义网),2020 年 5 月 17 日访问。
③ 张军:《最高人民检察院工作报告》,《检察日报》2023 年 3 月 18 日。

月实施,为此,笔者拟从 1983 年开始相关数据研究。不过,1984 年到
1988 年的最高人民检察院工作报告中几乎没有任何涉及审判监督的
内容,即使个别年份提及审判监督,也是放在刑事诉讼内容中提及的。
笔者认为,1983 年至 1987 年全国各级检察机关应该基本没有进行任
何民事审判监督行为,这在 1989 年的工作报告也能得到一定程度的印
证。该年工作报告中提及,少数基层检察院于 1988 年开始对民事、行
政审判活动实行法律监督的"试点工作",但并没有民事检察的具体案
件数。此后 1989 年至 1992 年的工作报告大多只是提及已开始进行民
事、行政检察工作,明确提及案件数的只有 1992 年的工作报告;根据该
工作报告,1991 年全国检察机关立案审查公民、法人和其他组织不服
人民法院已生效判决、裁定的民事、经济纠纷、行政案件申诉 530 件。
根据时任最高人民检察院刘复之检察长于 1993 年所作的工作报告,
1988 年至 1992 年各级检察机关根据《民事诉讼法》和《行政诉讼法》的
规定,本着"积极、认真、稳妥"的原则,大力培训干部,克服困难,初步开
展了民事审判和行政诉讼的法律监督工作。[1]　为此,笔者认为此前的
数据一方面可能较少而难以公布,另一方面因处于初期阶段,民行检察
监督的实施可能也较为有限而研究价值也相对较小,所以就"武断"决
定从 1994 年工作报告中反映的 1993 年数据开始研究。

　　关于统计的内容,同样作为司法机关,不同于审判机关工作的相对
单一,检察机关的工作一直较为繁杂。检察机关较为常见的日常工作
包括立案侦查职务犯罪、审查批准逮捕、审查起诉刑事犯罪、提起公诉、
诉讼案件监督、执行监督等,但其他的检察工作同样多样而数量巨大,
如向有关单位和企业提出预防建议(如 2009 年 15149 件)、进行警示教
育(如 2009 年 418 万余人次)、接待群众信访(如 1999 全年共接待处理
群众来信来访 812821 件)、息诉息访等,至于其他并非法定、或由检察
工作延伸的工作更多,这些都涉及检察机关主责主业的定位以及如何

---

[1]　刘复之:《最高人民检察院工作报告》,http://www. spp. gov. cn/spp/gzbg/200602/
t20060222_16378. shtml(最高人民检察院官网),2020 年 5 月 20 日访问。

服务法律监督的问题。从民事行政案件检察监督研究视角看,主要涉及的是检察机关对民事行政诉讼案件的监督,包括依职权监督和依申请监督;此外,近些年检察职能的完善,对民行案件的检察监督进行拓展和深化,包括从审判监督到全流程的监督,如执行监督、对行政行为的监督以及公益诉讼。在此还涉及三大内容对比,以反映检察机关在民行案件检察监督上的情况。一是检察机关就法院民行案件提出监督的情况,主要是抗诉和检察建议;随着监督范围的扩展,后期增加了执行情况、公益诉讼情况。检察机关的支持起诉活动也是民事检察的重要组成部分,一些报告中反映了检察机关对诉讼能力偏弱的老年人诉请支付赡养费、残疾人维权、受家暴妇女离婚、农民工讨薪等案件的支持起诉,有的年份达到数万件,但考虑到数据不全,笔者没有纳入。对行政行为的监督,因无法与法院民行案件相比较,而且这方面的数据也缺乏系统的统计,所以也没有纳入。还有一些专项活动、推动行政争议解决等,虽然也占用检察机关较大的精力,但因报告统计不统一,各个统计年度时有时无,并非是检察机关的常规活动,笔者也不单独统计。二是法院民行案件审判情况,后期增加了执行情况,以与检察机关的监督相对应;考虑到民事诉讼法的广泛适用性,原则上将民商事、金融、知识产权等诸多案件都予以纳入。三是检察机关刑事案件的办理情况,也是从四大检察视角下与民行检察监督的比较需要。考虑到刑事案件的主要表现为侦查、逮捕与起诉三个方面,统计时也主要从此三方面进行,但在脚注中也加入检察机关进行刑事诉讼监督的一些其他情况,以更为全面反映检察机关办理民行案件与刑事案件的全貌。

关于统计来源和标准,主要是结合"两高"和国家统计局发布的有关数据进行。[①] 首先是民行检察监督案件数,这个数据主要是从最高

---

① 最高人民法院的工作报告参见 http://gongbao. court. gov. cn/ArticleList. html? serial_no＝wx,最高人民法院的全国法院司法统计公报参见 http://gongbao. court. gov. cn/ArticleList. html? serial_no＝sftj,最高人民检察院工作报告参见 https://www. spp. gov. cn/spp/gzbg/index. shtml,国家统计局的年度数据参见 https://data. stats. gov. cn/easyquery. htm? cn＝C01,2024 年 6 月 23 日访问。本章引用的数据,除非单独说明,都来自前述相关机关的工作报告。

人民检察院历年工作报告中有关民行检察监督情况中予以摘录。民行检察监督主要统计裁决的抗诉和再审检察建议,后又扩展至调解书的监督、执行活动监督等;这里主要以检察机关已经提起监督的为标准,不以申请或申诉的为标准,毕竟大部分的申诉都没有得到检察机关的支持,实际价值不大,而且报告也主要反映的是最终抗诉或提出检察建议的情况。当然,考虑到同期向检察机关申请监督较多,也有一定的系统性统计,笔者将息诉情况也予以摘录,至少从一定程度上反映民行检察监督工作的复杂性。国家统计局的统计以民行抗诉、申诉和纠正违法进行分类,对民行中检察建议、刑事申诉与刑事案件中的纠正违法都没有区分,所以在此没法使用。

其次是法院民事、行政案件的数量,该数据以最高人民法院发布的全国法院司法统计公报为准,结合最高人民法院的工作报告确定。国家统计局对民事案件的统计进行了再次分类,且没有第二审案件办理情况,较为繁杂,无法直接使用。全国法院司法统计公报只有 2002 年至 2023 年,其他年份的民行案件数量和五年的总数据只能从最高人民法院的工作报告中摘录。无论是司法统计公报还是工作报告,各年份都没有完全明确区分刑事、民事、行政案件的情况,而是区分了一审、二审,还有执行、国家赔偿和司法救助、审判监督、司法协助、司法制裁等较多类型。考虑到民事行政案件合并计算,而其中民事案件当前动辄达到千万数级,所以笔者主要选取民事、行政案件的一审、二审的数量为主,这也与民行检察的主要对象相符;到 2010 年前后,民事行政检察监督的范围扩展,执行案件也纳入其中,从而与执行监督匹配。其中还涉及民事案件的计算,因早期工作报告统计标准差异较大,民事案件有时进行了细化分类,如民生案件、海事案件、经济案件等;因为要反映检察机关的民行监督与法院民行案件执行情况,考虑到除了刑事案件,法院其他案件的执行大多适用民事、行政诉讼程序,笔者在此以总执行案件数量减去刑事案件执行数量作为民行执行案件的总数;如没有总数,则将相关非刑事案件的数据予以相加。早期的一些年度,甚至最高人民法院的工作报告只有一审案件数量,但考虑到比较需要,笔者也只能纳入一审的数据,仅作为参考。在相关数据的选择上,原则上考虑审结、执结的数据而不是受理的案件,毕竟前者才是法院真正完成的工作。

最后是检察刑案件数,由于民事行政检察监督的案件基本都是以"件数"进行统计的,但检察机关刑事案件中批捕、起诉不少都是以"人"为单位的,造成两者因单位不一致而比较价值受到影响,为此,刑事案件的统计选取国家统计局的年度数据与最高人民检察院工作报告数据相结合,以"件数"为主要单位。不过由于时间较早和监察体制改革的原因,国家统计局的数据只有从1998年到2017年的数据,为此,对1998年至2017年之间出现的五年总数据和该期间之外的有关数据则从工作报告中选取,但由于统计标准问题,仍可能存在单位不一致的问题,此时仅作为参考。检察刑事案件数一般是以检察院直接立案侦查案件结案件数、批捕和决定逮捕件数、决定起诉件数三项之和来衡量,这也是基于检察机关的主要刑事职能,也考虑到侦查监督、刑事审判监督在工作报告中统计不一致,甚至很多时候根本没有统计,造成数据波动较大和统计困难;以检察机关结案数或决定数为依据,而不是以受案数或申请逮捕等数据作为标准,也是考虑结案反映的是检察机关实际已完成的工作,相对于民行案件已经提起监督,对比性更佳;对于这些案件之外的一些刑事案件,笔者也在脚注中另外予以标出,以供参考和比较。不过,如工作报告中存在检察机关办案总量的,笔者则以检察机关办案总数减去民事行政检察、公益诉讼等来确定检察机关办理的刑事案件总数(主要针对1998年至2017年之外的数据),如此也更为准确反映刑事案件数量;由此可能造成不同年份刑事案件量存在不小的波动,但考虑此处的数据统计与比较主要是和同年度民行检察监督案件相比,并不比较不同年份刑事案件的多少,应该影响不大。

相关数据如下:

年份	民行检察监督案件件数	法院民行案件件数	检察刑案件数
1993	对裁判确有错误的民事、经济和行政案件抗诉 310；①	3003290②	自侦 56491/1012254 人③
1994	抗诉 587，改判建议 1477；	3462181④	自侦 60312/1169326 人⑤
1995	抗诉 1507；	约 405 万⑥	自侦 83685/1205302 人⑦

① 考虑到表述的简洁方便，下文没有特地标明，此栏的民事案件包括所有适用民事诉讼法审理的案件，如经济案件、海事案件等，此栏的抗诉或检察建议是针对认为有错误的民事行政裁判而提出的监督。

② 因该年度最高人民法院的工作报告没有全面的二审数据，该数据是审结的一审案件总数减去一审刑事案件后的数据。

③ 1994 年最高人民检察院的工作报告中，自侦案件标明为"贪污贿赂等"，涉及职务犯罪、假冒商标、偷税、抗税、骗取国家出口退税等；相关数据是立案查的，并非是侦结的，1994 年至 1996 年和 1993—1997 年的总数据也是如此。批捕人数明确说明只是来源公安机关、国家安全机关，提起公诉人数只是来源公安机关移送的案件；1994 年和 1993—1997 年期间的总数也是来自公安、国安移送案件。这里的人数都是有关逮捕和起诉的人数，本栏中单列自侦案件的都是如此。需要额外说明的是，由于表格中的数据一般是被逮捕的人数、被起诉的人数或件数，所以在此也单列了没有被起诉、被逮捕的人数或件数，更为全面体现检察机关审查工作。以下该栏中的数据也是如此。该年的刑事案件还有不捕 40439 人、对侦查活动提出纠违意见 8596 件次、对刑事裁决提出抗诉 1879 件、对审判活动提出纠违意见 1765 件次、对监所活动提出纠违意见 39342 件次、对超期羁押提出纠违意见 73416 件次。

④ 该数据包括该年审结的经济案件、民事案件、行政案件和海事案件。

⑤ 该年刑事案件还有不捕 45835 人，对侦查活动提出纠违意见 11047 件次，对刑事裁决提出二审抗诉 1693 件、再审抗诉 533 件，对审判活动提出纠违意见 2228 件次，对监管改造活动提出纠违意见 46709 件次。

⑥ 因该年度工作报告在受理、审结上的数据不全面，笔者暂且以全年受理的各类一审案件减去审结的一审刑事案件数据，一审民行行政案件审结的实际数应比该值低。该工作报告参见任建新：《最高人民法院工作报告（1996 年）》，https://www.gov.cn/test/2008-03/27/content_929938.htm（中国政府网），2024 年 6 月 25 日访问。

⑦ 1996 年工作报告中，自侦案件标明为"各类犯罪"，批捕和提起公诉是检察机关办理的总数，不限于公安、国安移送案件。该年涉及刑事案件的还有对侦查活动提出纠违意见 14243 件次，对刑事裁决提出二审抗诉 1775 件、再审抗诉 641 件，对审判活动提出纠违意见 2343 件次，对监管改造活动提出纠违意见 135419 件次。

年份	民行检察监督案件件数	法院民行案件件数	检察刑案件数
1996	抗诉 3322，纠正意见 1783（受理申诉 32328）；	4667210①	944185②
1993—1997	抗诉 11925，检察建议 8082（受理申诉 131859，立案审查 54492）；	19980318③	3948576④
1998	抗诉 8438（审查申诉 26158）；	无法统计⑤	840436⑥
1999	抗诉 14320；	361.6 万⑦	948388⑧
2000	抗诉 16944；	481.6 万⑨	994753⑩

① 该数据是全国法院审结的一审案件总数剔除一审刑事案件后的数据。工作报告中没有二审相关数据。
② 该年刑事案件还有对侦查工作提出纠违意见 15565 件次，对审判活动提出纠违意见 2422 件次，对刑事裁决提出抗诉 2405 件，对监狱、看守所、劳教所执法活动提出纠违意见 46706 件次。
③ 这是该期间各级法院审结的一审案件总数减去审结的一审刑事案件数，主要包括民事、经济、行政和海事案件。报告中没有二审的有关数据。
④ 该期间刑事案件还有不捕 271629 人，不诉 25638 人，对审判活动提出纠违意见 12806 件次，对刑事裁决提出抗诉 12288 件，对不按规定交付执行提出纠违意见 94794 件次，对违法提前释放以及执行期满而未及时释放提出纠违意见 2922 件次，立案复查刑事申诉案件 47590 件。
⑤ 该年只有总的审结案件数（539 万余件），没有区分案件类型和一审、二审情况，无法推算民事行政案件总数。
⑥ 该年刑事案件还有要求公安机关说明不立案理由 9335 件，通知立案 5207 件，不捕 93218 人，不诉 11225 人，对超期羁押提出纠违意见 70992 人次，对侦查活动提出纠违意见 9964 件，对刑事裁决提出抗诉 3791 件，对审判活动提出纠违意见 1211 件次，对有关部门办理减刑、假释、暂予监外执行、保外就医提出纠违意见 9672 件次。
⑦ 该年工作报告只有一审民事行政案件情况，没有二审案件数量。
⑧ 该年刑事案件还有要求公安机关说明不立案理由 16306 件、通知立案 7705 件，不捕 104199 人，不诉 16172 人，纠正超期羁押 74051 人次，对刑事裁决提出抗诉 3759 件，对违法减刑、假释、暂予监外执行等提出纠违意见 8229 人次。
⑨ 此外还有最高人民法院审结 4832 件，因没有区分案件类型而没有列入。
⑩ 该年刑事案件还有督促公安机关立案 20809 件，对公安机关使用强制措施不当等提出纠违意见 14349 件次，纠正侦查、起诉、审判阶段超期羁押 64254 人次；对刑事裁决提出抗诉 3798 件，对刑罚执行提出纠违意见 9318 人次。

年份	民行检察监督案件件数	法院民行案件件数	检察刑案件数
2001	抗诉 16488；	5197702①	1171218②
1998—2002	抗诉 69392,检察建议 15189；	约 2408.5 万③	自侦 207103/7267499 人④
2003	抗诉 13120,检察建议 3316⑤（息诉 19903）；	4900033	1118501⑥
2004	抗诉 13218,检察建议 4333（息诉 53581）；	4800261	1206867⑦
2005	抗诉 12757,检察建议 5192（息诉 50951、申诉约 68946）；	4877258	1268935⑧

① 该年度工作报告只单列了地方各级人民法院和专门法院办结的刑事、民事和行政案件数字,最高人民法院共审结 3074 件,没有区分案件类型;本处的数字不包括最高人民法院。

② 该年刑事案件还有监督立案 18447 件,不捕 93760 人,不诉 26373 人,对刑事裁决提出抗诉 3875 件;对侦查、审判和刑罚执行活动提出纠违意见 21278 件次,对超期羁押的提出纠正意见 66196 人。

③ 该工作报告中,民事案件为一审案件的审结数,行政案件则没有提及案件的审级,应该是包括一审、二审等。

④ 该期间刑事案件还有监督立案 36955 件,不捕 466357 人,不诉 106715 人;对刑事裁决提出二审抗诉 16680 件、再审抗诉 1689 件,对侦查、审判活动提出纠违意见 61162 件次,对违法减刑、假释、保外就医和不按规定交付执行等提出纠违意见 44435 件次,对超期羁押监督纠正 308182 人次。

⑤ 该年工作报告只表述为"重点监督严重侵害社会公益的案件,因贪赃枉法、徇私舞弊导致裁判不公的案件,侵害农民工、下岗职工利益的案件",因此这个数据从文义上理解是针对这些案件的,而不是所有民事行政案件。

⑥ 该年刑事案件还有监督立案 22575 件、撤案 2552 件,不捕 58872 人、不诉 27957 人,对刑事裁决提出抗诉 2906 件,对侦查、审判活动提出纠违意见 9518 件次,对刑罚执行和监管活动提出纠违意见 7055 人次。

⑦ 该年刑事案件还有监督立案 20742 件、撤案 2699 件,不捕 67904 人、不诉 21225 人,对侦查活动提出纠违意见 7561 件次,对刑事裁决提出抗诉 3063 件,对审判活动提出纠违意见 1387 件次。

⑧ 该年刑事案件还有监督立案 17940 件、撤案 3737 件,不捕 49291 人、不诉 22305 人,对侦查活动提出纠违意见 7845 件次,对刑事裁决提出抗诉 2978 件,对刑事审判提出纠违意见 1865 件次,对执行活动提出纠违意见 8625 件次。

续　表

年份	民行检察监督案件件数	法院民行案件件数	检察刑案件数
2006	抗诉 12669，检察建议 5949（息诉 37524）；	4912894	1291017①
2003—2007	抗诉 63662，检察建议 24782；	2261.5 万②	9134758 人③
2008	抗诉 11459，检察建议 5222；	6039509	1416936④
2009	无汇总数字；	6549026	1415516
2010	抗诉 12139（息诉 44021）；⑤	6871062	1428857⑥
2011	抗诉 10332 件（息诉 30592 件）；	7300184	1496625⑦

① 该年刑事案件还有督促立案 16662 件、撤案 4569 件，不捕 96382 人、不诉 7204 人，对刑事裁决提出抗诉 3161 件，对侦查活动提出纠违意见 11368 件次，对刑事审判活动提出纠违意见 2200 件次，对执行活动提出纠违意见 2846 人次。

② 该数字是地方各级人民法院审结的一审民事行政案件，工作报告中没有民事行政案件的总数。

③ 该期间刑事案件还有督促立案 94766 件、撤案 18266 件，不捕 255931 人、不诉 34433 人，对侦查活动提出纠违意见 50742 件次，对刑事裁决提出抗诉 15161 件，对刑事审判提出纠违意见 9251 件次，纠正减刑、假释、暂予监外执行不当 13275 人，对执行提出纠违意见 29631 件次。

④ 该年刑事案件还有督促立案 20198 件、撤案 6774 件，不捕 107815 人、不诉 29871 人，对侦查活动提出纠违意见 22050 件次，对刑事裁决提出抗诉 3248 件，对刑事审判提出纠违意见 2995 件次，纠正减刑、假释、暂予监外执行不当 4990 人，对监管活动提出纠违意见 11660 件次。

⑤ 该年工作报告没有提及对生效民事行政裁判发出检察建议数，单独提及检察机关对涉及国家和社会公共利益的案件督促起诉 33183 件，支持起诉 21382 件；考虑到其他年份没有这样的表述，笔者在此也不将这些作为比较的对象。

⑥ 该年刑事案件还有不捕 64195 人、不诉 29898 人，督促立案 31203 件、撤案 10702 件，对侦查活动提出纠违意见 33836 件次，对刑事裁决提出抗诉 5425 件，纠正减刑、假释、暂予监外执行不当 10813 人。

⑦ 该年刑事案件还有不捕 151095 人、不诉 39754 人，督促立案 19786 件、撤案 11867 件，对侦查提出纠违意见 39432 件次，对刑事裁决提出抗诉 5346 件，对刑事审判提出纠违意见 8655 件次，对刑罚执行和监管活动提出纠违意见 24075 件次，纠正减刑、假释、暂予监外执行不当 11872 人。

年份	民行检察监督案件件数	法院民行案件件数	检察刑案件数
2008—2012	抗诉 55992,检察建议 45823（息诉 143650）；	3212.9 万①	无法汇总②
2013	对生效裁判、调解书提出抗诉或再审检察建议 15538 件；对审判中的违法情形提出检察建议 18398 件,对民事执行活动中的违法情形提出检察建议 41069 件（息诉 22305 件）；③	10875759④	1637301⑤
2014	抗诉或再审检察建议 9378；民事执行检察建议 33107；	11704513	1723169⑥
2015	抗诉 3548,检察建议 3874；	14420779	1753133⑦

---

① 该工作报告既没有单独列出法院审结案件数量,也没有对民事案件进行单列,而是再区分案件类型。为此,结合报告内容,本处数据是审结的一审商事、知产、涉外商事和海事海商、涉港澳台、民事、行政案件的总和,无二审情况。

② 该期间的工作报告对逮捕、起诉数据是根据犯罪种类进行分别列举的,如破坏市场经济秩序犯罪、民生犯罪、特殊群体以及黑恶势力、严重暴力、多发性侵财、毒品犯罪等严重犯罪,由于没有包括所有犯罪种类,且之间也存在重复,无法予以统计。

③ 因相关法律修改,该年开始统计的民行监督数据增加了调解书和审判程序中违法、执行违法等情况,但都予以简略表述,没有单独标明的都是包括民事行政案件。该年检察机关还对 19021 件侵害国家和社会公共利益、侵害困难群体合法权益的民事案件支持起诉,但考虑到大部分年份都没有记载,在此也不单独统计。

④ 考虑到 2012 年民事诉讼法的修正才增加了执行监督,笔者从 2013 年开始统计法院执行案件数据。

⑤ 该年刑事案件还有不捕 182246 人、不诉 67820 人,督促立案 29359 件、撤案 25211 件,对侦查活动提出纠违意见 72370 件次,对刑事裁判提出抗诉 6354 件,监督纠正刑罚执行和监管活动中的违法情形 42873 件次,监督纠正减刑、假释、暂予监外执行不当 16708 人。

⑥ 该年刑事案件还有督促立案 21236 件、撤案 17673 件,不捕 116553 人、不诉 23269 人,对刑事裁判提出抗诉 7146 件,对侦查活动提出纠违意见 54949 件次,监督纠正“减假暂”不当 23827 人,监督有关部门对 2244 人收监执行。

⑦ 该年刑事案件还有督促立案 14509 件、撤案 10384 件,不捕 221761 人、不诉 76565 人,对侦查活动提出纠违意见 31874 件次,对 29211 名犯罪嫌疑人建议释放或变更强制措施,对刑事裁判提出抗诉 6591 件,监督纠正“减假暂”20062 人,纠正脱管 7164 人、漏管 3614 人,督促收监执行 1063 人等。

年份	民行检察监督案件件数	法院民行案件件数	检察刑案件数
2016	抗诉 3282，检察建议 2851；审判程序检察建议 13254，民事执行检察建议 20505；	16976001	1733332①
2013—2017	抗诉 2 万余，检察建议 2.4 万；审判程序检察建议 8.3 万，民事执行检察建议 12.4 万；	5949.5 万②	约 1195.8 万人③
2018	抗诉 4050，检察建议 4177；执行检察建议 30342；公益诉讼 113160；④	20015378⑤	自侦 71 人；1904376⑥

① 该年刑事案件还有督促立案 14650 件，对侦查活动提出纠违意见 34230 件次，对财产执行提出纠违意见 3172 件、检察建议 11897 件。

② 2018 年工作报告中商事案件是否包括合同、房地产、金融案件等不确定，且当中有的明确为一审，数据无力核实。该数据是以地方各级法院审结执结总数减去执结总数和审结的一审刑事案件数，刑事二审及执行等数字也无法剔除，也没有纳入最高人民法院的数据。2018—2022 年的总数据也是如此。

③ 该期间刑事案件还包括纠正违法减刑、假释、暂予监外执行 11.8 万人等。

④ 从该年开始，工作报告将民事诉讼、行政诉讼的检察监督数据分开统计，但考虑到此前数据都是统一的，笔者将相关数据相加列出，对一些新的情况则单独列出，如公益诉讼、行政执行活动监督等。

⑤ 从 2017 年开始，全国法院司法统计公报报表发生变化。此前民行案件区分一审、二审和执行情况单独统计，由此肯定会造成一些案件没有纳入统计或不准确，如在该年开始统计的适用民事特别程序的案件。虽然该年的报表仍可以查到民行案件一审、二审和执行情况，但考虑到这里的法院民行案件情况主要是和检察机关对民行案件提起的监督相比，而不是比较历年法院的民行案件，所以笔者还是选择更为准确反映法院民事、行政案件的全部数据，而且也可以避免多次计算可能造成的错算，如民事案件除了一审、二审外，还有再审、第三人撤销之诉、选民资格、行为能力确认等，行政案件除了一审、二审外，还有再审、非诉行政行为申请执行审查等，但都没有纳入国家赔偿与司法救助等。对于执行情况，统计中不再区分民事、行政与刑事案件，造成无法准确统计；笔者根据报表的情况，首次执行的数据最为丰富，且也可以剔除刑事执行情况，所以主要选择首次执行的有关数据，并以其中的结案总数减去"刑事财产刑或附带民事赔偿生效判决、裁定、调结书"作为民行案件执行结果的总数。

⑥ 该数据来源于国家统计局的数据，只包括检察机关批捕、决定逮捕件数和决定起诉件数之和，侦查数据来源于最高人民检察院工作报告；尽管最高人民检察院的工作报告中也有逮捕和起诉的人数，但考虑到与民行检察件数的比较，在国家统计局有相关数据时笔者还是选择统计件数。2019—2020 的数据也是如此。另外，该年刑事案件还（转下页）

年份	民行检察监督案件件数	法院民行案件件数	检察刑案件数
2019	抗诉 5259,检察建议 8055;民事执行检察建议 23437(民事申诉 142203);公益诉讼案件 126912;	23022624	自侦 871 人;2025495①
2020	抗诉 5176,检察建议 10098;审判与执行检察建议 10.1 万;公益诉讼 151260;	22475642	自侦 1421 人;1617017②
2021	抗诉 5564,检察建议 9025;审判和执行检察建议 13.7 万;公益诉讼 16.9 万;	26108671	2619660 人③
2018—2022	抗诉约 2.5 万,检察建议 4 万余;审判和执行提出检察建议 52.7 万;公益诉讼 75.6 万;	9297.3 万	约 1256.2 万人④
2023	抗诉和检察建议 1.4 万余;审判和执行检察建议 17.5 万;公益诉讼 19 万。	29145408	约 241.6 万人⑤

(接上页)有督促立案 22215 件、撤案 18385 件,不捕 284910 人、不诉 136970 人,对侦查活动提出纠违意见 58744 件次,对刑事裁判提出抗诉 8504 件,监督纠正自由刑执行不当 39287 人次,提出释放或变更强制措施建议,办案单位采纳 64106 人,纠正判处实刑罪犯未执行刑罚 3031 人,对财产刑执行提出纠违意见 31464 件。

① 根据最高人民检察院的工作报告,该年的刑事案件还有不捕 191290 人、不诉 41409 人,建议取保候审 75457 人,对刑事裁判提出抗诉 8302 件,纠正自由刑执行不当 38035 人次。

② 该年刑事案件还有督促立案 2.2 万件、撤案 2.4 万件,不捕 13.8 万人、不起诉 4.1 万人,对刑事裁判提出抗诉 8903 件,纠正自由刑执行不当 5.1 万人次。

③ 该数据来源于最高人民检察院的工作报告,2018—2022 年的总数据和 2023 年的数据也是如此。该年刑事案件还有督促立案 2.5 万件、撤案 2.9 万件,对刑事裁判提出抗诉 8850 件,对刑事审判提出纠违意见 1.4 万件次,监督纠正自由刑执行不当 3 万件,对财产刑执行提出纠违意见 4.3 万件。

④ 该五年间刑事案件还有对刑事裁判提出抗诉 4.1 万件,不捕 81.8 万人、不诉 21.1 万人,纠正脱管漏管 8.5 万人,监督收监执行 7.3 万人,纠正自由刑执行不当 24.5 万人。

⑤ 该年刑事案件中还有监督立案、撤案合计 13.9 万人,不捕 21 万人、不诉 5.4 万人,对刑事裁判提出抗诉 7876 件,对自由刑执行不当提出检察意见 2.6 万人次,对财产刑执行提出纠正意见 9.5 万件等。

二、民行检察实践数据分析

从办案数量看,检察机关民行检察监督至今已取得了长足的进步。仅从检察机关一直进行的民行检察抗诉情况看,1996 年办案量是 1993 年 10 倍多,1998 年到 2002 年相比前一个五年又翻了 5 倍,可见初期的民行检察发展迅速。此后,民行裁判的抗诉一直维持在每年 10000 件左右,直到 2014 年左右,民行检察的范围大幅扩展,抗诉反而快速回落,其他监督形式逐渐发展。检察建议日渐成为重要的监督方式,2003 年至 2007 年的检察建议只是抗诉的近 40%,2018 年至 2022 年,检察建议的提出数量已是抗诉的 27 倍多。比较抗诉与检察建议两种监督方式,前者意味着法院要启动再审程序,而案件最终是否存在错误、是否需要改判并不确定,耗费人力、物力及由此带来生效裁决的不稳定则是肯定的;后者只是对法院的建议,如何改,甚至改与不改仍然由法院决定,从而使得这种监督方式更为柔和,也在一定程度上更尊重法院的权力行使,既完成了监督工作,又没有直接给法院增加太大的压力。从中可以发现,尽管有检察监督范围扩展的因素,但检察机关不断创新监督方式,在监督效果上取得了一定的成就。不仅如此,新世纪以来的监督范围扩展效果也较为明显,体现在两个方面,一是针对民事行政案件,特别是民事案件执行难的问题,检察机关的民事行政执行监督发展较快,从 2013 年仅有民事执行检察建议 4 万余件,到 2023 年包括审判程序的监督,这一数字已是十年前的 4 倍多。二是公益诉讼检察工作成果明显,从全面实施后的完整年度 2018 年开始,民事公益诉讼 4393 件、行政公益诉讼 108767 件,起点较高;至 2023 年,民事公益诉讼约为 2.2 万件、行政公益诉讼为 16.8 万件。从检察机关的四大检察视角看,截至 2023 年,除了公益诉讼、刑事检察外,民事检察和行政检察也有 19 万件左右;其中对民事审判程序与执行的监督有 13 万件,行政的为 4.5 万件,基本形成了四大检察的基石。

不过,检察机关的民行监督仍然需要不断努力以取得更大的进步。首先,从民行检察监督案件与同期检察机关的刑事案件相比,民行检察监督还难以撑起作为四大检察中的两项。从统计数字看,作为检察机关主要刑事业务的自侦、批捕与公诉案件数,从笔者收集的较为明确记载的 1996 年就超过 90 万,2001 年突破 100 万,达到 117 万,2023 年更是超过 240 万件;如包括所有涉及刑事的案件数,2023 年更是达到了265.7 万余件,还有 26.4 万人的不捕不诉与 2.6 万人次的检察建议等。相比之下,民行检察监督虽有较快的增长,但在 2013 年之前针对有错误的民事、行政裁决提出抗诉和检察建议最多也不到 2 万件;从2013 年开始,即使民行检察监督范围大幅扩展,典型的民事诉讼、行政诉讼监督件数也只在 15 万件左右,即使纳入快速增长的公益诉讼,2023 年民行检察监督案件也没有超过 40 万件。考虑到刑事检察以百万计,民行检察监督数量相比差异巨大。以当前检察机关内设机构看,如相关机构全部设立,在省级以上的检察机关民行检察一般有 3 个独立部门、专门办理刑事案件的机构有 6 个部门,在县市级检察机关的民行部门一般有 2 个、刑事办案机构有 4 个,民行机构办案量可能难以支撑其独立地位。全国检察院按照 3600 家计算,[①]以 2023 年检察机关对民行案件提出监督的数字计算,平均每家检察院所有的民行监督案件也只有 11 件左右。如此,要么当前民行检察监督机构在基层的普遍设立存在疑问,毕竟在较少的案件量下分散设立这些机构,可能造成办案力量分散,而办案经验或能力提升不足,要么可能就要对当前民行检察监督的范围进行反思,从而应为检察机关的民行监督工作拓展空间。

其次,从检察机关民行监督的案件数与同期法院的民事、行政案件数相比,差距较大,民行检察监督仍需加强。从 1993 年检察机关民行监督案件与法院民行案件比例约 0.01%(310/3003290)到 2011 年0.14%(10332/7300184),再到民行监督范围大幅扩张的 2023 年

---

① 戴佳、史兆琨:《3600 多家检察院一个平台办案杜绝"暗箱操作"》,《检察日报》2017 年 2月 17 日。

0.65%（18.9万/29145408，以所有民事行政裁判、审判程序与执行活动的监督数据除以法院民行案件总数），已然提高了60多倍，可以视为针对法院的民行监督取得了较大成果。除了这个数字本身反映的进步，毕竟民行案件是否属于涉及公共利益并非检察机关所能左右，而其他案件是否需要监督，很重要的因素是当事人是否申请；更重要的是，我国进行多轮司法改革，法院审判能力得到较大提升、司法环境有较大改善都可能导致民行检察监督数量难以与法院民行案件数量相比。不过，这一结论可能仍面临诸多挑战。一是民事诉讼、行政诉讼检察监督的数据也就是近年才有较大的提升，能否持续还有待观察。如2018—2019年都不到4万件，也只是到2020年才突然提高到11万余件，2023年则有近19万件。二是"不起眼"的息诉数据反映了民行检察监督仍有较大的空间。尽管由于检察机关息诉的数据没有在工作报告中连续统计，但从笔者摘录到的情况看，相对于检察机关提出的具体监督，申诉及伴随的息诉工作较多。如，2005年民事行政案件的检察监督不到1.8万件，同时有申诉近7万件；2019年，民事申诉超过14万件，检察机关提出监督意见的约3.7万件，提出监督的案件也即25%左右。由于无法了解具体的案件情况，无法确定这一比例本身是高还是低，但考虑到检察机关还收到群众来信超过49万件（是所有案件，并非单指民事行政案件），以及随着我国法治建设，公民法治意识和法官司法水平的提升，这个比例仍在10多年中基本保持不变，民事行政诉讼可能还是存在一些问题。较为典型的就是我国跨行政区划司法机构的设立，明确提出"随着社会主义市场经济深入发展和行政诉讼出现，跨行政区划乃至跨境案件越来越多，涉案金额越来越大，导致法院所在地有关部门和领导越来越关注案件处理，甚至利用职权和关系插手案件处理"。① 三是从"两高"的一些工作报告也可以发现民行检察监督的不足。最高人民检察院在2018年向全国人大常委会作了"关于

---

① 习近平：《关于〈中共中央关于全面推进依法治国若干重大问题的决定〉的说明》，《人民日报》2014年10月29日。

人民检察院加强对民事诉讼和执行活动法律监督工作情况的报告"，①如 2013 年至 2017 年，涉法涉诉信访有 65 万件次，占总信访量的 37.8%，比 2012 年的占比高不少，最高人民检察院对问题的总结包括监督力度不够、素质能力不强以及认识不足、重视不足等诸多方面；2024 年的最高人民检察院工作报告中也仍然提及，行政检察、民事检察仍是法律监督的"短板弱项"。近年检察机关强化对营商环境的服务能力，并于 2024 年初开展"检察护企"专项行动，其中对民事生效裁判和执行案件以及涉企行政诉讼监督、行政生效裁判案件和行政违法行为的监督都是其中重要内容。② 类似的是，2024 年最高人民法院的工作报告也指出，行政案件的上诉率居高不下；全国法院 1145 名干警利用审判执行权违纪违法被查处，121.1 万人次干预司法记录报告信息193.8 万条等，显然，法院的工作也面临多方面的风险，加强监督，包括检察机关的外部监督也应该是必要的方向。

最后，从公益诉讼情况看，民事公益诉讼快速发展也面临检察机关定位的危机。近年来，检察机关的公益诉讼在短期内获得了较大的认可。从 2015 年 7 月在 13 个省区 860 个检察院试点以来，两年期间检察机关办理公益诉讼 9053 件。2017 年 6 月公益诉讼正式入法后，至当年年底，全国办理公益诉讼案件 10925 件。③ 从 2018 年开始的完整统计年度看，2018—2022 年的五年间，全国检察机关共立案办理公益诉讼 75.6 万件，年均超过 15 万，2023 年的案件量更是达到 19 万件。在当前民事行政公益诉讼的范围总体较为有限的情况下，从全面实施的近年看，公益诉讼既突出了重点，又回应了公众的期待，数量更是增加了近 1 倍（2023 年相对于 2018 年），应当是一个非常难得的结果，尽

---

① 张军：《最高人民检察院关于人民检察院加强对民事诉讼和执行活动法律监督工作情况的报告》，http://www.npc.gov.cn/npc/c12435/201810/8d3d780384454e1ea75d9e50722095f3.shtml（中国人大网），2020 年 5 月 20 日访问。

② 邱春艳、孙风娟：《护企记——检察机关开展"检察护企"专项行动纪实》，《检察日报》2024 年 6 月 17 日。

③ 曹建明：《最高人民检察院工作报告》，http://www.spp.gov.cn/spp/gzbg/201803/t20180325_372171.shtml（最高人民检察院官网），2020 年 5 月 20 日访问。

管存在案件单一、以附带民事公益诉讼为主、办案质效不高等突出问题。[①] 不过,从民事公益与行政公益数量看,2018 年分别为 4933 件、108767 件,而 2023 年两者分别为 2.2 万件、16.8 万件,民事公益诉讼案件增长到 4.4 倍。不同于行政公益诉讼主要是针对行政机关,助力或督促行政机关积极作为,共同保护国家利益与公民利益,但民事公益诉讼针对的主要是私主体,一般是没有相应的机关或组织、或相关机关和组织怠于保护公共利益行为下检察机关履行的补充责任。如果说我国社会的快速发展形成利益多元化和社会管理存在一定的空白,需要检察机关在一定情况下及时"补漏",但如果有明确规定的机关和组织不履行保护公共利益的行为,检察机关为何不是督促履职而是替代履职? 这与宪制框架下检察机关监督其他国家机关履职的权力设置是不同的。

检察机关民行检察数量增加是最为明显的工作成绩,这也可以从检察机关工作报告对这些数字的重视可见一斑。不过,作为主要针对法院民事行政审判工作的监督,在检察机关民行检察水平不断提高的情况下,法院的民行诉讼水平显然也不是一成不变,由此,检察机关民行检察的数量应当不可能持续攀升。当前这个数据是否反映了检察机关的监督水平、法院的审判水平,未来的数量是增加或减少,应该无法作出准确判断;不过,作为对新时代主要矛盾的回应性解决,对公众在民主、法治、公平、正义等司法公共产品质的要求的回应,民事行政案件审判质量高低及由此的监督,公众向检察机关申请再审的案件数量及有关的信访数量应当是一个重要的风向标。当然公众提起再审的申请与信访,可能出于多种理由,但"认为"法院的裁决有错误等是主因;对于公众是否提起再审与信访,检察机关原则上难有作为,不过,适当的范围界定应当是检察机关进行民事行政监督的前提,也应该成为检察机关完善民行监督的首要工作。

---

① 张军:《最高人民检察院关于开展公益诉讼检察工作情况的报告》,http://www. npc. gov. cn/npc/c30834/201910/936842f8649a4f088a1bf6709479580e. shtml(中国人大网),2020 年 5 月 20 日访问。

第三节　民行检察范围的检讨

　　我国的民行检察监督范围从审判阶段扩展到整个诉讼及执行阶段,从民事、行政裁判的监督扩展到对调解书、审判人员与执法人员违法活动等的监督,从对法院的诉讼活动监督扩展到包括对行政机关、有关单位等的监督,从直接向法院的抗诉到向有关单位、组织提出检察建议等多种方式。不断扩大的民行检察范围和更为丰富的检察方式,带来了民行检察制度的完善与案件数量的显著提升,但民行检察实践仍需要不断改进,即通过这种监督在较大程度上推动法院裁判质量的提高,或至少让公众对法院裁判的信服或对检察监督更高程度的认可,这从最高人民检察院工作报告中反映的民行检察情况可见一斑。笔者认为,对民行检察范围的完善可以作为重要路径,一方面符合检察机关的宪法定位,避免因案件范围的限制而对一些案件无能为力,另一方面可以灵活监督,特别是及时回应社会需求,结合各地特点,主动选择一些重点案件监督,实现以少量案件的监督撬动司法公共产品质量的整体提升,真正让民行检察做到"监督一案、治理一片"的效果。

一、民行检察范围确定的基本原则

　　作为典型的诉讼监督类型,民行检察范围很少被单独提及。不少学者在研究诉讼监督时,统一提出了如依法监督、适度监督、及时有效监督、监督与配合相结合、促进执法司法机关内部监督、全面监督等原则。[1] 的确,作为国家的法律监督机关,检察机关对可能危及国家法制统一的行为都具有法定的纠正职责,为此,对民行案件进行依法监督、

---

① 　孙谦、童建明:《论诉讼监督与程序公正》,《人民检察》2011 年第 22 期;甄贞、郭兴莲:《诉讼监督的原则》,《国家检察官学院学报》2010 年第 4 期;汤维建:《挑战与应对——民行检察监督制度的新发展》,《法学家》2010 年第 3 期。

准确监督、监督与配合相结合等都具有积极的意义,不过在涉及监督范围上的一些原则可能要与刑事检察区分,以免造成刑事案件与民行案件的性质混同。

(一)私权自治与检察机关的救济

民事诉讼主要是解决平等主体的公民、法人及其他主体之间的民事权利义务纠纷,一般还包括经济纠纷、劳动纠纷、婚姻家庭纠纷、知识产权纠纷等,这些纠纷主体最主要特征就是基本处于"平等"关系。为此,私权自治不仅是实体权利义务处理的基本原则,也是作为实体权利处置保障的程序性权利处理的基本方式。在民事诉讼中,当事人是否起诉、主张何种事实、是否愿意提出证据或承担证明责任、是否承认或反驳、是否撤诉、是否上诉等等,完全是当事人自己的权利,国家不予干预;即使当事人权利行使涉及他人,国家也不得干预,而由第三人自己作出回应。当然,私权自治也是依法的自治,私权的行使一般仍受制于不得违反法律、不得损害国家利益和社会公共利益以及违反公序良俗等,否则可能导致行为无效,这在《民法典》《民事诉讼法》中都有相关规定。

行政诉讼具有一定的特殊性。行政诉讼是行政相对人对国家机关及其工作人员具体行政行为合法性的质疑,这里既涉及可能的国家机关及其工作人员履职过程中对行政相对人私权的侵犯,更涉及国家权力行使,也即兼有私权与公权的性质。如果说行政相对人的人身自由、财产等权利受到一定程度的侵害,且没有达到犯罪程度,行政相对人是否予以追究,这种处分仍然具有较大的私权性质,属于行政相对人自由处分的范畴,不过,国家机关及其工作人员违法滥用权力,涉及公权力而不是私权问题;除了法院在诉讼过程中对行政权的监督外,检察机关仍应在法院监督不力、行政机关不作为或不适当作为等时提出监督,包括纠正违法行为、提起公益诉讼等。

检察机关的监督应当是对民行案件的补充性救济。在我国,法律为民事当事人与行政相对人设置了诸多的救济措施。在诉讼范畴内,当事人可以提起诉讼,且当前民事、行政诉讼都已实行立案登记制,相比此前的立案审查制度更为宽松和便利;在诉讼过程中,当事人可以撤回诉讼或反诉、变更诉讼请求、自认或反驳对方的诉讼请求,也可以协商调解;针对法院的裁判、调解,当事人仍然可以上诉,即使是二审裁判,也可以向法院提请再审;在执行阶段,当事人可以申请执行或主动执行,可以对执行行为提出异议之诉或执行和解。当然,由于这类诉讼是当事人双方的权益纷争,更主要依靠当事人双方对证据、事实、法律的掌握与运用,这里涉及复杂的法律知识与诉讼技巧,还有证据搜集、运用与案件的推理、演绎等,甚至可能遇到司法工作人员违法犯罪等情况;同时,当下公民的法治意识与司法工作人员的职业能力、职业道德还需提高,代理律师的诉讼能力与普及程度都还相对较低,涉及司法工作人员的反腐制度与体制也在不断完善中,这些因素都决定了中国仍然需要为当事人在通常救济之外,提供一定的补充性救济措施,也就是检察机关对民事行政案件的诉讼监督。这里的补充性应当体现在以下方面:一是公众应当在向检察机关提请法律监督之前穷尽已有的向法院需求救济的措施,包括上诉、提请法院再审等,除各种原因无法提请的例外。检察机关的民行检察对当事人应当是最后的救济措施。二是当事人不申请监督的,检察机关原则上不介入民行案件,这是私权自治原则的基本要求。民事行政案件主要涉及当事人的人身、财产等民事权利,法院的裁决对当事人是否不利或是否需要采取进一步的措施以保护自身的权利,当事人是自己利益的最好判断者,检察机关应当尊重当事人对自身权利的判断与保护的意愿。三是特定情况下,检察机关也需要积极介入民行案件的监督。原则上,权益总是与特定的主体相联系的,也即对权益的保护需要特定主体去主张。现实中,一些利益对单个个人、组织等主体的关联性较弱或较为间接、利害关系较小,是否受到影响可能短期难以判断等情况,但从长期、整体视角去考虑,可能是重大的、全局性的利益;这些利益,普通公众可能没有意识到权利的损害情况、没有能力保护这种利益,甚至不愿意行使相关权利。较为典型的如环境污染案件,知情的人可能不关心污染、不知情的人也无从得知权利需要保护,也或对污染主体的起诉需要资金、知识、勇气等,一般人可能会选择逃避或放任的方式而最终造成责任分散效应,损害社会、国家的整体利益、长期利益。此时,检察机关作为国家利益、社会利益的最终保护者就有必要积极介入。

(二)申请监督的全覆盖与职权监督的选择性

民行检察监督的范围事实上是对私人利益与公共利益的保护问题。对于私人利益,利益主体的自我主张与自我保护是前提;对于公共利益,也应有相应的社会团体、国家机关积极主张。考虑到检察机关的国家法律监督机关性质与维护法制统一的职责,检察机关介入对公私利益的保护应是兜底性的,即前述主体申请监督、有保护职责的国家机关不积极保护或不履行保护职责,检察机关通过介入督促有关机关履行职责,同时对主管机关及其主要负责人员根据滥用职权、玩忽职守等情况,分别通过检察建议移送有关机关处理,或要求完善权力运行,或直接立案侦查、提起公诉,从而转入刑事程序等。

检察机关的民行监督应坚持对当事人申请监督的全覆盖。对当事人认为法院裁判、调解或执行结果有错误,或审判、执行程序严重违法或可能导致裁判结果错误,以及审判人员、执行人员有徇私舞弊、贪污受贿等行为可能导致裁判结果错误的,在已穷尽向法院寻求救济后,检察机关对当事人的申请监督都应当受理。司法公正包括实体公正和程序公正。解决实体纠纷是当事人寻求司法救济的目的和最终归宿,在案件实体可能存在不公的情况下,应当允许当事人寻求再次的救济。程序不公一般也可能造成实体不公,但一些程序不公本身只是违反程序法律,可能并不实质性影响裁判结果;不过,考虑到程序法律实施的严肃性、强制性和国家机关司法活动合法性的要求,无论程序违法的严重程度,都应允许当事人提出救济,由检察机关审查确认,进而提出不同的监督形式,如诉前检察建议、抗诉、纠正违法通知书等;即使这种程序违法可能并不直接涉及当事人的利益,但于国家权力的行使要求和作为公众的批评建议权,这种介入监督也是有意义的。严重的程序违法行为主要限定于民行诉讼制度中的基本制度,如违法的缺席判决、合议庭组成非法、审判人员违反回避规定等。对于审判人员存在的徇私舞弊、贪污受贿等行为,由于这种行为一般都是以权谋私,直接影响司法人员的公正性,涉及犯罪应当由检察机关立案侦查;涉及一般违法违纪的,可能要移交监察机关调查处置;对于可能造成裁判错误的,应当提请抗诉或提出再审的检察建议等。

检察机关对民行案件的依职权监督应坚持选择性。检察机关依职权的监督仅限于公共利益保护的需要,且在主管机关或其他有权主体不积极履行职能的情况下予以介入。民事行政纠纷以私利性为主要特征,要求检察机关对这些案件的监督主要由当事人的申诉引起。不同于刑事诉讼中检察机关直接行使的审查批捕权、提起公诉权、提起抗诉权等,民行案件中的当事人没有提出申诉,也即当事人放弃自己的相关权益,只要不对社会公共利益造成损害,即使案件处理与事实不符,对当事人不公,检察机关也应当保持谦抑,这是私权的特性决定的。涉及公共利益的案件,较为典型的如环境污染案件、野生动植物资源的保护等,检察机关则可以介入。生态环境是人类生存和发展的根基,直接影响文明的兴衰更替。我国环境容量有限,生态系统脆弱,污染重、损失大、风险高的生态环境状况没有根本改变。[①] 当前生态文明建设已作为统筹推进"五位一体"总体布局和协调推进"四个全面"战略布局的重要内容,既是我国可持续发展的需要,也是人民群众美好生活的必然组成部分。检察机关应当主动适应新时代工作的需要,回应人民群众对美好生活的需求,加强包括对环境污染、资源保护等涉及公共利益案件的关注、监督力度。

值得注意的是,对当事人申请监督的全覆盖不能进行提前监督,不能以监督的有效性、及时性进行同步监督。[②] 无论检察机关从何种途径获知相关案件信息,对于不涉及公共利益的案件,检察机关都不应主

---

① 习近平:《推动我国生态文明建设迈上新台阶》,《求是》2019 年第 3 期。
② 有学者建议,检察机关的诉讼监督应当遵循及时原则,一旦发现违法或错误,就应及时启动监督程序。具体参见朱孝清:《论诉讼监督》,《国家检察官学院学报》2011 年第 5 期;甄贞、郭兴莲:《诉讼监督的原则》,《国家检察官学院学报》2010 年第 4 期。

动介入监督。在当下各级检察机关民行案件总体数量有限的情况下，不少检察机关可能存在冲击办案数量的动力，但对涉及当事人个人权利的，绝不应该主动介入，以免越俎代庖。对国家机关及其工作人员存在的违法行为，如审判人员、执行人员的枉法裁判或滥用职权等，检察机关可以进行审查或调查核实，确定是否存在职务犯罪，或认为存在违反行政法律或有关纪律的，可以移送监察机关或相关机关处理，但不能就相关案件直接提出抗诉或建议法院就相关案件进行再审。民行检察监督一定要避免父爱主义意识，将当事人预设为对自己权益保护的无能与软弱，[①]这将对民事实体权益与程序权益造成实质性的伤害。

这里特别关注的是民事公益诉讼。由于这类诉讼虽涉及公共利益，但一般仍是有相应利益主体的，检察机关提起公益诉讼意味着代替利益主体作为，应当谨慎。的确，从境外国家看，检察机关作为公共利益守护人角色而广泛参与或主动提起民事诉讼的国家比比皆是，常见的美国、法国、德国、俄罗斯等国家都是如此。[②] 中国确立检察机关作为民事公益诉讼的提起者，虽然可能在具体应当承担何种角色上有不小的分歧，如法律监督者、原告人、公诉人、公益诉讼人等，[③]但这只是形式问题，在法律明确规定其介入权的情况下，并不影响其权力的行使。角色背后蕴含的理论则是更为关键的内容，而这需要关注我国检察机关的宪法定位。一是检察机关在我国是国家的法律监督者，这是基于我国人民代表大会制度下的权力控制框架，具有决定性。检察机关在我国宪制秩序下的设定是对由同级权力机关产生的其他国家机关进行监督，以确保这些机关依法履职，保障国家法制的统一。这里的核心是检察机关监督的是其他国家机关，不是各种社会主体，如公民个人等，由此与境外大部分国家的检察机关定位是完全不同的，即大部分境

---

① 胡夏冰：《民事诉讼监督机制需要改造》，《人民法院报》2011年7月16日。

② 宋英辉、陈永生：《英美法系与大陆法系国家检察机关之比较》，《中央检察官管理学院学报》1998年第3期。

③ 梅傲寒：《"法律监督者"与"原告"之间的二重奏——论民事公益诉讼中检察机关"公益诉讼起诉人"的角色定位》，《河南社会科学》2022年第10期。

外国家的检察机关属于行政部门的一部分,具有特殊性。如,美国的检察机关是政府的组成部分,其三权分立下的重要组织,负责执行联邦法律;法国的检察机关事实是法院的组成部分,但检察官有司法行政部门首长提名、总统任命,承担正确实施法律及维护公共秩序的职责。二是即使检察机关具有法律监督的地位,法律仍然可以授予其行使一些其他权力或要求承担其他职能,但这些权力或职能应围绕国家机关的核心职能,更不能与其他国家机关产生职能直接冲突或重复,造成分工不清或互相替代都是不合适的。三是中国建立检察机关的民事公益诉讼制度具有一定的必要性和合理性,但在与法律监督的宪法定位不完全相符情况下,有必要注意这种权力的运用。民事公益诉讼的模式本身在世界各国也无定势,如集团诉讼、实验性诉讼、团体诉讼、公民诉讼和民事公诉等诸多模式;[①]的确,相对于一般的社会组织,检察机关进行的民事公益诉讼模式在组织、资源、政治立场等方面都具有相对优势。[②] 不过,这些优势只能基于一个前提,即这些民事权益缺乏明确的主体,否则检察机关就不应直接介入。有学者将民事公益诉讼的本质视为"无主公益的特殊诉讼",并认为因法律不可能事无巨细明确利益主体、新的利益形态可能暂时没有主体而有必要;[③]笔者赞成这种设定,但行政机关应当成为这些利益的普遍的直接管理者和保护者,[④]应是民事公益诉讼的当然提起者;检察机关应当只是最后的兜底,而且原则上需要同时针对行政机关采取行动。

二、民行检察监督范围的重定

　　根据现行民事诉讼法、行政诉讼法及相关司法解释的规定,检察机

①　肖建国:《民事公益诉讼的基本模式研究》,《中国法学》2007 年第 5 期。
②　王越端:《比较视域下的司法主导型公益诉讼:中国方案及其世界意义》,《法学家》2024年第 3 期。
③　许尚豪:《无主公益的特殊诉讼——我国民事公益诉讼的本质探析及规则建构》,《政治与法律》2014 年第 12 期。
④　李浩:《民事公益诉讼起诉主体的变迁》,《江海学刊》2020 年第 1 期。

关民事行政诉讼监督的范围已经有了较大的改善。从上文的民行诉讼监督实践看,民行检察监督更多是需要精雕细刻。

(一)民事诉讼检察监督的范围与实现

关于当事人向检察机关申诉的范围,根据《民事诉讼法》《人民检察院民事诉讼监督规则》的规定,除非法院没有作出实质处理(驳回再审申请或逾期未予处理),否则只有在再审裁判明显错误的情况下检察院才接受申请;司法解释则增加了审判程序中审判人员存在违法行为和执行活动存在违法情形的情况。从最高人民检察院的工作报告中可以发现,检察机关受理的民事申诉案件大部分经过审查是没有问题的。从 2004 年工作报告开始记载的检察机关息诉情况看,2003—2006 每年息诉案件数量一直超过检察机关提出抗诉与检察建议的总和,最多的达到其 3 倍;2008—2012 年,检察机关提出抗诉和检察建议 10 万件左右,而息诉则超过 14 万件。也即,受理的诸多民事申诉案件中,法院的审判、执行工作及法院工作人员可能并没有实质问题,检察机关花费了较多的时间基本是在做"无用功",或者只是协助法院进行的释法说理工作,与检察机关的维护法制统一的作用相差较远。显然,当前这种限制性规定对防止当事人的滥诉具有积极意义,也有利于社会关系的稳定,是诉讼公正与诉讼效率平衡的必然要求,但这种规定并非尽善尽美。为保障当事人的申诉权,在申请监督的范围与相关程序上仍需要完善:

首先,当前的范围明确要求裁判必需具有明显错误,事实上将对法院的监督主要限制在实体问题上,限制了当事人因裁决程序问题寻求救济及对法院遵守程序法制的监督,这在对法院已经救济过的案件申请监督中最为明显。的确,从司法解释看,审判人员的违法行为也纳入了申请监督的范围,[①]但个人的违法行为与审判活动存在违法情形并不一致。一般认为审判人员的违法行为主要是指贪污受贿、徇私舞弊、

---

① 《人民检察院民事诉讼监督规则》(2021)第 19 条。

枉法裁判行为的,违反规定私自办案或者制造虚假案件的,涂改、隐匿、伪造、偷换和故意损毁证据材料的,或者因重大过失丢失、损毁证据材料并造成严重后果的;向合议庭、审判委员会汇报案情时隐瞒主要证据、重要情节和故意提供虚假材料的,或者因重大过失遗漏主要证据、重要情节导致裁判错误并造成严重后果的等。[①] 审判程序中的违法情形则包括如审判组织的不合法或审判人员应回避而未回避、违反规定剥夺当事人辩论权利等。[②] 由此,事实上这种规定也与《民事诉讼法》检察监督范围的规定不一致。根据该法,检察机关可以对民事诉讼实行法律监督;审判程序则是整个民事诉讼程序的核心,审判程序违法没有被明确纳入申请监督的范围显然与该法的原则相悖。

诉讼监督本身是一个程序性问题,但诉讼监督的范围却对程序违法重视不足,一方面意味着可能对法院的程序违法视而不见,另一方面也可能遗漏对程序问题造成实体错误裁判的监督,显然有违诉讼监督的初衷。即使程序性问题并不一定会造成实体裁判的错误,但程序违法是法院滥用国家权力的一种形式,与法制统一的要求相悖,更可能影响法院的司法权威,检察机关也应当监督。考虑到最终可能不会影响裁决的公正性,检察机关也应该受理,并根据程序违法的严重程度,给予口头纠正、书面纠正和完善规章制度的检察建议等措施;必要时,应要求相关工作人员向当事人赔礼道歉、赔偿损失,甚至将有关违法违纪的线索移交监察机关;发现由此造成实体裁决明显错误的,应当建议再审或提出抗诉。值得注意的是,在检察机关的职权监督中,无论是实体问题还是程序问题都纳入了监督范围;[③]似乎对法院已经提供救济过的案件,当事人只能就裁判错误的申请监督,检察机关却可以对没有实体错误的案件主动监督。然而,限制了当事人申请监督的范围,作为检察机关依职权主动监督前提的发现问题自然也会受限。

在此值得关注的是,对申请监督范围的规定也需要统一。作为基

---

① 最高人民法院《关于完善人民法院司法责任制的若干意见》第 26 条。
② 《民事诉讼法》(2023)年第 211 条中部分条款。
③ 《民事诉讼法》(2023)年第 211 条、第 219 条。

本法的《民事诉讼法》明确了检察机关对民事诉讼,包括民事执行活动的法律监督。在《人民检察院民事诉讼监督规则》中,一方面申请监督中只纳入了审判程序中的审判人员违法行为和执行活动存在违法情形,另一方面又规定,认为民事审判程序或执行活动中存在违法情形而申请监督的,在有向法院寻求救济渠道时而不主张,一般不予受理,但对审判、执行人员违法行为的申请监督不受限制。① 如此,这里就存在审判程序和执行活动中存在违法情形、审判人员与执行人员存在违法情形,申请监督与限制监督中的表述不一致。笔者认为,基于基本法律的规定以及司法解释的精神,应该是两种情形都纳入的,这从当事人向法院申请再审的情形中也可以得到一定的印证。②

其次,当前正在全国推进申诉案件的律师代理制度,应当加大推进力度,并在省级检察院和最高人民检察院的申诉案件中强制律师代理。律师代理不仅有利于当事人申诉权利的实现,防止其滥用权利,也可以在一定程度提高检察机关的审查质量,避免不必要的审查,减轻息诉负担。考虑到向检察机关申诉的案件一般都已经历法院的申诉工作,而且根据检察机关对申诉案件的分级管辖,省级检察院与最高人民检察院受理的案件应当都是较为重大复杂的案件,当事人对其中的法律问题大多可能难以完全理解,应当通过律师代理进行申诉。由此可能造成对当事人申诉权利造成的限制,一方面应当在裁决时考虑由败诉者承担代理费用,特别是在没有约定情况下也应如此,另一方面也可以在一定程度上促使当事人更为谨慎行使权利,在前述扩张申请监督范围的同时又适当限制不必要的滥诉,实现权利与义务的平衡。

再次,推进申诉工作听证化。检察院对民事申诉案件,"必要时"可以听证,但对于具体情形并不明确,既可能造成听证工作的随意化,也可能造成当事人的误解。只要当事人愿意,应当尽力推行申诉工作听

① 《人民检察院民事诉讼监督规则》第 19 条、第 28 条。
② 《民事诉讼法》(2023)第 211 条。

证化,以免阅卷可能造成的信息不全和自行调查形成的"偏见"外观;更能通过当面言词沟通,给予当事人重视申诉的司法温暖,避免一"纸"决定留下的冰冷司法。①

最后,推动裁判文书的公开化。早在2013年最高人民法院就已颁布《关于人民法院互联网公布裁判文书的规定》,后于2016年颁布新的规定;根据该司法解释,除涉及国家秘密、未成年人犯罪、调解结案、离婚诉讼或未成年人抚养、监护等案件的,一般都应当在互联网予以公开。但现实中,法院公开的案件比例并不高,而且各地差异较大,公开率在20%以内的也不在少数,社会热点案件的公开率更低。② 司法文书的公开不仅是司法自信的表现,也有利于赢得社会公众对司法的信任,更有倒逼司法审判质量的积极价值。在当前裁判文书上网率不高的情况下,应特别推动符合上网公开条件的申诉案件公开,一方面起到督促提高审判质量的潜在效果,一方面也能让引起争议的裁判文书真正经历社会公众的检验,为司法公正证明。在法院不愿意公开的情况下,可以考虑结合当前检察系统的案件信息公开制度,对申诉案件的相关司法文书予以公开,既督促法院公开,又能倒逼检察人员提高办案质量,最终能在一定程度上争取更多当事人对司法的信任,减少不必要的申诉。

关于检察机关职权监督的范围,《民事诉讼法》的规定较为宽泛,即只要发现存在当事人申请法院再审情形的或调解书损害国家利益、社会公共利益的,就应当提出抗诉或检察建议。这种检察机关广泛主动介入民事案件,甚至比当事人自行申请监督的范围更广,不仅可能对当事人的私权造成不必要的干预,更使得检察机关维护法制统一、保护公共利益失焦。早在2015年的《关于适用〈中华人民共和国民事诉讼法〉的解释》对检察机关提出抗诉与检察建议进行一定的限制,即判决、裁

① 巩宸宇:《最高检对7起申诉案件进行公开听证　让公平争议更加可感可触》,《检察日报》2019年12月25日。
② 马超、于晓红、何海波:《大数据分析:中国司法裁判文书上网公开报告》,《中国法律评论》2016年第4期。

定和调解书涉及损害国家利益、社会公共利益的,这在 2022 年的司法解释中也得到了保留。① 类似的是,在《人民检察院民事诉讼监督规则》中,对职权监督的事项进行了更为详细的列举,除损害国家利益或社会公共利益外,还有审判人员、执行人员存在违法行为、当事人有妨害司法秩序的行为等。② 笔者认为这种限制具有合理性,符合检察机关法律监督的定位和私权自治的基本原则。但是,无论是 2017 年、2021 年还是 2023 年的《民事诉讼法》修改都没有吸收司法解释的精神,也即检察机关职权监督的范围存在法律规定的版本与最高法院的版本,不仅可能造成司法解释的合法性疑问,也可能造成民事监督实践的混乱。如果说对于损害当事人权益的民事裁决,只要当事人申请监督,检察机关则根据审查确定的事实分别提出不同的监督形式,如抗诉、检察建议等,但对于没有提出申请的民事裁决和调解,除了损害国家利益、社会公共利益外,原则上检察机关并不应轻易启动监督,这不仅是民事秩序的稳定,更有私权自治的基本要求。的确,有些没有申请监督的民事裁决也存在影响法制统一的问题,严格意义上可以视为对国家利益、公共利益的损害,但显然不适合直接作为民事诉讼监督的范畴;否则,一方面可能给本已确定的社会关系造成新的波动,形成新的纠纷,另一方面其中的一般违法或程序瑕疵在当事人不介意、对司法权力的负面影响也较小,这种个案监督的价值也值得怀疑。如能从更为宏观意义上进行法治监督,形成类案的检察建议而不影响案件处理本身,可能更具社会治理意义。

(二)行政诉讼监督的范围

根据现行行政诉讼法的规定,检察机关职权监督的范围涵盖了当事人申请法院监督的范围,除了涉及国家利益、社会公共利益的调解书外,检察机关发现案件存在当事人向法院申请再审的情形,即可以主动

---

① 《关于适用〈中华人民共和国民事诉讼法〉的解释》(2015)第 413 条,《关于适用〈中华人民共和国民事诉讼法〉的解释》(2022)第 411 条。
② 《人民检察院民事诉讼监督规则》第 37 条。

予以监督。① 对于当事人向检察机关申请对行政诉讼案件监督的范围,反而行政诉讼法没有具体的规定,但可以适用民事诉讼法的相关规定,也即除非法院没有作出实质处理(驳回再审申请)、或逾期未予处理,否则只有在再审裁判明显错误的情况下检察院才接受申请;②这在最高人民法院《关于适用〈中华人民共和国行政诉讼法〉的解释》(2018)中第 117 条中也得到了确认。不过,检察机关自己的申请监督规则并非如此。除了与民事诉讼检察监督规则中类似的增加了对审判人员违法行为和法院执行活动存在违法情形的监督外,对法院未作出实质性处理的再审申请,向检察机关申请监督需"认为确有错误",③即对这类案件的申请监督,当事人需要有证据证明"确有错误",这不仅是民事诉讼监督规则中没有的,在行政诉讼的上诉中也不要求。除了对这种"确有错误"的要求会陷于与民事诉讼类似的实体裁判错误的认知外,这种限制与《行政诉讼法》的规定也不一致。从维护行政行为的公定力、既定力等方面考虑,行政诉讼监督的申请权适当限制并非不可,不过,缺乏法律的明确支持可能并不合适。

在职权监督范围方面,行政诉讼监督与民事诉讼监督存在类似的问题。④

(三) 公益诉讼的范围

作为检察机关最晚确定的职能,公益诉讼虽然具有法律监督理论的支撑,但在我国的司法实践历史还是较为短暂,从 2017 年结束试点并入法,至今也不过 7 年左右。从当前的法定范围看,民事公益诉讼只限于生态环境和资源保护、食品药品安全领域,行政公益诉讼增加了国有财产保护、国有土地使用权出让等领域;一些单行法也对公益诉讼案

---

① 《行政诉讼法》(2017)第 93 条。
② 《民事诉讼法》第 220 条。
③ 《人民检察院行政诉讼监督规则》(2021)第 19 条第 1 款第 1 项。
④ 检察机关监督行政案件的具体范围可以参见《行政诉讼法》(2017)第 93 条、《人民检察院行政诉讼监督规则》(2021)第 36 条。

件范围进行了扩充,如《军人地位和权益保障法》《妇女权益保障法》等。从公益诉讼的实践看,在当前行政机关有抵制情绪、公益诉讼成本较高、检察权力仍存在部分缺位、责任界定困难等原因下,[1]公益诉讼的种类和范围相对较小具有相当的合理性;不过这种状态显然与我国当前公共利益保护的现状与人民群众的要求不相符合,不断扩大公益诉讼的范围几乎成为从中央到地方较为一致的声音。最高人民检察院相关部门领导在 2018 年就对部分地方公益诉讼的扩大进行了一定的认可,[2]而人民群众反映强烈、媒体报道关注的热点事件,最高人民检察院也希望积极进行试点探索。[3] 上海市人大常委会于 2020 年 5 月推出了《关于加强检察公益诉讼工作的决定(草案)》,希望地方检察机关在城市公共安全管理、金融秩序维护、信息安全、反知识产权垄断、历史风貌区和优秀历史建筑保护等领域探索开展公益诉讼工作;[4]云南省人大常委会更是在 2019 年 9 月就出台了《关于加强检察机关公益诉讼工作的决定》,将公益诉讼案件的范围拓展到农业农村领域、农业面源污染、放射性污染、安全生产、旅游消费、文物和文化遗产保护、未成年人保护、老年人权益保护、公民个人信息保护以及互联网等领域。[5] 笔者认为,只要涉及公共利益保护而当下又存在行政机关怠于履行职责、缺少直接保护主体的情况,检察机关都可以适当考虑根据法律规定的程序进行公益诉讼。

---

[1] 曹明德:《检察院提起公益诉讼面临的困境和推进方向》,《法学评论》2020 年第 1 期。

[2] 于潇:《最高检:对检察公益诉讼案件范围做审慎、积极探索》,https://www.spp.gov.cn/spp/zdgz/201812/t20181225_403465.shtml(最高人民检察院官网),2020 年 5 月 23 日访问。

[3] 王春霞:《最高检:公益诉讼范围有望逐步扩大》,《中国妇女报》2018 年 12 月 26 日。

[4] 《关于〈上海市人民代表大会常务委员会关于加强检察公益诉讼工作的决定(草案)〉征求意见有关事项的说明》,《解放日报》2020 年 5 月 14 日。

[5] 张文凌:《云南检察机关扩大公益诉讼范围 推动行政机关履职》,http://news.cyol.com/app/2019-10/10/content_18188491.htm(中青在线),2020 年 5 月 23 日访问。

第七章 未检工作机构的完善
与面临的课题[①]

　　近年来,一些未成年人违法犯罪案件的处理引起了很大的争议。2018 年 9 月,河南省鲁山县检察院积极介入一起未成年人强奸案,促成双方和解;同年 3 月,该检察院也促成了一起高中生故意杀人案件的和解。[②] 2018 年 12 月,湖南沅江 12 岁男孩弑母,因未达法定年龄被释放回学校。[③] 2023 年 7 月,江苏沭阳 8 岁女童遭两名 13 岁左右男孩持弹弓射击,左眼失明,警方不立案,两男孩家长也不出面,也未见对两未成年人作出任何明确的处理。[④] 2024 年 2 月,广东阳山县一 8 岁女孩在公园附近遭一名 13 岁男孩性侵;后该男孩被不予立案,回校继续上课;在舆论发酵后,又被移送专门学校训诫教育,但风波并未完全平息。[⑤] 上述

---

① 本部分原文《未成年人检察机构的完善及面临的课题》发表于《青少年犯罪问题》2019 年第 4 期,放在本处主要是通过未检机构完善来表达检察机关的工作重心问题,也作了一些修改与补充。原论文中许蔓莉是第二作者,对论文形成有贡献。

② 牛泰:《鲁山县检察院"冰释前嫌"强奸案尚未完,又曝"握手言和"故意杀人案》,https://www. guancha. cn/society/2018_09_22_473047. shtml(观察者网),2018 年 9 月 23 日访问。

③ 王昆鹏、张彤:《湖南 12 岁弑母男孩获释　其父称望当地政府帮助管教》,http://www. bjnews. com. cn/news/2018/12/12/529793. html(新京报),2019 年 2 月 13 日访问。

④ 《8 岁女童被两少年用弹弓打伤致左眼失明,警方:少年未达刑责年龄,不予立案》,https://www. jfdaily. com. cn/news/detail? id = 635586(上观新闻),2024 年 8 月 28 日访问;克鲜:《两男孩射瞎女童左眼,"不予立案"不是终点》,https://www. bjnews. com. cn/detail/1690213970168940. html(新京报),2024 年 8 月 28 日访问。

⑤ 陈绪厚:《13 岁男孩被指性侵 8 岁女童,警方经审查不予立案其已返校上课》,https://www. thepaper. cn/newsDetail_forward_26732706(澎湃新闻),2024 年 8 月 28 日访问;刘衍:《分析:13 岁男孩性侵 8 岁女童不予立案,官方通报为何难获认同》,https://www. thepaper. cn/newsDetail_forward_26760364(澎湃新闻),2024 年 8 月 28 日访问。

案件存在一些共同点,一是加害人都是未成年人,甚至都不满 14 周岁;在一般社会认知中,这个年龄段的未成人本应在学校好好学习,思想和行为较为单纯,但上述未成年人实施的违法犯罪行为性质较为恶劣,令人震惊。二是与传统公正理念中的罪责刑相适应,或公众认知的"恶有恶报"不同,上述案件的处理都非常"轻缓"。虽然类似的未成年人案件并不见得高发,但由于未成年人的特殊性,对这类案件的慎重处理和加强研究已成为当下较为紧迫的课题。

作为国家的法律监督机关,检察机关应当在未成年人违法犯罪的预防与处理中发挥积极作用。随着当前我国社会主要矛盾的变化,检察改革也面临新的形势与任务。"促进未成年人健康成长,培养符合党、国家、人民和时代要求的建设者和接班人,是治国理政中事关民族复兴伟大中国梦、党的执政基础和国家长治久安的一项源头性、根本性、基础性工程"。① 作为保护国家利益的重要代表,检察机关在保护未成年人方面责无旁贷,而未成年人刑事案件的公正处理更是作为法律监督机关最重要的内容之一。检察机关一直在内设机构上着力,以形成有力的未成年人检察办案组织。自 1986 年上海市长宁区人民检察院成立全国第一家"少年起诉组",全国各级检察机关先后成立了未成年人刑事检察工作办公室、专门的办案组、专门的未检科(未成年人刑事检察科)等,在不同程度上实现未成年人犯罪的预防、审查逮捕、审查起诉等职能集合,从而最大程度保护涉罪成年人的合法利益。据统计,截至 2022 年 10 月,全国各地已有 2207 个检察院设立了专门的未成年人检察机构。② 最高人民检察院相关机构的设置更具里程碑和全局性意义。1992 年 5 月,最高人民检察院在当时的刑事检察厅内成立了少年犯罪检察工作指导处,有力带动了地方未检工作专门化建设。

---

① 宋英辉,苑宁宁:《增设未成年人检察机构 守护好最大的公共利益》,http://www.msweekly.com/show.html? id=106551(民生网),2019 年 2 月 14 日访问。

② 张军:《最高人民检察院关于人民检察院开展未成年人检察工作情况的报告》,https://www.spp.gov.cn/spp/xwfbh/wsfbh/202210/t20221029_591185.shtml(最高人民检察院官网),2024 年 6 月 30 日访问。

2011年,最高人民检察院公诉厅内设立了未成年人刑事检察工作指导处,承担全国未成年人刑事检察工作的指导工作。2015年底,最高人民检察院设立了专门的未成年人检察工作办公室,统筹协调未检工作。2019年1月,最高人民检察院突破各种障碍设立了第九厅,[①]专门负责未成年人检察工作,成为推动未成年人司法工作的最新努力,意义重大,影响深远。

第一节 未成年人检察面临的形势

未成年人检察厅的设立是最高人民检察院内设机构改革的重要内容,也必将推动地方各级检察院加速未成年人检察机构的调整与设立。这是新时代下最高人民检察院根据职能变化与人民群众需要进行的重大改革,也是对未成年人检察工作形势的有力回应。

一、未成年人违法犯罪处于"量""质"齐高

随着近些年来全社会对未成年人工作的关注与对未成年人保护投入的持续增加,[②]未成年人的犯罪行为总体处于下降趋势,但仍然处于高位。根据2012年最高人民检察院对未成年人刑事检察工作的情况总结,2007年至2011年,全国检察机关平均每年批准逮捕未成年犯罪嫌疑人超过71000人,提起公诉超过85000人;同时,还有总共超过620000人的不捕与17000多人的不诉,这些基本都属于涉嫌违法、甚

---

① 根据有关报道,最高人民检察院的机构改革中,一方面争取了中央编办的支持,另一方面对综合机构进行了精简,为未成年人检察厅的设置提供了可能。参见董凡超:《最高检重组内设机构深意何在》,《法制日报》2019年1月10日。

② 近年来,加强对未成年人保护的工作包括但不限于流浪未成年人救助保护体系建设、未成年人的司法救助、未成年人网络保护等,民政部还设立社会事务司、儿童福利司等机构落实相关措施。

至犯罪的人员,犯罪总量仍在高位徘徊。[①] 虽然全国的未成年人犯罪逐渐减少,人数从最高 2008 年 88891 人减少到 2016 年的 35743 人,未成年人犯占刑事罪犯的比重也降到 2.9%(2016 年的数据)。[②] 不过,我国于 2012 年建立了附条件不起诉制度,加大了对未成年人的保护,不少未成年人的违法犯罪被分流而没有纳入该统计中。比如,附条件不起诉制度对未成年人的适用,2018 年前 11 个月,全国检察机关作出的附条件不起诉人数量比 2013 年上升一倍,接近 6000 人。[③] 此外,考虑收容教养及其他行政处罚的情况,未成年人违法犯罪的数量仍然不可小觑。

在犯罪数量总体下降的同时,未成年人违法犯罪"质量"在上升。相对于未成年犯罪人的心智水平及与社会接触较少等情况,一般可能认为未成年人犯罪较多属于青少年之间的打斗、盗窃等主观恶性相对较小、犯罪结果不是很严重的类型。的确,侵财型犯罪一般也是占据未成年犯罪的头榜。[④] 不过,从一些地方的调查来看,未成年人犯罪的成人化倾向明显,"一些过去只有成年人才实施的犯罪,如贩毒、绑架甚至暴力恐怖犯罪也出现了未成年人的身影,故意伤害(重伤)、抢劫等恶性犯罪增多,且犯罪手段残忍、不计后果",毒品犯罪增长较快,甚至出现弑亲案件。[⑤] 一些违法行为也出现多发趋势,如校园暴力事件等。[⑥]

[①] 朱孝清:《关于未成年人刑事检察工作的几个问题》,《预防青少年犯罪研究》2012 年第 6 期。

[②] 本部分的数据是国家统计局对人民法院判处的未成年犯的情况统计,所以就不包括下文涉及的检察机关进行附条件不起诉情况和行政处罚情况的统计。参见路琦、郭开元、张萌、张晓冰、胡发清、杨江澜:《2017 年我国未成年人犯罪研究报告》,《青少年犯罪问题》2018 年第 6 期。

[③] 高旭红、王嫒:《最高检:入法 6 年,附条件不起诉人数上升 1 倍》,http://news.jcrb.com/jxsw/201902/t20190227_1967445.html(正义网),2019 年 3 月 2 日访问。

[④] 据统计,1998 年至 2004 年,全国未成年人实施的侵财犯罪占当年犯罪总数的 85%;从未成年犯的抽样调查可以发现,侵财犯罪也达到近 79%。具体参见陆志谦、胡家福:《当代中国未成年人违法犯罪问题研究》,中国人民公安大学出版社 2005 年版,第 11 页;关颖:《未成年人侵财犯罪及其相关因素分析》,《预防青少年犯罪研究》2013 年第 3 期。

[⑤] 周欣:《国情下的未成年人违法犯罪现状》,《法治周末》2016 年 6 月 2 日;李梦茹:《未成年人犯罪原因分析及预防对策》,《净月学刊》2016 年第 3 期。

[⑥] 陆士桢、刘宇飞:《我国未成年人校园暴力问题的现状及对策研究》,《中国青年研究》2017 年第 3 期。

二、未成年人违法犯罪处理效果欠佳

　　未成年人违法犯罪的轻缓化处理是当前法律的基本要求。从程序法看,随着 2012 年我国刑事诉讼法的修改,未成年人刑事案件程序作为特殊程序纳入法律范畴,附条件不起诉制度成为新形势下贯彻对未成年人"教育、感化、挽救"方针的新措施。[①] 从多个地方的实施情况看,虽然适用率并不高,[②]但对适用的未成年人而言,应当是有较多积极意义,通过减少羁押、增加在社区的矫正,收到了矫正不良行为、改善教养方式、减少犯罪标签效应、早日回归社会等效果。此外,刑事和解制度和认罪认罚从宽制度的施行,也为未成年人犯罪的宽缓处理提供了法律依据、政策依据。从实体法看,对于不满法定年龄而不承担刑事责任的未成年人,《刑法》要求"责令他的家长或者监护人加以管教;在必要的时候,也可以由政府收容教养";对于违反《治安管理处罚法》的行为,符合年龄的未成年人,"从轻或减轻处罚";不符合年龄要求而不予处罚的,"应当责令其监护人严加管教"。如此,对未成年人违法犯罪"轻罚"成为主轴;对无法进行刑事惩罚、行政处罚的未成年人,在收容教养被广泛质疑的情况下,[③]"责令"监护人管教几乎成为唯一的应对措施,但这种责令缺乏实质性的保障,对监护人既没有施加行政责任也没有施加刑事责任。[④]

---

① 黄太云:《刑事诉讼法修改释义》,《人民检察》2012 年第 8 期。

② 北京海淀区 2013、2014 年的附条件不起诉的适用率(占未成年人公诉案件)分别为 1.4％、3％,东北三省 2013 年的适用率(占未成年人刑事案件)分别只有 1.98％、1.59％ 和 2.68％;上海的浦东新区 2013、2014 年适用率(占审结未成年人案件)分别为 11％、24.1％。具体参见北京市海淀区人民检察院课题组:《附条件不起诉实证研究报告》,《国家检察官学院学报》2017 年第 3 期;谢登科:《困境与出路:附条件不起诉适用实证分析》,《北京理工大学学报(社会科学版)》2015 年第 4 期;张宇、杨淑红:《附条件不起诉适用情况、问题及对策建议》,《山东警察学院学报》2015 年第 5 期。

③ 张鸿巍、卢赛环:《未成年人收容教养的调查与思考》,《山东警察学院学报》2012 年第 4 期。

④ 姜雯:《论"责令管教"的法律后果》,《河北法学》2010 年第 4 期。

　　从近年实践情况看,对未成年人违法犯罪处理的轻缓并没有达到预期效果。相对于成年人,未成年人因身心发展的不健全,更易受到社会环境的影响;在合适的应对措施下,未成年人的改造可能性更大,重新犯罪比例应当更低。[①] 不过,从一些地方的统计数据看,未成年人重新犯罪比例可能不完全如此。如北京东城区检察院在 2013 年的数据显示,近两年的未成年人重新犯罪率达到 14%。[②] 浙江的部分统计显示,初次违法犯罪年龄低于 11 周岁者,以后约有 65% 又重新犯罪;12—15 周岁初次犯罪的,再犯罪率为 54%;16—18 周岁初次犯罪的,再犯罪率达到 40%。[③] 上海 2010—2012 年的未成年人重新犯罪率分别为 9.53%、8.13% 和 4.37%,短刑的未成年犯重犯的比例最高。[④] 同时,也有一些涉罪未成年人基本未被处理,引起社会较大争议。黑龙江通河县 2004 年发生的 13 岁男孩强暴女孩案,施暴人因未到刑事年龄而被释放;在被害人起诉索赔后,在其父亲数落下竟又杀死被害人母亲;最终民事赔偿无法执行,施暴人被劳教。[⑤] 2018 年 12 月,四川广安岳池县的小叶被同校同学唐某某用 40 公分的西瓜刀砍伤(伤口达 12 厘米);在警察带回调查、做笔录后,唐某某当晚就被放回,引起被害人家属不满。[⑥] 2018 年 6 月,湖北孝感的黄某持刀抢劫并刺伤同学张某;由于黄某未满 14 周岁,最后警方

① 在 2014 年 11 月 25 日的全国法院少年法庭工作座谈会上,时任最高人民法院周强院长指出,2002 年至今,未成年人重新犯罪率始终保持在 2% 左右。参见欧阳开宇:《中国法院少年法庭 30 年共判处未成年犯 150 余万人》,http://www.chinanews.com/fz/2014/11-25/6814285.shtml(中国新闻网),2019 年 3 月 4 日访问。
② 黄洁、孔一颖:《未成年人重新犯罪率达到 14% 短刑反易"交叉感染"致二次犯罪》,http://www.legaldaily.com.cn/index/content/2013-05/31/content_4522107.htm?node=20908(法治网),2019 年 3 月 4 日访问。
③ 《14 岁少女杀人抛尸 中国未成年人再犯罪率调查》,https://www.guancha.cn/broken-news/2014_10_31_281489.shtml(观察者网),2019 年 3 月 4 日访问。
④ 朱妙、李振武、张世欣:《关于上海市未成年人重新犯罪情况的调研报告》,《上海公安高等专科学校学报》2014 年第 3 期。
⑤ 张晓玲:《13 岁男孩强暴女孩 因未到刑责年龄获释后再杀人》,http://news.sina.com.cn/s/2006-03-25/00439436346.shtml(新浪网),2019 年 2 月 25 日访问。
⑥ 《初中生被刀砍伤口 12 厘米,砍人者未满 14 岁写检讨正常上学》,http://edu.youth.cn/jyzx/jyxw/201812/t20181227_11826917.htm(中国青年网),2019 年 3 月 4 日访问。

撤案,处理困难。①

三、各地应对未成年人犯罪的检察改革缺乏统筹规划

针对未成年人违法犯罪问题,各地检察机关都进行了积极的探索。比如上海,在机构设置方面,1986 年该市长宁区人民检察院就成立了我国第一个"少年起诉组",1994 年形成了独立的检察科;到 2009 年,上海检察形成了完整的三级未成年人专门工作机构。在工作模式方面,从按照成年人的捕诉分离到成立专门机构或配备专业人员的捕诉合一未成年人检察机构。1992 年成立了"审查逮捕、审查起诉、预防犯罪"一体化办案机构,1999 年试行一体化办案模式,2006 年更拓展为全面的一体化,即批捕、起诉、预防、执行、监督于一体。② 在广东,未成年人检察机构的设置上,有的检察院设立专门的未检办公室或预防未成年人违法犯罪工作室,有的在侦查监督或公诉部门内设立未成年人案件办理机构,也有在公诉部门内部指定专人办理。在工作模式上,专门的未检办公室负责对侦监、公诉、民行、控申、监所等各部门未成年人案件统一归口管理,也有只负责检察环节未成年人刑事案件的办理。③

与此同时,全国其他地方也在不同程度地推进未检改革,并呈现出不同的模式和声音。如北京市未检部门负责人主张建立专门的未成年人检察部门,履行捕诉监防四项职能,并将与未成年人案件相关的各种监督职能都纳入范畴;未来的改革方向应当是建立少年检察院。④ 有

---

① 周琦、钟笑玫:《湖北女孩遭未满 14 周岁男同学抢劫捅伤,警方撤案、协调未果》,https://www.thepaper.cn/newsDetail_forward_2224252(澎湃网),2019 年 3 月 4 日访问。

② 马迪、李小倩、郭鑫:《未成年人检察工作一体化模式的探索与完善》,《预防青少年犯罪研究》2012 年第 10 期。

③ 广东省人民检察院法律政策研究室:《广东检察机关设置未成年人案件检察办公室的调研报告》,《人民检察》2009 年第 13 期。

④ 吴燕、钟芬:《"未成年人检察制度改革与发展研讨会"会议综述》,《青少年犯罪问题》2016 年第 1 期。

学者质疑这种模式,认为保姆式的未成年人检察机构与少年司法的法院中心不符,未检工作中的多职能一体不符合诉讼规则,在国外也没有实例。[①] 在安徽、河南、辽宁、黑龙江等地,通过未成年人案件集中指定管辖的方式,形成了专业化的办案机构与模式。[②] 截至 2018 年底,全国大部分的省级院、市县级检察院都设立了专门的未成年人检察机构;在没有设立专门机构的检察院,也大多都有专门办案组或者专门检察官来负责这项工作。[③]

由此可见,各地的未检改革仍以自发性、分散性为主,存在未成年人检察机构设置不合理、名称不统一、运行不规范等问题,一直困扰检察工作,[④]显然不利于对未检工作的统筹。

四、未成年人检察职能强化刻不容缓

十八大以来的司法改革对检察机关提出了各种挑战,[⑤]但这些改革要么只是检察机关内部的挑战,如员额制、司法责任制等,要么是对传统法检关系的一种修正,是对配合制约关系的新平衡,如"以审判为中心"下的诉讼制度改革,并没有对检察机关或检察权有实质性的影响。监察体制改革下,检察机关的职务犯罪侦查、预防机构与职能被整建制归入监察机关,[⑥]使得检察机关的职能面临重大质疑,既要祛除传

---

① 吴燕、钟芬:《"未成年人检察制度改革与发展研讨会"会议综述》,《青少年犯罪问题》2016年第 1 期。

② 张寒玉、陆海萍、杨新娥:《未成年人检察工作的回顾与展望》,《预防青少年犯罪研究》2014 年第 5 期。

③ 于潇、郭璐璐:《最高检设立未成年人检察专门机构"第九检察厅"》,http://www.spp.gov.cn/spp/zdgz/201901/t20190103_404248.shtml(最高人民检察院官网),2019 年 3月 4 日访问。

④ 郑赫南:《"重塑性"变革是如何出炉的》,《检察日报》2019 年 1 月 15 日。

⑤ 张建伟:《新形势下检察工作面临的机遇与挑战》,《人民检察》2015 年第 2 期;童建明:《对以审判为中心诉讼制度改革的思考与应对——以检察机关公诉工作为视角》,《人民检察》2016 年第 13 期。

⑥ 根据 2018 年《刑事诉讼法》第 19 条的规定,对于在诉讼活动中发现的司法工作人员的有关职务犯罪,检察机关可以立案侦查;对公安机关管辖的国家机关工作人员利用职权实施的重大犯罪案件,检察院也可以侦查。

统侦查中心主义的痼疾,①也要防止可能加剧已有的"软骨病"。② 为此,学界对如何加强检察机关的职能及发挥法律监督的效果进行了空前热烈的讨论。无论检察机关的职能如何调整变化,这些职能的实现仍然有待于检察机关内部的人员及组织结构的优化。最高人民检察院对未成年人检察厅在内的检察内设机构的改革重组,实质上就是检察机关"自强"的抓手。③

第二节　机构完善对未成年人检察的积极价值

2019 年 1 月 3 日,最高人民检察院公布了最新一轮的内设机构改革情况,新设第九检察厅专门办理未成年人犯罪和侵害未成人犯罪的案件,开展未成年人司法保护和预防未成年人犯罪工作。在当前机构改革编制总体偏紧的情况下,最高人民检察院独立新设办理涉及未成年人案件的机构,不仅体现了中央、最高人民检察院对未成年人检察工作的重视,对完善中国特色少年司法体系、落实司法责任制以及推动国家治理能力和治理体系现代化等宏观方面有积极意义,④对当下未成年人检察工作的推动与完善也有微观上的积极价值。

一、推动未成年人司法制度的完善

我国已于 2010 年基本建成了中国特色社会主义法律体系,从而将中国法治的进程从致力于"有法可依"推进到"有法必依"的阶段,但既有法律体系并不完善,这也是我国依法治国的重要短板。

---

① 张伟:《监察体制改革背景下检察机关的机遇、挑战和出路》,《湖北警官学院学报》2018 年第 1 期。
② 李奋飞:《检察再造论》,《政法论坛》2018 年第 1 期。
③ 郑赫南:《司法改革蹄疾步稳取得突破性进展》,《检察日报》2019 年 1 月 14 日。
④ 宋英辉、苑宁宁:《增设未成年人检察机构　守护好最大的公共利益》,http://www.msweekly.com/show.html? id=106551(民生网),2019 年 2 月 14 日访问。

因我国未成年人法制建设的起步较晚，相关司法制度的完善是更为紧迫的话题。从未成年人司法开展较为成熟的上海推行的有关制度看，早在 2000 年前后其就在刑事程序方面进行了多方面探索，逐渐形成了社会调查制度、心理测试制度、分案起诉制度、庭审教育特殊程序、监护人通话会见制度和检察阶段的法律援助制度等。[①] 从 2012 年《刑事诉讼法》的修正看，未成年人刑事诉讼程序的单独规定无疑是未成年人司法的重要里程碑，但涉及的相关制度也只是确立了"教育、感化、挽救"的方针和"教育为主、惩罚为辅"的原则、未成年人社会调查制度、少捕慎捕的原则与程序、附条件不起诉制度和犯罪记录封存制度等。更重要的是，不少制度的执行细节并不明确，或与国际公约有差距。如附条件不起诉制度适用的范围过窄，犯罪记录封存制度不应替代前科消灭制度，社会调查的主体与证据属性应加以明确等。[②]

最高人民检察院早在《人民检察院办理未成年人刑事案件的规定》《关于进一步建立和完善办理未成年人刑事案件配套工作体系的若干意见》等规范性文件中就确立了一些制度，如非羁押措施可行性评估、法定代理人到场、合适成年人参与刑事诉讼、快速办理、量刑建议、诉中考察、诉后帮教等，不少在当时都有很大的突破。在未成年人检察厅成立后，最高人民检察院可以更有力度的积极作为。根据《2018—2022 年检察改革工作规划》，未成年人检察工作机制是该 5 年检察工作的重要内容，包括办案工作机制、教育感化挽救工作、法治进校园活动和检察工作的社会支持体系等。新成立的未成年人检察厅不仅是这些工作的牵头单位、主导单位，也是对各级检察机关未成年人检察工作的领导单位，为这些工作的推进提供了很好的组织保障。检察机关的法律监督职责贯穿于未成年人违法犯罪处理的全过程，包括对公安机关行政执法、刑事侦查及处理、法院的审判及裁决执行等的监督，

① 樊荣庆：《完善上海未成年人刑事检察制度的构想》，《上海市政法管理干部学院学报》2001 年第 4 期。
② 赵秉志、王鹏祥：《论新刑事诉讼法对未成年人刑事诉讼制度的完善》，《预防青少年犯罪研究》2012 年第 5 期。

不仅可以在履行职能中细化明确当前的未成年人司法制度中的具体规定,更应当以"儿童利益最大化"为目标,不断推动建立、完善新的司法制度,督促相关机关严格执行对未成年人的保护,既实现让人民群众在每一起案件中都感受到公平正义,也为未成年人的健康成长塑造良好的环境。

二、加强对未成年人保护的社会统筹

未成年人的保护工作显然不止于刑事司法与行政执法,更关键的是要全社会有关机关、企事业单位形成保护未成年人的合力。未成年人处于生理、心理的发育成长期,受到外界的影响较大,而自身难以克服与应对这些影响;从很大程度上讲,未成年人的违法犯罪行为本身就是社会消极影响的产物,未成年人也是受害者。以当前部分地方存在的较为严重的校园暴力事件为例,相对于未就业的失学未成年人所直接面对的复杂社会环境,校园未成年人应当是受到各方面较多保护的;但由于缺少对未成年人违法犯罪行为的必要惩戒措施、一些学校存在的对校园欺凌或暴力行为认识偏差与处理不力,[①]一些受害人抑郁或自杀,[②]一些受害人最后反转为加害人,对欺凌的同学予以报复,甚至对无辜的同学予以报复。2018 年发生在陕西米脂县的砍杀事件,犯罪嫌疑人赵某因中学时受同学欺负而持刀杀人,造成 7 人死亡、12 人受伤的惨剧,[③]值得警醒。

在长期的未成年人检察工作中,不少地方也尝试建立针对未成年人更为全面的社会支持、保护体系。如针对外地来沪未成年人犯罪比

① 付玉明、杨智宇:《论未成年人校园欺凌事件的综合治理》,《青少年犯罪问题》2018 年第 1 期。
② 衷晴、韩欣彤:《3D:校园欺凌延续 10 年女子数次欲自杀,带头诽谤者被判拘役》,http://www.bjnews.com.cn/video/2018/04/17/483504.html(新京网),2019 年 3 月 16 日访问;《青海一初中生服毒自杀留遗书称遭同学欺凌,校方:我们没责任》,https://www.thepaper.cn/newsDetail_forward_1485380(澎湃网),2019 年 3 月 16 日访问。
③ 《陕西米脂县发生砍杀学生事件》,《华西都市报》2018 年 4 月 28 日。

例较高的现象,上海市浦东新区检察院早在 2002 年就开始探索社会观护制度,与上海乐群社工服务社签署协议,由社工进行专业化的帮教;在 2005 年,与部分社区和社工站建立了新区首家未成年帮教考察基地,并于 2009 年扩展至全区;2012 年更是与当地多个企业建立针对涉罪"三无"(在沪无监护人、无工作单位、无固定住所)未成人的特殊观护基地,①大大扩展了社会的参与度。此外,不少地方构建或完善针对未成年人的社会救助制度、心理辅导、②工读教育制度③等都不失为未成年人司法保护转介机制的有力尝试。

未成年人检察厅的设立,可以加大对未成年人保护的社会统筹。通过对内加强领导与指导,协助各级检察院与政法、教育、文化、卫生等政府职能部门,以及工青团妇等社会团体和热心的企事业单位等,共同为涉案未成年人提供专业化、全方位的社会服务;同时,最高人民检察院也应通过自己的履职,以提出法律议案、检察建议与诉讼监督等形式,督促相关的职能部门、社会团体和企事业单位共同形成保护未成年人的合力。

三、拓展未成年人检察的法律监督空间

面对当前的司法改革、监察改革,检察工作面临危机。在人民代表大会制下"一府一委两院"政治框架重新确立后,检察机关的基本立场仍是"做实做好做强"法律监督工作,④实现法律监督质效的提高。重

① 张宇、张强:《未成年人案件刑事检察工作的探索与实践》,《上海公安高等专科学校学报》2013 年第 6 期。
② 王治国:《浦东:"破题"涉刑人员未成年子女社会救助》,《人民法院报》2014 年 11 月 1 日;罗丹丹:《市救助管理站开展未成年人心理辅导成效显著》,http://www.sz.gov.cn/szzt2010/zdlyzl/ggsy/mzxx/shjzxx/shjz/201707/t20170727_8160694.htm(深圳政府网),2019 年 4 月 8 日访问。
③ 张瑞:《杀师案少年入工读学校见到初中同学:当时真是高兴》,http://news.ifeng.com/a/20160219/47491561_0.shtml(凤凰网),2019 年 4 月 8 日访问。
④ 《2018—2022 年检察改革工作规划》中明确提出,把检察机关法律监督工作做实做好做强,实现法律监督工作的"双赢""多赢""共赢",是新时代检察工作必须解决的重大课题。

组内设机构是凝练内力的第一步,是"做实做好做强"法律监督工作的组织支撑。在这一背景下,未成年人检察厅的新设与地方各级未成年人检察机构的完善、将受犯罪行为侵害的未成年人保护纳入其职能范围,是未成年人检察工作拓展的重要步骤,是检察机关职能强化的重要内容。

长期以来,未成年人检察工作主要针对未成年人犯罪的处理及预防,受害人的保护并未纳入检察工作的视野,大多只是作为普通的受害人予以对待,对未成年人利益全面保护的重要性、侵害未成年被害人利益案件的地位与发展趋势等缺乏准确的认识。根据有关的审判统计,2013—2017 年,全国法院共审理拐卖儿童、猥亵儿童、嫖宿幼女、组织儿童乞讨等侵害未成年人权益的刑事案件 18860 件,惩处罪犯 19248 人;这其中,利用网络空间毒害未成年人的刑事案件增长较快。[①] 2018 年检察机关共起诉侵害未成年人犯罪 5 万余人,相比前两年的 37743 人、47466 人,[②]呈现了持续、快速增长的态势。

未成年人检察厅的设立,统筹未成年人犯罪和侵害未成年人犯罪的处理,在加强对未成年人犯罪嫌疑人、被告人惩罚教育的同时,也为未成年被害人的保护提供了新途径。此前在未成年人犯罪中适用的一些制度,如合适成年人在场制度、圆桌会议、心理抚慰等,对未成年受害人权益的保护显然也有非常积极的意义。未成年人检察厅可以将未成年人保护的一些共通性制度,逐步推广到未成年受害人的保护,既强化了对未成年人的整体保护,也为未成年人的检察工作提供新着力点。2018 年,最高人民检察院历史上首次发出的检察建议,直指"校园安全管理规定执行不严格、教职员工队伍管理不到位,以及儿童和学生法治教育、预防性侵害教育缺位等问题",[③]获得很好的效果:教育部专门发

---

① 罗书臻:《司法大数据"揭秘"涉未成年人案件审判情况》,《人民法院报》2018 年 6 月 2 日。
② 张军:《最高人民检察院工作报告》,http://news. jcrb. com/jxsw/201903/t20190312_1974902. html(正义网),2019 年 3 月 16 日访问。
③ 姜洪:《检察机关努力把检察建议做成刚性　最高检发出历史上第一份检察建议》,http://www. spp. gov. cn/spp/zdgz/201901/t20190117_405632. shtml(最高人民检察院官网),2019 年 3 月 16 日访问。

出通知,要求各地教育行政部门与学校加强中小学预防性侵害工作。在最高人民检察院的持续督促落实下,相关部门联合建立了侵害未成年人案件强制报告制度、密切接触未成年人行业人员入职查询制度等,并已纳入新修订的《未成年人保护法》。

第三节　未成年人检察的主要工作

以最高人民检察院未检机构的实体化为契机,全国各地各级检察机关的未检部门也在不同层次上实体化,特别是省级检察机关,同时基层的检察机关也更加重视未检工作;不过,未检工作并非是从近年才被重视的,未检机构在全国改革建设过程就反映了各地重视情况的差异。作为一种体现,对此前与近期未检机构主要工作的研究将为我们展现未检工作可能的问题,也为未来未检部门的主要工作方向提供参考。

一、对未检工作的历史总结

我国对法治工作的重视始于改革开放,而对未检工作的重视则可以追溯到上个世纪 80 年代中期;然而较长一段时间,未成年人检察工作没有机构、没有法律、没有机制保障,重视程度明显不够。

2016 年,最高人民检察院对未检工作的 30 年进行总结。我国未检工作目前已在 5 个方面形成实效:有力保障了未成年人的健康成长,初步形成了未检工作的专门体系与模式,探索发展了一系列办理未成年人案件的程序与制度,积极推动建立健全未成年人保护执法工作衔接配合机制和社会化工作体系,锻造了一支专业化办案队伍。其中"未成年人保护执法工作衔接配合机制和社会化工作体系"又体现为两个方面,一是与侦查、审判、司法行政机关的沟通协作形成的办案机制,二是与综治、人大、共青团、关工委、妇联、民政、教育、社区、企业等联系配合的未成年人保护机制。①

　　未检工作的优秀品牌虽然并不代表全国各地的未检机构都进行类似的工作,但至少代表最高人民检察院对未检工作最为认可的部分。在未检工作 30 年的总结上,最高人民检察院通报了 5 个优秀的未检工作团队和 5 名未检工作先进个人。考虑到团队办理的案件更多,影响也更大,笔者选择对 5 个团队的工作内容进行简要的展示。②

　　一是重庆市检察系统的"莎姐"团队。该团队于 2012 年中期在重庆全市设立,推行"司法保护、犯罪预防、心理矫治、帮教挽救"四位一体的工作模式。从推广设立的三年情况看,团队的工作包括为未成年犯罪嫌疑人、被害人提供法律援助、开展社会调查、建立合适成年人库、封存犯罪记录、开展普法宣传、提供个性化心理帮助和探索社会化的帮教纠正机制。

　　二是湖北武汉市江汉区检察院的"大手拉小手"工作室。该工作室源于 17 年前该院检察官郭艳萍的坚持,后来逐渐形成一个完整的团队。她们在工作中创新凝结出一套办案规则:案前提供法律援助、社会调查;案中落实亲情会见,被害人救助;案后采取"五个一"帮教、心理疏导。

　　三是江苏常州市新北区检察院的"小橘灯"团队。该团队致力于未成年人权益保护和犯罪预防专业化、社会化。2008 年,团队与辖区企业共建常州市首家青少年观护矫正工作站,通过四大帮教菜单——法律意识强化、生存技能培训、人格自信和社会责任培育,长期帮助涉罪未成年人成长;2014 年开始,团队又加强未成年人的法治宣传,开启"3＋3"的宣传模式:重视基础,夯实学校、社区、公益嘉年华三大预防阵地;丰富形式,推广微信、自护舞蹈、防性侵读本三大宣传媒介。

　　四是四川省泸州市纳溪区检察院的"纳爱"团队。该团队始于

①　戴佳:《少捕慎诉少监禁　教育感化挽救失足青少年》,《检察日报》2016 年 5 月 28 日。
②　戴佳:《检察机关未成年人检察工作优秀品牌》,《检察日报》2016 年 5 月 28 日。

2011 年,提出了"纳百川、爱无疆、扬法治、助成长"的工作理念,形成了专人办理与"互联网＋"等多样化跟踪帮教。2013 年开始,该院通过吸纳社会关爱力量,组织搭建了全区三维体系团队,共推未检工作。

五是黑龙江省牡丹江市东安区检察院"冬梅姐姐"团队。该团队工作主要特点在于推进听证会制度常态化、不起诉案件增量化、法定代理人到场制度化、预防帮教工作社会化、未成年人维权工作网络化五项措施。

从最高人民检察院对过去 30 年未检工作的总结与典型的宣介看,未检工作的内容主要涉及司法办案内外两部分。在司法办案中,检察机关一方面严格依照法律办案,或在法律无规定的情况下,从保障人权的高度加强了对未成年人的保护,如法律援助、开展社会调查、封存犯罪记录、亲情会见、不起诉案件增量化、未成年人案件办理中的听证等,另一方面与其他国家机关形成协作,强化对未成年人的共同保护,如建立合适成年人库、探索社会化的帮教纠正机制、"互联网＋"等多样化帮教。以司法办案为契机,检察机关通过案件办理的便利,积极推动社会合作帮助未成年人,较为典型的是开展普法宣传、心理帮助或疏导、与企业合作建立关护工作站等。

二、未检工作的新时期展开

党的十八大以来,我国未检工作实现了三大转变,并将这些转变予以政策、法律或理念等不同层次的确认,包括任务从预防未成年人犯罪向保护未成年人权益转变,职能从单纯办理未成年人犯罪案件到纳入涉及未成年人权益的所有民事、行政和刑事案件,工作推动从此前的地方检察系统的积极探索到最高人民检察院的顶层设计。[①]

近年来,最高人民检察院根据中央精神,通过与其他国家机关合力

---

① 周斌:《不断探索逐步发展未检制度呵护未成年人健康成长》,《法制日报》2019 年 8 月 16 日。

推动法制、工作机制等方面的完善,逐渐形成未成年人综合保护与全面保护的新态势,为新时期检察工作夯实了基础,指明了方向。2013年12月,最高人民检察院对《人民检察院办理未成年人刑事案件的规定》进行修订,明确要求省级、地市级检察院和未成年人刑事案件较多的基层检察院设立独立的未成年人刑事检察机构,实行捕、诉、监、防一体化工作模式。2015年5月,最高人民检察院出台《检察机关加强未成年人司法保护八项措施》,要求对未成年人司法保护对象范围全覆盖。各地更加注重双向保护理念,既保护涉罪未成年人的合法权益,也注重保护和救助未成年被害人。2016年11月,最高人民检察院联合教育部等9部委印发《关于防治中小学生欺凌和暴力的指导意见》,推动完善校园安全管理机制、积极参加综合治理与整顿校园周边环境工作、健全完善防治中小学生欺凌和暴力的法律规定和机制制度。2017年12月1日,最高人民检察院下发《关于依法惩治侵害幼儿园儿童犯罪全面维护儿童权益的通知》,要求各级检察机关对侵害幼儿园儿童犯罪的零容忍,坚持此类案件办理的专业化、规范化和社会化,对儿童利益的全面保护、综合保护,以及推动预防体系建设等。2018年2月,最高人民检察院出台《关于全面加强未成年人国家司法救助工作的意见》,明确了检察机关开展未成年人国家司法救助的重要意义、基本理念、对象范围、救助方式、救助标准、内部分工协作、外部衔接等内容。2018年2月,最高人民检察院与团中央签订《关于构建未成年人检察工作社会支持体系的合作框架协议》,就全国检察机关和共青团组织加强未成年人司法保护工作、构建未成年人检察工作社会支持体系进行了规范。2019年2月,最高人民检察院在《2018—2022年检察改革工作规划》中提出,探索建立罪错未成年人的临界预防、家庭教育、分级处遇和保护处分制度,建立性侵害未成年人违法犯罪信息库和入职查询制度,努力体现对罪错未成年人"严管又厚爱、宽容不纵容"的工作思路,推动健全侵害未成年人犯罪惩防机制,掀开新时代未检工作新篇章。

从部分实践来看,未检机构推进的全面保护、综合保护也取得了一定的成效。最高人民检察院于 2018 年在全国 13 个省、区、市开展为期一年的未成年人刑事、民事行政检察业务统一办理试点工作。从结果来看,刑事方面,共对 2695 名未成年人开展羁押必要性审查;纠正与成年人"混管混押"319 人,纠正违法 71 件,发出检察建议 112 件;开展入所帮教 9155 人次,出所教育 4097 人次;未成年人社区矫正监督中,纠正脱管漏管 49 人,督促 354 名监护人履行监护职责。民事行政检察方面,针对监护侵害与监护缺失,支持起诉 137 件,判决采纳支持起诉意见 121 件,发出检察建议 153 件;开展心理疏导 1767 人次,为 786 人提供经济救助,为 1954 人提供法律援助,为 243 人协调就业就学等生活安置;针对食品药品安全等领域侵害众多未成年人合法权益问题,发出公益诉讼诉前检察建议 297 件等。①

2020 年 4 月,最高人民检察院出台《关于加强新时代未成年人检察工作的意见》,聚焦未成年人保护的热点、难点和痛点,是新时代加强未成年人检察工作的具体指引。根据该文件,新时代未检工作将在以下方面予以强化,包括从严惩处侵害未成年人的犯罪,依法惩戒、精准帮教罪错未成年人,审核未成年人检察业务统一集中办理,推进未成年人检察专业化、规范化、社会化建设,促进未成年人保护社会治理现代化,深入开展相关法治宣传等,并明确了具体的措施。

三、未检工作的检视

如果说相对于法院审判工作,检察工作具有综合性、复杂性,相对于成年人案件或刑事案件、民事监督案件或行政监督案件,甚或公益诉讼案件,未成年人的案件更为复杂,一方面呈现出检察各项工作的综合性,也是对未成年人利益保护的重视,另一方面又给检察机关施加了较大的压力,面临调整的必要。

---

① 李春薇、李立峰:《为未成年人提供全面司法保护》,《检察日报》2019 年 7 月 13 日。

（一）未检工作为未成年人权益提供了全面保障

未检工作具有特殊性,但对未检职能长期缺少特殊制度保障。对未检工作作出较早规定的是 1991 年的《未成年人保护法》。根据该法,①检察机关办理未成年人犯罪案件,应当照顾未成年人的身心特点,设立专门机构或安排专人办理;对未成年人应分别羁押看管。2006 年该法修改,增加了检察机关应当保护未成年人的合法权益、讯问时通知监护人到场、保护未成年人的名誉等。2012 年的修法没有改变检察机关的相关职能或具体工作内容。《预防未成年人犯罪法》对检察机关的职能并没有明确规定,但其中部分涉及司法机关的工作,也需要检察机关依法履职,如追究未成年人刑事责任应当坚持的方针与原则,未成年人的法律帮助,对被拘留、逮捕和执行刑罚的未成年人应与成年人分别关押、分别管理、分别教育,②但基本都没有超过同期《未成年人保护法》和《刑事诉讼法》的相关规定。2012 年《刑事诉讼法》单独规定未成年人刑事案件诉讼程序,在将此前该法中有关未成年人刑事诉讼程序的一些特别条款予以集中,同时也增加了部分内容,主要涉及检察机关的相关职能与工作,包括如熟悉未成年人身心特点的人员承办案件、强制辩护、社会调查、审查批捕中的讯问、分别关押分别管理分别教育、合适成年人到场、附条件不起诉、犯罪记录封存等。③

从前述未检的工作职能或工作内容看,当前未检工作已然超越了其法定职能,在对未成年人的司法保护,甚至综合保护上起到了核心作用,至少在涉及犯罪未成年人的保护上如此。

从涉未成年人的刑事案件处理看,检察机关不仅通过诉讼监督促使其他国家机关严格依法保障未成年人的合法权益,也积极探索更多措施保障未成年人的诉讼权益。检察机关是国家法律监督机关,在刑事诉讼中与公安机关、法院等办案机关处于互相配合、互相制约的关系,更有对司法工作人员职务犯罪案件的侦查权力。这种地位和权力

---

① 《未成年人保护法》(1991)第 40 条、第 41 条。
② 《预防未成年人犯罪法》(2012)第 44 条、第 46 条。
③ 《刑事诉讼法》(2012)第 266—276 条。

为检察机关督促其他国家机关严格遵守法律对未成年人的保护提供了条件。如,作为未检工作优秀团队的代表,"莎姐"团队、"大手拉小手"工作室向未成年犯罪嫌疑人、被害人提供的法律援助,"纳爱"团队的多样化跟踪帮教与三维体系构建,这些都需要司法行政机构的配合与支持;对羁押必要性的审查与结果的纠正、对未成年人混管混押的纠正也需要公安机关的配合支持。同时,考虑到我国未成年人刑事诉讼程序发展的滞后,检察机关在办案中自行积极探索,针对未成年犯罪嫌疑人实施了不少强化权利保障的措施,这在《检察机关加强未成年人司法保护八项措施》体现最为明显。如,亲情会见在当下的法律规范中并没有规定,但检察机关积极推动,这对保障未成年犯罪嫌疑人、被告人的权益,促使其主动认罪悔罪都有非常积极意义,与我国处理未成年犯罪的方针与原则相符,也体现了对未成年犯罪嫌疑人、被告人处理的人性化。又如,心理疏导是未检工作的特殊制度,是落实未成年人司法保护的有效方式,对于未成年人的健康成长与回归社会都有较大的价值。

从涉罪未成年人的综合保护看,检察机关利用法律监督的权力,与诸多国家机构、社会组织等一起共同守护未成年人的成长。涉罪未成年人的司法保护与全面保护,检察机关具有相当的主动性,毕竟检察职能贯穿于刑事诉讼的全过程,但仅凭检察机关的力量显然无法实现对涉罪未成年人的全面保护、综合保护。为此,检察机关利用自身的履职便利,与各国家机构、社会组织协作推动未成年人的保护,较为典型的是对未成年人帮教的社会化。如常州市新北区检察院的"小橘灯"团队,一方面广泛吸收高校学生、法律工作者、心理咨询师等志愿者参加团队,另一方面与辖区爱心企业共建矫正工作站,开创"检企联矫"模式;通过精准制定司法"帮教菜单",实现"让涉罪未成年人在经济上自食其力,在生活上重树信心,在心理上融入社会,还成功破解了对涉罪未成年人取保候审难、判处非监禁刑难、落实矫正难"等问题。① 近年

---

① 戴佳、陆欣、王华崇:《常州新北:点亮"小橘灯"照耀成长路》,《检察日报》2016 年 7 月 22 日。

来,不少地方都大力发展和巩固这种社会化帮教的良性模式,为涉罪未成年人回归社会、健康成长提供了保障。[①]

(二)未检工作也面临难以承受之重

未成年人保护显然不是检察机关以一己之力可以实现的,各级检察机关积极在诉讼内外,与其他国家机关、社会团体探索多种形式的协作,督促依法保障、创新保障未成年人的合法权益,形成了司法保护为基础、综合保护为方向的全方位保护态势。检察机关在其中扮演了践行者、督促者、号召者,甚至有时候成了"全能的司法官",虽然为未成年人合法权益的保护提供了"保护罩",但也给未检机构带来较大的压力。作为未来数年未检工作的指导性文件,笔者以《关于加强新时代未成年人检察工作的意见》中的具体制度建议作为分析的基础。

首先,从刑事司法办案视角看,从严从快办理侵害未成年人的犯罪、强化诉讼监督与推进包括同步录音录像、提高一次询问比例等措施的"一站式"办案机制都有非常积极的意义,但主动挑起对特殊被害人的多元救助,可能是检察机关力所不及的。检察机关在办理涉及未成年人犯罪的案件中,对未成年人受到的伤害、救助的迫切性与便利性,以及救助对案件办理的积极意义都有更为直接而深切的体会。检察机关介入未成年人司法救助最为合适的方式可能就是与司法行政部门协同提供法律援助,其他救助形式可能检察机关无力介入过多。根据《关于全面加强未成年人国家司法救助工作的意见》,检察机关的救助对象包括生活困难的、救治困难的多种情形,物质救助、心理疏导等多元救助并举;如此措施,可能使得检察机关画饼成事、陷入"无米之炊"的境地。其一,检察机关没有义务进行这些工作。检察机关的法律监督者地位和维护法制统一的责任都不应涉及这种救助,至少法定职能如此;至于检察人员志愿救助部分未成年人,自然可以,但检察机关不能对志

---

① 林中明:《办案专业化与帮教社会化良性互动》,《检察日报》2019年11月10日;王珂、黄方方:《构建未成年人社会化帮教体系》,《检察日报》2015年7月16日。

愿人员作出这种要求。其二,检察机关可能无法实施这种救助。作为全额拨款的国家机关,检察机关经费来源及支出都有明确的规范。"政府主导、社会广泛参与"的救助资金筹措方式,并不能提供稳定充足的保障,这在有明确资助标准的情况下可能会造成申请资助未成年人的误解,也使得检察人员穷于应付资金问题。至于安排医院、学校、法院、政府机构等提供康复医疗、继续学习、技能培训、减免诉讼费用等,这些措施的积极意义是明显的,但检察机关在这些帮助措施方面并没有充分的人力、物力等资源支持,也没有权力去安排,成功与否都需要自己去争取和其他机关的协助。一些报道也反映了检察机关进行救助存在的问题,如资金来源单一、救助形式单一等。① 其三,检察机关的诸多帮助可能陷入越权介入其他机构法定职能的范畴。检察机关因办理涉及未成年人的犯罪,具有保护未成年人利益的法定义务;一旦超过诉讼程序之外,检察机关也主要是间接保护未成年人的利益,具体则是对负有保护未成年人职责的法定国家机关进行监督,典型表现为涉及未成年人保护的行政公益诉讼、行政监督等。这些具有保护未成年人利益的法定国家机关、事业单位包括政府公安机关、民政部门、教育机构与教育部门、共青团、妇联、关工委等。如生活困难,民政部门的儿童福利部门与社会救助部门、妇联、共青团都在不同程度上具有直接的责任或职责;② 上学问题,应当由教育部门统筹安排。③ 当然,这些救助的过程中,检察机关因办案而对未成年人情况较为熟悉,可以直接提供一些材料协助未成年人及其监护人、相关机构与部门进行救助,但直接提供救助可能并不合适。

其次,对罪错未成年人的分级干预和未成年人保护社会治理的现

---

① 杨璐:《未成年人国家司法救助制度的完善》,《中国检察官》2019 年第 3 期。

② 民政部儿童福利、社会救助司的职责参见民政部官网(https://www.mca.gov.cn/n158/n161/n302/c14493/content.html),妇联的职责参见全国妇联简介(https://www.women.org.cn/2013/07/17/99519968.html),共青团的职责参见中国共青团"机构简介"中的"主要职责"(https://www.gqt.org.cn/jgjj/),2024 年 6 月 30 日访问。

③ 参见教育部基础教育司的职责(http://www.moe.gov.cn/s78/A06/,2024 年 6 月 30 日访问)。

代化是未成年人精准保护与全面保护的重要措施,但检察机关不应脱离法律监督的方式。罪错未成年人的分级干预,涉及公安、教育等职能部门,而且主要的预防、教育和处分等分级干预都是由这些机关或部门实施的,检察机关可以积极督促这些机关或部门依法进行相关活动,但对于一些具体工作可能不宜介入过多,如专门教育中面临的招生困难、入学程序、效果评价等难题,应当由教育部门与公安机关商定;至于家庭教育指导,提升父母监护能力,①可能更是脱离检察机关的业务、能力范围,由妇联、卫健委、教育部门等属地部门的联合解决更为符合。未成年人保护的社会治理现代化,检察机关更不应、可能也难以处于中心地位。② 无论是"一号检察建议"的落实,还是全面推行的侵害未成年人案件强制报告和入职查询制度,检察机关可以做到的主要是利用法律监督的地位,推动、督促有关机关、部门积极建章立制,为未成年人的健康成长构筑防火墙;这种监督主要是以办理案件为起点,以检察建议为形式,以达到"办理一案、治理一片"的效果。不过,以此要求检察机关深入中小学、幼儿园以及校外培训机构等开展调研检查、建立整改清单、监督限期整改,一定程度上扩大化了检察机关的职能。至于强制报告制度,由于侵害未成年人的案件类型多样,更多是属于一般的违法行为,由公安机关处理更为合适,向公安机关强制报告更为合理;至于教职员工等特殊岗位的入职查询,作为预防手段,主要应由主管单位推进更为合适。即使如此,在当前法律监督方式有限、效果不佳的情况下,检察机关的督促行为也将是事倍功半的,而直接参与未成年人保护

① 如北京市海淀区检察院未检部门自 2008 年就开始推行亲职教育,并已形成体系化、常态化、专业化的亲职教育体系。具体参见杨新娥、孙春燕:《探索体系化、常态化、专业化亲职教育》,《检察日报》2019 年 11 月 11 日。

② 一些地方检察机关在对未成年人的保护上,与其他国家机关、社会组织联合或协助下成立保护中心,将未成年人各方面的权益都纳入自己保护的范畴。具体参见蔡俊杰、朱亦忻、王英:《浙江首家未成年人司法综合保护中心成立》,http://www.jcrb.com/procuratorate/jcpd/202004/t20200424_2150181.html(正义网),2020 年 5 月 4 日访问;林中明、曹莹、颜欣:《上海虹口:未成年人司法保护、未成年被害人"一站式"保护中心同时揭牌》,http://www.jcrb.com/procuratorate/jcpd/201912/t20191220_2091020.html(正义网),2020 年 5 月 4 日访问。

的社会治理,特别是脱离案件办理的参与,无疑给检察机关增加了不少压力;在当前整个社会高度关注未成年人的保护,而不少保护职能又没有明确的归属及措施不明的情况下,检察机关的直接参与一定程度上会造成其他机关的推责、卸责,反而不利于未成年人利益的整体保护。遇到这种情况,如果说短期应急具有合理性和必要性,长期还是应明确其他国家机关的责任与检察机关对其的监督职责。

最后,未成年人的法治宣传是检察机关的副业,是教育部门的主业。国家在推行"谁执法谁普法"的普法责任制,检察机关应当成为法治宣传的重要力量。作为教育职能的专门承担者,教育部门与相关的教育机构应当积极与公安司法机关等执法和司法部门联动,制定法治课程要求,商定法治宣传内容;检察机关在这一过程中可以积极发挥建议、参与的功能。此外,检察机关在依法办案的过程中,也可以对涉案的未成年人进行法治教育,包括审查起诉中讯问未成年犯罪嫌疑人、询问未成年受害人和证人时,在审判中的法庭教育对涉案的未成年人及旁听的未成年人都有普法的功效。当前全国推行的法治宣传,检察工作人员担任法治副校长工作可以视为一项重要的法治宣传保障,但这需要在学校担任法治副校长,需要教育机构与教育部门同意;常态化的"法治进校园"活动,受众是未成年学生,但能否进校园、何时进校园,甚至进校园的内容都是学校决定的。可见,包括法治教育事实上都是由教育机关决定、教育机构实施的,法治副校长至多是协助而已;从司法行政部门的职责看,拟定与实施法治宣传教育规划是其法定职责。[1] 有地方检察机关建立"帮助未成年人检察百千万"行动计划,包括"办理 100 件未检精品案件,帮助 1000 名留守儿童,对辖区 10000 名未成年在校生开展法治教育"目标,[2]办理精品案件是检察机关的法定

---

[1] 司法部的机构职能参见司法部官网,https://www.moj.gov.cn/pub/sfbgw/jgsz/jgszjgzn/,2024 年 6 月 30 日访问。

[2] 李立峰、张衍路、龚海蓉:《重庆检察五分院:启动"帮助未成年人检察百千万"行动计划》,http://www.jcrb.com/procuratorate/jcpd/201809/t20180920_1909699.html(正义网),2020 年 5 月 4 日访问。

职责,而帮助留守儿童如属于检察机关推行的志愿行动更合理,开展法治教育也需要学校配合与不影响检察机关主业。

第四节　未成年人检察面临的重大课题

　　面对近年我国出生人口减少而形成的社会焦虑,未成年人的保护乃至质量提升成为不少有识之士的共识。[①] 在机构设置已然优化、未成年人检察工作开展更具组织保障的前提下,面对复杂严峻的未成年人检察形势,以最高人民检察院未成年人检察厅为代表的各级未成年人检察机构 5 年多来也做了不少工作。除了落实常规的"教育为主、惩罚为辅"的保护政策、打击侵害未成年人犯罪的"零容忍"政策、加强对涉案未成年人的"双向保护"和法治宣传工作外,较有代表性的有针对涉罪未成年人落实少捕慎诉慎押的刑事司法政策、创新部署未成人检察业务归口集中办理和发布典型案例等,还联合其他国家机关和部门推动建立强制报告、入职查询、涉案未成年人父母开展家庭教育指导等制度和未成年人司法社会工作服务规范,完善未成人犯罪记录封存制度,修改《刑法》以降低未成年人的刑事责任年龄以及《未成年人保护法》《预防未成人犯罪法》的完善,制定出台《关于办理强奸、猥亵未成年人刑事案件适用法律若干问题的解释》和《关于办理性侵害未成年人刑事案件的意见》等。

　　然而,未成年人的犯罪形势并不乐观。结合最高人民检察院的有关报告,[②]近 5 年未成年人犯罪的有关人数持续处于高位。2019 年至

[①]　具体可以参见《中国提高出生人口素质、减少出生缺陷和残疾行动计划(2002—2010)》;李文姬:《社科院绿皮书:中国人口 10 年后将负增长,峰值 14.42 亿》,https://www.thepaper.cn/newsDetail_forward_2811999(澎湃网),2019 年 3 月 17 日访问;李长安:《以人口素质提高应对人口数量负增长》,《深圳特区报》2019 年 1 月 7 日。

[②]　张军:《最高人民检察院关于人民检察院开展未成年人检察工作情况的报告》,https://www.spp.gov.cn/spp/xwfbh/wsfbh/202210/t20221029_591185.shtml(最高人民检察院官网),2024 年 7 月 1 日访问;《未成年人检察工作白皮书(2023)》,https://www.(转下页)

2022 年,检察机关受理审查逮捕和审查起诉未成年人人数分别为 48275、37681、55379、49070 和 61295、54954、73998、78467。2023 年的审查起诉人数更是超过 9.7 万人(相比 2019 年上升了近 60%)、起诉人数近 3.9 万人。这些数据虽有波动,但总体上升,且是在不断落实少捕慎诉慎押刑事司法政策下的结果。毫无疑问,如同保护未成年人利益是统合性系统工程,导致这种形势也难以归咎于检察机关,而包括检察机关在内的国家机关、社会、家庭、学校等全面发力是必不可少的;其中,检察机关处于的法律监督地位及其他国家机关保护未成年人的职责,使得检察机关至少在下列方面可以着力,积极推动相关议题的实现。

一、未成年人犯罪的刑事处罚问题

近年发生了不少未成年人实施的恶性案件,引起了全社会的广泛关注,未成年人的刑罚也成为社会激烈讨论的话题。如陕西神木 15 岁少女被同龄人强迫卖淫后又被殴打致死案,[①]7 名作案人虽都只是 14—17 岁的未成年人,但他们对同为未成年人的吴某实施强迫卖淫、殴打致死和分尸掩埋等行为,远远超越了一般人的认识。在当前未成年人违法犯罪总体应对措施较为有限的情况下,作为社会正义最后防线的未成年人刑事惩罚成为关注的焦点。赞成降低刑事责任年龄的理由包括遏制青少年犯罪的需要、青少年并非都不具备正常的行为能力和心智水平、境外的刑事责任年龄也有比中国低的情况等,反对观点则

(接上页)spp. gov. cn//xwfbh/wsfbh/202405/t20240531_655854. shtml(最高人民检察院官网),2024 年 7 月 1 日访问;《未成年人检察工作白皮书(2022)》,https://www. spp. gov. cn/spp/xwfbh/wsfbt/202306/t20230601_615967. shtml ♯ 2(最高人民检察院官网),2024 年 7 月 1 日访问;《未成年人检察工作白皮书(2021)》,https://www. spp. gov. cn/spp/xwfbh/wsfbt/202206/t20220601_558766. shtml ♯ 2(最高人民检察院官网),2024 年 7 月 1 日访问。

① 朱莹、段彦超、江敏学、唐超男:《神木少女被杀案背后:少年江湖与叛逆青春》,https:// www. thepaper. cn/newsDetail_forward_2701361(澎湃网),2019 年 3 月 17 日访问。

多强调青少年的普遍特点、刑罚功能的有限性,是不教而刑,主张多措并举。① 虽然目前已经通过《刑法修正案(十一)》实现了未成年人刑事责任年龄的降低,但争议仍存;②且能否充分震慑未成年人犯罪,也有待持续观察。

对未成年人刑事责任年龄的关注,核心仍然是对此类刑事犯罪的威慑不足。赞成降低责任年龄理由充分,但主张多措并举的建议更为理性。不过,从这一争议产生至今,加强对未成年人犯罪的应对措施并不多见,无论是工读教育的基本虚置、家庭教育一时也难见成效,不抓或"放了抓、抓了放"的循环更不少见。③ 在这种情况下,检察机关在其可以直接作为的司法领域建立适当应对措施,不仅是多措并举的必要组成部分,也是快速回应社会需求、保护未成年人的需要。

考虑到刑事犯罪的严重性,检察机关可以关注未成年人犯罪的三个方面:一是重视"恶意补足年龄"。④ 设置未成年人承担刑事责任年龄的一个基本推定就是未成年人因未达到法定的年龄,因而推定其当然不具有刑事责任能力,不承担刑罚;但,如果有证据能够证明其具备相应的刑事责任能力,承担刑罚应当具有正当性。随着我国经济社会的发展,未成年人的身心发育都较此前更为成熟;即使仍然存在较多心智不成熟的情况,一些心智较为成熟的未成年人违法犯罪也并不少见。对这些人通过"恶意补足年龄"的方式予以应对,更具科学性、正当性。刑法修改后,对年满 12 周岁不满 14 周岁的未成年人涉嫌特定犯罪,经

---

① 关仕新:《未成人刑事责任年龄该不该降低》,《检察日报》2016 年 8 月 4 日;赵丽、崔磊磊:《简单降低刑责年龄难以遏制未成年人犯罪》,《法制日报》2019 年 1 月 4 日。

② 姚建龙:《不教而刑:下调刑事责任年龄的立法反思》,《中外法学》2023 年第 5 期。

③ 苏艺:《两 14 岁少年偷窃手机案值 20 多万　被抓后竟称"还能再偷 400 天"》,http://guancha.gmw.cn/2019-01/25/content_32412344.htm(光明网),2019 年 3 月 17 日访问;《"13 岁男孩性侵 8 岁女童警方不予立案",官方通报》,https://www.thepaper.cn/newsDetail_forward_26747417(澎湃网),2024 年 7 月 2 日访问。

④ "恶意补足年龄"是英美法国家针对低龄未成年人是否具有刑事责任能力的一套应对规则。大意是指处于一定年龄的未成年人被推定为不具有刑事责任能力,但控方有证据推翻该推定的,该未成年人应当承担刑事责任。参见郭大磊:《未成年人犯罪低龄化问题之应对》,《青年研究》2016 年第 6 期。

最高人民检察院核准可以追诉,具有相当的合理性,也已有实践,①应当严格、积极适用。二是未成年人犯罪"可以"从宽处罚。根据我国《刑法》规定,未成年人犯罪的,"应当"从轻或减轻处罚。不过,考虑到当前未成年人犯罪不少属于暴力犯罪,而且都具备较为恶劣的手段或情节,②一律从轻、减轻可能并不合适,特别是相对于成年人的普遍轻缓。③我国的认罪认罚从宽并非是一律从宽、绝对从宽,未成年人的从宽处罚也应基于其在犯罪中的综合表现而定;对于存在应当从重处罚情形的,如多次实施违法犯罪行为的,不应轻缓,甚至应依法从重。三是未成年人案件刑事和解的实质化。刑事和解是我国当前恢复性司法的重要形式,根据《刑事诉讼法》对刑事和解的规定,其适用的案件范围较为有限,有必要扩大刑事和解中对未成年人的适用,限制过于注重物质赔偿、疏于精神交流的问题,④积极开拓刑事和解的合适方式,特别是让更多的未成年犯罪嫌疑人、被告人参与恢复性司法的过程,感受到犯罪的危害和被害人的痛苦,并能较好地参与社会关系的恢复,从而有利于对其的教育、惩罚。

二、未成年人违法行为的处理问题

未成年人因心智不成熟及受社会多重因素影响,对其违法犯罪行为的处罚可以相对较为轻缓,但仍然应当根据其行为的性质、情节和结果等予以必要的、合适的处罚。即使根据"恶意补足年龄"规则,一些未成年行为人仍可能会免受刑事处罚,但其他强制性的惩罚不可缺少。

---

① 如 2024 年 3 月发生在河北省邯郸市的张某某、李某及马某某三未成年人故意杀害初一学生王某某案件,最高人民检察院已核准追诉。参见《最高检依法对河北邯郸初中生被害案三名未成年犯罪嫌疑人核准追诉》,https://www. spp. gov. cn/zdgz/202404/t20240408_651102. shtml(最高人民检察院官网),2024 年 7 月 1 日访问。

② 丛梅:《新时期未成年人犯罪的特征及发展趋势分析》,《预防青少年犯罪研究》2018 年第 1 期;路琦、郭开元、张萌、张晓冰、胡发清、杨江澜:《2017 年我国未成年人犯罪研究报告》,《青少年犯罪问题》2018 年第 6 期。

③ 陈立毅、陈双玲:《未成年人犯罪量刑实证调查》,《人民检察》2016 年第 18 期。

④ 何显兵:《刑事和解的异化及其出路》,《人大法律评论》2012 年第 1 期。

　　以黑龙江通河县的赵某强奸、杀人案为例，[1]当赵某首次实施强奸后，因只有 13 岁，既无法定罪量刑，也未达到行政处罚的年龄，公安机关只得将其释放。因其监护人也没有对其严加管教，致使其继续作案，给社会造成两次伤害。如果能在其第一次违法时就给予必要的管教，至少能对其杀人行为起到预防作用。《治安管理处罚法》拟将未成年人执行行政拘留的年龄降至 14 周岁，[2]不过，且不论对 14 周岁的未成年人进行至多 15 日以内的行政拘留是否有教育效果，但对低于 14 周岁的未成年人违法行为的处理仍是难题。由此，完善强化对未成年人违法行为的处理具有紧迫性和必要性，而下列两个方面是可以着力的方向：

　　一是对监护人管教职责的强化。《刑法》第 17 条、《治安管理处罚法》第 12 条、《预防未成年人犯罪法》第 16 条、第 29 条、第 40 条，以及《未成年人保护法》第 7 条、第 16 条等都强调了监护人对未成年人的管教职责，但对于监护人无力管教、不愿管教，甚至放任纵容未成年人的，以及由此可能造成的其他后果，只有"必要的时候，也可以由政府收容教养"、"可以"送专门学校接受教育，或对监护人予以"训诫"等作为保障。由于政府的收容教养只是在"必要的时候"进行，具体的情形并没有明确，而现实中的收容教养人数是日渐萎缩，[3]功能不彰，目前更是废除。工读教育因以监护人自愿移送为基础，考虑到可能对未成年人的标签效应，监护人大多不愿意送未成年人去这类学校。[4] 如此，对未成年人的管教成为最重要而又普遍的途径。不过，监护人如果失职不管教，由此可能导致未成年人继续进行违法行为怎么办？目前只有"训诫"以督促监护人，相对于未成年人违法行为可能造成的重大危害，这

---

① 张晓玲：《13 岁男孩强暴女孩　因未到刑责年龄获释后再杀人》，http://news. sina. com. cn/s/2006-03-25/00439436346. shtml(新浪网)，2019 年 2 月 25 日访问。

② 2017 年 2 月 15 日，公安部就《治安管理处罚法(修订公开征求意见稿)》向社会公开征求意见，其中将行政拘留的执行对象拟降到 14 周岁，引起了不小的争议。具体参见姚建龙：《行政拘留执行年龄降至 14 周岁是否合适》，《中国青年报》2017 年 2 月 21 日。

③ 收容教养研究课题组：《三省收容教养工作调查报告》，《犯罪与改造研究》2016 年第 6 期。

④ "青少年权益保护与犯罪预防"课题组：《中国工读教育研究报告》，《中国青年研究》2007 年第 3 期。

一措施显然不足以保证这种管教的力度与效果。

监护人对未成年人有管教的法定职责,在其无力管教时,可以选择通过送入工读学校的方式由社会协助管教;但如无力管教而又不采取其他措施,甚至放任不管,不仅仅是民事责任的赔偿,对其法定责任的未履行或未完全履行,应当施加必要的行政处罚,以真正预防未成年人继续违法犯罪,保护未成年人的健康成长。目前的训诫是最轻的行政处罚,不足以遏制当前社会中普遍存在的家庭对未成年人的溺爱倾向,包括行政拘留在内的各种强制处罚应当作为督促监护人履行管教职责的必要措施,以强化监护人的责任;必要时,对监护人放任,甚至纵容的行为,应当施加刑事惩罚。

二是专门教育的完善。在 2020 年之前,收容教养是《刑法》《预防未成年人犯罪法》(2012)规定的、针对未成年人犯有《刑法》第 17 条第 2 款的犯罪,但因未达到刑事责任而施加的一种惩罚措施。收容教养主要是由公安机关决定采取,针对前述未成年人进行文化知识、法律知识或职业技术教育;处于义务教育阶段的,应保证未成年人接受义务教育。因收容教养限制人身自由的期限较长、公安机关自行作出决定、教养的方式不明等实体、程序问题,[①]受到不少的质疑;同时在司法实践中,公安部门对收容教养从严控制,一般都会征得监护人的同意;[②]从一些调查来看,收容教养人数逐渐减少,[③]作为惩教未成年犯罪人的方式效果不明。

《预防未成年人犯罪法》于 2020 年修改时将此前的工读学校和收容教养结合,废止了收容教养制度,吸收了工读学校在预防未成年

---

① 周雄:《收容教养制度研究》,《预防青少年犯罪研究》2015 年第 2 期。

② 根据《公安机关办理未成年人违法犯罪案件的规定》第 28 条规定,"未成年人违法犯罪需要送劳动教养、收容教养的,应当从严控制,凡是可以由其家长负责管教的,一律不送。"实践中,一般监护人不愿意送收容教养的,公安部门也不收容教养。参见雷宇、胡林:《初中男生持刀伤害花季少女 因未满 14 岁被释放引发争议》,《中国青年报》2018 年 7 月 2 日。

③ 收容教养研究课题组:《三省收容教养工作调查报告》,《犯罪与改造研究》2016 年第 6 期。

犯罪人继续犯罪、弥补家庭教育的缺陷、为特殊学生的成长提供特殊教育环境等方面的重要作用,[①]并针对工读学校在缺乏法律保障的情况下,普遍存在师生数量萎缩、家长不愿意、教育管理落后等问题,[②]全面强化了专门教育制度,包括明确专门教育的地位、作用,各级政府对专门教育的支持等,对涉罪不予刑事处罚的未成年人也从"可以"收容教养转为经教育部门评估同意,并会同公安部门决定对其专门矫治教育。

　　基于中共中央、国务院"两办"的《关于加强专门学校建设和专门教育工作的意见》和《预防未成年人犯罪法》,在当下未成年人犯罪形势愈发严峻、刑罚谦抑且犯罪处理分歧太大之际,专门教育应当发挥重要作用。不过,目前专门教育开展并不乐观,如学校建设滞后、立法模糊、保障机制不健全、运行管理机制有待探索规范,资源配置不当等,[③]也即在废除收容教养的同时,专门教育并没能顺利接棒对未成年人保护的职责。如果说严重不良行为未成年的监护人能落实管教责任,专门教育的确也是可有可无的,但针对涉罪未罚的未成年人还将管教责任放任于监护人,甚至普通学校,无疑是重大失职;目前一些多次严重违法的未成年人,甚至犯罪的未成年人没有被严格管教、矫治而事实上形成的放纵,是未成年人违法犯罪高发的重要动因。一些地方的检察机关也在专门教育上着力,包括与专门学校衔接,规范学校管理、协助矫治,争取上级支持、建立和完善与其他机关团体的协作机制、加强对专门矫治教育的监督等。[④]不过,这种地方"星星点点"式的努力虽有意义,但包

---

①　"中央综治委预防办及中国青少年研究中心"工读教育研究课题组:《工读教育的特色与成效》,《青少年犯罪研究》2006 年第 6 期。

②　姚建龙、孙鉴:《从"工读"到"专门"》,《预防青少年犯罪研究》2017 年第 2 期。

③　张寒玉、盛常红、孙鹏庆:《破解实践困境完善制度促进专门学校建设》,《检察日报》2023 年 8 月 25 日;林仪:《全国政协委员黄武:加快建设专门学校,推进"问题少年"教育矫治工作》,https://www.rmzxb.com.cn/c/2022-03-04/3064610.shtml(人民政协网),2024 年 7 月 2 日访问。

④　任维、杨涛:《救助那些走在"悬崖边"的孩子》,《检察日报》2023 年 9 月 21 日;郭树合:《山东成武:汇聚各方力量参与专门学校建设》,https://www.spp.gov.cn/spp/wcnrjc/202404/t20240412_651489.shtml(最高人民检察院官网),2024 年 7 月 2 日访问。

括从顶层设计上的立法、专门矫治教育体系的构建等全方面着力才是根本保障，检察机关需要从法律落实的视角不断督促各级政府正视、推动未成年人的专门教育工作。

三、未成年人的社会保护问题

对未成年人的保护和违法犯罪的预防，仅仅依靠检察机关是不够的，需要建立综合立体的社会保护体系，包括政府部门中的公安部门、司法行政部门、教育部门、民政部门以及监察委员会、法院、工青团妇社会团体、企事业单位等。检察机关作为法律监督机关，既可以通过履行相关职能保障未成年人的合法权益，也可以通过检察建议、诉讼等督促协助完善未成人社会保护体系。

（一）检察机关在社会保护体系中的地位

检察机关不仅参与刑事诉讼的全过程，对其他国家机关的司法、执法活动都有监督的权力，由此也奠定了其在社会保障体系中具有重要的地位。从未成年人社会保障体系涉及的各项工作与有关职能部门看，检察机关应当承担协助者与督促者的角色。

在刑事诉讼中，检察机关的全程参与使其对未成年人有更多的了解，也能更深入、更全面地为保护未成年人提供协助。如针对监护人监护不力的、留守儿童无人监护等情形，可以及时通知村委会、居委会或民政部门等相关单位或部门，督促监护人监护或更换监护人。对于城市流动未成年人涉罪时难以找到合适成年人的问题，检察机关可以与一些未成年人保护组织建立必要的联络，既保护未成年人的合法权益，也协助相关组织履行相应的职能，如武汉市江汉区人民检察院与共青团江汉区委、区妇联、区教育局等有关单位建立合作机制；[1]对于流动未成年人取保候审困难的问题，一些地方的检察机关采取了平等保护

---

① 刘国媛、汪宝：《合适成年人到场制度研究》，《人民检察》2013 年第 6 期。

理念,与当地的青保办等单位合作,建立未成年人取保候审的社会观护点,为观护对象提供工作见习、就业指导、学习交流等支持与服务。① 在民事、行政诉讼监督中,检察机关也可以就发现的上述问题,为有关机关、部门的未成年人保护提供协助。不仅如此,检察机关也可以对在履职中发现的有关未尽职保护未成年人的行为,向有关机关提出检察建议、公益诉讼,甚至移送监察机关,督促相关机关及个人尽职尽责保护未成人的合法权益。

除了在诉讼过程中或结合诉讼中发现的问题,检察机关依法承担对未成年人的保护职责外,检察机关也应避免成为未成年人保护的"全力承担者"。的确,在当前侦查机关对未成年人的保护还没有"完全进入状态",审判中心主义下法院对未成年人保护工作也显重要,②检察机关对未成年人的保护应当有所作为与有所不为相结合,不应成为保姆式的全力承担。以对未成年人的社会救助为例,检察机关在诉讼过程中可以发现未成年人存在的困难,也有帮助的便捷,为此,有不少地方的检察机关也通过不同途径去积极帮助未成年人。③ 不过,这种帮助的重点应放在"调动各方力量,构建外部合作机制"上,④否则既可能僭越民政部门等相关机关的职能,又可能超越自己的能力与权限。

(二)检察机关在未成年人保护体系构建中的着力点

未成年人犯罪大多是因受其成长环境的影响,包括学校、家庭等诸多方面,检察机关助力社会保护体系的建立,至少可以在这两个方面着力。

一是强化以家庭为基础的未成年人保护。未成年人对监护人具有

① 林里力:《重视对来沪未成年人平等保护》,《上海人大月刊》2005 年第 6 期。
② 吴燕、钟芬:《"未成年人检察制度改革与发展研讨会"会议综述》,《青少年犯罪问题》2016 年第 1 期。
③ 范跃红、王蕴:《杭州拱墅检方借助社会救助体系尝试未成年人帮教新模式》,http://www. jcrb. com/procuratorate/jckx/201405/t20140505_1387593. html(正义网),2019 年 3 月 23 日访问;《南京市高淳区人民检察院对一起交通肇事案被害人未成年子女进行国家司法救助》,http://www. jsjc. gov. cn/wsjcy/ks/ksgzdt/201807/t20180717_531703. shtml(江苏检察网),2019 年 3 月 23 日访问。
④ 具体参见《最高人民检察院关于全面加强未成年人国家爱司法救助工作的意见》。

天然的亲合性和依赖性,家庭对未成年人的影响是决定性的。由于当前社会竞争激烈,许多监护人因工作、生活各方面原因,对子女管教方式和手段上存在较多问题,给未成年人造成的负面影响很难从外界加以消除,为此,要重视作为未成年人保护根基的家庭。① 除了未成年人保护法的规定外,具体可以从以下几个方面督促完善家庭保护:(1)减少留守儿童,争取更多的城市以更为便利的条件解决流动人口的就学问题,为未成年人的监护提供更为坚实的家庭条件。② (2)完善监护人变更制度,严格执行《民法典》总则有关监护的规定,特别是在原监护人监护能力不足情况下,有关机关应当依职权及时变更。③ 新设的民政部儿童福利司及其下属机关应当承担这一职责。(3)鼓励适合的休闲场所、文化文物场所等单位对未成年人免费或优惠公开。对监护人携带未成年人共同参加活动的,也给予适当优惠,从而促进更多的家庭协调行动。(4)督促人力资源与社会保障部门,加强对企事业单位劳动时间的执行监督,以使父母或其他监护人有更多的时间投入家庭环境中。④

---

① 《联合早报》2007 年 8 月 22 日转引自美联社的报道:由美联社和 MTV 联合展开调查,对 1280 名年龄在 13—24 岁的青少年为对象,探讨快乐的理由,调查显示 20%青少年认为他们最快乐的事就是和家人共处。对于金钱,虽是基本生活条件,但无人认为是他们快乐的理由。具体参见韩曙:《美国:有知识丰富的父母远比有钱更让人开心》,http://news. 163. com/07/0820/15/3MBMKC3M000120GU. html(网易),2019 年 4 月 8 日访问。

② 根据国家发改委发布的《2019 年新型城镇化建设重点任务》的要求,城区常住人口 100 万—300 万的 Ⅱ 型大城市要全面取消落户限制;城区常住人口 300 万—500 万的 Ⅰ 型大城市要全面放开放宽落户条件,并全面取消重点群体落户限制。超大特大城市要调整完善积分落户政策,大幅增加落户规模,精简积分项目,确保社保缴纳年限和居住年限分数占主要比例。

③ 当前有不少单亲家庭或父母难以管教未成年人的情况,由此也造成了不少违法犯罪现象,值得重视。如 2019 年 3 月 29 日发生在四川的一起案件,3 未成年人长期在外不归,杀害小吃店主并抢走了几十元钱。监护人的监护不力值得关注。具体参见《四川宝兴县一洋芋小吃店女店主被害,三嫌疑人均未成年》,https://www. guancha. cn/politics/2019_03_30_495653. shtml(观察者网),2019 年 3 月 30 日访问。

④ 当前在社会上引起激烈争议的"996",有必要引起政府职能部门的注意,不能将这种公然的违法行为视为一种自然的合法状态,应当关注长期加班可能对社会、家庭造成的潜在危害。具体参见舒年:《"工作 996,生病 ICU"该引起重视了》,《工人日报》2019 年 4 月 7 日;俞杨:《996 刷屏的背后 中国为什么是加班大国》,http://finance. sina. com. cn/review/jcgc/2019-01-29/doc-ihqfskcp1511844. shtml(新浪网),2019 年 4 月 8 日访问。

　　二是完善以学校为核心的未成年人保护圈。大部分的未成年人正处于学校教育阶段，而基于职能，学校也是针对未成年人违法犯罪进行预防、教育的主要承担者。检察机关可以从以下方面督促完善学校对未成年人的保护：(1)推动"法治进校园"活动的制度化、实质化，将司法机关的司法公开与司法行政部门的法治宣传相结合，既积极为学生进机关学习提供一定的便利，也为学校的法治教育提供人力资源支持，如邀请检察官担任法制副校长。[①] 不过，应尽量推动整个政法力量参与到"法治副校长"工作中，而不应是检察机关的独角戏。(2)加强对校园周围环境的整治，严格执行 200 米内禁止开设网吧，禁止未成年人购买、饮用含有酒精的饮料，禁止未成年人购买香烟等有关规定，并通过检察建议、公益诉讼等方式督促政府相关部门严格履职；(3)完善校园管理，在协助学校进行法治教育的同时，也积极协助学校建章立制，防范对未成年人权益的侵害，也防止未成年人之间的互相欺凌。

　　未成年人是祖国的未来。在我国人口出生率较低的当下，对未成年人权益的保护，不仅对每一个家庭至关重要，也是中华民族复兴的根基。未成年人检察机构以及包括民政部儿童福利司等相关专门机构的成立，为我国未成年人的保护提供了组织基础，也有利于各个专门组织之间的沟通协调，动员整个社会关注、加入到对未成年人保护事业中。

　　未成年人检察作为未成年人保护体系的一环，应当抓住机构改革的机遇，充分认清自身的职能与定位，坚持司法保护的积极作为和社会保护的适当作为。作为司法机构的组成部分，未成年人检察机构应当在司法活动中积极保障未成年人的权益，履行其法定职能；作为对未成年人社会保护的重要环节，未成年人检察机构应当在职能范围内适当作为，既督促其他相关机构积极履行职能，同时也不越俎代庖做保姆。

---

① 当前有不少报道检察长或副检察长担任法制副校长的例子。这种做法虽有助于推动检校合作，但不利于这项活动的真正开展。检察院领导不可能有很多时间开展这方面的工作，结果是宣传作用大于实际作用。

参考文献

一、著作

1. 梁治平:《法律的文化解释》,北京三联书店 1998 年版。
2. 季卫东:《法治秩序的建构》,中国政法大学出版社 1999 年版。
3. 张春生:《〈中华人民共和国立法法〉释义》,法律出版社 2000 年版。
4. 龙宗智:《检察制度教程》,法律出版社 2002 年版。
5. 樊崇义:《刑事审前程序改革与展望》,中国人民公安大学出版社 2005 年版。
6. 陆志谦、胡家福:《当代中国未成年人违法犯罪问题研究》,中国人民公安大学出版社 2005 年版。
7. 宋英辉:《刑事诉讼原理》,法律出版社 2007 年版。
8. 王桂五:《王桂五论检察》,中国检察出版社 2008 年版。
9. 林钰雄:《检察官论》,法律出版社 2008 年版。
10. 闵钐:《中国检察制度史资料选编》,中国检察出版社 2008 年版。
11. 何勤华:《检察制度史》,中国检察出版社 2009 年版。
12. 甄贞等:《检察制度比较研究》,法律出版社 2010 年版。
13. 陈海锋:《刑事审查起诉程序正当性完善研究》,法律出版社 2014 年版。
14. 连孟琦译:《德国刑事诉讼法》,元照出版公司 2016 年版。
15. 中共中央纪律检查委员会法规室、中华人民共和国国家监察委员会法规室编写:《〈中华人民共和国监察法〉释义》,中国方正出版社 2018 年版。
16. 叶青:《依法独立行使检察权保障机制研究》,法律出版社 2018 年版。
17. 魏昌东:《刑事法学国际理论前沿》,上海社会科学院出版社 2018 年版。
18. [美]罗·庞德:《通过法律的社会控制》,沈宗灵等译,商务印书馆 1984 年版。
19. [美]约翰·罗尔斯:《正义论》,何怀宏、何包钢、廖申白译,中国社会科学出版社 1988 年版。
20. [美]爱伦·豪切斯泰勒·斯黛丽、南希·弗兰克:《美国刑事法院诉讼程序》,陈卫东、徐美君译,中国人民大学出版社 2002 年版。
21. [美]伟恩·R. 拉费弗、杰罗德·H. 伊斯雷尔、南西·J. 金:《刑事诉讼法》(上册),卞建林、沙丽金等译,中国政法大学出版社 2003 年版。
22. [德]克劳思·罗科信:《刑事诉讼法》,吴丽琪译,法律出版社 2003 年版。
23. [俄]IO. E. 维诺库罗夫:《检察监督》,刘向文译,中国检察出版社 2009 年版。
24. [法]贝尔纳·布洛克:《法国刑事诉讼法》,罗结珍译,中国政法大学出版社 2009 年版。

25. ［德］康德：《道德形而上学的奠基》，李秋零译，中国人民大学出版社 2013 年版。

二、论文

1. 龙宗智：《"提前介入"必须具体分析》，《法学》1989 年第 12 期。
2. 林智忠、陈建全：《检察机关"提前介入"初探》，《中外法学》1991 年第 1 期。
3. 李建明：《检察机关提前介入刑事诉讼问题》，《政治与法律》1991 年第 2 期。
4. 张仲麟、傅宽芝：《关于"提前介入"的思考》，《法学研究》1991 年第 3 期。
5. 张子培：《评刑事诉讼中的"提前介入"》，《法学研究》1991 年第 6 期。
6. 龙宗智：《评"检警一体化"兼论我国的检警关系》，《法学研究》2000 年第 2 期。
7. 陈兴良：《从"法官之上的法官"到"法官之前的法官"》，《中外法学》2000 年第 6 期。
8. 樊荣庆：《完善上海未成年人刑事检察制度的构想》，《上海市政法管理干部学院学报》2001 年第 4 期。
9. 陈卫东：《我国检察权的反思与重构》，《法学研究》2002 年第 2 期。
10. 卞建林、姜涛：《个案监督研究》，《政法论坛》2002 年第 3 期。
11. 韩大元、刘松山：《论我国检察机关的宪法地位》，《中国人民大学学报》2002 年第 5 期。
12. 但伟、姜涛：《侦查监督制度研究》，《中国法学》2003 年第 2 期。
13. 张智辉：《法律监督三辨析》，《中国法学》2003 年第 5 期。
14. 闵钐：《法律监督权与检察权的关系》，《国家检察官学院学报》2003 年第 5 期。
15. 石少侠、郭立新：《列宁的法律监督思想与中国检察制度》，《法制与社会发展》2003 年第 6 期。
16. 郝银钟、席作立：《宪政视角下的比例原则》，《法商研究》2004 年第 6 期。
17. 林海力：《重视对来沪未成年人平等保护》，《上海人大月刊》2005 年第 6 期。
18. 石少侠：《论我国检察权的性质》，《法制与社会发展》2005 年第 3 期。
19. 冯景合：《法律监督权，能否与检察权兼容》，《中国检察官》2006 年第 7 期。
20. 刘计划：《逮捕功能的异化及其矫正》，《政治与法律》2006 年第 3 期。
21. "中央综治委预防办及中国青少年研究中心"工读教育研究课题组：《工读教育的特色与成效》，《青少年犯罪研究》2006 年第 6 期。
22. "青少年权益保护与犯罪预防"课题组：《中国工读教育研究报告》，《中国青年研究》2007 年第 3 期。
23. 万春、高景峰：《论法律监督与控、辩、审关系》，《法学家》2007 年第 5 期。
24. 何家弘：《构建和谐社会中的检警关系》，《人民检察》2007 年第 23 期。
25. 郭松：《质疑"听证式审查逮捕论"》，《中国刑事法杂志》2008 年第 5 期。
26. 林钰雄：《改革侦查程序之新视野——从欧洲法趋势看中国法走向》，《月旦法学杂志》2008 年第 6 期。
27. 陈瑞华：《为中国"案件请示"把脉》，《法制资讯》2009 年第 5 期。
28. 广东省人民检察院法律政策研究室：《广东检察机关设置未成年人案件检察办公室的调研报告》，《人民检察》2009 年第 13 期。
29. 陈瑞华：《诉讼监督制度改革的若干思考》，《国家检察官学院学报》2009 年第 3 期。
30. 天津市北辰区人民检察院课题组：《检察机关"提前介入"问题研究》，《河北法学》2009 年第 3 期。

31. 樊崇义：《法律监督职能哲理论纲》，《人民检察》2010 年第 1 期。

32. 朱孝清：《检察的内涵及其启示》，《法学研究》2010 年第 2 期。

33. 郭松：《审查逮捕制度运作中的讯问程序研究》，《中国刑事法杂志》2010 年第 2 期。

34. 李山明：《法国检察官之宪法定位与变数——从欧洲人权法院 2010 年 3 月 29 日〈梅多梅夫〉案谈起》，《检察新论》2010 年第 2 期。

35. 左卫民、郭松、李扬：《检察机关不认罪案件办理机制之实证研究》，《四川大学学报（哲学社会科学版）》2010 年第 2 期。

36. 汤维建：《挑战与应对——民行检察监督制度的新发展》，《法学家》2010 年第 3 期。

37. 谢鹏程：《法律监督关系的结构》，《国家检察官学院学报》2010 年第 3 期。

38. 甄贞、郭兴莲：《诉讼监督的原则》，《国家检察官学院学报》2010 年第 4 期。

39. 姜雯：《论"责令管教"的法律后果》，《河北法学》2010 年第 4 期。

40. 李勇、张金萍：《逮捕措施运行状况调查分析》，《人民检察》2010 年第 21 期。

41. 卞建林、李晶：《关于加强诉讼监督的初步思考》，《国家检察官学院学报》2011 年第 1 期。

42. 李昌林：《审查逮捕程序改革的进路》，《现代法学》2011 年第 1 期。

43. 王会甫：《试论"小院整合"后诉讼监督机制构建》，《人民检察》2011 年第 2 期。

44. 朱孝清：《检察机关集追诉与监督于一身的利弊选择》，《人民检察》2011 年第 3 期。

45. 郝茂成：《美国律师管理工作简况》，《中国司法》2011 年第 8 期。

46. 韩大元、于文豪：《法院、检察院和公安机关的宪法关系》，《法学研究》2011 年第 3 期。

47. 朱里：《检察机关内设审判监督机构合理性初探》，《山西省政法管理干部学院学报》2011 年第 3 期。

48. 朱孝清：《论诉讼监督》，《国家检察官学院学报》2011 年第 5 期。

49. 卢希：《论检察机关诉讼职权和监督职权的优化配置》，《人民检察》2011 年第 21 期。

50. 孙谦、童建明：《论诉讼监督与程序公正》，《人民检察》2011 年第 22 期。

51. 何显兵：《刑事和解的异化及其出路》，《人大法律评论》2012 年第 1 期。

52. 刘向文、王圭宇：《俄罗斯联邦检察机关的"一般监督"职能及其对我国的启示》，《行政法学研究》2012 年第 1 期。

53. 黄靖逸：《网络舆情的群体传播语境解析》，《新闻爱好者》2012 年第 2 期（下半月）。

54. 刘计划：《逮捕审查制度的中国模式及其改革》，《法学研究》2012 年第 2 期。

55. 雷小政：《往返流盼：检察机关一般监督权的考证与展望》，《法律科学》2012 年第 2 期。

56. 黄太云：《刑事诉讼法修改释义》，《人民检察》2012 年第 8 期。

57. 易延友：《刑事强制措施体系及其完善》，《法学研究》2012 年第 3 期。

58. 张鸿巍、卢赛环：《未成年人收容教养的调查与思考》，《山东警察学院学报》2012 年第 4 期。

59. 黄海波、黄学昌：《刑事司法的惯性》，《当代法学》2012 年第 4 期。

60. 马迪、李小倩、郭鑫：《未成年人检察工作一体化模式的探索与完善》，《预防青少年犯罪研究》2012 年第 10 期。

61. 邓思清：《检察机关诉讼监督制度的改革与完善》，《国家检察官学院学报》2012 年第 5 期。

62. 王申：《科层行政化管理下的司法独立》，《法学》2012 年第 11 期。

63. 赵秉志、王鹏祥：《论新刑事诉讼法对未成年人刑事诉讼制度的完善》，《预防青少年犯罪研究》2012 年第 5 期。

64. 朱孝清：《关于未成年人刑事检察工作的几个问题》，《预防青少年犯罪研究》2012 年第 6 期。

65. 韩成军：《人民代表大会制度下检察机关一般监督权的配置》，《当代法学》2012 年第 6 期。

66. 王建国：《列宁一般监督理论的制度实践与借鉴价值》，《法学评论》2013 年第 2 期。

67. 关颖：《未成年人侵财犯罪及其相关因素分析》，《预防青少年犯罪研究》2013 年第 3 期。

68. 刘国媛、汪宝：《合适成年人到场制度研究》，《人民检察》2013 年第 6 期。

69. 杨宇冠、郭旭：《论检察院对刑事案件法庭审理之监督》，《法学杂志》2013 年第 8 期。

70. 陈永生：《逮捕的中国问题与制度应对》，《政法论坛》2013 年第 4 期。

71. 蒋德海：《我国的泛法律监督之困境及其出路》，《法学评论》2013 年第 4 期。

72. 陈国权、周鲁耀：《制约与监督：两种不同的权力逻辑》，《浙江大学学报（人文社会科学版）》2013 年第 6 期。

73. 刘计划：《检警一体化模式再解读》，《法学研究》2013 年第 6 期。

74. 张宇、张强：《未成年人案件刑事检察工作的探索与实践》，《上海公安高等专科学校学报》2013 年第 6 期。

75. 李强、朱婷：《新刑诉法实施后审查批准逮捕制度运行的调研报告》，《中国刑事法杂志》2013 年第 12 期。

76. 肖中华、饶明党、林静：《审查逮捕听证制度研究》，《法学杂志》2013 年第 12 期。

77. 杨秀莉、关振海：《逮捕条件中社会危险性评估模式之构建》，《中国刑事法杂志》2014 年第 1 期。

78. 刘计划：《侦查监督制度的中国模式及其改革》，《中国法学》2014 年第 1 期。

79. 叶青：《审查逮捕程序中律师介入权的保障》，《法学》2014 年第 2 期。

80. 何家弘：《当今我国刑事司法的十大误区》，《清华法学》2014 年第 2 期。

81. 朱妙、李振武、张世欣：《关于上海市未成年人重新犯罪情况的调研报告》，《上海公安高等专科学校学报》2014 年第 3 期。

82. 刘婵秀：《检察长列席审委会制度实证考察》，《国家检察官学院学报》2014 年第 3 期。

83. 郭烁：《徘徊中前行：新刑诉法背景下的高羁押率分析》，《法学家》2014 年第 4 期。

84. 陈卫东、林艺芳：《论检察机关的司法救济职能》，《中国高校社会科学》2014 年第 5 期。

85. 张寒玉、陆海萍、杨新娥：《未成年人检察工作的回顾与展望》，《预防青少年犯罪研究》2014 年第 5 期。

86. 汪海燕：《检察机关审查逮捕权异化与消解》，《政法论坛》2014年第6期。

87. 毕亮杰、薛文超：《径行逮捕制度质疑》，《广西政法管理干部学院学报》2015年第1期。

88. 朱孝清：《检察官相对独立论》，《法学研究》2015年第1期。

89. 陈卫东：《转型与变革：中国检察的理论与实践》，《法学家》2015年第1期。

90. 张卫平：《民事诉讼检察监督实施策略研究》，《政法论坛》2015年第1期。

91. 张建伟：《新形势下检察工作面临的机遇与挑战》，《人民检察》2015年第2期。

92. 汪建成、王一鸣：《检察职能与检察机关内设机构改革》，《国家检察官学院学报》2015年第1期。

93. 叶海波：《最高人民法院"启动"违宪审查的宪法空间》，《江苏行政学院学报》2015年第2期。

94. 周雄：《收容教养制度研究》，《预防青少年犯罪研究》2015年第2期。

95. 张栋：《未成年人案件羁押率高低的反思》，《中外法学》2015年第3期。

96. 马静华：《逮捕率变化的影响因素研究》，《现代法学》2015年第3期。

97. 沈德咏：《略论推进以审判为中心的诉讼制度改革》，《中国法学》2015年第3期。

98. 江苏省徐州市中级人民法院课题组：《合议庭评议过程保密与结论适当公开》，《人民司法·应用》2015年第15期。

99. 龙宗智：《"以审判为中心"的改革及其限度》，《中外法学》2015年第4期。

100. 魏晓娜：《以审判为中心的刑事诉讼制度改革》，《法学研究》2015年第4期。

101. 谢登科：《困境与出路：附条件不起诉适用实证分析》，《北京理工大学学报（社会科学版）》2015年第4期。

102. 戴萍、陈鹏飞：《以审判为中心的诉讼制度对检察改革的影响及应对》，《广东行政学院学报》2015年第4期。

103. 张宇、杨淑红：《附条件不起诉适用情况、问题及对策建议》，《山东警察学院学报》2015年第5期。

104. 施鹏鹏、王晨辰：《法国审前羁押制度研究》，《中国刑事法杂志》2016年第1期。

105. 吴燕、钟芬：《"未成年人检察制度改革与发展研讨会"会议综述》，《青少年犯罪问题》2016年第1期。

106. 孙茂利、黄河：《逮捕社会危险性有关问题研究》，《人民检察》2016年第6期。

107. 谢小剑：《羁押必要性审查制度实效研究》，《法学家》2016年第2期。

108. 苏建召：《对我国逮捕适用条件的立法建议》，《人民检察》2016年第9期。

109. 童建明：《对以审判为中心诉讼制度改革的思考与应对》，《人民检察》2016年第12期。

110. 李梦茹：《未成年人犯罪原因分析及预防对策》，《净月学刊》2016年第3期。

111. 闵春雷：《论审查逮捕程序的诉讼化》，《法制与社会发展》2016年第3期。

112. 舒洪水：《论我国食品安全犯罪行刑衔接制度之建构》，《华东政法大学学报》2016年第3期。

113. 左卫民：《审判如何成为中心：误区与正道》，《法学》2016年第6期。

114. 刘澍：《中国法院审判管理改革的结构性调整》，《北京社会科学》2016年第3期。

115. 陈卫东：《以审判为中心：当代中国刑事司法改革的基点》，《法学家》2016年第4期。

116. 陈立毅、陈双玲：《未成年人犯罪量刑实证调查》，《人民检察》2016年第18期。

117. 王守安、田凯：《论我国检察权的属性》，《国家检察官学院学报》2016年第5期。

118. 郭大磊：《未成年人犯罪低龄化问题之应对》，《青年研究》2016年第6期。

119. 收容教养研究课题组：《三省收容教养工作调查报告》，《犯罪与改造研究》2016年第6期。

120. 陈卫东：《"以审判为中心"视角下检察工作的挑战与应对》，《学习与探索》2017年第1期。

121. 秦前红：《困境、改革与出路：从"三驾马车"到国家监察》，《中国法律评论》2017年第1期。

122. 魏昌东：《国家监察委员会改革方案之辨正：属性、职能与职责定位》，《法学》2017年第3期。

123. 张建伟：《法律正当程序视野下的新监察制度》，《环球法律评论》2017年第2期。

124. 巩固：《大同小异抑或貌合神离？中美环境公益诉讼比较研究》，《比较法研究》2017年第2期。

125. 姚建龙、孙鉴：《从"工读"到"专门"》，《预防青少年犯罪研究》2017年第2期。

126. 陆士桢、刘宇飞：《我国未成年人校园暴力问题的现状及对策研究》，《中国青年研究》2017年第3期。

127. 北京市海淀区人民检察院课题组：《附条件不起诉实证研究报告》，《国家检察官学院学报》2017年第3期。

128. 龙宗智：《审查逮捕程序宜坚持适度司法化原则》，《人民检察》2017年第10期。

129. 陈卫东：《审查逮捕司法化程序的构建》，《人民检察》2017年第10期。

130. 孙谦：《司法改革背景下逮捕的若干问题研究》，《中国法学》2017年第3期。

131. 叶青、王小光：《监察机关监督与监察委员会监督比较分析》，《中共中央党校学报》2017年第3期。

132. 过勇：《十八大之后的腐败形势》，《政治学研究》2017年第3期。

133. 胡勇：《监察体制改革背景下检察机关的再定位与职能调整》，《法治研究》2017年第3期。

134. 顾永忠：《检察长列席审委会会议制度应当取消》，《甘肃政法学院学报》2017年第4期。

135. 李云：《试论监察体制改革后检察机关职能的再定位》，《法治社会》2017年第4期。

136. 胡云红：《比较法视野下的域外公益诉讼制度研究》，《中国政法大学学报》2017年第4期。

137. 秦前红：《全面深化改革背景下检察机关的宪法定位》，《中国法律评论》2017年第5期。

138. 樊崇义：《检察机关深化法律监督发展的四个面向》，《中国法律评论》2017年第5期。

139. 陈瑞华：《检察机关法律职能的重新定位》，《中国法律评论》2017年第5期。

140. 卢护锋：《检察建议的柔性效力及其保障》，《甘肃社会科学》2017年第5期。

141. 张晓津、刘涛：《简论审查逮捕的诉讼化转型》，《人民检察》2017年第21期。

142. 郝铁川：《习近平新时代法治思想的新观点、新判断及新特点》，《南海法学》2017年第6期。

143. 林喜芬：《解读中国刑事审前羁押实践》，《武汉大学学报（哲学社会科学版）》2017年第6期。

144. 付玉明、杨智宇：《论未成年人校园欺凌事件的综合治理》，《青少年犯罪问题》2018年第1期。

145. 张伟：《监察体制改革背景下检察机关的机遇、挑战和出路》，《湖北警官学院学报》2018年第1期。

146. 陈瑞华：《论监察机关的法律职能》，《政法论坛》2018年第1期。

147. 魏晓娜：《依法治国语境下检察机关的性质与职权》，《中国法学》2018年第1期。

148. 龙宗智：《检察机关内部机构及功能设置研究》，《法学家》2018年第1期。

149. 徐汉明：《国家监察权的属性探究》，《法学评论》2018年第1期。

150. 李奋飞：《检察再造论》，《政法论坛》2018年第1期。

151. 张泽涛：《构建中国式的听证审查逮捕程序》，《政法论坛》2018年第1期。

152. 丛梅：《新时期未成年人犯罪的特征及发展趋势分析》，《预防青少年犯罪研究》2018年第1期。

153. 胡惠婷：《我国基层律师的资源不足问题与改善》，《党政干部论坛》2018年第5期。

154. 万毅：《法律监督的内涵》，《人民检察》2008年第11期。

155. 周山：《人民法院内设机构的特色及其改革路向》，《理论探索》2018年第3期。

156. 李训虎：《逮捕制度再改革的法释义学解读》，《法学研究》2018年第3期。

157. 谢鹏程、彭玉：《论捕诉关系》，《人民检察》2018年第13期。

158. 叶青：《关于"捕诉合一"办案模式的理论反思与实践价值》，《中国刑事法杂志》2018年第4期。

159. 吴光升：《被追诉人的法律帮助获得权》，《国家检察官学院学报》2018年第4期。

160. 钱唐：《对"谁来监督监委"作出回答》，《中国纪检监察》2018年第7期。

161. 朱孝清：《国家监察体制改革后检察制度的巩固与发展》，《法学研究》2018年第4期。

162. 范进学：《全国人大宪法和法律委员会的功能与使命》，《华东政法大学学报》2018年第4期。

163. 刘松山：《备案审查、合宪性审查和宪法监督需要研究解决的若干重要问题》，《中国法律评论》2018年第4期。

164. 吴建雄：《论监察委员会政治属性与职责定位》，《广东党风》2018年第9期。

165. 杨宇冠、郑英龙：《检察机关的法律监督——以法庭审判监督为重点》，《求索》2018年第5期。

166. 陈海锋：《检察官权力清单制订中的分级与分类》，《国家检察官学院学报》2018年第5期。

167. 卞建林、谢澍:《刑事检察制度改革实证研究》,《中国刑事法杂志》2018 年第 6 期。

168. 路琦、郭开元、张萌、张晓冰、胡发清、杨江澜:《2017 年我国未成年人犯罪研究报告》,《青少年犯罪问题》2018 年第 6 期。

169. 张晓飞、潘怀平:《行政公益诉讼检察建议:价值意蕴、存在问题和优化路径》,《理论探索》2018 年第 6 期。

170. 田夫:《检察院性质新解》,《法制与社会发展》2018 年第 6 期。

171. 徐汉明、张乐:《检察机关法律监督属性的再诠释》,《法治研究》2018 年第 6 期。

172. 陈国庆:《刑事诉讼法　修改与刑事检察工作的新发展》,《国家检察官学院学报》2019 年第 1 期。

173. 王铠:《合宪性、合法性、适当性审查的区别与联系》,《中国法学》2019 年第 1 期。

174. 万春:《检察法制建设新的里程碑》,《国家检察官学院学报》2019 年第 1 期。

175. 万毅:《〈人民检察院组织法〉第 21 条之法理分析》,《国家检察官学院学报》2019 年第 1 期。

176. 习近平:《推动我国生态文明建设迈上新台阶》,《求是》2019 年第 3 期。

177. 杨璐:《未成年人国家司法救助制度的完善》,《中国检察官》2019 年第 3 期。

178. 王洪宇:《监察体制改革下监检关系研究》,《浙江工商大学学报》2019 年第 2 期。

179. 张建伟:《逻辑的转换:检察机关内设机构调整与捕诉一体》,《国家检察官学院学报》2019 年第 2 期。

180. 徐平、王洋奕:《环境案件行刑衔接的困境与对策》,《延边大学学报(社会科学版)》2019 年第 3 期。

181. 张军:《关于检察工作的若干问题》,《人民检察》2019 年第 13 期。

182. 孙谦:《刑事侦查与法律监督》,《国家检察官学院学报》2019 年第 4 期。

183. 张杰:《论坚持和发展检察长列席审委会制度》,《人民检察》2019 年第 15 期。

184. 黄美玲:《监察模式及其权力本质的历史解释》,《中外法学》2019 年第 4 期。

185. 张晋邦:《检察机关一般法律监督权》,《甘肃政法学院学报》2019 年第 4 期。

186. 朱全宝:《论检察机关的提前介入:法理、限度与程序》,《法学杂志》2019 年第 9 期。

187. 刘计划:《我国逮捕制度改革检讨》,《中国法学》2019 年第 5 期。

188. 苗生明:《新时代检察权的定位、特征与发展趋向》,《中国法学》2019 年第 6 期。

189. 刘亮:《检察机关职权调整的宪法审视》,《北京理工大学学报(社会科学版)》2019 年第 6 期。

190. 曹明德:《检察院提起公益诉讼面临的困境和推进方向》,《法学评论》2020 年第 1 期。

191. 罗书平:《初见成效:三年来备案审查工作有何重大进展?》,《民主与法制周刊》2020 年第 7 期。

192. 周新:《检察引导侦查的双重检视与改革进路》,《法律科学》2020 年第 2 期。

193. 张智辉:《论法律监督》,《法学评论》2020 年第 3 期。

194. 周新:《论我国检察权的新发展》,《中国社会科学》2020 年第 8 期。

195. 赵娟：《论以法院审查"补强"备案审查》，《江苏社会科学》2021 年第 1 期。

196. 王高贺、周华国：《监督监督者：新时代特约监察员制度的探索与突破》，《理论探讨》2021 年第 1 期。

197. 邢斌文：《论法院在合宪性审查工作中的角色定位》，《人大研究》2021 年第 2 期。

198. 陈海锋：《职务犯罪刑事程序的体系化检视》，《政治与法律》2021 年第 6 期。

199. 朱全宝：《法律监督机关的宪法内涵》，《中国法学》2022 年第 1 期。

200. 朱姗姗：《论法院合宪性预审机制的建构》，《政治与法律》2022 年第 8 期。

201. 王海军：《一般监督制度的中国流变及形态重塑》，《中外法学》2023 年第 1 期。

202. 陈海锋：《检察机关介入职务犯罪监察调查的监督性》，《法学家》2024 年第 3 期。

三、报纸文章

1. 叶剑英：《中华人民共和国宪法修正案》，《人民日报》1978 年 3 月 8 日。

2. 谢鹏程：《中国检察机关法律监督职能的特征》，《检察日报》2004 年 2 月 17 日。

3. 杜晓、韩丹东：《降低高羁押率需改革执法机关考评制度》，《法制日报》2010 年 11 月 17 日。

4. 胡夏冰：《民事诉讼监督机制需要改造》，《人民法院报》2011 年 7 月 16 日。

5. 范跃红、斯问：《浙江检方出新招防冤错案》，《钱江晚报》2014 年 1 月 2 日。

6. 王治国：《浦东："破题"涉刑人员未成年子女社会救助》，《人民法院报》2014 年 11 月 1 日。

7. 王秋杰：《构建检察介入侦查讯问机制》，《检察日报》2015 年 5 月 6 日。

8. 蔡岩红：《最高检派员介入调查》，《法制日报》2015 年 5 月 18 日。

9. 王珂、黄方方：《构建未成年人社会化帮教体系》，《检察日报》2015 年 7 月 16 日。

10. 陶强、张浩：《天津强化羁押必要性审查工作》，《检察日报》2015 年 9 月 2 日。

11. 朱宁宁：《有效避免"关多久判多久"现象》，《法制日报》2015 年 11 月 3 日。

12. 戴佳：《少捕慎诉少监禁　教育感化挽救失足青少年》，《检察日报》2016 年 5 月 28 日。

13. 戴佳：《检察机关未成年人检察工作优秀品牌》，《检察日报》2016 年 5 月 28 日。

14. 周欣：《国情下的未成年人违法犯罪现状》，《法治周末》2016 年 6 月 2 日

15. 戴佳、陆欣、王华崇：《常州新北：点亮"小橘灯"照耀成长路》，《检察日报》2016 年 7 月 22 日。

16. 王煜、周圆：《山东济宁公务员为创卫"扫街"》，《新京报》2016 年 8 月 4 日。

17. 关仕新：《未成人刑事责任年龄该不该降低》，《检察日报》2016 年 8 月 4 日。

18. 戴佳：《最高检派员介入江西丰城发电厂"11.24"特别重大事故调查》，《检察日报》2016 年 11 月 26 日。

19. 王志刚：《四项机制提升羁押必要性审查工作实效》，《检察日报》2016 年 12 月 30 日。

20. 戴佳、史兆琨：《3600 多家检察院一个平台办案杜绝"暗箱操作"》，《检察日报》2017 年 2 月 17 日。

21. 姚建龙：《行政拘留执行年龄降至 14 周岁是否合适》，《中国青年报》2017 年 2

月 21 日。

22. 最高人民检察院司法体制改革领导小组办公室:《〈关于完善检察官权力清单的指导意见〉的理解与适用》,《检察日报》2017 年 5 月 24 日。

23. 蒲晓磊:《法规、司法解释与法律抵触怎么办 详解全国人大常委会备案审查工作各环节》,《法制日报》2017 年 6 月 23 日。

24. 孙光永:《六项举措强化提前介入侦查工作》,《检察日报》2017 年 8 月 13 日。

25. 王晴:《捕还是不捕? 先听听意见——江苏常州:探索推动审查逮捕诉讼化转型》,《检察日报》2017 年 9 月 21 日。

26. 朱宁宁:《梁鹰:每一个审查建议都会认真对待》,《法制日报》2017 年 12 月 19 日。

27. 李旻、刘作城:《羁押必要性审查与申请变更强制措施辨析》,《江苏法治报》2018 年 1 月 18 日。

28. 闫鸣:《监察委员会是政治机关》,《中国纪检监察报》2018 年 3 月 8 日。

29. 王丹:《党性和人民性的高度统一》,《中国纪检监察报》2018 年 3 月 10 日。

30. 曹建明:《最高人民检察院工作报告》,《检察日报》2018 年 3 月 26 日。

31. 罗书臻:《司法大数据"揭秘"涉未成年人案件审判情况》,《人民法院报》2018 年 6 月 2 日。

32. 赵世馨、许光伟、田巧玲:《依法对嫌疑人作出不批准逮捕决定》,《法制时报》2018 年 6 月 5 日。

33. 邓思清:《捕诉合一是中国司法体制下的合理选择》,《检察日报》2018 年 6 月 6 日。

34. 雷宇、胡林:《初中男生持刀伤害花季少女 因未满 14 岁被释放引发争议》,《中国青年报》2018 年 7 月 2 日。

35. 郭树合、周道洋:《以规范化提升检察建议监督质效》,《检察日报》2018 年 7 月 19 日。

36. 韦磊、何文艳:《"案件大院"的人才建设"法宝"》,《检察日报》2018 年 7 月 28 日。

37. 刘子阳、张晨、董凡超:《检察机关频频提前介入热点案事件引关注》,《法制日报》2018 年 9 月 5 日。

38. 孙谦:《新时代检察机关法律监督的理念、原则与职能》,《检察日报》2018 年 11 月 3—4 日。

39. 郭洪平:《站高看更远:讲政治始终摆在检察工作第一位》,《检察日报》2018 年 11 月 26 日。

40. 王文秋:《检察长列席法院审委会:打破控辩平衡,学界争议难休》,《新京报》2018 年 12 月 26 日。

41. 王春霞:《最高检:公益诉讼范围有望逐步扩大》,《中国妇女报》2018 年 12 月 26 日。

42. 王佳:《检察机关的职权配置》,《检察日报》2018 年 12 月 31 日。

43. 赵丽、崔磊磊:《简单降低刑责年龄难以遏制未成年人犯罪》,《法制日报》2019 年 1 月 4 日。

44. 李长安:《以人口素质提高应对人口数量负增长》,《深圳特区报》2019 年 1 月 7 日。

45. 董凡超:《最高检重组内设机构深意何在》,《法制日报》2019 年 1 月 10 日。

46. 郑赫南:《"重塑性"变革是如何出炉的》,《检察日报》2019 年 1 月 15 日。

47. 薛应军:《全国检察长会议在京召开》,《民主与法制时报》2019 年 1 月 19 日。

48. 敬大力:《捕诉一体重构刑检职能提升工作质效》,《检察日报》2019 年 1 月 23 日。

49. 韩茹雪、王瑞琪:《河北涞源入室反杀案再调查》,《新京报》2019 年 1 月 25 日。

50. 高翼飞:《检察机关的调查核实权及其实现路径》,《检察日报》2019 年 3 月 18 日。

51. 张军:《最高人民检察院工作报告》,《检察日报》2019 年 3 月 20 日。

52. 舒年:《"工作 996,生病 ICU"该引起重视了》,《工人日报》2019 年 4 月 7 日。

53. 最高人民检察院法律政策研究室:《检察长列席审委会会议制度的立法完善》,《检察日报》2019 年 4 月 14 日。

54. 程姝雯:《中央政法委:完善涉企冤错案甄别纠正常态化机制》,《南方都市报》2019 年 4 月 16 日。

55. 刘子阳:《风雨兼程 40 载迎风远航再出发》,《法制日报》2019 年 5 月 6 日。

56. 刘德华、灯娟、刘君:《代表监督检察建议公开宣告》,《检察日报》2019 年 5 月 6 日。

57. 常锋:《推动"四大检察"全面协调充分发展的实践路径》,《检察日报》2019 年 6 月 4 日。

58. 李春薇、李立峰:《为未成年人提供全面司法保护》,《检察日报》2019 年 7 月 13 日。

59. 周斌:《不断探索逐步发展未检制度呵护未成年人健康成长》,《法制日报》2019 年 8 月 16 日。

60. 林中明:《办案专业化与帮教社会化良性互动》,《检察日报》2019 年 11 月 10 日。

61. 杨新娥、孙春燕:《探索体系化、常态化、专业化亲职教育》,《检察日报》2019 年 11 月 11 日。

62. 孙永上:《补齐诉讼监督短板完善多元监督格局》,《检察日报》2019 年 12 月 15 日。

63. 孙航:《最高人民法院审判委员会讨论两起抗诉案件——周强主持 张军列席 会议首次邀请案件代理律师参会陈述意见》,《人民法院报》2019 年 12 月 31 日。

64. 雒呈瑞、丁晓头、徐宁:《今年 31 件检察建议采纳率 96.8%》,《南京日报》2019 年 12 月 18 日。

65. 张军:《最高人民检察院工作报告》,《检察日报》2021 年 3 月 16 日。

66. 骆贤涛、王凯:《最高检制发"一号检察建议"》,《检察日报》2021 年 12 月 15 日。

67. 周晶晶、余佳:《三年被盗百余次,检察建议为超市"开方"》,《检察日报》2022 年 1 月 17 日。

68. 范跃红、敏轩、李媛媛:《公铁联运短驳费管理有漏洞》,《检察日报》2022 年 2 月 15 日。

69. 张军:《最高人民检察院工作报告》,《检察日报》2022 年 3 月 16 日。

70. 杨建顺:《以依法防控支撑科学精准防疫》,《上海法治报》2022 年 8 月 24 日。

71. 沙雪良:《依法惩治职务犯罪 受贿行贿一起查》,《新京报》2023 年 3 月 8 日。

四、网络资料

1. 曹建明:《最高人民检察院关于加强侦查监督、维护司法公正情况的报告》,http://www. npc. gov. cn/npc/xinwen/2016-11/05/content_2001151. html,2018 年 6 月 23 日访问。

2. 傅鉴、韩婷、刘峥峥:《成都温江区检察院首次探索开展审查逮捕诉讼化审查》,http://www. jcrb. com/procuratorate/jcpd/201706/t20170626_1769777. html,2018 年 8 月 17 日访问。

3. 蔡宣:《蔡甸区院公开审查一起轻伤害案件 积极探索审查逮捕案件向诉讼化转型》,http://www. hbjc. gov. cn/ajjj/201803/t20180319_1264312. shtml,2018 年 8 月 17 日访问。

4. 杨瑗霞、徐勉:《用看得见的方式让人民群众感受司法公正——襄阳市樊城区人民检察院举行案件公开听审会》,http://fc. xy. hbjc. gov. cn/zhuanti/xzsjxl/201709/t20170912_1045861. shtml,2018 年 8 月 17 日访问。

5. 高雅:《咸丰县检察院探索开展审查逮捕诉讼化审查》,http://xf. es. hbjc. gov. cn/ajjj/201804/t20180408_1270992. shtml,2018 年 8 月 17 日访问。

6. 胡念念、邓攀:《随县:积极推进审查逮捕诉讼化转型》,http://xc. xy. hbjc. gov. cn/ajjj/201803/t20180330_1268678. shtml,2018 年 8 月 17 日访问。

7. 丁章艳:《当前法律援助工作存在的问题及对策》,http://www. rmfzb. com/html/laixin/20171114/45235. html,2018 年 8 月 19 日访问。

8. 牛泰:《鲁山县检察院"冰释前嫌"强奸案尚未完,又曝"握手言和"故意杀人案》,https://www. guancha. cn/society/2018_09_22_473047. shtml,2018 年 9 月 23 日访问。

9. 王昆鹏、张彤:《湖南 12 岁弑母男孩获释 其父称望当地政府帮助管教》,http://www. bjnews. com. cn/news/2018/12/12/529793. html,2019 年 2 月 13 日访问。

10. 宋英辉、苑宁宁:《增设未成年人检察机构 守护好最大的公共利益》,http://www. msweekly. com/show. html? id=106551,2019 年 2 月 14 日访问。

11. 张晓玲:《13 岁男孩强暴女孩 因未到刑责年龄获释后再杀人》,http://news. sina. com. cn/s/2006-03-25/00439436346. shtml,2019 年 2 月 25 日访问。

12. 高旭红、王媛:《最高检:入法 6 年,附条件不起诉人数上升 1 倍》,http://news. jcrb. com/jxsw/201902/t20190227_1967445. html,2019 年 3 月 2 日访问。

13. 欧阳开宇:《中国法院少年法庭 30 年共判处未成年犯 150 余万人》,http://www. chinanews. com/fz/2014/11-25/6814285. shtml,2019 年 3 月 4 日访问。

14. 黄洁、孔一颖:《未成年人重新犯罪率达到 14% 短刑反易"交叉感染"致二次犯罪》,http://www. legaldaily. com. cn/index/content/2013-05/31/content_4522107. htm? node=20908,2019 年 3 月 4 日访问。

15. 周琦、钟笑玫:《湖北女孩遭未满 14 周岁男同学抢劫捅伤,警方撤案、协调未果》,https://www. thepaper. cn/newsDetail_forward_2224252,2019 年 3 月 4 日访问。

16. 于潇、郭璐璐:《最高检设立未成年人检察专门机构"第九检察厅"》,http://www. spp. gov. cn/spp/zdgz/201901/t20190103_404248. shtml,2019 年 3 月 4

日访问。
17. 姜洪:《检察机关努力把检察建议做成刚性　最高检发出历史上第一份检察建议》,http://www.spp.gov.cn/spp/zdgz/201901/t20190117_405632.shtml,2019年3月16日访问。
18. 衷晴、韩欣彤:《3D:校园欺凌延续10年女子数次欲自杀,带头诽谤者被判拘役》,http://www.bjnews.com.cn/video/2018/04/17/483504.html,2019年3月16日访问。
19. 苏艺:《两14岁少年偷窃手机案值20多万　被抓后竟称"还能再偷400天"》,http://guancha.gmw.cn/2019-01/25/content_32412344.htm,2019年3月17日访问。
20. 李文姬:《社科院绿皮书:中国人口10年后将负增长,峰值14.42亿》https://www.thepaper.cn/newsDetail_forward_2811999,2019年3月17日访问。
21. 朱莹、段彦超、江敏学、唐超男:《神木少女被杀案背后:少年江湖与叛逆青春》,https://www.thepaper.cn/newsDetail_forward_2701361,2019年3月17日访问。
22. 范跃红、王蕴:《杭州拱墅检方借助社会救助体系尝试未成年人帮教新模式》,http://www.jcrb.com/procuratorate/jckx/201405/t20140505_1387593.html,2019年3月23日访问。
23. 俞杨:《996刷屏的背后　中国为什么是加班大国》,http://finance.sina.com.cn/review/jcgc/2019-01-29/doc-ihqfskcp1511844.shtml,2019年4月8日访问。
24. 罗丹丹:《市救助管理站开展未成年人心理辅导成效显著》,http://www.sz.gov.cn/szzt2010/zdlyzl/ggsy/mzxx/shjzxx/shjz/201707/t20170727_8160694.htm,2019年4月8日访问。
25. 张瑞:《杀师案少年入工读学校见到初中同学:当时真是高兴》,http://news.ifeng.com/a/20160219/47491561_0.shtml,2019年4月8日访问。
26. 韩曙:《美国:有知识丰富的父母远比有钱更让人开心》,http://news.163.com/07/0820/15/3MBMKC3M000120GU.html,2019年4月8日访问。
27. 熊丰、吴锺昊、刘邓、周闻韬、周颖、孙亮全、丁怡全、梁建强:《从最高检工作报告"四大亮点"看新时代检察工作如何发力》,http://www.gov.cn/xinwen/2019-03/12/content_5373287.html,2019年5月6日访问。
28. 韩兵、张宇宏、官黎明:《黑龙江省检察机关全面提升羁押必要性审查工作质效》,http://www.jcrb.com/procuratorate/jcpd/201804/t20180416_1859270.html,2019年5月18日访问。
29. 李建国:《关于〈中华人民共和国监察法(草案)〉的说明》,http://www.npc.gov.cn/npc/c30834/201803/ecb77484a37f4a2380e0d3ef0a1460fd.shtml,2020年1月31日访问。
30. 陈国庆、周颖:《"以审判为中心"与检察工作》,http://www.jcrb.com/procuratorate/theories/practice/201610/t20161014_1660326.html,2020年1月31日访问。
31. 姜洪:《当前民事检察工作存在四个问题》,http://news.jcrb.com/jxsw/201810/t20181024_1918432.html,2020年2月1日访问。
32. 刘松山、许安标:《中华人民共和国宪法通释》,http://www.npc.gov.cn/npc/

c13475/201004/a8955b0985204d749ff02f05827e5f47. shtml,2020 年 2 月 3 日访问。

33. 姜洪:《张军:围绕"三个表率"抓好最高检机关党的建设》,https://www.spp. gov. cn/tt/201807/t20180717_385182. shtml,2020 年 2 月 4 日访问。

34. 彭飞:《央媒评徐州检察院婉拒上街执勤:创文明城市不能变成摊派任务》,http://m. thepaper. cn/newsDetail_forward_1521221,2020 年 2 月 10 日访问。

35. 何晓慧:《福建高院审委会听取检察机关与辩护律师意见》,https://www.chinacourt. org/article/detail/2019/06/id/4007670. shtml,2020 年 2 月 22 日访问。

36. 郭慧心:《公检法联合召开沟通协调推进会　齐抓共管打击黑恶势力》,http://www. nmgzf. gov. cn/shcenmg/nmgsj/2018-07-05/21009. html,2020 年 2 月 22 日访问。

37. 刘常娟:《福鼎法院加强协作联动　形成打击合力护平安》,http://news. sina. com. cn/sf/publicity/fy/2018-11-12/doc-ihnstwwr0380393. shtml,2020 年 2 月 22 日访问。

38. 吴邦国:《全国人民代表大会常务委员会工作报告——2008 年 3 月 8 日在第十一届全国人民代表大会第一次会议上》,http://www. npc. gov. cn/npc/c238/200803/7102d97dc10143458fd2bcd17cceaf72. shtml,2020 年 3 月 6 日访问。

39. 吴邦国:《全国人民代表大会常务委员会工作报告——2009 年 3 月 9 日在第十一届全国人民代表大会第二次会议上》,http://www. npc. gov. cn/npc/c12491/200903/d48e6fd87588431ea8ef7718b39de215. shtml,2020 年 3 月 6 日访问。

40. 吴邦国:《全国人民代表大会常务委员会工作报告——2010 年 3 月 9 日在第十一届全国人民代表大会第三次会议上》,http://www. npc. gov. cn/npc/c238/201003/da8aef8745c7419f84f26f410c5a5884. shtml,2020 年 3 月 6 日访问。

41. 吴邦国:《全国人民代表大会常务委员会工作报告——2011 年 3 月 10 日在第十一届全国人民代表大会第四次会议上》,http://www. npc. gov. cn/npc/c12491/201103/12376f03f97b4d5b9e54889c1e4db2a2. shtml,2020 年 3 月 6 日访问。

42. 吴邦国:《全国人民代表大会常务委员会工作报告——2012 年 3 月 9 日在第十一届全国人民代表大会第五次会议上》,http://www. npc. gov. cn/npc/c12435/201203/2517329d52f34162a1166122c677c993. shtml,2020 年 3 月 6 日访问。

43. 杨维汉、张晓松:《备案审查"法中瑕疵"拟向公民反馈"见阳光"》,http://www. npc. gov. cn/npc/c12816/201503/ca63ed0f0a0b4364a73ed0bd1132783f. shtml,2020 年 3 月 6 日访问。

44. 沈春耀:《全国人民代表大会常务委员会法制工作委员会关于 2019 年备案审查工作情况的报告——2019 年 12 月 25 日在第十三届全国人民代表大会常务委员会第十五次会议上》,http://www. npc. gov. cn/npc/c30834/201912/24cac1938ec44552b285f0708f78c944. shtml,2020 年 3 月 7 日访问。

45. 沈春耀:《全国人民代表大会常务委员会法制工作委员会关于十二届全国人大以来暨 2017 年备案审查工作情况的报告——2017 年 12 月 24 日在第十二届全国人民代表大会常务委员会第三十一次会议上》,http://www. npc. gov.

cn/npc/c12435/201712/18c831eededb459cb645263ebf225600. shtml,2020 年 3 月 7 日访问。

46. 沈春耀:《全国人民代表大会常务委员会法制工作委员会关于 2018 年备案审查工作情况的报告》,http://www. npc. gov. cn/npc/c12491/201812/afbfcb16af1d455b86dfb0cb4175ba2a. shtml,2020 年 3 月 7 日访问。

47. 刘哲:《如何正确认识充分落实检察官在刑事诉讼中的主导责任》,https://www. sohu. com/a/334546543_120032,2020 年 4 月 7 日访问。

48. 刘帆:《上海长宁检方提前介入"携程亲子园虐童"案》,http://www. jcrb. com/legal/fzyc/201711/t20171109_1814135. html,2020 年 4 月 7 日访问。

49. 王志婕:《浅析如何完善检察机关提前介入侦查机制》,http://www. sn. jcy. gov. cn/xysqdq/lldy/201911/t20191115_147479. html,2020 年 4 月 9 日访问。

50. 童法:《全省首次!嘉兴律师列席法院审委会了》,https://www. thepaper. cn/newsDetail_forward_5457602,2020 年 4 月 17 日访问。

51. 何晓慧:《增进良性互动 提升司法公信 福建高院审委会听取检察机关与辩护律师意见》,http://www. court. gov. cn/zixun-xiangqing-162432. html,2020 年 4 月 17 日访问。

52. 刘立长、赵春秀:《合议庭评议应否公开之我见》,https://www. chinacourt. org/article/detail/2003/07/id/68007. shtml,2020 年 4 月 17 日访问。

53. 葛熔金:《杭州保姆纵火案因管辖权异议延审,被告发抖坚持不更换辩护人》,https://www. thepaper. cn/newsDetail_forward_1915233,2020 年 4 月 19 日访问。

54. 岳红革:《西安市检察院建议公开宣告增强监督刚性》,http://news. jcrb. com/jxsw/201810/t20181022_1917044. html,2020 年 4 月 24 日访问。

55. 蔡俊杰、朱亦忻、王英:《浙江首家未成年人司法综合保护中心成立》,http://www. jcrb. com/procuratorate/jcpd/202004/t20200424_2150181. html,2020 年 5 月 4 日访问。

56. 林中明、曹莹、颜欣:《上海虹口:未成年人司法保护、未成年被害人"一站式"保护中心同时揭牌》,http://www. jcrb. com/procuratorate/jcpd/201912/t20191220_2091020. html,2020 年 5 月 4 日访问。

57. 李立峰、张衍路、龚海蓉:《重庆检察五分院:启动"帮助未成年人检察百千万"行动计划》,http://www. jcrb. com/procuratorate/jcpd/201809/t20180920_1909699. html,2020 年 5 月 4 日访问。

58. 刘铁琳:《这个"等"字难倒检察机关 张本才代表提请解释公益诉讼范围》,http://www. spcsc. sh. cn/n1939/n4514/n5712/n5713/u1ai186273. html,2020 年 5 月 17 日访问。

59. 刘庆、刘畅、李昊:《全国人大代表高明芹:建议扩大公益诉讼受案范围》,http://www. mzyfz. com/index. php/cms/item-view-id-1387254,2020 年 5 月 17 日访问。

60. 姜洪:《检察机关稳妥积极探索拓展公益诉讼办案范围》,http://news. jcrb. com/jxsw/201910/t20191023_2068052. html,2020 年 5 月 17 日访问。

61. 张军:《最高人民检察院关于开展公益诉讼检察工作情况的报告》,http://www. npc. gov. cn/npc/c30834/201910/936842f8649a4f088a1bf6709479580e. shtml,2020 年 5 月 20 日访问。

62. 刘复之：《最高人民检察院工作报告》，http：//www. spp. gov. cn/spp/gzbg/200602/t20060222_16378. shtml，2020 年 5 月 20 日访问。

63. 张军：《最高人民检察院关于人民检察院加强对民事诉讼和执行活动法律监督工作情况的报告》，http：//www. npc. gov. cn/npc/c12435/201810/8d3d780384454e1ea75d9e50722095f3. shtml，2020 年 5 月 20 日访问。

64. 张文凌：《云南检察机关扩大公益诉讼范围　推动行政机关履职》，http：//news. cyol. com/app/2019-10/10/content_18188491. htm，2020 年 5 月 23 日访问。

65. 于潇：《最高检：对检察公益诉讼案件范围做审慎、积极探索》，https：//www. spp. gov. cn/spp/zdgz/201812/t20181225_403465. shtml，2020 年 5 月 23 日访问。

66. 陈海锋：《构建一体推进的不敢腐、不能腐、不想腐的体制机制》，https：//www. shobserver. com/news/detail? id = 194254，2020 年 7 月 4 日访问。

67. 《中央纪委国家监委通报 2019 年全国纪检监察机关监督检查、审查调查情况》，https：//www. ccdi. gov. cn/toutiao/202001/t20200117_207914. html，2021 年 11 月 3 日访问。

68. 《中央纪委国家监委通报 2020 年全国纪检监察机关监督检查、审查调查情况》，https：//www. ccdi. gov. cn/toutiao/202101/t20210125_234753. html，2021 年 11 月 3 日访问。

69. 朱孝清：《新中国检察制度的不变与变》，https：//www. spp. gov. cn/spp/zdgz/202201/t20220118_541870. shtml，2022 年 12 月 12 日访问。

70. 沈春耀：《全国人民代表大会常务委员会法制工作委员会关于十三届全国人大以来暨 2022 年备案审查工作情况的报告》，http：//www. npc. gov. cn/npc/c30834/202212/a9b1c0688c1e47278b163cf141c30b0a. shtml♯，2023 年 1 月 28 日访问。

71. 《中央纪委国家监委通报 2021 年全国纪检监察机关监督检查审查调查情况》，https：//www. ccdi. gov. cn/toutiaon/202201/t20220121_166060. html，2023 年 1 月 30 日访问。

72. 《检察公益诉讼全面实施两周年典型案例》，https：//www. spp. gov. cn/spp/xwfbh/wsfbh/201910/t20191010_434047. shtml，2023 年 9 月 9 日访问。

73. 《2022 年全国检察机关主要办案数据》，https：//www. spp. gov. cn/spp/xwfbh/wsfbt/202303/t20230307_606553. shtml♯1，2023 年 12 月 14 日访问。

74. 《为什么中央纪委与国家监察委员会要合署办公?》，https：//www. ccdi. gov. cn/special/zmsjd/zm19da_zm19da/201802/t20180202_163176. html，2024 年 3 月 9 日访问。

图书在版编目(CIP)数据

中国检察职能实现的慎思/陈海锋著.—上海：
上海三联书店,2025.8.—(上海社会科学院法学研究
所学术精品文库).—ISBN 978-7-5426-8916-0

Ⅰ.D926.3

中国国家版本馆 CIP 数据核字第 20256SY036 号

中国检察职能实现的慎思

著　　者 / 陈海锋

责任编辑 / 郑秀艳
装帧设计 / 一本好书
监　　制 / 姚　军
责任校对 / 王凌霄

出版发行 / 上海三联书店

　　　　　(200041)中国上海市静安区威海路 755 号 30 楼
邮　　箱 / sdxsanlian@sina.com
联系电话 / 编辑部：021-22895517
　　　　　发行部：021-22895559
印　　刷 / 上海惠敦印务科技有限公司

版　　次 / 2025 年 8 月第 1 版
印　　次 / 2025 年 8 月第 1 次印刷
开　　本 / 655 mm×960 mm　1/16
字　　数 / 270 千字
印　　张 / 20
书　　号 / ISBN 978-7-5426-8916-0/D·688
定　　价 / 88.00 元

敬启读者,如发现本书有印装质量问题,请与印刷厂联系 13917066329